文史哲學集成

王偉勇著

宋詞與唐詩之對應研究

文史哲出版社印行

國家圖書館出版品預行編目資料

宋詞與唐詩之對應研究 / 王偉勇著. -- 初版. -- 臺北市 :文史哲, 民 92
面; 公分. -- (文史哲學集成 ; 480)
參考書目：面
ISBN 957-549-511-X (平裝)

1. 詞 － 歷史 － 宋（960-1279）2. 詞 － 評論

820.9305　　92011495

文史哲學集成 ⑱

宋詞與唐詩之對應研究

著 者：王 偉 勇
出版者：文 史 哲 出 版 社
http://www.lapen.com.tw
登記證字號：行政院新聞局版臺業字五三三七號
發行人：彭 正 雄
發行所：文 史 哲 出 版 社
印刷者：文 史 哲 出 版 社
臺北市羅斯福路一段七十二巷四號
郵政劃撥帳號：一六一八〇一七五
電話 886-2-23511028・傳真 886-2-23965656

實價新臺幣六五〇元

中華民國九十二年(2003) 六月初版
中華民國九十三年(2004) 三月初版修訂一刷

ISBN 957-549-511-X

宋詞與唐詩之對應研究

目錄

下　篇　藉唐詩「繫年」、「校注」宋詞

宋詞與唐詩之對應研究

緒　論

王國維《人間詞話》云：「最工文學，非徒善創，亦且善因。」[1]所謂「善因」，即是善於借鑑前人之作品及其創作經驗。以宋代詞壇爲例，最爲兩宋詞人所借鑑者，厥爲唐詩人；而最爲兩宋詞人所取材者，亦爲唐詩，故後世詞論家每好取唐詩與宋詞相提並論。茲分述如次：

一、以唐代詩風轉變喻宋代詞風者，如《四庫全書總目》卷一〈集部詞曲類一．東坡詞提要〉云：

詞自晚唐、五代以來，以清切婉麗為宗，至柳永而一變，如詩家之有白居易；至軾而又一變，如詩家之有韓愈，遂開南宋辛棄疾等一派。[2]

俞彥《爰園詞話》云：

[1] 王國維撰，施議對譯注《人間詞話譯注》（臺北：貫雅文化事業有限公司，一九九一年），頁四四七。

[2] 清．永瑢等撰《四庫全書總目》（臺灣：藝文印書館，一九七四年十月四版），頁四一六八。

唐詩三變愈下，宋詞殊不然，歐、蘇、秦、黃足當高、岑、王、李[3]；南渡以後，矯矯陡健，即不得稱中宋、晚宋也。[4]

王士禛《花草蒙拾》云：

南渡後，梅溪、白石、竹屋、夢窗諸家，極妍盡態，反有秦、李未到者；正如唐絕句至晚唐劉賓客、杜京兆，妙處反進青蓮、龍標[5]一塵。[6]

此等言論，就宋詞發展之軌跡及各期所顯現之風格觀之，固無不是；且自「詞史」之觀點分期論宋詞消長轉變，亦無不當。然並未確指唐詩對宋詞之影響，亦不足證明宋詞人在創作上對唐詩有所借鑒，視為唐詩壇與宋詞壇之類比推論可也。

二、以唐詩家比宋詞家之言論，尤所在多有，茲舉例如次（以所論詞家之先後為序，分論在前，合論次之，以下行文均同此例。）：

張端義《貴耳集》卷上云：

項平齋自號江陵病叟，余侍先君往荊南，所訓：學詩當學杜詩，學詞當學柳詞。叩其所

3 高、岑、王、李，宜指盛唐詩人高適、岑參、三王（王昌齡、王之渙、王翰）、李頎等。
4 唐圭璋編《詞話叢編》（臺北：新文豐出版公司，一九八八年，二月）冊一，頁四〇一。
5 劉禹錫晚年遷太子賓客，分司東都，故稱劉賓客；杜牧為京兆萬年人，故稱杜京兆；李白曾客巴西，居緜州昌明縣青蓮鄉，自號青蓮居士，故稱李青蓮；王昌齡曾貶龍標尉，故稱王龍標。此中，劉禹錫一般均列為中唐詩人，王士禛此處則視為晚唐詩人。
6 同注4，頁六八二。

以，云：杜詩、柳詞，皆無表德，只是實說。[7]

劉熙載《詞概》云：

東坡詞頗似老杜詩，以其無意不可入，無事不可言也；若其豪放之致，則時與太白為近。[8]

宋翔鳳《樂府餘論》云：

詞家有姜石帚，猶詩家之有杜少陵，繼往開來，文中關鍵，其流落江湖不忘君國，皆借託比興於長短句寄之。[9]

姜夔〈梅溪詞序〉云：

邦卿詞奇秀清逸，有李長吉之韻，蓋能融情景於一家，會句意於兩得。[10]

《四庫全書總目》卷一九九〈集部詞曲類二．夢窗詞提要〉云：

（文英）天分不及周邦彥，而研鍊之功過之。詞家之有文英，如詩家之有李商隱也。[11]

戈載《宋七家詞選》卷四云：

---

7 宋．張端義《貴耳集》（臺北：臺灣商務印書館，《景印文淵閣四庫全書》本，一九八六年八月，冊八六五），頁四二五。

8 同注4，冊四，頁四一六八。

9 同注4，冊三，頁二五〇三。

10 此序見宋．黃昇《中興以來絕妙詞選》（臺北：臺灣商務印書館，《四部叢刊》本），卷七引。

11 同注2，頁四一四四。

夢窗從吳履齋諸公遊，晚年好填詞，以綿麗為尚，運意深遠，用筆幽邃，鍊字鍊句，迴不猶人。……猶之玉溪生之詩，藻采組織，而神韻流轉，旨趣永長，未可妄譏其獺祭也。[12]

孫麟趾《詞逕》云：

夢窗足醫滑易之病，不善學者便流於晦。余謂詞中之有夢窗，猶詩中之有李長吉。[13]

陳廷焯《白雨齋詞話》卷二云：

王碧山詞，品最高，味最厚，意境最深，力量最重；感時傷世之言，而出以纏綿忠愛，詩中之曹子建、杜子美也。[14]

先著《詞潔》卷五評張炎〈齊天樂〉（起句：分明柳上春風眼）云：

美成如杜，白石兼王、孟、韋、柳之長；與白石共有中原者，後起之玉田也。[15]

劉熙載《詞概》云：

詞品譽諸詩，東坡、稼軒，李杜也；耆卿，香山也；白石、玉田，大歷十子也[16]；其有

---

12 清・戈載《宋七家詞選》（臺北：河洛圖書出版社，一九七八年五月），卷四，頁三八。

13 同注4，冊三，頁二五五三。

14 同注4，冊四，頁三八〇八。

15 同注4，冊二，頁一三六七。

16 《新唐書》卷二〇三〈列傳一二八・文藝下・盧綸傳〉載：「綸與吉中孚、韓翃、錢起、司空曙、苗發、崔峒、耿湋、夏侯審、李端皆能詩齊名，號『大曆十才子』。」（臺北：鼎文書局，一九七九年十一月）按：大曆之「曆」或作「歷」；而十才子中，或亦去韓翃、崔峒、夏侯審，而易以郎士元、李益、李嘉祐三人，見王士禛《分甘餘話》引《江鄰幾雜誌》；又見《江鄰幾雜誌輯補》，收錄於《叢書集成新編》（台北：新文豐出版公司，一九

似韋蘇州者，張子野當之。[17]

王國維《清真先生遺事．尚論三》云：

故以宋詞比唐詩，則東坡似太白，歐、秦似摩詰，耆卿似樂天，方回、叔原則大歷十子之流；南宋唯一稼軒可比昌黎，而詞中老杜，則非先生（指周邦彥）不可。昔人以耆卿比少陵，猶為未當也。[18]

上列評論，歸納分析，蓋有三端，可得而言：

其一，唐詩人中，以杜甫最爲後人推崇，因之詞論家欲推尊宋詞人，恒以杜甫相提並論；以所列舉觀之，即有柳永、蘇軾、周邦彥、姜夔，王沂孫等人。柳取其「無表德，只是實說」，蓋著眼於作法言之，然劉熙載《藝概．詞概》已駁之云：「余謂此論其體則然，若論其旨，少陵

八五年元月），冊八六，頁四一三。

17 同注4，冊四，頁三六九七。

18 轉引自羅忼烈箋注《周邦彥清真集箋》（香港：三聯書店，一九八五年二月），頁四七六。又南宋陳郁《藏一話腴》外編卷上云：「周邦彥字美成，自號清真，二百年來，以樂府獨步，貴人、學士、市儇、妓女，皆知美成詞爲可愛。」（臺北：商務印書館影印四庫全書本）是知周邦彥對詞壇之影響；比之詩中杜甫，良有以也。然能道得其樞紐地位及詞風者，厥爲清．陳廷焯，其《白雨齋詞話》卷一云：「詞至美成，乃有大宗，前收蘇、秦之終，復開姜、史之始；自有詞人以來，不得不推爲巨擘，後之爲詞者，亦難出其範圍。然其妙處，亦不外沈鬱頓挫。頓挫則有姿態，沈鬱則極深厚；既有姿態，又極深厚，詞中三昧，亦盡於此矣！」（臺北：新文豐出版公司詞話叢編本，一九八八年二月）此中「前收」、「復開」云云，「沈鬱頓挫」云云，視之詩壇杜甫與其詞風，寧非若合一契乎？是知王國維之言，洵非虛發也。

恐不許之。」即以其法、其體論之，杜詩之變化多端，固不以「無表德」見長。其次，劉熙載謂蘇軾詞似老杜詩，以其「無意不可入，無事不可言」，就突破詞之藩籬，「一洗綺羅香澤之態，擺脫綢繆宛轉之度」言之[19]，此論固無不是，然因此而謂「頗似老杜詩」，則未免不切實際，蓋「無意不可入，無事不可言」之詩人甚眾，亦非杜詩異於眾人之處。故今人羅忼烈於〈清真詞與少陵詩〉一文中論云：「依我看，不但東坡詞不似老杜詩，就是東坡詩也不見得似老杜；東坡詩詞作風與李白倒有幾分相似，劉氏拉上老杜，就是在烘托東坡。」[20]至論姜夔、王沂孫似杜甫者，取其「不忘君國」、「纏綿忠愛」，今人劉揚忠〈稼軒詞與老杜詩〉一文斥之云：「荒唐可笑」[21]，蓋清代常州詞派好以寄託論詞，難免穿鑿附會，較之杜甫以詩詠史、致君堯舜之志，固不可同日而語。再則王國維「詞中老杜，非周邦彥不可」之論，羅忼烈與劉揚忠均有條件之贊成，羅氏云：「如果指法度上多變化、局面開闊，則周詞有類似杜詩的地方，並且較其他詞人突出。」（參注18及注20），劉氏云：「周邦彥在章法、聲律、修辭等方面對宋詞的貢獻，誠然能使人聯想起杜甫在唐詩中的某些作用，但在思想內容、胸懷氣度、藝術境界及風骨體制等等重大方面，周與杜的差距，何啻霄壤！」劉氏更進一步指出兩宋詞人中，差堪與杜甫相比者，「便是有詞壇飛將軍和詞中之龍之譽的辛棄疾。」（並參注21）可知兩宋詞人，無論豪放、婉約，均見

19　此語見宋・胡寅〈酒邊集序〉（收入明・吳訥《唐宋元明百家詞》第三冊，台北：廣文書局，一九七一年五月。）

20　此文載於《詞學》第四輯（上海：華東師範大學出版社，一九八六年八月），頁一至二〇。

21　此文爲第三屆國際辛棄疾學術研究會發表論文，一九九二年三月，由海南師院中文系主辦。

比之老杜，雖各有觀點，各有立場，然就字面、修辭之取法杜詩，則無異議；而杜詩對宋詞之影響，亦確乎既深且廣也。（詳參後文可知）

其二，詞論家謂史達祖似李賀，吳文英似李賀、李商隱，以所處時代言之，一在晚唐，一在晚宋，其時詩壇、詞壇，均偏重形式、技巧，以綿麗爲尚，比其鍊字鍊句，誠多所借鑒，二李之影響宋詞，亦信而有徵也。（詳參後文可知）

其三，至若合論部分，以風格類推，似亦可窺其一隅，然綜論其全體與詩詞創作之目的，恐亦有所爭議。譬若姜夔兼「王、孟、韋、柳之長」，如何詮釋？大歷十子可比之賀鑄、晏幾道，復可比之姜夔、張炎；而此四人在詞壇，未見相提並論，如何均以十子相比？故以風格相比論，未免抽象，存疑可也。

三、就字面、句法，留意觀察，而探得宋詞人借鑒於詩人句法之評論，如黃庭堅〈小山詞序〉云：

> 叔原（晏幾道字叔原，號小山）獨喜弄於樂府之餘，而寓以詩人之句法，清壯頓挫，能動人心。[22]

陳師道《后山詩話》云：

> 退之以文為詩，子瞻以文為詞，如教坊雷大使之舞，雖極天下之工，要非本色。[23]

---

22 金啓華、張惠民等編《唐宋詞集序跋匯編》（臺北：臺灣商務印書館，一九九三年二月）頁二五。

23 按：后山此言，今人張子良先生曾提出質疑，以爲「或係江西詩派後人所爲，因循詩派推尊宗主之例爲說，而

湯衡〈張紫微雅詞序〉云：

> 衡嘗獲從公（指張孝祥）游，見公平昔為詞，未嘗著稿，筆酣興健，頃刻即成，初若不經意，反復究觀，未有一字無來處。……所謂駿發蹈厲，寓以詩人句法者也。[24]

此所謂「寓以詩人句法」，蓋謂運用詩中鍊字、修辭、造句等形式技巧以塡詞。而所謂「以詩爲詞」，應指蘇軾能突破詞之音律束縛，以及婉約爲正宗之傳統意識，而拓展詞之內容，使之如詩體般，具有言志詠懷之功能；同時，亦指能運用詩之鍊字、鍊句等形式技巧，以求突破詞之柔媚語言，所謂「寓以詩人句法」是也。此外，上列三評論雖未明言借鑒於唐詩之句法，然晏、蘇、張三人之取材於唐詩，亦毋庸置疑，蘇詞引用之量尤夥。

四、明確指出借鑒於唐詩之評論，如王銍《默記》卷下云：

> 賀方回遍讀唐人遺集，取其意以為詩詞，然所得在詞人遺意也；不如晏叔原盡見升平氣象，所得者人情物態。叔原妙在得於婦人，方回妙在得詞人遺意。[25]

陳振孫《直齋書錄解題》卷二一云：

> 美成詞多用唐人詩檃括入律，渾然天成。長調尤善鋪敘，富豔精工，詞人之甲乙也。[26]

託名後山以傳耶！」（〈東坡是曲子中縛不住者辨析〉，《中國學術年刊》第十一期，國立台灣師範大學國文研究所畢業同學會編，一九九〇年三月，頁一七七至二〇一）

24 金啓華、張惠民等編《唐宋詞集序跋匯編》（臺北：臺灣商務印書館，一九九三年二月）頁一六四。

25 宋・王銍撰，朱杰人點校《默記》卷下（北京：中華書局，一九九七年十二月二刷，頁四六）

26 臺北：臺灣商務印書館，《景印文淵閣四庫全書》本，一九九五年八月，冊六七四，頁八八八。

張炎《詞源》序云：

美成負一代詞名，所作之詞，渾厚和雅，善於融化詩句。其卷下〈雜論〉項復云：「美成詞只當看他渾成處，於軟媚中有氣魄，採唐詩融化如自己者，乃其所長。」[27]

沈義父《樂府指迷》云：

凡作詞，當以清真為主。蓋清真最為知音，且無一點市井氣，下字運意，皆有法度，往往自唐、宋諸賢詩句中來，而不用經史生硬字面，此所以為冠絕也。[28]

沈義父《樂府指迷》云：

施梅川（即施岳）音律有源流，故其聲無外誤；讀唐詩多，故語雅澹。[29]

陳廷焯《白雨齋詞話》卷七云：

辛稼軒運用唐人詩句，如淮陰將兵，不以數限，可謂神勇。[30]

況周頤《蕙風詞話》卷一云：

兩宋人填詞，往往用唐人詩句。[31]

---

27 同注4，冊一，頁二六五。
28 同前注，冊一，頁二七七。
29 同前注，冊一，頁二七九。
30 同前注，冊四，頁三九五〇。
31 同前注，冊五，頁四四一九。

是知：宋詞人賀鑄、周邦彥、辛棄疾、施岳等，借鑒唐詩之範疇，含詩意及字面，周邦彥尤能避用經史中生硬字面，其效果則能幾於「軟媚中有氣魄」、「渾厚和雅」或造語「雅澹」之境地。至於況周頤所論，係指宋詞人之借鑒唐人詩句，乃普遍之現象，此言洵是。王世貞《藝苑卮言》曾載一事云：「(宋徽宗)宣、政間，戚里子邢俊性滑稽，喜嘲咏，常出入禁中，喜作〈臨江仙〉詞，末章必用唐律兩句爲謔，以寓調笑。」徽皇置花石綱之大者，曰神運石，大舟排聯數十尾，僅能勝載。即至，上大喜，置艮嶽萬歲山，命俊臣爲〈臨江仙〉詞，以高字爲韻。末句云：『巍峨萬丈與天高。物輕人意重，千里送鵝毛。』又令賦陳朝檜，以陳字爲韻。檜亦高五六丈，圍九尺餘，枝覆地幾百步。詞末云：『遠來猶自憶梁陳。江南無好物，聊贈一枝春。』上容之，不怒也。內侍梁師成，位兩府，甚尊顯用事，以文學自尚，尤自矜爲詩，因進詩，上稱善，顧語俊臣曰：『汝可爲好詞，以詠師成詩句之美。』且命押詩字韻。俊臣口占，末云：『欲知勤苦爲新詩，吟安一箇字，撚斷數莖髭。』上大笑。」[32]可見當時風尚所趨，雖滑稽之徒，亦不免此習染。

五、進一步指出借鑒唐代某詩人或源出某詩人之評論

，亦俯拾即是，如張侃《拙軒詞話》云：

(韓)偓之詩淫靡，類詞家語。前輩或取其句，或剪其字，雜於詞中。歐陽文忠嘗轉其語

---

32 同前注，冊一，頁三九二。

而用之，意尤新。[33]

鄭文焯《片玉詞》批云：

清真風骨，原於劉夢得、韓致光，與屯田所作甚異而同工。[34]

吳衡照《蓮子居詞話》卷一云：

辛稼軒別開天地，橫絕古今，論、孟、詩小序、左氏春秋、南華、離騷、史、漢、世說、選學、李、杜詩，拉雜運用，彌見其筆力之峭。[35]

況周頤《蕙風詞話》云：

唐賢為詞，往往麗而不流，與其詩不甚相遠也。劉夢得〈憶江南〉「春去也，多謝洛城人。弱柳從風疑舉袂，叢蘭浥露似沾巾。獨坐亦含顰。」，流麗之筆，下開宋子野、少游一派。唯其出自唐音，故能流而不靡，所謂「風流高格調」其在斯乎？[36]

張炎《詞源》卷下〈字面〉項云：

賀方回、吳夢窗皆善於煉字面，多於李長吉、溫庭筠詩中來。[37]

---

33 同前注，冊一，頁一九四。

34 同注18，頁五〇一。

35 同注4，冊三，頁二四〇八。

36 同前注，冊五，頁四四二三。

37 同前注，冊一，頁二五九。《宋史》卷四四三〈列傳二〇二．文苑五．賀鑄傳〉載：「（鑄）博學強記，工語言，深婉密麗，如次組繡。尤長於度曲，掇拾人所棄遺，少加檃括，皆爲新奇。嘗言：吾筆端驅使李商隱、溫庭筠

鄭文焯〈張孟劬書〉云：

玉田謂：「取字當從溫、李詩中來」今觀美成、白石諸家，嘉藻紛縟，靡不取材於飛卿、玉溪，而於長爪郎（按：李賀爲人纖瘦，通眉長指爪，故云。）雋語，尤多裁製。嘗究心於此，覺玉田言不我欺。因暇熟讀長吉詩，剌其文字之驚采絕豔，一一匯錄，擇之務精；或為妃儷，頓獲巧對。溫八叉本工倚聲，其詩中典要，與玉溪獺祭稍別，亦自可綷以藻詠，助我詞華。必不可臆造纖靡之詞，自落輕俗之習，務使運用無一字無來歷。熟讀諸家名製，思過半已。[38]

謝章鋌《賭棋山莊詞話》卷九云：

晏、秦之妙麗，源於李太白、溫飛卿；姜、史之清真，源於張志和、白香山；惟蘇、辛在詞中，則藩籬獨闢矣！[39]

從以上諸家之評論，可知中、晚唐詩人，如劉禹錫、韓偓、李賀、溫庭筠、李商隱等，最爲宋代詞家所喜愛；婉約詞家如賀鑄、周邦彥、吳文英等，尤好借鑒晚唐溫、李（含李賀、李商隱）之作品，以鍊其字面。沈義父《樂府指迷》稱：「要求字面，當看溫飛卿、李長吉、李商隱

常奔命不暇。」（鼎文二十四史版，參注16）是知賀鑄自言，其塡詞係取法乎李商隱、溫庭筠，非李賀（長吉）、溫庭筠也。

38 轉引自宋·張炎撰，蔡楨疏證《詞源疏證》（臺北：學海出版社，一九八八年一月），頁二五。

39 同注4，冊三，頁三四四四。

及唐人諸家詩句中字面好而不俗者，采摘用之。」[40]最足爲婉約詞家之喜好，作一總結。而豪放詞家辛棄疾，則喜借鑒盛、中唐之李、杜，取徑顯然有別。至論流麗、妙麗、淸眞等風格之源於某詩家，恐亦偈限一隅，難得明證也。

總之，歷來詞論家論唐詩與宋詞之關係，約而言之，蓋有三大方向：其一，以唐代詩風之轉變喻宋代詞風之轉變；其二，以唐代詩家之風格喻宋代詞家之風格；其三，就鍊字、鍊句等形式技巧，論宋詞人對唐詩之取法；甚而明確指出源於唐代某特定詩人。若綜合前列三方面之評論，觀其所涉及之唐代詩人，蓋有孟浩然、王昌齡、高適、王維、李白、杜甫、張志和、岑參、韋應物、韓愈、劉禹錫、柳宗元、白居易、李賀、杜牧、溫庭筠、李商隱、韓偓等十八人，包含大歷十才子，則有二十八人之多；自盛唐至晚唐，自自然派、浪漫派至社會派、豔麗派，兼而有之，而最爲詞論家所道及者，厥爲盛唐之杜甫及晚唐之溫、李（含李賀）。

至所涉及之兩宋詞人，則有歐陽脩、晏幾道、張先、柳永、蘇軾、黃庭堅、秦觀、賀鑄、周邦彥、張孝祥、辛棄疾、姜夔、史達祖、高觀國、吳文英、施岳、王沂孫、張炎等十八人，自宋初至晚宋，兼婉約與豪放；而最爲詞論家所道及，以爲善借鑒於唐詩者，厥稱北宋之賀鑄、周邦彥及南宋之吳文英。

雖然，此三大方向之評論中，涉及風格者，率僅得詩人之一隅；且各取所需，難窺全豹。由於此等言論過於抽象，誠不易論得結果。至若兩宋詞人鍊字、修辭、造句好借鑒唐詩，其具

---

[40] 同前注，冊一，頁二七九。

體現象爲何？尤其大量開啓借鑒風尚者爲何人？集唐人詩句入詞之現象，又爲何人開啓？甚而賀鑄嘗言「吾筆端驅使李商隱、溫庭筠常奔命不暇」（參注37），其實際情形如何？凡此種種問題，詞學界素乏專文全面探究。[41] 因之，本書上篇，即從宋詞借鑒唐詩之角度，企圖解決上揭之問題。

至於下篇，則係有鑒於兩宋詞人好借鑒唐詩，乃不爭之事實。因思若能以詞人借鑒之唐詩爲工具，對宋詞進行繫年、校勘、箋注，或亦可爲宋詞之研究另闢蹊徑，至少亦可對宋詞校箋之工作，取得更精確圓滿之結果。要之，値此中國古典文學研究者，競相引進西方文學理論，做爲研究法門之際，傳統之研究方法，是否仍有突破之空間？亦爲本書所欲呈現者。

而本書所錄各章中，計有〈晏殊《珠玉詞》借鑒唐詩之探析——兩宋詞人大量借鑒唐詩之先驅〉、〈賀鑄《東山詞》取材唐詩之方法〉（本書擴寫時易名為〈賀鑄《東山詞》借鑒唐詩之探析——兩宋詞人借鑒唐詩之奇葩〉）、〈蘇軾集句詞四考〉（本書擴寫時，易名為〈蘇軾集句詞探微〉）、〈唐詩校勘北宋詞示例〉（本書擴寫時，易名為〈唐詩校勘《全宋詞》——以北宋詞為例〉）等四篇論文，均曾獲得行政院國家科學委員會之甲種研究獎勵，則見此等研究方法，或如野人獻曝，亦有可取之處，尙祈　方家教正之。

41 詞學界之相關論文，如吳世昌〈小山詞用成句及其他〉、朱自力〈周邦彥融詩入詞之特色〉、陳永宏〈試論宋詞對唐詩的化用及其文化解讀〉、曹淑娟〈宋詞中詩典運用之類型析論〉，甚至劉慶雲編著《詞話十論》，亦列有「借鑒論」（以上諸論文及著作，其出處均請參本書所附「重要參考書目」）專章，提出部分見解，然於本書所揭櫫之問題，終未道及之。

上篇　宋詞借鑒唐詩

本篇分四章，首爲〈綜論兩宋詞人借鑒唐詩之技巧〉，係就兩宋詞壇借鑒唐詩之現象，作一全面整理，歸納其技巧凡九，並分四類以賅之：一曰字面之借鑒，包含㈠截取唐詩字面；㈡鎔鑄唐詩字面。二曰句意之借鑒，包含㈠增損唐詩字句；㈡化用唐詩句意；㈢襲用唐詩成句；㈣合集唐詩成句。三曰詩篇之借鑒，係專指檃括唐詩篇章而言，包含㈠局部檃括唐詩；㈡全闋檃括唐詩。四曰其他類，包含㈠引唐詩人故實；㈡綜合運用各技巧。此中，每一類均舉南北宋詞人作品以證之；至於晏殊、王安石、賀鑄三人，於宋詞借鑒唐詩之過程中，各居關鍵地位，因別立三章予以探析，以見此風尚縱面之發展。

次爲〈晏殊《珠玉詞》借鑒唐詩之探析〉，係著眼於宋人大量借鑒唐詩之風尚，實由晏殊啓之；且九種技巧中，唯「合集唐詩成句」，猶未見之，餘實具體而微，呈現於《珠玉詞》中。至若「合集唐詩成句」入詞，則由王安石開啓風氣，因次以〈王安石《臨川先生歌曲》借鑒唐詩之探析〉。且由觀察得知，經由晏殊、王安石之先導，宋詞人借鑒唐詩，至北宋晚期已全然成熟；其中賀鑄「遍讀唐人遺集，取其意以爲詩詞」（王銍《默記》卷下）、周邦彥「多用唐人詩檃括入律，混然天成」（陳振孫《直齋書錄解題》卷二一），最爲凸出。然論技巧之變化，取材之多端，賀鑄較周邦彥實有過之，因殿以〈賀鑄《東山詞》借鑒唐詩之探析〉，以見兩宋詞人之借鑒唐詩，至賀鑄已然技巧備盡。自此以後，各詞家不過承流繼響，更難翻奇出新；此亦本書所以稱之爲「奇葩」之故也。

其次，經探析晏殊詞中借鑒唐詩之現象，終可對晏殊既屬崑體詩人，爲何所作復與之不盡相同，尋得解答，蓋能兼取中、晚唐詩風使然也。且自王安石《臨川先生歌曲》借鑒唐詩之實況，亦可證合乎其平素讀唐詩之好尙。而似此以詞中借鑒唐詩之現象，論及宋詩人之風格及習尙，或亦可爲研究宋詩者指出新方向。

再者，經全面探析，筆者復發現「筆端驅使李商隱、溫庭筠常奔命不暇」（《宋史》卷四四三〈賀鑄傳〉）之賀鑄，實際係以借鑒杜牧作品爲最夥，此中出入，殊値玩味。然科學之統計分析，較諸詞話式之批評，尤能得其眞相，此亦本文之一得也。

綜論兩宋詞人借鑒唐詩之技巧

壹、前　言：術語釋名與行文原則

就本書緒論所述，可知兩宋詞人好借鑒唐詩，歷來詞論家均已留意及之，且爲不爭之事實。然具體技巧爲何？素無人專論之。而經筆者全面探析，要而言之，則有截取、增減、襲用、代用、集句、檃括，以及引用唐詩人故實，綜合運用各技巧等，本文將分項舉證，以見個中消息，茲先將使用術語，說明如次：

甲、凡取材唐詩，止於辭彙之引用者，均歸入「截取唐詩字面」一項[1]，其下又分「自一詩句中截取兩字面」、「自兩詩句中截取兩字面」、「自一詩句中截取一字面」三子目。

1　宋・張炎《詞源》卷下〈字面〉項云：「句法中有字面，蓋詞中一個生硬字用不得，須是深加煆煉，字字敲打得響，歌誦妥溜，方爲本色語。」（臺北：新文豐出版公司詞話叢編本，一九八八年二月，頁二五九）本文「字面」一詞源出於此，其意如今云「辭彙」，非指「一個字」也。

乙、凡擷取或濃縮唐詩詩句成一字面者歸入「鎔鑄唐詩字面」一項。

丙、凡取材唐詩整句，不易其文意、語序，僅增減或更動一、二字者，均歸入「增損唐詩字句」一項，其下又分「就唐詩句增字」、「就唐詩句減字」、「改易唐詩字句」三子目。

丁、凡取材唐詩片段，不易其文意，而另造新句；或引伸文意，反用文意，而另造新句者，統謂之檃括。然本文爲區別全首檃括之作，特將此等現象歸入「化用唐詩句意」一項，其下又分「襲其意而易其語」、「引伸唐詩句意」、「反用唐詩句意」三子目。

戊、凡取材唐詩，而襲用一首詩之成句，又不致全首引用者，均歸入「襲用唐詩成句」一項。

己、凡取材唐詩，而襲用二首以上之唐詩成句，不論是否同爲一人之作，其在一闋詞中若已佔相當比例者，均歸入「合集唐詩成句」一項。

庚、凡取材唐詩，而化用或剪裁全首句意；或襲用全首句意，中夾其他詞句者（如賀鑄〈晚雲高〉即是），均歸入「檃括唐詩」，其下又分「局部檃括唐詩」、「全闋檃括唐詩」兩項。

辛、凡取材唐代詩人故實，或詩人作品已爲一故實者（如王維〈送元二使安西〉詩），均歸入「援引唐詩人故實」一項。

壬、凡取材唐詩，兼有二種以上之技巧者，若作者題序已註明其側重者，則尊重作者之意見。如蘇軾〈定風波〉（雨洗娟娟嫩葉光）一詞，兼有增減、化用、集句等技巧，而蘇軾題云：「集古句作墨竹詞」，故本文即歸入「合集唐詩成句」一項。若作者題序上未註明，則歸入「綜合運用各技巧」一項。

癸、以上九種借鑑技巧，又分四大類以賅之：一曰字面之借鑒，包含㈠截取唐詩字面；㈡鎔鑄唐詩字面。二曰句意之借鑒，包含㈠增損唐詩字句；㈡化用唐詩句意；㈢襲用唐詩成句；㈣合集唐詩成句。三曰詩篇之借鑒，係指檃括唐詩篇章而言，包含㈠局部檃括唐詩；㈡全闋檃括唐詩。四曰其他，包含㈠援引唐詩人故實；㈡綜合運用各技巧。

至於行文原則，亦說明如次：其一，每項舉證，以不超過二十例爲原則，然其數量之多寡，又視每項之常見程度增減之；項下分類舉證，亦同此原則。其二，每一詞家，以舉一證爲原則，然若某詞家所用之某技巧較他人爲夥，則增舉一例以示凸出。至其排列，則依時代先後爲序。其三，每闋詞之標點，凡錄半闋以上，段落完整，故以「。」表押韻，以「，」表不押韻；零星舉例，則以命意爲斷。至於詩篇，係以「，」表單句意思完整，「；」表兩句意思完整，「。」表整段或全詩之意思完整。其四，凡引《全宋詞》，均以臺灣印行之繁體字五冊本爲主，冊數、頁碼逕標於引詞之下；至於《全唐詩》，無論大陸、臺灣印行之版本，其卷數、頁碼均相同，唯裝訂之冊數不同，因之本書所引《全唐詩》，均逕標卷數及頁碼於其下，而略去其冊數。

貳、正　文

一、字面之借鑒

㈠截取唐詩字面：

1.自一詩句中截取兩字面

(1)晏殊〈山亭柳〉(贈歌者)：「數年來往咸京道，殘杯冷炙謾消魂。」(冊一，頁一〇六)

按：杜甫五古〈奉贈韋左丞丈二十二韻〉：「殘杯與冷炙，到處潛悲辛。」(卷二一六，頁二二五二)晏詞「殘杯」、「冷炙」兩詞，顯係截取杜甫詩句也。

(2)柳永〈八聲甘州〉(起句：對瀟瀟暮雨灑江天)：「是處紅衰翠減，苒苒物華休。」(冊一，頁四三)

按：李商隱〈贈荷花〉六句：「此荷此葉常相映，翠減紅衰愁煞人。」(卷五四二，頁六二〇二)柳詞「紅衰」、「翠減」兩詞，顯係截取李商隱詩句也。

(3)蘇軾〈賀新郎〉(起句：乳燕飛華屋)：「石榴半吐紅巾蹙，待浮花浪蕊都盡，伴君幽獨。」(冊一，頁二九七)

按：韓愈七古〈杏花詩〉：「浮花浪蕊鎮長有，才開還落瘴霧中。」(卷三三八，頁三七九二)蘇詞「浮花」、「浪蕊」兩詞顯係截取韓愈詩句；而蘇詞首句又係襲白居易〈題孤山寺石榴花示諸僧眾〉六句詩：「山榴花似結紅巾」而化用之也。

(4)賀鑄〈于飛樂〉(起句：日薄雲融)：「幾銷魂，偏健羨、紫蝶黃蜂。」(冊一，頁五二二)

按：李商隱七絕〈閨情〉：「紅露花房白蜜脾，黃蜂紫蝶兩參差。」(卷五三九，頁六一七八)賀詞「紫蝶」、「黃蜂」兩詞，顯係截取李商隱詩句。而「健羨」一詞，亦取自元稹五古〈遣病〉之三：「憶作孩稚初，健羨成人列」(卷四〇二，頁四四九七)；健羨，深羨也。

(5)周邦彥〈滿庭芳〉(起句：風老鶯雛)：「凭欄久、黃蘆苦竹，擬泛九江船。」(冊二，頁六〇一)

按：白居易〈琵琶行〉：「住近湓江地低濕，黃蘆苦竹遶宅生。」（卷四三五，頁四八二二）周詞「黃蘆」、「苦竹」兩詞，顯係截取白居易詩句，且用其故實也。（參注18）

2.自兩詩句中截取兩字面

(1)王安石〈桂枝香．金陵懷古〉：「念往昔、繁華競逐，歎門外樓頭，悲恨相續。」（冊一，頁二〇四）

按：杜牧〈臺城曲〉六句：「門外韓擒虎，樓頭張麗華。」（卷五二三，頁五九七七）王詞「門外」、「樓頭」兩詞，顯係截取杜牧兩詩句而來；且用韓、張故實以切題也。[2]

(2)秦觀〈望海潮〉（起句：梅英疏淡）「金谷俊游，銅駝巷陌，新晴細履平沙」（冊一，頁四五五）

按：唐人題詠洛陽，喜以金谷、銅駝並舉[3]，如駱賓王七古〈豔情代郭氏答盧照鄰〉：「銅駝路上柳千條，金谷園中花幾色。」（卷七七，頁八三八）又劉禹錫樂府〈楊柳枝詞〉：「金谷園中鶯亂舞，銅駝陌上好風吹。」（卷三六五，頁四四一三）秦觀此詞，《宋六十

---

2 杜詩兩句意謂：「隋軍已兵臨城下，陳後主與寵妃張麗華仍尋歡作樂。」樓頭指張妃所居結綺閣也。韓擒虎乃隋開國大將，曾率部眾自朱雀門入城，俘獲陳後主與張麗華。（見《隋書》卷五二，頁一三四〇、《北史》卷六八，頁二三七四，臺北：鼎文書局，一九八五年三月四版）。門外，即指韓所從入朱雀門也。蘇軾〈虢國夫人夜游圖〉詩：「當時亦笑張麗華，不知門外韓擒虎。」，亦同此意。

3 金谷園，在洛陽西，晉石崇所建。石崇以富豪著稱，每於金谷園宴飲。銅駝巷陌，指洛陽門外所置銅鑄駱駝，夾道相向。（《晉書》卷三三〈石苞傳附石崇傳〉，版本同前注，頁一〇〇七）而洛陽即緣有此二景，故詩人每喜並舉以寫入詩中。

名家詞》題作〈洛陽懷古〉，故秦觀既用洛陽故實，復染唐人金谷、銅駝並舉之習，寫入詞中也。

(3)賀鑄〈青玉案〉（起句：凌波不過橫塘路）：「錦瑟華年誰與度？月橋花院，瑣窗朱戶，只有春知處。」（冊一，頁五一三）

按：李商隱七律〈錦瑟〉：「錦瑟無端五十絃，一絃一柱思華年」（卷五三九，頁六一四四），賀詞「錦瑟」、「華年」兩詞，顯係截取李商隱兩詩句而來。

(4)周邦彥〈瑣窗寒〉（起句：暗柳啼鴉）：「想東園、桃李自春，小唇秀靨今在否？」（冊二，頁五九五）

按：李賀五古〈蘭香神女廟〉：「團鬢分蛛巢，濃眉籠小唇。」（卷三九三，頁四四三一）又五古〈惱公〉詩云：「曉奩妝秀靨，夜帳減香筒。」（卷三九一，頁四四一〇）周詞「小唇」、「秀靨」兩詞顯係截取李賀兩詩句而用之。

(5)辛棄疾〈滿江紅〉起首：「天與文章，看萬斛、龍文筆力。」（冊三，頁一八八八）

按：韓愈五古〈病中贈張十八詩〉：「文章自娛戲，金石日擊撞；龍文百斛鼎，筆力可獨扛。」（卷三四〇，頁三八一六）辛棄疾「龍文」、「筆力」兩詞，顯係截取韓愈兩詩句而用之。

3.自一詩句中截取一字面

(1)蘇軾〈滿江紅〉（寄鄂州朱使君壽昌）：「江漢西來，高樓下、葡萄深碧。」（冊一，頁二八〇）

按：李白七古〈襄陽歌〉：「遙看漢水鴨頭綠，恰似葡萄初潑醅。」（卷一六六，頁一七一五）

詩中以「鴨頭綠」、「葡萄初潑醅」形容漢水，爾後詩家、詞家即常取此字面，泛指水之深碧色。蘇詞而外，如葉夢得〈賀新郎〉（起句：睡起流鶯語）詞：「江南夢斷橫江渚，浪黏天、葡萄漲綠，半空煙雨。」（冊二，頁七六四）又劉辰翁〈寶鼎現・春月〉詞：「月浸葡萄十里，看往來神仙才子，肯把菱花撲碎？」（冊五，頁三二一四）均此例也。

(2)賀鑄〈愛孤雲〉（即〈太平時〉調，起句：閒愛孤雲靜愛僧）：「如今癡鈍似寒蠅，醉朦騰。」（冊一，頁五〇五）

按：韓愈五古〈送侯參謀赴河中幕〉：「默坐念語笑，癡如遇寒蠅。」（卷三三九，頁三八〇四）賀詞「寒蠅」一詞，顯係出自韓詩。又：韓偓七律〈格卑〉詩：「惆悵後塵流落盡，自拋懷抱醉朦騰。」（卷六八二，頁七八二〇）「醉朦騰」一詞，即出自韓偓詩也。

(3)周邦彥〈夜遊宮〉（起句：葉下斜陽照水）：「橋上酸風射眸子，立多時，看黃昏燈火市。」（冊二，頁六〇七）

按：李賀〈金銅仙人辭漢歌〉：「魏宮牽車指千里，東關酸風射眸子。」（卷三九一，頁四四〇三）周詞「酸風」一詞，顯係截取李賀詩句；而吳文英〈八聲甘州〉（起句：渺空煙四遠）：「箭徑酸風射眼，膩水染花腥。」（冊四，頁二九二六）亦此例也。又：吳詞「膩水」一詞，復化用杜牧〈阿房宮賦〉：「渭流漲膩，棄脂水也」之句，併註於此。

(4)朱敦儒〈臨江仙〉起首：「直自鳳凰城破後，擘釵破鏡分飛。」（冊二，頁八四二）

按：白居易〈長恨歌〉：「釵留一股盒一扇，釵擘黃金盒分鈿。」（卷四三五，頁四八二〇）

朱詞「擘釵」一詞顯係截取白居易詩句而來；而辛棄疾〈祝英臺近・晚春〉起首：「寶釵分，桃葉渡，煙柳暗南浦。」（冊三，頁一八八二）吳文英〈瑞鶴仙〉（起句：晴絲牽緒亂）：「歌塵凝扇，待憑信，拚分鈿。」（冊四，頁二八七五）其中「釵分」、「分鈿」，亦係取自白詩也。

(5)李清照〈念奴嬌〉（起句：蕭條庭院）：「險韻詩成，扶頭酒醒，別是閒滋味。」（冊二，頁九二一）又范成大〈眼兒媚〉（起句：酣酣日腳紫雲浮）：「困人天色，醉人花氣，午夢扶頭。」（冊三，頁一六二三）

按：白居易五言排律〈早飲湖州酒寄崔使君〉：「一榼扶頭酒，泓澄瀉玉壺。」（卷四四六，頁五〇〇四）李、范詞中「扶頭」一詞，顯係出自白詩，謂易醉之酒也。

(二)鎔鑄唐詩字面

1.歐陽修〈虞美人〉起首：「爐香晝永龍烟白，風動金鸞額。」（冊一，頁一四四）

按：李賀〈宮娃歌〉：「寒入罘罳殿影昏，彩鸞簾額著霜痕。」（卷三九一，頁四四〇八）歐詞「金鸞額」一詞，即由李賀詩句化出，謂畫有金鸞狀之簾額也。

2.黃庭堅〈青玉案〉（起句：行人欲上來時路）：「滿天星月，看人憔悴，燭淚垂如雨。」（冊一，頁三八四）

按：杜牧七絕〈贈別〉：「蠟燭有心還惜別，替人垂淚到天明。」（卷五二三，頁五九八八）黃詞「燭淚」一詞，即自杜牧兩詩句化出也。

3.姜夔〈念奴嬌〉（起句：鬧紅一舸）：「三十六陂人未到，水珮風裳無數。」（冊三，頁二一七七）
按：李賀古樂府〈蘇小小墓〉：「風爲裳，水爲珮。」（卷三九〇，頁四三九六）本指美人之妝飾，姜詞化爲「水珮」、「風裳」二詞，用指荷葉、荷花，猶言水葉、風荷也。又：「三十六陂」一詞，宋人詩詞常用，乃虛解，非實地，泛言池塘之多也。如王安石詩：「三十六陂烟水，白頭想見江南。」即是詩中一例。

4.史達祖〈八歸〉（起句：秋江帶雨）：「想半屬、漁市樵邨，欲暮競然竹。」（冊四，頁二三四〇）
按：柳宗元〈漁翁〉六句詩云：「漁翁夜傍西巖宿，曉汲清湘然楚竹。」（卷三五三，頁三九五七）史詞無「然竹」一詞，顯係擷取柳宗元詩句而成之新詞也。

5.張炎〈渡江雲〉（起句：山空天入海）：「長疑即見桃花面，甚近來翻致無書？」（冊五，頁三四六八）
按：崔護七絕〈題都城南莊〉詩云：「去年今日此門中，人面桃花相映紅。」（卷三六八，頁四一四八）張詞「桃花面」一詞，即擷取崔詩而成之新詞也。（參注13）

二、句意之借鑒

㈠增損唐詩字句

1.就唐詩句增字：

(1)歐陽修〈南歌子〉（起句：鳳髻金泥帶）：「走來窗下笑相扶，愛道畫眉深淺入時無。」（冊一，頁一四〇）
按：朱慶餘七絕〈近試上張水部〉：「妝罷低聲問夫婿，畫眉深淺入時無？」（卷五一五，頁五八九二）歐詞下句，顯係襲用朱慶餘詩句，特加「愛道」兩字以成九字句也。

(2)賀鑄〈將進酒〉（即〈小梅花〉調，起句：城下路）：「開函關，掩函關，千古如何不見一人閑。」（冊一，頁五〇九）

按：戴叔倫五古〈淮南逢董校書〉：「如何百年內，不見一人閑！」（卷二七三，頁三〇七四）賀詞第三句，顯係襲用戴叔倫詩句，特加「千古如何」四字以成九字句也。

(3)賀鑄〈羅敷歌〉（即〈採桑子〉調，起句：河陽官罷文園病）：「人生聚散浮雲似，回首明年，何處尊前，悵望星河共一天。」（冊一，頁五一七）

按：張繼七律〈重經巴丘〉：「人生聚散雲相似，往事冥微夢一般。」（卷二四二，頁二七二三）賀詞「人生」句，即襲用張繼詩成句。又按：李洞五律〈送雲卿上人游安南〉詩云：「島嶼分諸國，星河共一天。」（卷七二一，頁八二七二）賀詞末句，顯係襲用李洞詩句，特加「悵望」兩字，以成七字句也。

(4)周邦彥〈虞美人〉（起句：疏籬曲徑田家小）：「天寒山色有無中，野外一聲鐘起送孤蓬。」（冊二，頁六一八）

按：王維五律〈漢江臨泛〉：「江流天地外，山色有無中。」（卷一二六，頁一二七九）周詞上句，顯係襲用王維詩，特加「天寒」二字以成七字句也。

(5)周邦彥〈西平樂〉（起句：稚柳蘇晴）：「嘆事與孤鴻盡去，身與塘蒲共晚。」（冊二，頁五九八）

按：杜牧五律〈題安州浮雲寺樓寄湖州張郎中〉：「恨如春草多，事逐孤鴻去。」（卷五二〇，頁五九四五）周詞上句「嘆」字下六字，顯就杜詩下句增一「盡」字，且易「逐」

爲「與」也；其〈瑞龍吟〉（起句：章臺路）：「事與孤鴻去，探春盡是，傷離意緒。」（卷（冊二，頁五九五）同此，又李賀〈還自會稽歌〉：「吳霜幾點歸鬢，身與塘蒲晚。」（卷三九〇，頁四三九三）周詞下句，顯就李詩下句增一「共」字也。

(6)辛棄疾〈賀新郎〉（起句：甚矣吾衰矣）：「白髮空垂三千丈，一笑人間萬事。」（冊三，頁一九一五）

按：李白〈秋浦歌〉十七首之十五：「白髮三千丈，緣愁似箇長。」（卷一六七，頁一七二四）辛詞上句顯就李詩增「空垂」兩字也。

(7)辛棄疾〈滿江紅〉（起句：過眼溪山）：「吳楚地，東南坼；英雄事，曹劉敵。」（冊三，一八七〇）

按：杜甫五律〈登岳陽樓〉：「吳楚東南坼，乾坤日夜浮。」（卷二三三，頁二五六六）辛詞首兩句，顯就杜詩上句增一「地」字，且破爲兩句也。

2.就唐詩句減字：

(1)蘇軾〈念奴嬌〉（起句：憑高眺遠）：「我醉拍手狂歌，舉杯邀月，對影成三客。」（冊一，頁三三〇）

按：李白五古〈月下獨酌〉四首之一：「舉杯邀明月，對影成三人。」（卷一八二，頁一八五三）蘇詞後兩句，顯就李詩上句減一「明」字，且易下句「人」字爲「客」字。

(2)黃庭堅〈西江月〉起首：「斷送一生唯有，破除萬事無過。」（冊一，頁四〇〇）

按：韓愈〈游城南十六首．遣興〉：「斷送一生唯有酒，尋思百事不如閒。」[4]（卷三四三，頁三八五二）又七古〈贈鄭兵曹〉詩云：「杯到君處莫停手，破除萬事無過酒。」（卷三三八，頁三七八七）黃詞兩句，顯襲用韓詩兩句，而各減一「酒」字也。

(3)賀鑄〈羅敷歌〉（即〈採桑子〉調）起首：「東南自古繁華地，歌吹揚州。」（冊一，頁五一七）

按：杜牧五律〈題揚州禪智寺〉：「斜陽竹西路，歌吹是揚州。」（卷五二二，頁五九六四）賀詞下句，顯襲用杜牧詩而減一「是」字也。

(4)姜夔〈琵琶仙〉（起句：雙槳來時）：「十里揚州，三生杜牧，前事休說。」（冊三，頁二一七八）

按：杜牧七絕〈贈別〉：「春風十里揚州路，捲盡珠簾總不如。」（卷五二三，頁五九八八）

又：黃庭堅七律〈廣陵早春〉云：「春風十里珠簾捲，彷彿三生杜牧之。」姜詞前兩句，顯係襲用杜、黃詩句而各減三字以入詞，而黃詩原亦自杜牧詩脫胎而來，且用其故實也。

(5)周密〈瑤華〉（起句：朱鈿寶玦）結拍：「記少年一夢揚州，二十四橋明月。」（冊五，頁三三二六九）

按：杜牧七絕〈寄揚州韓綽判官〉：「二十四橋明月夜，玉人何處教吹簫。」（卷五二三，頁

---

4 「斷送」，猶云過也；度也。二字平用，「斷」亦「送」也。如杜甫〈水檻遣心〉詩：「淺把涓涓酒，深憑送此生。」送此生者，猶云度此生也。又〈曲江〉詩：「自斷此生休問天，杜曲幸有桑麻田。」斷此生者，了此生也，即所謂終殘年也。至若「斷送」兩字連用，韓詩、黃詞，即是一例，均謂「度過一生唯有酒也」。

五九八二）周詞下句　顯就杜詩上句減一「夜」字，其上句亦用杜牧故實也。（參注19）。

(6)張炎〈高陽臺〉起首：「接葉巢鶯，平波捲絮，斷橋斜日歸船。」（冊五，頁三四六三）

按：杜甫五律〈陪鄭廣文游何將軍山林〉十首之二：「卑枝低結子，接葉暗巢鶯。」（卷二二四，頁二三九八）張詞首句，顯就杜詩下句減一「暗」字也。

3.改易唐詩字句：

(1)晏殊〈木蘭花〉起首：「燕鴻過後鶯歸去，細算浮生千萬緒。長於春夢幾多時，散似秋雲無覓處。」（冊一，頁九五）

按：白居易〈花非花〉樂府：「來如春夢幾多時，去似朝雲無覓處。」（卷八九〇，頁一〇〇五六）晏詞後兩句顯襲用白詩句，而易「來如」、「去」、「朝」四字。

(2)歐陽修〈採桑子〉（起句：殘霞夕照西湖好）：「十頃波平，野岸無人舟自橫。」（冊一，頁一二二）

按：韋應物七絕〈滁州西澗〉詩云：「春潮帶雨晚來急，野渡無人舟自橫。」（卷一九三，頁一九九五）歐詞下句，顯襲用韋詩而易「渡」爲「岸」字也。

(3)賀鑄〈避少年〉（即入〈鷓鴣天〉調，起句：誰愛松陵水似天）：「清風明月休論價，賣與愁人直幾錢？」（冊一，頁五〇二）

按：李白〈襄陽歌〉：「清風明月不用一錢買，玉山自倒非人推。」（卷一六六，頁一七一五）又杜牧七絕〈醉贈薛道封〉詩云：「男兒事業知公有，賣與明君直幾錢？」（卷五二四，頁五九九六）賀詞上句，顯係化用李白詩意，其下句，則襲用杜牧詩，而易「明君」爲「愁人」也。

(4)賀鑄〈捲春空〉（即〈定風波〉，起句：牆上夭桃簇簇紅）：「自是芳心貪結子，翻使，惜花人恨五更風。」（冊一，頁五〇五）

按：王建〈宮詞〉百首之九十：「自是桃花貪結子，錯教人恨五更風。」（卷三〇二，頁三四四五）賀詞兩句顯化用王建詩而來，特易「桃花」爲「芳心」，易「錯教」爲「翻使」，復加「惜花」一詞也。

(5)周邦彥〈尉遲杯〉（起句：隋堤路）：「冶葉倡條俱相識，仍慣見，珠歌翠舞。」（冊二，六一三）

按：李商隱七古〈燕臺〉詩四首之一云：「蜜房羽客類芳心，冶葉倡條偏相識。」（卷五四一，頁六二三三）周詞首句，顯襲用李詩句，而易「偏」爲「俱」也。

(6)辛棄疾〈南鄉子〉（起句：何處望神州）：「千古興亡多少事，悠悠，不盡長江滾滾流。」（冊三，頁一九六一）

按：杜甫七律〈登高〉詩云：「無邊落木蕭蕭下，不盡長江滾滾來。」（卷二二七，頁二四六八）辛詞「不盡」句，顯係襲用杜詩，特爲押韻故，而易「來」爲「流」字也。

(7)姜夔〈淡黃柳〉（起句：空城曉角）：「強攜酒，小橋宅，怕梨花落盡成秋色。」（冊三，頁二一八一）

按：李賀〈河南府試十二月樂詞·三月〉：「曲水漂香去不歸，梨花落盡成秋苑。」（卷三九〇，頁四三九七）姜夔此詞之末句，「怕」字下七字，顯係襲用李詩，特爲押韻故，而易「苑」爲「色」字也。

(二)化用唐詩句意

1.襲其意而易其語

(1)柳永〈玉蝴蝶〉（起句：淡蕩素商行暮）：「對殘暉、登臨休歎，賞令節、酩酊方酬。」（冊一，頁四一）

按：杜牧七律〈九日齊山登高〉：「但將酩酊酬佳節，不用登臨恨落暉。」（卷五二二，頁五九六六）柳詞顯襲其意而易其語也。

(2)王安石〈桂枝香〉（起句：登臨送目）：「至今商女，時時猶唱，後庭遺曲。」（冊一，頁二〇四）

按：杜牧七絕〈夜泊秦淮〉：「商女不知亡國恨，隔江猶唱後庭花。」（卷五二三，頁五九八〇）王安石詞顯係襲其意而易其語也。

(3)晏幾道〈蝶戀花〉起首：「醉別西樓醒不記，春夢秋雲，聚散真容易。」（冊一，頁二二四）

按：白居易〈花非花〉樂府：「來如春夢幾多時，去似朝雲無覓處。」（卷八九〇，頁一〇〇五六）晏詞後兩句顯係襲其意而易其語也。

(4)蘇軾〈浣溪沙〉（起句：白雲清詞坐其間）下片：「可恨相逢能幾日，不知重會在何年？茱萸子細更重看。」（冊一，頁三一七）又：吳文英〈霜葉飛〉（起句：斷煙離緒關心事）：「漫細將、茱萸看，但約明年，翠微高處。」（冊四，頁二八七四）

按：杜甫七律〈九日藍田崔氏莊〉：「明年此會知誰健？醉把茱萸子細看。」（卷二二四，頁二四〇三）蘇、吳兩詞顯亦襲其意而易其語也。

(5)賀鑄〈喚春愁〉（即〈太平時〉，起句：天與多情不自由）：「試作小妝窺晚鏡，淡蛾羞。夕陽獨倚

水邊樓，認歸舟。」（冊一，頁五〇四）

按：溫庭筠五古〈過華清宮二十二韻〉：「卷衣輕鬢懶，窺鏡澹蛾羞。」（卷五八〇，頁六七三六）賀詞前兩句，顯襲溫詩下句句意而易其語也。又：「夕陽」兩句，亦化用溫庭筠〈望江南〉詞意，茲移錄供參考：「梳洗罷，獨倚望江樓。過盡千帆皆不是，斜暉脈脈水悠悠。腸斷白蘋洲。」

(6)秦觀〈水龍吟〉（起句：小樓連苑橫空）：「名韁利鎖，天還知道，和天也瘦。」（冊一，頁四五五）

按：李賀〈金銅仙人辭漢歌〉：「衰蘭送客咸陽道，天若有情天亦老。」（卷三九一，頁四四〇三）秦詞後兩句，顯襲李賀詩下句句意而易其語也。

(7)周邦彥〈滿庭芳〉起首：「風老鶯雛，雨肥梅子，午陰嘉樹清圓。」（冊二，頁六〇一）

按：杜甫五律〈陪鄭廣文游何將軍山林〉十首之五：「綠垂風折筍，紅綻雨肥梅。」（卷二二四，頁二三九八）周詞第二句，顯係襲杜甫詩下句句意而易其語也。又：劉禹錫五律〈晝居池上亭獨吟〉詩云：「日午樹陰正，獨吟池上亭。」（卷三五七，頁四〇一七）周詞第三句顯係襲劉禹錫詩上句句意而易其語也。至若周詞首則係襲用杜牧五古〈赴京初入汴日曉景即事先寄兵部李郎中〉：「風蒲燕雛老」（卷五二〇，頁五九四五）之詩句，而引伸用指「鶯雛」也。

(8)辛棄疾〈太常引〉（起句：一輪秋影轉金波）結拍：「斫去桂婆娑，人道是、清光更多。」（冊三，頁一九二七）

按：杜甫五律〈一百五日夜對月〉詩云：「斫卻月中桂，清光應更多。」（卷二二四，頁二四〇四）辛詞顯係襲杜甫詩意而易其語也。

(9)范成大〈憶秦娥〉（起句：樓陰缺）：「羅幃黯淡燈花結，燈花結，片時春夢，江南天闊。」（冊三，頁一六一五）

按：岑參七絕〈春夢〉：「枕上片時春夢中，行盡江南數千里。」（卷二〇一，頁二一〇七）范詞末兩句，顯襲岑參詩意而易其語也。

(10)姜夔〈霓裳中序第一〉（起句：亭皋正望極）：「流光過隙，嘆杏梁、雙燕如客。人何在？一簾淡月，彷彿照顏色。」

按：杜甫五古〈夢李白〉詩：「落月滿屋梁，猶疑照顏色。」（卷二一八，頁二二八九）姜詞顯襲杜甫詩意而易其語也。

(11)章良能〈小重山〉（起句：柳暗花明春事深）：「雨餘風轉碎鳴禽，遲遲日，猶帶一分陰。」（冊三，頁二一二五）

按：杜荀鶴五律〈春宮怨〉：「風暖鳥聲碎，日高花影重。」（卷六九一，頁七九二五）章詞顯係襲杜荀鶴詩意而易其語也。

(12)張炎〈疏影〉（起句：碧圓自潔）：「鴛鴦密語同傾蓋，且莫與、浣紗人說。」（冊五，頁三五〇三）

按：鄭谷七絕〈蓮葉〉：「多謝浣溪人未折，雨中留得蓋鴛鴦。」（卷六七五，頁七七三四）張詞顯係襲鄭谷詩意而易其語也。

2.引伸唐詩句意

(1)宋祁〈錦纏道〉（起句：燕子呢喃）：「向郊原踏青，恣歌攜手。醉醺醺，尚尋芳酒。問牧童，

遙指孤村道：杏花深處，那裏人家有。」（冊一，頁一一七）

按：杜牧七絕〈清明〉詩：「借問酒家何處有，牧童遙指杏花村。」原用於清明魂斷之情懷，宋詞則引伸用於郊原踏青，恣歌縱酒之景況。

(2)晏幾道〈鷓鴣天〉（起句：彩袖殷勤捧玉鍾）：「今宵賸把銀釭照，猶恐相逢是夢中。」（冊一，頁二二五）

按：杜甫五古〈羌村〉三首之一：「夜闌更秉燭，相對如夢寐。」（卷二一七，頁二二七七）原係寫久亂家人團聚之珍惜，晏詞則引伸轉寫男女珍惜重逢之情衷。

(3)蘇軾〈訴衷情〉上片：「小蓮初上琵琶絃，彈破碧雲天：分明繡閣幽恨，都向曲中傳。」（冊一，頁三〇九）

按：杜甫七律〈詠懷古跡五首〉之三：「千載琵琶作胡語，分明怨恨曲中論」（卷二三〇，頁二五一一）原係寫明妃出塞去國之苦，蘇詞則引伸轉寫閨中兒女之恨。

(4)曹組〈驀山溪．詠梅〉詞起首：「洗妝真態，不作鉛華御。竹外一枝斜，想佳人、天寒日暮。」（冊二，八〇一）

按：杜甫五古〈佳人〉：「天寒翠袖薄，日暮倚修竹。」（卷二一八，頁二二八七）原詩係寫棄婦處戰亂之苦痛，至此二句，則道出該婦女寂寞而堅貞之形象；亦杜甫棄官後之自我寫照也。然曹組詞則引伸寫梅花之孤芳姿態，姜夔〈疏影〉寫梅云：「客裏相逢，籬角黃昏，無言自倚修竹。」亦此意也。

(5)周密〈瑤華〉下片（起句：朱鈿寶玦）：「金壺翦送瓊枝，看一騎紅塵、香度瑤闕。」（冊五，頁

三二六九）

按：杜牧七絕〈過華清宮絕句三首〉之一：「一騎紅塵妃子笑，無人知是荔枝來。」（卷五二一，頁五九五四）此詩原係寫楊貴妃嗜荔枝，乃置騎千里傳送之故實[5]，而周詞轉寫瓊花，亦引伸一例也。

3.反用唐詩句意

(1)蘇軾〈浣溪沙〉下片（起句：山下蘭芽短浸溪）：「誰道人生無再少？門前流水尚能西，休將白髮唱黃雞。」（冊一，頁三一四）

按：白居易〈醉歌示妓人商玲瓏〉：「誰道使君不解歌，聽唱黃雞與白日；黃雞催曉丑時鳴，白日催年酉時沒。腰間紅綬繫未穩，鏡裏朱顏看已失。玲瓏玲瓏奈老何，使君歌了汝更歌。」（卷四三五，頁四八二三）此詩原係消極慨歎人生倏忽，轉眼老去；蘇詞則反用其意，勸人莫自傷白髮，悲嘆衰老。

(2)蘇軾〈南鄉子〉（起句：霜降水痕收）：「酒力漸消風力軟，颼颼，破帽多情卻戀頭。」（冊一，頁二九〇）又〈西江月〉（起句：點點樓頭細雨）結拍：「酒闌不必看茱萸，俯仰人間今古。」（冊一，頁二八四）

按：杜甫七律〈九日藍山崔氏莊〉詩有「休將短髮還吹帽，笑倩旁人爲正冠」及「明年

---

5 《新唐書》卷七六〈后妃上・楊貴妃傳〉載：「妃嗜荔枝，必欲生致之，走數千里，味未變，以致京師。」（臺北：鼎文書局，一九七九年十一月，頁三四九四）

此會知誰健，醉把茱萸子細看。」（卷二二四，頁二四〇三）兩聯，蘇詞〈南鄉子〉「破帽」句，顯係反用杜詩吹帽意，而〈西江月〉兩句，則反用杜詩「明年」兩句：一則謂人間俯仰即逝，但求把握此刻，毋須憂心明年；一則憂心明年此際，能有幾人健在，佩此茱萸赴會耶？

(3)羅志仁〈金人捧露盤〉（起句：濕苔青）：「興亡事、淚老金銅；驪山廢盡，更無宮女說玄宗。」（冊五，頁三四二九）

按：元稹五絕〈行宮〉詩云：「白頭宮女在，閒坐說玄宗。」（卷四一〇，頁四五五二）原寫白髮宮女閒話家常舊事，抒發盛衰之感慨。羅詞則反用其語，謂「更無宮女說玄宗」，以元兵入宋，故國淪亡、宮人散盡之苦痛。

(三)襲用唐詩成句

1.歐陽修〈朝中措〉起首兩句：「平水闌檻倚晴空，山色有無中。」（冊一，頁一二二）

按：詞中「山色」句係襲用王維五律〈漢江臨泛〉（卷一二六，頁一二七九）詩中之第四句。蘇軾〈水調歌頭〉（起句：落日繡簾捲）云：「認得醉翁語，山色有無中。」亦同此。

2.歐陽修〈減字木蘭花〉（起句：留春不住）：「風和月好，辦得黃金須買笑；愛惜芳時，莫待無花空折枝。」（冊一，頁一二四）

按：詞中末句，係襲用無名氏〈雜詩〉（卷七八五，頁八八六三）末句；而此詩一般均題作杜秋娘〈金縷衣〉。

3.**晏幾道**〈臨江仙〉（起句：夢後樓臺高鎖）：「去年春恨卻來時，落花人獨立，微雨燕雙飛。」（冊一，頁二二二）

按：詞中「落花」兩句，係襲用翁宏五絕〈春殘〉（卷七六二，頁八六五六）詩中之末兩句。

4.**柳永**〈傾杯〉（起句：離宴殷勤）：「淚流瓊臉，梨花一枝春帶雨。」（冊一，頁二七）

按：詞中「梨花」句，係襲用白居易〈長恨歌〉（卷四三五，頁四八一九）之詩句。

5.**蘇軾**〈南鄉子〉（起句：不用謝公臺）：「看取桃花春二月，爭開，盡是劉郎去後栽。」（冊一，頁二九〇）

按：詞中末句，係襲劉禹錫七絕〈元和十一年自朗州召至京戲贈看花諸君子〉（卷三六五，頁四一一六）詩之末句。

6.**蘇軾**〈減字木蘭花〉上片：「鶯初解語。最是一年春好處，微雨如酥。草色遙看近卻無。」（冊一，頁三二二）

按：詞中「最是」與「草色」兩句，係襲用韓愈七絕〈早春呈水部張十八員外〉（卷三四四，頁三八六四）詩之三、二兩句；而「微雨」句，則就該詩首句：「天街小雨潤如酥」，改易而成也。

7.**賀鑄**〈第一花〉（即〈鷓鴣天〉調，起句：豆蔻梢頭莫漫誇）下片末兩句：「無端卻似堂前燕，飛入尋常百姓家。」（冊一，頁五〇三）

按：此兩句顯係襲用劉禹錫七絕〈金陵五題〉之二〈烏衣巷〉（卷三六五，頁四一一七）詩之末兩句，特將「舊時王謝」四字，易爲「無端卻似」耳。

8.賀鑄〈石州引〉（起句：薄雨收寒）：「欲知方寸，共有幾許新愁，芭蕉不展丁香結。」（冊一，頁五四〇）

按：詞中末句，係襲用李商隱七絕〈代贈〉（卷五三九，頁六一八一）詩中之第三句。

9.秦觀〈臨江仙〉（起句：千里瀟湘挼藍浦）：「新聲含盡古今情，曲終人不見，江上數峰青。」（冊一，頁四六八）

按：詞中末兩句，係襲用錢起五言排律〈省試湘靈鼓瑟〉（卷二三八，頁二六五一）詩之末兩句。[6]

10.黃庭堅〈鷓鴣天〉（起句：紫菊黃花風露寒）：「十年一覺揚州夢，爲報時人洗眼看。」（冊一，頁三九四）

按：詞中「十年」句，係襲用杜牧七絕〈遣懷〉（卷五二四，頁五九九八）詩之第三句。

11.黃庭堅〈南鄉子〉（起句：落帽晚風回）：「明日餘樽還共倒，重來，未必秋香一夜衰。」（冊一，頁四一七）

按：詞中末句，係襲用鄭谷七絕〈十日菊〉（卷六七五，頁七七三〇）詩之末句。

12.廖世美〈好事近〉（起句：落日水鎔金）：「鴛鴦相對浴紅衣，短棹弄長笛。」（冊二，頁九一五）

按：詞中「鴛鴦」句，係襲用杜牧七絕〈齊安郡後池〉（卷五二二，頁五九六六）詩之末句。

---

6 按：唐時各州縣貢士至京師，由尚書省之禮部主試，通稱省試。而自錢起詩題觀之，此乃一首試帖詩，題云〈湘靈鼓瑟〉，係出於《楚辭》〈遠遊〉：「使湘靈鼓瑟兮，令海若舞馮夷。」

13.辛棄疾〈水調歌頭〉起句：「文字覷天巧，亭榭定風流。」（冊三，頁一八八一）

按：此詞首句，係襲用韓愈五古〈答孟郊〉（卷三四〇，頁三八二〇）詩之第二句。

14.辛棄疾〈木蘭花慢〉（起句：漢中開漢業）：「追亡事，今不見，但山川滿目淚沾衣。……君思我，回首處，正江涵秋影雁初飛。」（冊三，頁一八八一）

按：此詞「但」領調下七字，係襲用唐李嶠七古〈汾陰行〉（卷五七，頁六九〇）詩句；而「正」字領調下七字，則襲用杜牧七律〈九日齊安登高〉（卷五二二，頁五九六六）詩之首句。

15.吳文英〈賀新郎〉（起句：浪影龜紋皺）：「欸乃一聲山水綠，燕無言、風定垂簾晝。」（冊四，頁二八九八）

按：此調「欸乃」句，係襲用柳宗元〈漁翁〉（卷三五三，頁三九五七）六句詩之第四句。

(四)合集唐詩成句

宋人合集唐詩入詞，係由王安石開啓風氣，可參考本書〈王安石《臨川先生歌曲》借鑑唐詩之探析〉一文；而集句之方式，依筆者探究，亦未必盡集前人成句，而係「以整引、截取、增損、化用、櫽括等方式，雜集古句；間或雜入一、二時人及個人作品以成詞也。」[7]由於本書已錄有王安石、蘇軾、汪元量之集句作品，足供參考。茲僅舉其他詞家自題「集句」且與唐詩有關之作品三闋，分類臚列如次：

---

7 參考拙作〈兩宋集句詞形式考—兼論兩宋集句詞未必盡集前人成句〉一文，見載於《宋代文學研究叢刊》第五期，高雄：麗文文化事業公司，一九九九年十二月，頁三六三至三九八。

1.全詞以「整引」形式呈現—如楊冠卿〈卜算子〉（冊三，頁一八六一）：

蒼生喘未蘇，賈筆論孤憤。文采風流今尚存，毫髮無遺恨。　淒惻近長沙，地僻秋將盡。長使英雄淚滿襟，天意高難問。

索　原

△蒼生喘未蘇：

集自杜甫〈行次昭陵〉五古：「往者災猶降，蒼生喘未蘇。」（卷二二五，頁二四〇八）

△賈筆論孤憤：

集自杜甫〈寄岳州賈司馬六丈巴州嚴八使君兩閣老五十韻〉五古：「賈筆論孤憤，嚴詩賦幾篇。」（卷二二五，頁二四二九）

△文采風流今尚存

集自杜甫〈丹青引贈曹將軍霸〉七古：「英雄割據雖已矣，文采風流今尚存。」（卷二二〇，頁二三二三）

△毫髮無遺恨：

集自杜甫〈敬贈鄭諫議十韻〉五言排律：「毫髮無遺恨，波瀾獨老成。」（卷二二四，頁二三八九）

△淒惻近長沙：

集自杜甫〈入喬口〉五律：「賈生骨已枯，淒惻近長沙。」（卷二三三，頁二五六九）

△地僻秋將盡：

集自杜甫〈秦州雜詩〉二十首之十八：「地僻秋將盡，山高客未歸。」（卷二二五，頁二四一九）

△長使英雄淚滿襟：

集自杜甫〈蜀相〉七律：「出師未捷身先死，長使英雄淚滿襟。」（卷二二六，頁二四三一）

△天意高難問：

集自杜甫〈暮春江陵送馬大卿公恩命追赴闕下〉五言排律：「天意高難問，人情老易悲。」（卷二三二，頁二五五八）

2.全詞「整引」、「增損」、「化用」之形式呈現—如黃庭堅〈南鄉子〉（冊一，頁三九六）：

黃菊滿東籬。與客攜壺上翠微。已是有花兼有酒，良期。不用登臨恨落暉。　滿酌不須辭。莫待無花空折枝。寂寞酒醒人散後，堪悲。節去蜂愁蝶不知。

索　原（兩字句除外）

△黃菊滿東籬：

司空圖〈五十〉七律：「漉酒有巾無黍釀，負他黃菊滿東籬。」（卷六三二，頁七二五〇）黃詞此句，顯自司空此詩下句，減去「負他」兩字，以集入詞中。

△與客攜壺上翠微：

集自杜牧〈九日齊安登高〉七律：「江涵秋影雁初飛，與客攜壺上翠微。」（卷五二二，頁五九六六）

△已是有花兼有酒：

李商隱〈春日寄懷〉七律：「縱使有花兼有月，可堪無酒又無人。」（卷五四一，頁六二三一）黃詞此句，蓋自李詩此兩句「化用」而來。

△不用登臨恨落暉：
集自杜牧〈九日齊安登高〉七律：「但將酩酊酬佳節，不用登臨恨落暉。」（卷五二二，頁五九六六）

△滿酌不須辭：
集自于武陵〈勸酒〉五絕：「勸君金屈卮，滿酌不須辭。」（卷五九五，頁六八九五）

△莫待無花空折枝：
集自無名氏〈雜詩〉：「有花堪折直須折，莫待無花空折枝。」（卷七八五，頁八八六三）

△寂寞酒醒人散後：
白居易〈偶作〉五律：「闌珊花落後，寂寞酒醒時。」（卷四四七，頁五〇二九）黃詞此句，蓋自白詩此兩句「化用」而來。

△節去蜂愁蝶不知：
集自鄭谷〈十日菊〉七絕：「節去蜂愁蝶不知，曉庭還繞折殘枝。」（卷六七五，頁七七三〇）

自以上索原可知：集句詞中，「與客」、「不用」、「滿酌」、「莫待」、「節去」五句，係以「整引」方式入詞；「黃菊」一句，係以「減字」方式入詞；至若「已是」、「寂寞」兩句，則係「化用」前人詩句，而予以集入詞中。

3.全詞以「整引」、「截取」、「增損」之形式呈現——如無名氏〈調笑．桃源〉（冊五，頁三六四八）：

相誤。桃源路。萬里滄滄煙水暮。留君不住君須去。秋月春風閒度。桃花零落如紅雨。人面不知何處。

△相誤：

無名氏〈調笑〉集句，於詞前均以兩絕句爲引；復以次首絕句之末兩字，作爲〈調笑〉詞之起首。而此詞次首絕句之末句爲「流水桃花定相誤」見晁補之〈調笑．解佩〉前附詩。然則此詞「相誤」兩字，蓋屬「截取」前人詩句入詞也。

△桃源路：

此三字，恆見於唐、宋詩詞中，基於此率集自唐詩，姑舉唐陳子良〈夏晚尋于政世置酒賦韻〉五律詩爲證：「一返桃源路，別後難追尋。」（卷三九，頁四九六）因之，此三字句，自可視爲「截取」前人作品入詞也。

△萬里滄滄煙水暮：

集自韓愈〈桃源圖〉七古：「船開櫂進一迴顧，萬里滄滄煙水暮。」（卷三三八，頁三七八七）

△留君不住君須去：

集自元稹〈喜李十一景信到〉七絕：「留君剩住君須住，我不自由君自由。」（卷四一五，頁四五八八）詩中未用「住」字，不通，集句詞作「去」字爲是；至於「剩住」作「不住」，或緣所從版本有別，或緣作者誤記也。

△秋月春風閒度：

集自白居易〈琵琶行〉：「今年歡笑復明年，秋月春風等閒度。」（卷四三五，頁四八二二）無名氏此句，顯就白詩下句，減一「等」字，以集入詞中。

△桃花零落如紅雨：

集自李賀〈將進酒〉：「況是青春日將暮，桃花亂落如紅雨。」（卷三九三，頁四四三四）詩中「亂落」兩字，集句詞作「零落」，蓋亦所據版本有別也。

△人面不知何處：

集自崔護〈題都城南莊〉：「人面不知何處在，桃花依舊笑春風。」（卷三六八，頁四一四八）無名氏此句，顯就崔詩減一「在」字，以集入詞中。

自以上索原可知：集句詞中「萬里」、「留君」、「桃花」三句，雖有一二字句出入，自無妨視為「整引」；「相誤」、「桃源路」兩句，則係以「截取」方式入詞；至若「秋月」、「人面」兩句，自是以「減字」方式集入詞中也。

三、詩篇之借鑒

此處所謂「詩篇之借鑒」，係指就唐詩予以剪裁或改寫入詞，或襲用全首詩句，中夾其他詞句之作品；亦即就唐詩予以「檃括」入詞也。就現象顯示，兩宋詞人檃括唐詩之技巧，實包含局部與全闋兩方式。[8]

(一)局部檃括唐詩

就局部檃括論之，又有將唐詩檃括入詞之上闋或下闋，或兼跨上、下闋三種方式，如：柳

8　有關兩宋詞人檃括前人作品之相關問題，詳參拙作〈兩宋詞人檃括詞探析〉一文，見載於《宋元文學學術研討會論文集》，臺北：東吳大學中文系發行，二〇〇二年三月，頁二二一至二八八。

永〈望遠行〉上闋（冊一，頁四二）：

長空降瑞，寒風翦，淅淅瑤花初下。亂飄僧舍，密灑歌樓，迤邐漸迷鴛瓦。好是漁人，披得一簑歸去，江上晚來堪畫。滿長安，高卻旗亭酒價。

按：此片自「亂飄僧舍」以下六句，係檃括鄭谷七絕〈雪中偶題〉詩，茲移錄如下：「亂飄僧舍茶煙濕，密灑歌樓酒力微；江上晚來堪畫處。漁人披得一簑歸。」（卷六七五，頁七七三一）

又如賀鑄〈攀鞍態〉（即〈迎春樂〉）（冊一，頁五〇一）：

逢迎一笑金難買。小櫻唇、淺蛾黛。玉環風調依然在。想花下、攀鞍態。　竚倚碧雲如有待。望新月、為誰雙拜。細語人不聞，微風動、羅裙帶。

按：此詞下闋，實括自李端〈拜新月〉詩：「開窗見新月，即便下階拜；細語人不聞，北風吹羅帶。」（卷二八六，頁三二八〇）

復如周邦彥〈虞美人〉（冊二，頁六一八）：

燈前欲去仍留戀。腸斷朱扉遠。未須紅雨洗香腮。待得薔薇花謝便歸來。　舞腰歌板閒時按。一任旁人看。金爐應見舊殘煤。莫使恩情容易似寒灰。

按：此詞「未須」以下四句，係檃括杜牧七絕〈留贈〉詩，茲移錄如下：「舞靴應任閒人看，笑臉還須待我開；不用鏡前空有淚，薔薇花謝即歸來。」（卷五二四，頁五九九四）顯見此係兼跨上、下闋之例也。

㈡全闋檃括唐詩

全闋檃括之作品，則可稱之爲「檃括詞」。而宋人之檃括詞，論其呈現之方式，又有五端：

1.詞題或題序即以「檃括」兩字顯示：如蘇軾〈水調歌頭〉（昵昵兒女語）詞序載：「公舊序云：歐陽文忠嘗問余：琴詩何者最善？答以退之聽穎師琴詩最善。公曰：此詩最奇麗，然非聽琴，乃聽琵琶也。余深然之。建安章質夫家善琵琶者，乞爲歌詞。余久不作，特取退之詞，稍加檃括，使就聲律，以遺之云。」即是一例。

2.詞牌或詞題、題序以「括」字顯示：如林正大所作四十一闋檃括詞，均先於詞前摘錄所括之詩文，而後於詞牌前加一「括」字以顯示。茲舉首闋括唐詩者爲例：「杜工部〈醉時歌〉：『諸公袞袞登臺省，廣文先生官獨冷。甲第紛紛厭粱肉，廣文先生飯不足。先生有道出羲皇，先生有才過屈宋。德尊一代常坎軻，名垂萬古知何用。杜陵野老人更嗤，披褐短窄鬢如絲。日糴太倉五升米，時赴鄭老同襟期。得錢即相覓，沽酒不復疑。忘形到爾汝，痛飲真吾師。清夜沉沉動春酌，燈前細雨檐花落。但覺高歌有鬼神，焉知餓死填溝壑。相如逸才親滌器，子雲識字終投閣。先生早賦歸去來。石田茅屋荒蒼苔。儒術於我何有哉，孔丘盜跖俱塵埃。不須聞此意慘愴，生前相遇且銜杯。』（卷二一六，頁二二五六）」而後詞牌即云：〈括酹江月〉，再錄詞：「諸公臺省，問先生何事，冷官如許。……」（冊四，頁二四四○）

3.詞牌或詞題、題序等以其他方式顯示，如「擬」、「度」、「塡」、「改」、「裁」、「補」某文、某詩、某詞等。茲舉與唐詩有關者，如黃庭堅〈訴衷情〉詞序云：「在戎州登臨勝景，未嘗不歌漁父家風，以謝江山。門生請問：先生家風如何？爲擬金華道人作此章。」（冊一，頁三九八）

序中所謂「爲擬金華道人作此章」，細考之，則見黃庭堅將唐德誠禪師「千尺絲綸直下垂，一波才動萬波隨；夜靜水寒魚不食，滿船空載月明歸。」之偈語，櫽括入詞也。

4.將現成作品稍加變化，雖詞牌、題序無任何提示，然遺詞、內容仍可見整體櫽括入詞者。如蘇軾〈浣溪沙〉（漁父）（冊一，頁三一四）詞：

西塞山邊白鷺飛。散花洲外片帆微。桃花流水鱖魚肥。　自庇一身青箬笠，相隨到處綠蓑衣。斜風細雨不須歸。

此詞顯將張志和〈漁父歌〉：「西塞山前白鷺飛。桃花流水鱖魚肥。青箬笠，綠蓑衣。斜風細雨不須歸。」（卷三〇八，頁三四九一）櫽括入詞，而無任何提示。

5.將現成作品之命意櫽括入詞，且詞牌、題序無任何提示，字句亦另行塡製，未全然引用原作品者。如賀鑄〈醉夢迷〉（即〈醜奴兒〉）（冊一，頁五四一）：

深坊別館蘭閨小，障掩金泥。燈映玻璃。一枕濃香醉夢迷。　醒來擬作清晨散，草草分攜。柳巷鴉啼。又是明朝日向西。

按：薛能〈吳姬十首〉之七云：「畫燭燒蘭暖復迷，殿幃深密下銀泥；開門欲作侵晨散，已是明朝日向西。」（卷五六一，頁六五二〇）詩、詞相參，可見賀鑄係將詩首兩句詩意，櫽括成詞之上闋；後兩句詩意則櫽括成詞之下闋。又如賀鑄〈小梅花〉：

思前別。記時節。美人顏色如花開。美人歸。天一涯。娟娟姮娥，三五滿還虧。翠眉蟬鬢生離訣。遙望青樓心欲絕。夢中尋。臥巫雲。覺來珠淚，滴向湘水深。　愁無已。奏綠綺。歷歷高山與流水。妙通神。絕知音。不知暮西朝雲何山岑。相思無計堪相比。

珠箔雕闌幾千里。漏將分，月窗明，一夜梅花忽開、疑是君。

此詞賀鑄亦未提示括自何詩，經查係盧仝〈有所思〉詩：「當時我醉美人家，美人顏色嬌如花；今日美人棄我去，青樓珠箔天之涯。娟娟姮娥月，三五二八圓又缺；翠眉蟬鬢生別離，一望不見心斷絕。心斷絕。幾千里；夢中醉臥巫山雲，覺來淚滴湘江水。湘江兩岸花木深，美人不見愁人心；含愁更奏綠綺琴，調高絃絕無知音。美人兮美人，不知爲暮雨兮爲朝雲；相思一夜梅花發，忽到窗前疑是君。」（卷三八八，頁四三七八）詩詞相參，可見賀鑄將盧詩首句至「美人不見愁人心」一段，括成詞之上闋；「含愁更奏綠綺琴」以下，則括成賀詞之下闋。而似此現象，作者均未給予任何提示，乃檃括詞中最不易判定者。

四、其　他

兩宋詞人之借鑒唐詩，尙有兩技巧難以歸類：一爲所借鑒者爲詩人故實，卻又與其詩有關；一爲綜合運用各技巧，難以遽入某類者，則總題爲「其他」。由於「綜合運用各技巧」，恆涉及前舉技巧，因之此類所舉作品，難免與前重複；要以能凸顯其技巧爲考量。

㈠援引唐詩人故實

1.王維〈送元二使安西〉：「渭城朝雨浥輕塵，客舍青青柳色新；勸君更進一杯酒。西出陽關無故人」（卷一二八，頁一三〇七）此詩一題作〈渭城曲〉，且譜入樂府，當作送別曲。而其末句可反覆重疊歌唱，故又稱〈陽關三疊〉，或〈陽關曲〉。宋詞每道及離別，恒引故實，如：

(1)周邦彥〈綺寮怨〉（起句：上馬扶殘醉）：「尊前故人如在，想念我、最關情。何須唱渭城，歌

聲盡處，先淚零。」（冊二，頁六一三）

(2)李清照〈鳳凰臺上憶吹簫〉（起句：香冷金猊）：「休休，這回去也，千萬遍陽關，也則難留。」（冊二，頁九二八）

(3)辛棄疾〈鷓鴣天〉送友人起首：「唱徹陽關淚未乾，功名餘事且加餐。」（冊三，頁一八七九）

2.寫詩才、酒量以及詠牡丹，或寓寫女子容貌，用李白典。[9]

(1)蘇軾〈滿江紅〉（起句：江漢西來）：「願使君還賦謫仙詩，追黃鶴。」（冊一，頁二八〇）

(2)黃庭堅〈水調歌頭〉（起句：瑤草一何碧）：「謫仙何處？無人伴我白螺杯。」（冊一，頁三八六）

(3)賀鑄〈翦朝霞〉（即〈鷓鴣天〉）詠牡丹詞：「輝錦繡，掩芝蘭，開元天寶盛長安。沈香亭子鉤闌畔，偏得三郎帶笑看。」（冊一，頁五〇二）

(4)姜夔〈虞美人〉賦牡丹：「娉娉嫋嫋教誰惜，空壓紗中側。沈香亭北又青苔，唯有當時蝴

---

9 唐·孟棨《本事詩》〈高逸第三〉載：「李白初自蜀至京師，舍於逆旅。賀監知章聞其名，首訪之，既奇其姿，復請所爲文，出蜀道難以示之。讀未竟，稱歎者數四，號爲謫仙。」（臺北：藝文印書館《續歷代詩話》本，一九七四年四月）後人遂以「謫仙」稱李白，並喻其詩才。又唐·李濬《松窗雜錄》：「開元中，禁中初重木芍藥，即今牡丹也。得四本——紅、紫、淺紅、通白者，上因移植興慶池東沈香亭前。會花方繁開，上乘月夜召太真妃以步輦從。詔選梨園子弟中尤者，得樂十六色。李龜年以歌擅一時之名，手捧檀板，押眾樂前。欲歌之。上曰：『賞名花，對妃子，焉用舊樂詞爲？』遂命龜年持金花牋宣賜翰林學士李白進〈清平調〉三章，白欣承詔旨，猶苦宿酲未解，因援筆賦之。」（臺北：臺灣商務印書館印行《文淵閣四庫全書》冊一〇三五，頁五五七至五五八，一九八六年三月）兩宋詞人詠牡丹，或藉以喻女子容貌，恒以此事爲典。而李白以宿醉成清平調三首，寫玄宗、太真妃子之情，亦爲後世所津津樂道。

蝶、自飛來。」（冊三，頁二一七一）

3.寫羈旅飄零，老去情懷，用杜甫典。[10]

(1)劉過〈賀新郎〉（起句：彈鋏西來路）：「喚起杜陵風雨手，寫江東渭北相思句。歌此恨，慰羈旅。」（冊三，頁二一七一）

(2)劉辰翁〈永遇樂〉（起句：壁月初晴）：「江南無路，鄜州今夜，此苦又誰知？」（冊四，頁三二二九）

(3)張炎〈甘州〉（起句：記天風飛佩紫霞邊）：「甚相如情倦[11]，少陵愁老，還歎飄零。」（冊五，頁

---

10 杜甫，唐襄陽人，後遷河南鞏縣，字子美，曾居杜陵，自稱杜陵布衣，又稱少陵野老。少貧，舉進士不第。玄宗時，以獻賦待制集賢院。安祿山作亂，玄宗入蜀，肅宗代立，甫上謁，拜右拾遺。房琯兵敗陳濤斜，罷相，甫疏救，出爲華州司功參軍。尋棄官課秦州，流落劍南，依嚴武；武時爲節度使，乃表杜甫爲參謀，檢校尚書工部員外郎。大曆中，游耒陽，一夕大醉，卒。（詳參《新唐書》卷二○一，頁五七三六至五七三八，版本同注5）宋代詞人凡身世飄零者，因時以「杜郎」、「杜老」、「杜陵」、「少陵」自稱；且好引其詩句，以見契闊之情。如道朋友之契闊，則引〈春日憶李白〉：「渭北春天樹，江東日暮雲。」（卷二二四，頁二三九五）之句；道家人之離別，則引〈月夜〉：「今夜鄜州月，閨中只獨看，遙憐小兒女，未解憶長安。」（卷同上，頁二四○三）之句。

11 司馬相如，早年家貧，無以自樂，曾四處遊歷。後以〈子虛賦〉見知武帝，官至孝文園令。以病免，家居茂陵以終。（詳參《史記》卷一一七，頁二九九九至三○七二、《漢書》卷五七，頁二五二九至二六○九，版本同注5）宋代詞人述及倦游老病者，因好以「相如」、「文園」、「茂陵」自稱。見之於詞，如陸游〈朝中措〉：「文園謝病，蘭成久旅，回首淒然。」（冊三，頁一五八五）；又如姜夔〈水龍吟〉：「況茂陵游倦，長干望久，芳心事、簫聲裏。」（冊三，頁二一七九）

4.借詠柳寫男女情愛之回憶及期待，用韓翃典。[12]

(1)晏幾道〈玉樓春〉（起句：小蓮未解論心素）下片：「舊時家近章臺住，近日東風吹柳絮，生憎繁杏綠陰時。正礙粉牆偷眼覷。」（冊一，頁二三三）

(2)蘇軾〈蝶戀花〉（起句：一顆櫻桃樊素口）：「破鏡重來人在否？章臺折盡青青柳。」（冊一，頁三○○）

(3)黃庭堅〈玉樓春〉：「風開水面魚紋皺。暖入芳心犀點透。乍看晴日弄柔條，憶得章臺人姓柳。」（冊三，頁三九二）

5.詠桃花用崔護及劉禹錫典，且時引伸以寄舊地重遊，景物已非之感。[13]

12《太平廣記》卷四八五載許堯佐〈柳氏傳〉略云：「韓翃（或作「翊」，誤）有詩名，其友李生每將妙伎柳氏至其居，窺韓所與往還皆名人，必不久貧賤，許配之。未幾，韓從辟緇青，置柳都下；而盜覆二京，士女駭奔，柳氏剪髮毀形，寄居法靈寺，韓後得消息，託人寄詩云：『章臺柳，章臺柳，昔日青青今在否？縱使長條似舊垂，亦應攀折他人手。』柳氏讀之嗚咽，答之曰：『楊柳枝，芳菲節，所恨年年贈離別；一葉隨風忽報秋，縱使君來豈堪折』。後柳氏爲番將沙吒利所劫，有虞侯許俊詐取得之，詔歸韓。」（頁三六四二至三六四四，臺北：新興書局，一九六二年七月）兩宋詞人借詠柳而及男女情愛之回憶及期待，因恆用此典。

13 劉禹錫，唐彭城人，字夢得。據《全唐詩話》卷三〈劉禹錫〉條載：「元和十年，（劉禹錫）自朗州召至京，戲贈看花君子云：『紫陌紅塵拂面來，無人不道看花回；玄都觀裏桃千樹，盡是劉郎去後栽。』再游玄都觀絕句並序云：『予貞元二十一年爲屯田郎時，此觀未有花，是歲出牧連州，貶朗州司馬。居十年，召至京師，人人皆言有道士手植仙桃，滿觀如紅霞，遂有前篇以志一時之事。旋又出牧，今十有四年，復爲主客郎中，重遊玄都，蕩然無復一樹，爲兔葵燕麥，動搖春風耳，因再題二十八字，以俟後遊，時太和二年三月也。』詩云：『百

(1)晏殊〈清平樂〉（起句：紅箋小字）：「斜陽獨西樓。遙山恰對簾鉤。人面不知何處？綠波依舊東流。」（冊一，頁九二）

(2)賀鑄〈憶秦娥〉（起句：曉朦朧）：「去年今日東門東，鮮妝輝映桃花紅；桃花紅，吹開吹落，一任東風。」（冊一，頁五三一）

(3)劉克莊〈木蘭花慢〉[14]（起句：古人吾不見）：「況種桃道士，看花才子，回首皆非。相逢故人問訊，道劉郎去久無詩。」（冊四，頁二六〇八）

(4)劉辰翁〈摸魚兒〉（起句：怎知他、春歸何處）：「東風似舊，向前度桃花，劉郎能記，花復認郎否？」（冊五，頁三二四九）

6.寫男女情約及憧憬，用元稹《鶯鶯傳》及裴鉶《傳奇》載裴航故實。[15]

畝庭中半是苔，桃花淨盡菜花開；種桃道士歸何處？前度劉郎今又來。』」（收入臺北・藝文印書館印行《歷代詩話》中，一九七四年四月，頁七五）兩宋詞人凡舊地重遊，景物已非者，因恒用此典。

14 此詞《全宋詞》第三冊列為范成大詞，題曰：「送劉伯昌」（臺北：世界書局，一九七六年十月，頁一六二七）。然劉克莊《後村長短句》亦收錄之，且另有〈滿江紅〉詞，題云：「和王實之韻，送劉伯昌」，是知「伯昌」乃後村友也。考范成大卒時（一一九三），後村僅六歲，故此詞非范成大之作明矣！

15 《太平廣記》卷四八八載元稹〈鶯鶯傳〉，此傳寫張生與崔鶯鶯因紅娘撮合，而成就之一段姻緣。其待月西廂一段尤為人津津樂道：「俄而紅娘捧崔氏而至，至則嬌羞融冶，力不能運肢體，曩時端莊，不復同矣。……張生飄飄然，且疑神仙之徒，不謂從人間至矣！有頃，寺鐘鳴，天將曉，紅娘促去，崔氏嬌啼宛轉，紅娘又捧之而去，終夕無一言。張生辨色而興，自疑曰：『豈其夢邪？』及明，覩妝在臂，香在衣，淚光熒熒然猶瑩于茵席而已。」（頁三六六三）兩宋詞人因恒引此典，以寫男女情約與憧憬。同書卷五〇，引裴鉶《傳奇》概云：「唐長慶中，裴航秀才於湘漢舟中遇樊夫人，贈以詩云：『一飲瓊漿百感生，玄霜搗盡見雲英；藍橋便是神仙窟，

(1)蘇軾〈南歌子〉（起句：雨暗初疑夜）：「藍橋何處覓雲英？只有多情流水，伴人行。」（冊一，頁二九二）

(2)毛滂〈減字木蘭花〉上片：「暖風吹雪，洗盡碧階今夜月。試覓雲英，更就藍橋借月明。」（冊二，頁五九七）

(3)賀鑄〈吹柳絮〉（即〈鷓鴣詞〉）起首：「月痕依約到西廂，曾羨花枝拂短牆。初未識愁那得淚？每渾疑夢奈餘香。」（冊一，頁五一六）

(4)周邦彥〈風流子〉（起句：新綠小池塘）：「遙知新妝了，開朱戶，應自待月西廂。」（冊二，頁五一六）

7.用張建封與盼盼故實[16]，以及韋皋與玉簫故實[17]，寫男女生死契闊，或翹盼音訊之情。

何必崎嶇上玉京？』後航於藍橋見雲英，約娶之。其母云須得玉杵臼方允。航於虢州得玉杵臼，攜至藍橋成婚。玉杵臼，乃月中玉兔擣藥之物也。」（頁三二一七至三二一八，版本同注12）此典亦恆見兩宋詞人引用，藉寫男女情約與憧憬也。

16 張建封鎮武寧，盼盼乃徐府奇色，公納之於燕子樓，三日樂不息。後別為新燕子樓，獨安盼盼，以寵嬖焉。及公薨，盼盼感激深恩，誓不他適。後往往不食，遂卒。按：事見唐．白居易《白氏長慶集》卷一五燕子樓詩三首序（冊一〇八〇，頁一六七，版本同注9），然白序言張尚書未著其名，言盼盼未著其姓。傳張尚書即張建封者，見於《全唐詩話》卷六（頁一五二，版本同注13）及《西清詩話》（收入臺北：廣文書局《古今詩話續編》本，頁一二八，一九七三年九月）等。又：清．汪立名撰《白香山年譜》（冊一〇八一，頁三四，版本同注9），考定納盼盼為妾者，非建封，乃其子愔，並附於此。兩宋詞人恆引此典，以寫男女生死契闊之情也。

17 《全唐詩》卷三一四韋皋〈憶玉簫〉詩附注云：「玉簫者，江夏姜使君家青衣也。皋微時，客於姜，與之有情，以玉指環及一詩遺之，訂後約。久之，玉簫鬱念成疾死，姜以環著中指葬焉。後皋鎮蜀，生日，車川獻歌姬，

(1)蘇軾〈永遇樂〉（起句：明月如霜）：「燕子樓空，佳人何在？空鎖樓中燕。」（冊一，頁三〇二）

(2)周邦彥〈解連環〉（起句：怨懷無託）：「燕子樓空，暗塵鎖，一牀絃索。」（冊二，頁五九七）

(3)姜夔〈長亭怨慢〉（起句：漸吹盡、枝頭香絮）：「韋郎去也，怎忘得玉環分付，第一是早早歸來，怕紅萼無人爲主。算空有并刀，難剪離愁千縷。」（冊三，頁二一八一）

(4)史達祖〈壽樓春〉（起句：裁春衫尋芳）：「最恨湘雲人散，楚蘭魂傷。身是客，愁爲鄉。算玉簫，猶逢韋郎。近寒食人家，相思未忘蘋藻香。」（冊四，二三三〇）

8.賦琵琶，或寫遷謫、身世之感，用白居易貶謫江州作琵琶行之典。[18]如：

(1)周邦彥〈滿庭芳〉（起句：風老鶯雛）：「憑欄久，黃蘆苦竹，擬泛九江船。」（冊二，頁六〇一）

(2)朱敦儒〈減字木蘭花．聽琵琶〉：「劉郎已老，不管桃花依舊笑。要聽琵琶，重院鶯啼覓謝家。曲終人醉，多似潯陽江上淚。萬里東風，故國山河落照紅。」（冊二，頁八五七）（按：

亦名玉簫，而貌正同，中指肉隱起如所著玉環，時以爲感臯意再生云。」（臺北：盤庚出版社，一九七九年二月，頁三五三五）（按：此事亦見《雲溪友議》載）兩宋詞人因恒引此典，以寫男女生死契闊與翹盼音問之情。

18 《新唐書》卷一一九〈列傳四四．白居易傳〉：「是時盜殺武元衡，京都震擾。居易首上疏，請亟捕賊，刷朝廷恥，以必得爲期。宰相嫌其出位，不悅。俄有言：『居易母墮井死，而居易賦新井篇，言浮華，無實行，不可用。』出爲州刺史。中書舍人王涯上言不宜治郡，追貶江州司馬。」（頁四三〇二，版本同注5）而白氏〈琵琶行〉序文云：「元和十年，予左遷九江郡司馬。明年秋，送客湓浦口。聞舟中夜彈琵琶者，……遂命酒使快彈數曲，曲罷憫然。自敘少小時歡樂事，今漂淪憔悴，轉徙於江湖間。予出官二年，恬然自安，感斯人言，是夕始覺有遷謫意。因爲長句，歌以贈之，凡六百一十二言，命曰琵琶行。」（卷四三五，頁四八二一）兩宋詞人因恆引白居易遭遇，以寫遷謫、身世之感。

此詞首兩句，見注13）

(3)辛棄疾〈賀新郎‧賦琵琶〉起首：「鳳尾龍香撥，自開元霓裳曲罷，幾番風月。最苦潯陽江頭客，畫舸亭亭待發。」（冊三，頁一八九〇）

9.憶年少行徑或迷戀歌樓，再至人非，以及敘寫揚州，用杜牧典。[19]

(1)秦觀〈滿庭芳〉（起句：曉色雲開）：「豆蔻梢頭舊恨，十年夢、屈指堪驚。」（冊一，頁四六三）

(2)姜夔〈揚州慢〉（起句：淮左名都）：「杜郎俊賞，算而今、重到須驚。縱豆蔻詞工，青樓夢好，難賦深情。」（冊三，頁二一八〇）

(3)周密〈瑤華〉（起句：朱鈿寶玦）：「杜郎老矣，想舊事花須能說。記少年一夢揚州，二十四橋明月。」（冊五，頁三二六九）

10.寫相思傳訊、寄問消息，用盧渥典。[20]

---

19 杜牧，京兆人，字牧之。詩情豪邁，人號為小杜。然平生鬱鬱不得志，嘗往湖州，目一女子，年方十餘，約以十年後，來守該郡，當納之。比至，已十四年，前女子已從人，兩抱雛矣！因賦〈悵詩〉云：「自是尋春去較遲，不需惆悵怨芳時；狂風落盡深紅色，綠葉成陰子滿枝。」又嘗往揚州，每夕為狹斜遊，所至成歡，無不會意，有〈遺懷〉詩云：「十年一覺揚州夢，贏得青樓薄倖名。」（詳參《新唐書》卷一六六，頁五〇九三至五〇九七，版本同注5、《太平廣記》卷二七三，頁二〇〇一至二〇〇三〈杜牧〉條，版本同注12）兩宋詞人敘寫揚州輒引此二事，並藉寫迷戀歌樓或回憶年少之行徑。

20 紅葉題詩典，分見《侍兒小名錄》、《雲溪友議》、《太平廣記》、《北夢瑣言》等書，所載故實大同小異，人名則各有不同。茲引唐‧范攄《雲溪友議》所載略如下：「唐宣宗時，盧渥舍人應舉之歲，偶臨御溝，見一紅葉，命僕搴來，葉上乃有一絕句：『水流何太急，深宮竟日閒；殷勤謝紅葉，好去到人間。』乃藏於笥。及帝出宮

(1)周邦彥〈六醜〉(起句：正單衣試酒)結拍：「漂流處、莫趁潮汐，恐斷紅、尚有相思字，何由見得？」(冊二，頁六一〇)。

(2)范成大〈南柯子〉(起句：悵望梅花驛)：「緘素雙魚遠，題紅片葉秋。欲憑江水寄離愁。江已東流，那肯更西流。」(冊三，頁一六一四)

(3)王沂孫〈水龍吟〉(起句：曉霜初著青林)：「前度題紅杳杳，溯宮溝，暗流空繞。」(冊五，頁三三五四)

(二)綜合運用各技巧

1.滕宗諒〈臨江仙〉：

湖水連天天連水，秋來分外澄清。君山自是小蓬瀛。氣蒸雲夢澤。波撼岳陽城。帝子有靈能鼓瑟，淒然依舊傷情。微聞蘭芝動芳馨。[21]曲終人不見，江上數峰青。(冊一，頁一一〇)

按：孟浩然〈望洞庭湖贈張丞相〉詩云：「八月湖水平，涵虛混太清；氣蒸雲夢澤，波撼岳

人，許適人，其歸渥者，適爲題葉之人，覩紅葉曰：『當時偶題，不意郎君得之。』」(臺北：臺灣商務印書館《景印文淵閣四庫全書》本，冊一〇三五)兩宋詞人恆引此典，以寫男女相思傳訊之情。

21 此句平仄格律爲「平平平平仄平平」，顯然有誤。《全宋詞》於此詞後附載係錄宋．自吳曾《能改齋漫錄》卷一六，經筆者查該書，使知此句原作「微聞蘭芷動芳馨」，《全宋詞》顯將「蘭芷」誤刻作「蘭芝」，以致平仄全失。而此詞下片，係括自錢起〈省試．湘靈鼓瑟〉詩，詩中第八句作：「白芷動芳馨」；詩、詞相參，益可證「芝」爲「芷」之誤也。

陽城。欲濟無舟楫，端居恥聖明；坐觀垂釣者，徒有羨魚情。」（卷一六〇，頁一六三三）

又：錢起〈省試・湘靈鼓瑟〉詩云：「善鼓雲和瑟，常聞帝子靈；馮夷空自舞，楚客不堪聽。苦調凄金石，清音入杳冥；蒼梧來怨慕，白芷動芳馨。流水傳湘浦，悲風過洞庭；曲終人不見，江上數峰青。」（卷二三八，頁二六五一）詩、詞相參，顯見滕宗諒係將孟詩前四句詩意，括成詞之上闋；而將錢詩詩意，括成詞之下闋也。然於檃括之際，顯亦採用其他技巧：如上片「湖水連天」兩句顯係化用孟浩然詩之首聯；而「氣蒸」兩句，則是襲用孟詩成句。下片「帝子」一句，係化用錢起詩之首聯；「凄然」一句，化用錢詩「苦調」句；「微聞」一句，化用錢詩「白芷」句；末兩句，則襲用錢詩尾聯。故此詞實採「檃括」、「化用」、「襲用」三技巧，以借鑒唐詩。

2.周邦彥〈西河〉：

佳麗地。南朝盛事誰記。山圍故國繞清江，髻鬟對起。怒濤寂寞打孤城，風檣遙度天際。
斷崖樹，猶倒倚，莫愁艇子曾繫。空餘舊跡鬱蒼蒼，霧沉半壘。夜深月過女牆來，
傷心東望淮水。　酒旗戲鼓甚處市？想依稀、王謝鄰里。燕子不知何世，向尋常、巷
陌人家相對，如說興亡斜陽裡。（冊二，六一二）

此詞題爲「金陵懷古」，涉及與「金陵」有關之詩篇凡四，依序臚列如次：一爲謝朓〈齊隋王鼓吹曲〉十之四〈入朝曲〉：「江南佳麗地，金陵帝王州」[22]；次爲劉禹錫〈金陵五題〉之一

---

[22] 見逯欽立輯校《先秦漢魏晉南北朝詩・齊詩》卷三，頁一四一四，臺北：學海出版社，一九八四年五月。

〈石頭城〉：「山圍故國周遭在，潮打空城寂寞回；淮水東邊舊時月，夜深還過女牆來」（卷三六五，頁四一一七）；三為〈莫愁樂〉：「莫愁在何處，莫愁石城西；艇子打兩槳，催送莫愁來」[23]；四為劉禹錫〈金陵五題〉之二〈烏衣巷〉：「朱雀橋邊野草花，烏衣巷口夕陽斜；舊時王謝堂前燕，飛入尋常百姓家。」（卷三六五，頁四一一七）就所涉兩首唐詩言之，周邦彥顯已檃括劉禹錫詩意入詞。其中首闋「山圍」兩句，化用劉詩「山圍」一句，並截取「山圍故國」四字；「怒濤」句，則化用劉詩「潮打」句；次闋「夜深」句，亦採「截取」、「化用」兩技巧，將劉詩「淮水」兩句，揉為一句；以上均見諸〈石頭城〉詩。三闋「想依稀」以下文字，全將劉詩「烏衣巷」以下三句詩意，檃括入詞，渾化無痕，誠然不易。故此詞實採「檃括」、「化用」、「截取」三技巧，以借鑒唐詩。

3.辛棄疾〈八聲甘州〉（起句：故將軍欲罷夜歸來）下闋：

誰向桑麻杜曲，要短衣匹馬，移住南山。看風流慷慨，譚笑過殘年。漢開邊、功名萬里，甚當時、健者也曾閒。紗窗外、斜風細雨，一陣輕寒。（冊三，頁一九一二）

此闋前五句，實括杜甫〈曲江三章章五句〉之三詩：「自斷此生休問天，杜曲幸有桑麻田；故將移住南山邊，短衣匹馬隨李廣，看射猛虎終殘年。」（卷二一六，頁二二六〇）然細查之，此中「桑麻杜曲」、「短衣匹馬」、「移住南山」、「殘年」，皆採「截取字面」之技巧，而「看風流」兩句兼有「化用」杜詩加以引伸之情形。因之，此詞實採「檃括」、「截取」、「化用」三技巧，

---

23 見同前注，〈宋詩〉卷一一，頁一三四六。

以借鑑唐詩。

4.姜夔〈揚州慢〉（起句：淮左名都）下闋：

> 杜郎俊賞，算而今、重到須驚。縱荳蔻詞工，青樓夢好，難賦深情。二十四橋仍在，波心蕩、冷月無聲。念橋邊紅藥，年年知為誰生。（冊三，頁二一八〇）

此闋前兩句，係用杜牧故實（參注19）。而「縱荳蔻」一句，係截自杜牧〈贈別〉詩：「娉娉裊裊十三餘，荳蔻梢頭二月初」（卷五二三，頁五九八八）；「青樓」一句，係截自杜牧〈遣懷〉詩：「十年一覺揚州夢，贏得青樓薄倖名」（卷五二四，頁五九九八）；「二十四橋」句，則截自杜牧〈寄揚州韓綽判官〉詩：「二十四橋明月夜，玉人何處教吹簫」（卷五二三，頁五九八二）。而同時亦化用此三詩詩意，以昔日繁華、「春風十里」之揚州，反襯今日蕭條之景象。故此處姜夔實兼採「引唐詩人故實」、「截取」、「化用」等技巧，以借鑑唐詩。

5.汪元量〈鶯啼序．詠懷〉二、三段[24]：

> 麥甸葵丘，荒臺敗壘。鹿豕銜枯薺。正潮打孤城，寂寞斜陽影裏。聽樓頭、哀笳怨角，未把酒、愁心先醉。漸夜深，月滿秦淮，煙籠寒水。　悽悽慘慘，冷冷清清，燈火渡頭市。慨商女不知興廢。隔江猶唱庭花，餘音亹亹。傷心千古，淚痕如洗。烏衣巷口青蕪路，認依稀、王謝舊鄰里。臨春結綺。可憐紅粉成灰，蕭索白楊風起。（冊五，頁三三三

---

24 〈鶯啼序〉詞凡四段，二百四十字，乃最長之詞調。汪元量此詞題爲「重過金陵」，第一段起句爲「金陵故都最好」，第四段起句爲「因思疇昔」。

九）

此詞頗用與金陵有關之詩篇、典故，茲舉與唐詩有關者說明之：起首「麥甸葵丘」，係用劉禹錫故實，其〈再游玄都觀．序〉云：「於貞元二十一年爲屯田員外郎時，此觀未有花。是歲出牧連州，尋貶朗州司馬。居十年，召至京師，人人皆言，有道士手植仙桃，滿觀如紅霞。……今十有四年，復爲主客郎中重游玄都觀，蕩然無復一樹。唯兔葵燕麥動搖於春風耳。」（卷三六五，頁四一一六）是知詞中「麥甸葵丘」，係兼採「引唐詩人故實」及「鎔鑄唐詩字面」之技巧，以爲借鑒。「正潮打孤城，寂寞斜陽影裏。……漸夜深，月滿秦淮，煙籠寒水」，顯係括劉禹錫〈金陵五題〉之一〈石頭城〉詩（見本節例2）入詞，更括用杜牧之〈泊秦淮〉之詩意入詞，詩曰：「煙籠淮水月籠沙，夜泊秦淮近酒家；商女不知亡國恨，隔江猶唱後庭花。」（卷五二三，頁五九八〇），兼採「化用」與「截取」之技巧，將此詩首聯借鑒入詞；又將此詩末兩句化用兼增損成「慨商女不知興廢，隔江猶唱庭花」兩句。「烏衣」兩句，又兼用「截取」、「化用」之技巧，將劉禹錫〈金陵五題〉之二〈烏衣巷〉詩（見本節例2）之字面與句意，寫入詞中。「臨春結綺」，則出自劉禹錫〈金陵五題〉之三〈臺城〉詩：「臺城六代競豪華，結綺臨春事最奢。」（卷三六五，頁四一一七）顯係採「截取」字面之技巧以入詞。「可憐」兩句，則化自白居易〈燕子樓三首〉之三：「見說白楊堪作柱，爭教紅粉不成灰」（卷四三八，頁四八七〇）。要之，此詞兼採「引唐詩人故實」、「截取唐詩字面」、「鎔鑄唐詩字面」、「增損唐詩字句」、「化用唐詩句意」、「檃括唐詩篇章」等技巧，以借鑒唐詩，真極盡變化之能事也。

參、結　語

綜上分析，可得下列結論及心得：

其一，綜論兩宋詞人借鑒唐詩之技巧凡九，可分四大類以賅之，茲整合如次：

一曰字面之借鑒：

㈠截取唐詩字面

1.自一詩句中截取兩字面

2.自兩詩句中截取兩字面

3.自一詩句中截取一字面

㈡鎔鑄唐詩字面

二曰句意之借鑒：

㈠增損唐詩字句

1.就唐詩句增字

2.就唐詩句減字

3.改易唐詩字句

㈡化用唐詩句意

1.襲其意而易其語

2.引伸唐詩句意

3.反用唐詩句意

㈢襲用唐詩成句

㈣合集唐詩成句

三曰詩篇之借鑒

㈠局部檃括唐詩

㈡全闋檃括唐詩

四曰其他

㈠援引唐詩人故實

㈡綜合運用各技巧

其二，兩宋詞人借鑒唐詩之目的，固在鍛鍊其字句，使之工麗典雅；然引用之際，已能兼顧詩境與詞境之區別，故能使詞境多一分委婉曲折也。如：

杜牧〈題安州浮雲寺樓寄湖州張郎中〉詩：「恨如春草多，事逐孤鴻去。」（卷五二0，頁五九四五）

李賀〈還自會稽歌〉詩：「吳霜點歸鬢，身與塘蒲晚。」（卷三九〇，頁四三九三）

周邦彥〈西平樂〉詞：「嘆事逐孤鴻盡去，身與塘蒲共晚。」（冊二，頁五九八）

按：杜、李之詩係寫人老身世之感，周詞沿用其意，而以一「嘆」字領調，復以「盡」、「共」兩字虛字呼喚，遂增音聲跌宕、情意委曲之致。又如：

杜甫〈羌村〉詩：「夜闌更秉燭，相對如夢寐。」（卷二一七，頁二二七七）

晏幾道〈鷓鴣天〉詞：「今宵賸把銀釭照，猶恐相逢是夢中。」（冊一，頁二二五）

按：杜詩原係寫久亂家人相逢之珍惜，抒情雅正，用語平整；晏詞引伸寫兒女之情衷，抒情細膩，用語深婉，斯乃詩境、詞境之異同也。

其三，兩宋詞人借鑒唐詩之際，若流於生吞活剝，全面移植，則難稱佳構，視爲遊戲之作可也。如蘇軾、黃庭堅、賀鑄等人之作品中，或襲用全首詩句，中夾一、二補入之字句者，即是其例。如賀鑄〈釣船歸〉（即〈添聲楊柳枝〉）：

綠淨春深好染衣。際柴扉。溶溶漾漾白鷗飛。兩忘機。　南去北來徒自老，故人稀。夕陽長送釣船歸。鱖魚肥。（冊一，頁五〇四）

此詞實就杜牧〈漢江〉詩：「溶溶漾漾白鷗飛，綠淨春深好染衣；南去北來人自老，夕陽長送釣船歸。」（卷五二三，頁五九七九）予以括入詞中。唯首兩句次序對調，以協格律；且將「人自老」易作「徒自老」，蓋緣下「故人稀」而改之也。此外，並增入「際柴扉」、「兩忘機」、「故人稀」、「釣船歸」四句，予以添聲；此詞原稱〈添聲楊柳枝〉，即緣此故。而以此等技巧借鑒唐詩，實難稱佳作，亦不足爲法。他如張志和、張松齡、顧況三人之〈漁父〉作品，被蘇軾、黃庭堅、徐俯三人，以〈浣溪沙〉、〈鷓鴣天〉調檃括入詞，極盡角技逞才之能事（評參注8所揭拙作，頁二八二至二八六），亦同此例。

晏殊《珠玉詞》借鑑唐詩之探析

——兩宋詞人大量借鑑唐詩之先驅

壹、前　言

甲、相關詞評與研究概述

兩宋詞人好取材唐詩，乃不爭之事實，而據本書所錄〈綜論兩宋詞人借鑑唐詩之技巧〉一章歸納，可知兩宋詞人借鑑唐詩之技巧凡九，可以四類賅之：一曰字面之借鑑，包含㈠截取唐詩字面；㈡鎔鑄唐詩字面。二曰句意之借鑑，包含㈠增損唐詩字句；㈡化用唐詩句意；㈢襲用唐詩成句；㈣合集唐詩成句。三曰詩篇之借鑑，包含㈠局部檃括唐詩；㈡全闋檃括唐詩。四曰其他，包含㈠援引唐詩人故實；㈡綜合運用各技巧。復綜考兩宋詞人能具體運用此等方法，扮演先驅之角色者，厥推晏殊《珠玉詞》。（按：晏殊字同叔，諡元獻，後人或以字稱之，或以諡稱之，本文統於此說明，不另復按。）然歷來詞論家或研究《珠玉詞》之學者，均未予以特別強調，爰撰此章以明之。茲先列舉相關評論如次：

李清照〈詞論〉云：

晏元獻、歐陽永叔、蘇子瞻學際天人，作為小歌詞，直如酌蠡水於大海，然皆句讀不葺之詩爾。[1]

王灼《碧雞漫志》卷二云：

晏元獻公、歐陽文忠公，風流蘊藉，一時莫及，而溫潤秀潔，亦無其比。[2]

吳曾《能改齋詞話》卷一云：

晏元獻不蹈襲人語，而風調閑雅，如「舞低楊柳樓心月，歌盡桃花扇底風」[3]，知此人不住三家村也。[4]

李調元《雨村詞話》卷二云：

晏殊《珠玉詞》極流麗，能以翻用成語見長。如「垂楊只解惹春風，何曾繫得行人住。」

1　此論見載於宋·胡仔《苕溪漁隱叢話》（臺北：臺灣商務印書館《景印文淵閣四庫全書》本，一九八八年二月。）後集卷三三，頁五九六。又唐圭璋編《詞話叢編》（臺北：新文豐出版公司，一九八八年二月）所收《魏慶之詞話》（冊一，頁二〇二），亦見收錄。

2　見唐圭璋《詞話叢編》（臺北：新文豐出版公司，一九八八年二月），冊一，頁八三。

3　此係晏幾道〈鷓鴣天〉上片詞句，吳曾誤為晏殊作。

4　同注2，冊一，頁一二五。

又：「春風不解禁楊花，濛濛亂撲行人面」等句是也。[5]翻復用之，各盡其致。[6]

馮煦《蒿庵論詞》云：

晏同叔去五代未遠，馨烈所扇，得之最先，故左宮右徵，和婉而明麗，為北宋倚聲家初祖。[7]

陳廷焯《白雨齋詞話》卷一云：

晏、歐詞雅近正中，然貌合神離，所失甚遠。蓋正中意餘於詞，體用兼備，不當作艷詞讀。若晏、歐不過極力為艷詞耳，尚安足重。

又云：

文忠思路甚雋，而元獻較婉雅。後人為艷詞，好作纖巧語者，是又晏、歐之罪人也。[8]

胡薇元《歲寒居詞話》云：

晏元獻殊《珠玉詞》，集中〈浣溪沙〉春恨：「無可奈何花落去，似曾相識燕歸來」本公七言律中腹聯[9]，一入詞，即成妙句，在詩中即為不工。[10]

---

5 「垂楊」句，見晏殊〈踏莎行〉詞（起句：細草愁煙）；「春風」句，亦見晏殊〈踏莎行〉詞（起句：小徑紅稀）。

6 同注2，冊二，頁一四〇六。

7 同注2，冊四，頁三五八五。

8 同注2，冊四，兩段引文並見頁三七八一。

9 此兩句係晏殊〈假中示判官張寺丞王校勘〉七律之頸聯（見於《全宋詞》，北京大學出版社，一九九一年，冊三，頁一九四三），全詩見本文貳之乙「《珠玉詞》借鑒唐詩綜評」一節。

10 同注2，冊五，頁四〇二七。

王國維《人間詞話》云：

詩〈蒹葭〉一篇，最得風人深致。晏同叔之「昨夜西風凋碧樹，獨上高樓，望盡天涯路」[11]，意頗近之，但一灑落，一悲壯耳。[12]

蔡嵩雲《柯亭詞論》云：

詞尚自然固矣，但亦不可一概論。……宋初小令，如歐、秦、二晏之流，所作以精到勝，與唐、五代稍異，蓋人工甚於自然矣！[13]

陳匪石《聲執》卷上云：

千錘百鍊之說，多施諸字句。……鍊之之法如何？貴工貴雅，貴穩貴稱。戒餖飣、戒艱澀；且須刊落浮藻，必字字有來歷，字字確當不移。以意為主，務求其達，意深而平易出之，意新而沖淡出之。驅遣古語，無論經史子與夫騷、選以後之詩文，俾色揣稱，使均化為我有；即用古人成句，亦毫無蹈襲之迹，而其要歸於自然。所謂自然，從追琢中來，……珠玉、小山、子野、屯田、東山、淮海、清真，其詞皆神於鍊；不似南宋名家，鍼線之迹未滅盡也。[14]

綜合上列相關之評論，可值留意者四：其一，詞論家均稱頌《珠玉詞》「溫潤秀潔」、「風調

[11] 此三句見晏殊〈蝶戀花〉詞（起句：檻菊愁煙蘭泣露）。
[12] 同注2，冊五，頁四二七六。
[13] 同注2，冊五，頁四九〇二。
[14] 同注2，冊五，頁四九四九

閒雅」、「流麗」、「婉雅」、而無「纖巧」、「淺俗」之失，究其故，蓋以晏殊能以作詩之態度塡詞，故呈現此特色。《宋史》晏殊本傳稱其「文章贍麗，應用不窮；尤工詩，閒雅有情思」（卷三一一），正足相證。晏幾道稱其父「平日小詞雖多，未嘗作婦人語」[15]寧非著眼於此？雖然，此態度顯然並未討好重視音律之專業詞家，故李淸照〈詞論〉即以「句讀不葺之詩」嘲之。

其二，李調元稱晏殊「能以翻用成語見長」，觀其所舉例證，蓋指晏氏好重複使用成句，而未專指前人詩句，尤未專指唐詩。今查《珠玉詞》中，出現重複使用之詞句，或類似之詞句，凡二十餘處，三十餘句[16]，如「斜陽只送平波遠」[17]、「雙燕欲歸時節」[18]、「時光只解催人老」[19]、「對酒當歌」[20]等，確爲《珠玉詞》之一大特色。至若王國維《人間詞話》所舉，特指晏殊「昨夜西風凋碧樹」一闋之詞境，與〈蒹葭〉之詩境相似，未必指晏詞即出於《詩經》也。

其三、胡薇元稱晏殊以所作詩句寫入詞中，在晏殊之前，確未曾見之。除所舉「無可奈何花落去」一聯外，尚有〈蝶戀花〉（起句：檻菊愁煙蘭泣露）：「欲寄彩箋兼尺素，山長水闊知何

---

15 此記載見宋．胡仔《苕溪漁隱叢話》前集（同注1）卷二六，頁七五；又見宋．趙與時《賓退錄》卷一，茲錄前者記載如下：「詩眼云：晏叔原見蒲傳正曰：『先公平日小詞雖多，未嘗作婦人語也。』傳正曰：『「綠楊芳草長亭路，年少拋人容易去。」豈非婦人語乎？』晏曰：『公謂年少爲何語？』傳正曰：『豈不謂其所歡乎？』晏曰：『因公之言，遂曉樂天詩兩句：「欲留年少待富貴，富貴不來年少去。」』傳正笑而悟。」

16 可並參黃文吉著《北宋十大詞家研究》（臺北：文史哲出版社，一九九六年三月）頁一七至一九。

17 此句見晏殊〈踏莎行〉（起句：祖席離歌）及〈蝶戀花〉（起句：簾幕風輕雙語燕）兩詞。

18 此句見晏殊〈淸平樂〉詞（起句：金風細細），而其〈破陣子〉詞起句云：「燕子欲歸時節」，正與此同。

19 此句爲晏殊〈採桑子〉詞之首句，又見於〈漁家傲〉詞（起句：畫鼓聲中昏又曉）。

20 此句見晏殊〈少年遊〉詞（起句：霜華樹滿），其〈踏莎行〉詞（起句：綠樹啼鶯）則作「當歌對酒莫沈吟」。

處」兩句，與其〈無題〉律詩尾聯：「魚書欲寄何由達，水遠山長處處同」，詞意雷同。而似此現象，尤可證明宋初詞壇雖崇尚婉麗抒情，然晏殊已有詩詞同體之觀念，故時亦將探討人生、富有哲理思考之內容寫入詞中。如其〈玉樓春〉詞，即是一例：「燕鴻過後鶯歸去。細算浮生千萬緒。長於春夢幾多時，散似秋雲無覓處。　聞琴解佩神仙侶。挽斷羅衣留不住。勸君莫作獨醒人，爛醉花間應有數。」

其四、陳廷焯稱晏殊「極力」爲艷詞，蔡嵩雲稱晏殊小令係以「人工」勝自然，要皆與陳匪石強調《珠玉詞》善於「鍊字句」，同具獨到之見解。然《珠玉詞》化用古人成句之具體現象爲何？「來歷」爲何？三人並未確指，殊覺不足。

至若近人之研究，率根據詞論家之批評，加以引伸發揮。茲舉葉嘉瑩〈論晏殊詞〉一文爲例：

> 關於晏殊之特色，如其閒雅之情調，曠達之懷抱，及其寫富貴而不鄙俗，寫艷情而不纖佻諸點，固皆有可資稱述者在。然而其最主要之一點特色，則當推其情中有思之意境。蓋詞之為體，要眇宜修，適於言情，而不適於說理，故一般詞作往往多以抒情為主，其能以詞之形式敘寫理性之思致者，則極為罕見。而晏殊卻獨能將理性之思致，融入抒情之敘寫中；在傷春怨別之情緒內，表現出一種理性之反省及操持；在柔情銳感之中，透露出一種圓融曠達之理性的觀照。[21]

---

21 此文見收於繆鉞、葉嘉瑩合撰《靈谿詞說》（臺北：國文天地雜誌社，一九八九年十二月），頁九四。

而研究《珠玉詞》，涉及其形式探討之學者，如夏承燾、蔡茂雄、劉若愚以及黃文吉等人[22]，綜其所留意者蓋有五端：其一，晏殊好重複使用詞句；其二，晏殊擅於寫景；其三，晏殊善用擬人及譬喻之修辭技巧；其四，晏殊重視格律，嚴辨去聲；其五，晏殊在選調方面，已跳脫前人範疇，開創屬於宋人聲音之新領域。

雖然，有關《珠玉詞》善借鑑唐詩之特色，始終未見提及。而此特色實為宋代晏幾道「寓以詩人句法」[23]、蘇軾「以詩為詞」[24]、賀鑄「善取唐人遺意」[25]、周邦彥「多用唐人詩語」

---

[22] 夏承燾稱「晏同叔辨去聲，嚴於結拍」，見《唐宋詞論叢》（香港：中華書局，一九八五年九月重印增訂本）頁五六至五八；蔡茂雄則就晏殊《珠玉詞》在「用韻」、「字音」、「選調」三方面，予以探討，見《珠玉詞研究》（臺北：文津出版社，一九七五年七月），頁三三至四九；劉若愚稱晏殊「詞裏充滿了意象的運用」，見《北宋六大詞家》（臺北：幼獅文化事業公司，一九八六年六月），頁二九；黃文吉則歸納出本文所列舉之五大特色，見《北宋十大詞家研究》頁一七至二七，並參注16。

[23] 宋．黃庭堅〈小山詞序〉云：「晏叔原，臨淄公之暮子也，……乃獨嬉弄於樂府之餘，而寓以詩人之句法，清壯頓挫，能動搖人心。」（此序見收於《唐宋詞集序跋匯編》頁二五，臺北：臺灣商務印書館，一九九三年二月）。

[24] 宋．陳師道《后山詩話》（臺北：弘道文化事業有限公司《詩話叢刊》本上冊，一九七一年三月）云：「退之以文為詩，子瞻以詩為詞，如教坊雷大使之舞，雖極天下之工，要非本色。」（頁九一至九二）
按：后山此言，張子良先生曾提出質疑，以為「或係江西詩派後人所為，因循詩派推尊宗主之例為說，而託名后山以傳耶！」見所著〈東坡是曲子中縛不住者辨析〉一文（《中國學術年刊》第十一期，國立臺灣師範大學國文研究所畢業同學會編，一九九〇年三月，頁一七七至二〇一）

[25] 宋．王銍《默記》（臺北：臺灣商務印書館《影印文淵閣四庫全書》本，冊一〇三八，一九八六年八月）卷下云：「賀方回遍讀唐人遺集，取其意以為詩詞，然所得在善取唐人遺意也。不如晏叔原盡見升平氣象，所得者人情物態。叔原妙在得人，方回妙在得詞人遺意。」（頁三五五）

[26]之先聲，具有「先驅者」之精神。譬諸唐代古文，則似柳冕之爲韓、柳先驅[27]，終促成唐人之古文運動。因之，本人在系列探討中特予強調，以補前人研究之不足，以見宋詞壇「以詩入詞」風尚之形成，洵非偶然也。

乙、宋初無專集詞人已有借鑒唐詩之現象

自文學演進之角度觀察，任何文學風尚或運動之形成，絕非突如其來，亦非某一作者所能成就；而係循序漸進，經志同道合者推波助瀾，終告水到渠成。準此觀之，宋詞人自詩中汲取英華，借鑒唐詩，實亦順時漸進，終蔚成風尚。如唐圭璋《全宋詞》所著錄之第二位詞家王禹偁（西元九五四至一〇〇一），早於晏殊（九九一至一〇五五）三十餘年，即在所作〈點絳脣〉詞中，化用前人之詩句。茲錄其上片如次：

雨恨雲愁，江南依舊稱佳麗。水村漁市。一縷孤煙細。（冊一，頁二）

詞中「江南」句，即化自南朝詩人謝朓之〈入朝曲〉：「江南佳麗地，金陵帝王州。」[28]再

---

26 宋·陳振孫《直齋書錄解題》（同前注，冊六七四，一九八五年八月）卷二一云：「（美成詞）多用唐人詩語檃括入律，混然天成；長調尤善鋪敘，富艷精工，詞人之甲乙也。」（頁八八八）

27 劉大杰《中國文學發展史》（臺北：華正書局，一九七七年五月）云：「唐代的古文運動，世人只注意韓愈、柳宗元，……但柳冕的文學理論，實爲韓、柳古文運動的先驅。」（頁三五八至三五九）

28 謝朓此詩，經杜甫化用，寫入〈秋興八首〉之第六首末句：「秦中自古帝王州」，而後「帝王州」一詞，即成泛

如寇準（九六一至一〇二三），早於晏殊三十年，其所作〈江南春〉詞，亦化用前人之詩意。茲錄如次：

> 波渺渺，柳依依。孤村芳遠，斜日杏花飛。江南春盡離腸斷，蘋滿汀州人未歸。[29]

此詞詞意，實化自南朝柳惲〈江南曲〉：「汀洲采白蘋，日暖江南春；洞庭有歸客，瀟湘逢故人。故人何不返，春華復應晚；不道新知樂，只言行路遠。」（《先秦漢魏晉南北朝詩．梁詩》卷八，頁一六七三）寇準另有〈夜度娘〉詩云：「煙波渺渺一千里，白蘋香散東風起；日暮汀洲一望時，柔情不斷如春水。」（冊一，頁四）其題下自註云：「追思柳惲汀洲之詠，尚有餘妍，因書一絕。」觀此，豈非晏殊「以詩爲詞」，詩詞同境之先聲耶！

至若借鑑唐詩之例，亦隨處可見，如寇準〈陽關引〉：

> 塞草煙光闊，渭水波聲咽。春朝雨霽輕塵歇。征鞍發。指青青楊柳，又是輕折。動黯然，知有後會甚時節。
>
> 更盡一杯酒，歌一闋。歎人生，最難歡聚易離別。且莫辭沈醉，

指，固不專指金陵而已。然仍以指金陵爲常見，如王安石〈南鄉子〉云：「自古帝王州，鬱鬱葱葱佳氣浮」（冊一，頁二〇七），即是一例。

29 此詞，唐圭璋《全宋詞》（臺北：世界書局，一九七六年十月，冊一，頁三）以爲「乃詩而非詞」，因附於寇準詞後。《全宋詩》（北京：北京大學出版社，一九九八年十二月）亦視之爲詩，收錄於冊二，卷九八，頁九九七；其下所錄〈夜度娘〉詩，題目與文字，亦頗出入。然清．王奕清等撰《歷代詞話》（《詞話叢編》本，冊二，頁一一四二）、清．先著、程洪撰、胡念貽輯《詞潔輯評》（同上，冊二，頁一三四三）、清．許昂霄《詞綜偶注》（同上，冊二，頁一五五〇）等，均視之爲「詞」。而清．萬樹《詞律》（臺北：廣文書局，一九七一年九月，附索引本，頁二〇）、清．康熙敕撰《詞譜》（臺北：洪氏出版社，一九八〇年十一月，冊一，頁一一六），亦視之爲詞調，而予以收錄（《詞譜》調名〈秋風清〉，附李白作品後，視爲又一體），今姑從之。

聽取陽關徹。念故人，千里自此共明月。（冊一，頁三）

按：王維〈送元二使安西〉詩云：「渭城朝雨浥輕塵，客舍青青柳色新；勸君更進一杯酒，西出陽關無故人。」（卷一二八，頁一三〇六）此詩另題作〈渭城曲〉，且譜入樂府，當作送別曲；而其句可反覆重疊歌唱，故又稱〈陽關三疊〉或〈陽關曲〉。今詞中既云「聽取陽關徹」，顯係寇準聽王維此曲，而據以敷衍成詞也。又如林逋（九六七至一〇二八）〈點絳脣〉下片：

又是離歌，一闋長亭暮。王孫去。萋萋無數。南北東西路。（冊一，頁七）

按：白居易〈賦得古原草送別〉詩末兩句云：「又送王孫去，萋萋滿別情」（卷四三六，頁四八三六），此詞「王孫」以下三句，蓋即據此而來；溯其源頭，又係自《楚辭·招隱士》：「王孫游兮不歸，春草生兮萋萋。」變化而得也。又如楊億（九七四至一〇二〇）〈少年游〉上片：

江南節物，水昏雲淡，飛雪滿前村。千尋翠嶺，一枝芳艷，迢遞寄歸人。（冊一，頁八）

按：僧齊己〈早梅〉五律頷聯云：「前村深雪裏，昨夜一枝開。」（卷八四三，頁九五二八）此詞「飛雪」、「一枝」兩句，蓋據此而來；而「迢遞」句，又係化用南朝宋陸凱〈贈范曄〉詩：「折梅逢驛使，寄與隴頭人；江南無所有，聊寄一枝春。」[30]取其意以入詞也。又如李遵勗（？至

---

30 此詩見錄於逯欽立編《先秦漢魏晉南北朝詩》（臺北：學海出版社，一九八四年五月）中冊，頁一二〇四。而明·楊慎《升庵詩話》（臺北：藝文印書館《續歷代詩話》本下冊，一九七四年四月）卷九〈寄梅事〉條乃云：「寄梅事始見於《說苑》越使諸發云：豈有一枝梅可寄國君者乎？又詩話載南北朝范曄與陸凱相善，凱在江南寄梅花一枝詣長安與曄，且贈一詩云云。按：曄爲江南人，陸凱字智君，代北人，當是范寄陸耳，凱在長安，安得梅花寄曄乎？」（頁九六九至九七〇）並錄於此，以資參考。

一〇三八）〈望漢月〉下片：

雕闌新雨霽。綠蘚上、亂鋪金蕊。此花開後更無花，願愛惜、莫同桃李。（冊一，頁一〇）

按：元稹〈菊花〉七絕末句云：「此花開盡更無花」（卷四一一，頁四五六〇），李詞顯係襲用元詩成句以詠菊，特易「盡」字爲「後」字也。又如范仲淹（九八九至一〇五二）〈剔銀燈〉下片：

人世都無百歲。少癡騃、老成尪悴。只有中間，些子少年，忍把浮名牽繫。一品與千金，問白髮、如何回避。（冊一，頁一一）

按：白居易〈狂歌詞〉後段云：「五十已後衰，二十已前癡；晝夜又分半，其間幾何時？生前不歡樂，死後有餘貲；焉用黃墟下，珠衾玉匣爲？」（卷四三一，頁四七五九）對照詞意，范詞蓋亦化用白詩也。又如滕宗諒（九九一至一〇四七）〈臨江仙〉：

湖水連天天連水，秋來分外澄清。君山自是小蓬瀛。氣蒸雲夢澤，波撼岳陽城。　帝子有靈能鼓瑟，淒然依舊傷情。微聞蘭芝（按：依此句平仄及錢起原詩度之，「芝」字應作「芷」為是。）動芳馨。曲終人不見，江上數峰青。（冊一，頁一一〇）

按：孟浩然〈望洞庭湖贈張丞相〉五律前四句云：「八月湖水平，涵虛混太清；氣蒸雲夢澤，波撼岳陽城。」（卷一六〇，頁一六三三）此詞上片顯係化用與襲用孟詩之詩意與詩句。又：錢起〈省試湘靈鼓瑟〉詩云：「善鼓雲和瑟，常聞帝子靈。……苦調淒金石。……白芷動芳馨。……曲終人不見，江上數峰青。」（卷二三八，頁二六五一）此詞下片顯亦化用與襲用錢詩之詩意與詩句也。又如宋祁（九九八至一〇六一）〈鷓鴣天〉：

畫轂彫鞍狹路逢。一聲腸斷繡簾中。身無彩鳳雙飛翼，心有靈犀一點通。　金作屋，玉為籠。車如流水馬游龍。劉郎已恨蓬山遠，更隔蓬山幾萬重。[31]

按：此詞應屬集句之作，唯上下片起兩句待考，餘五句出處如下：「身無」兩句爲李商隱〈無題〉詩（起句：昨夜星辰昨夜風）（卷五三九，頁六一六三）之頷聯，「車如」句爲蘇頲〈夜宴安樂公主新宅〉（卷七四，頁八一五）七絕之首句，特易「馬如龍」爲「馬游龍」耳；而其原典爲「車如流水，馬如游龍」，見《後漢書》卷十〈馬皇后紀〉。至如「劉郎」兩句，亦爲李商隱〈無題〉詩（起句：來是空言去絕蹤）（卷五三九，頁六一六三）之尾聯，特易「一」字爲「幾」字也。宋祁另有一闋〈錦纏道〉詞，其下片亦化用唐詩詩意，茲錄如次：

向郊原踏青，恣歌攜手。醉醺醺，尚尋芳酒。問牧童，遙指孤村道。杏花深處，那裏人家有。[32]

---

31 唐圭璋《全宋詞》（同注29，冊一）於此詞後按云：「此首又見《花草粹編》卷五，無撰人姓名，題作『輦路聞車中美人呼歐九醜面漢』，其前一首歐陽脩詞。依《花草粹編》體例，似曾有某書以此首爲歐陽脩作。」（頁一一七）按：唐氏此按，未必盡然。其一，此詞又見《花草粹編》卷十，非卷五；其二，《花草粹編》體例，凡同一作者同調作，係以「又」表示；同調又同題，則以序數「一」「二」等表示。而卷十錄歐陽脩〈鷓鴣天〉詞後，接錄以〈輦路聞車中美人呼歐九醜面漢〉爲題之〈鷓鴣天〉，既未標「又」，亦未標「一」「二」等，顯然未認定爲歐陽脩之作；特以內容相涉而並列也。

32 此詞，唐圭璋《全宋詞》（同注29，冊一，頁一一七）歸入宋祁存目詞，視爲無名氏作，然趙萬里《校輯宋金元人詞》〈宋景文公長短句〉（臺北：台聯國風出版社，一九七二年三月，重刊本上冊），附錄此詞（頁一至二），

此詞末四句，顯化用杜牧〈清明〉七絕末兩句之詩意也。

此外，潘閬尚有十闋〈酒泉子〉聯章詞，歌詠錢塘西湖之景致與風物，可謂歐陽脩以〈漁家傲〉兩組各十闋詠十二月節序風物，以及以〈採桑子〉十闋詠潁州西湖之先聲，而此等形式，無疑係承自敦煌曲〈十二時〉、〈十二月歌〉等民間小曲，實亦借鑒之一道，因屬詞體流變之問題，茲不贅述。其次陳亞（一〇〇二年進士）另有四闋〈生查子〉係以藥名入詞，茲錄一闋（題云「藥名閨情」）如次：

相思意已深，白紙書難足。字字苦參商，故要檳郎讀。　分明記得約當歸，遠至櫻桃熟。何事菊花時，猶未回鄉曲。（冊一，頁八）

按：此詞每句均嵌入藥名，分別爲：薏苡（意已）、白芷（白紙）、苦蔘（苦參）、檳郎、當歸、遠志（遠至）、櫻桃、菊花、茴香（回鄉）而似此以鑲嵌、雙關之技巧塡詞，可謂遠溯南朝民間情歌，近承唐人之作，茲各舉一首，以資比較：

朝登涼臺上，夕宿蘭池裡；乘風采芙蓉，夜夜得蓮子。（子夜四時歌·夏歌，《樂府詩集》，卷四四，頁六四六）

一尺深紅勝麴塵，天生舊物不如新；合歡桃核終堪恨，裏許原來別有仁。（溫庭筠〈新添聲楊柳枝辭〉，卷五八三，頁六七六四。）

因之一般均視爲宋祁所作。

詩中以「芙蓉」諧音雙關「夫容」,「蓮子」諧音雙關「憐子」;「合歡」含蘊團聚之情,「仁」字雙關「人」字。然則陳亞此作,蓋亦其來有自也。

綜上陳述,可知宋初詞壇中,無專集之詞人已然在作品中借鑒唐詩,斯乃文學演進必然之情勢。然由於每位詞人之作品多不及十闋,少則僅一闋,實難論其影響;而對於詞壇以詩入詞、以詩爲詞風尙之形成,亦不可廢其涓滴之功也。

貳、正　文

甲、《珠玉詞》借鑒唐詩之技巧

論及宋初詞壇具有詞作專集之詞家,當推柳永、張先、晏殊三人。此三人之作品,各有風格,各有聲稱,對詞壇亦各具影響。以年齡論,柳永(九八五至一〇五三)[33]最長,張先(九

33 有關柳永之生年,眾說紛紜,唐圭璋〈柳永事跡新證〉一文,據宋人羅大經《鶴林玉露》所謂「孫何帥錢塘,柳耆卿作〈望海潮〉詞贈之」云云,以爲「柳永就在孫何死的一年做〈望海潮〉詞送他,至少也應是冠年了。」孫何生於西元九六一年,卒於一〇〇四年,因推測柳永約生於宋太宗雍熙四年,西元九八七年(見《詞學論叢》,臺北:宏業書局,一九八八年九月,頁六一〇)。而後復與金啓華合撰〈論柳永的詞〉一文,更正爲宋太宗雍熙二年,西元九八五年(見《詩詞論叢》,武漢:湖北人民出版社,一九八四年五月,頁一七二)。此主張,引起不少爭議,如羅忼烈即以爲唐圭璋過於想像,〈望海潮〉實與孫何無關(見《詞學雜俎》,成都:巴蜀書社,一九九〇年六月,頁二〇九至二一四及頁二二二),然學界大致仍接受唐說,茲姑從之。

九〇至一〇七八）[34]次之，晏殊晚張先一年出生，又其次。以關係論，張先年四十一與歐陽脩齊中進士，其時晏殊爲禮部主考官[35]，晏、張兩人實具師生之誼，而後張先、歐陽脩時出入晏殊門下，沈醉詩詞歌舞，故亦具詩友之誼。至於柳永與晏、張二人之關係，則未見較正式之記載。復以詞章之影響論，柳永詞曾造成「凡有井水處，即能歌柳詞」[36]之盛況；而張先詞，則被視爲「古今一大轉移」[37]，並與柳永齊名，同創慢詞之風[38]。至於晏殊《珠玉詞》，則有「北宋倚聲家初祖」之譽，「風流蘊藉，一時莫及。」（並見本文前言第一節引）雖然，以借鑒唐詩之角度觀之，則唯晏殊《珠玉詞》有較具體、較變化之借鑒技巧，足與蘇、黃、賀、周相呼應，脈

---

34 有關張先生年，宋人有二說：一據蘇軾〈書游垂虹亭記〉載，推算張先生於宋太宗淳化六年，西元九九〇年；一據《齊東野語》載孫覺《十詠圖序略》所言，推算張先生於淳化二年，西元九九一年。而夏承燾〈張子野年譜〉考證，蘇說爲是，今從之。夏文先發表於《詞學季刊》第一卷創刊號，頁五五至七八；後收入《唐宋詞人年譜》（上海古籍出版社，一九七九年五月），頁一六九至一九六。又：姜書閣另撰〈張子野年譜辨誤〉一文（《湘潭大學學報》，一九九一年一期，頁一至五），足以補夏文之疏誤，可並參考。

35 參夏承燾〈張子野年譜〉一文，刊載處同前注。

36 宋・葉夢得《避暑錄話》（同注25，冊八六三，一九八六年二月）卷下云：「余仕丹徒，首見一西夏歸明官云：『凡有井水處，即能歌柳詞。』言其傳之廣也。」（頁六七四）

37 清・陳廷焯《白雨齋詞話》（同注8）卷一云：「張子野詞，古今一大轉移也。前此則爲晏、歐，爲溫、韋，體段雖具，聲色未開；後此則爲秦、柳，爲蘇、辛，爲美成、白石，發揚蹈厲，氣局一新，而古意漸失。子野適得其中，有含蓄處，亦有發越處；但含蓄不似溫、韋，發越不似豪蘇膩柳，規模雖隘，氣格卻近古。自子野後一千年來，溫、韋之風不作矣，益令我思子野不置。」（頁三七八二）

38 宋・吳曾《能改齋漫錄》（同注25，冊八五〇，一九八六年二月）卷一六引晁无咎之評曰：「張子野與柳耆卿齊名，而時以子野不及耆卿，然子野韻高，是耆卿所乏處。」（頁八一〇）

絡皦然，故筆者特定位為兩宋詞人大量借鑒唐詩之「先驅」。

為求體例一致，以下即依〈綜論兩宋詞人借鑒唐詩之技巧〉之分類，予以全面探析。而有關《珠玉詞》之箋校本，除《全宋詞》外，較著者凡五：冒廣生《珠玉詞校記》、張紹鐸《珠玉詞校訂箋註》、蔡茂雄《珠玉詞研究》、吳林抒校箋《珠玉詞》、胡士明校點《珠玉詞》[39]，本文悉擇其信而有據者依之，並以所得二十餘則新資料補充之。至於所錄詩篇，全依《全唐詩》[40]，不另註明；且依詩人時代先後排列，以見晏殊之好尚焉。

一、字面之借鑒

凡自唐代特定詩人之作品，借鑒其字面者，均歸入此類。而晏殊之《珠玉詞》中，唯見截取唐詩，而無鎔鑄唐詩字面者，茲臚列如次：

1.〈漁家傲〉起兩句：「嫩綠堪裁紅欲綻，蜻蜓點水魚遊畔。」

按：杜甫〈曲江〉二首之二云：「穿花蛺蝶深深見，點水蜻蜓款款飛」（卷二二五，頁二四一〇），晏氏「點水蜻蜓」一詞，蓋取自杜詩也。

---

39 冒文原刊載於《同聲月刊》一卷一〇號，後收入《冒鶴亭詞曲論文集》（上海古籍出版社，一九九二年八月），頁五一三至五三四。張著為中國文化大學中文研究所碩士論文（一九七一年），蔡書由臺北文津出版社出版（一九七五年七月），吳書則由南昌江西人民出版社出版（一九八五年十二月），本文撰寫時，猶未能見之，甚憾！而胡士明校點本為上海古籍出版社《詞林集珍》之一（一九八八年十二月）。

40 臺北：盤庚出版社，一九七九年二月。

2.〈山亭柳〉（起句：家住西秦）：「數年來往咸京道，殘盃冷炙謾消魂。」

按：杜甫〈奉贈韋左丞丈二十二韻〉詩云：「殘盃與冷炙，到處潛悲辛。」（卷二一六，頁二二五二）晏氏「殘盃」、「冷炙」二詞，即取自杜詩。

3.〈玉堂春〉（起句：斗城池館）：「脆管清絃，欲奏新翻曲。」又：〈拂霓裳〉（起句：笑秋天）：「銀簧調脆管，瓊柱撥清絃。」

按：白居易〈霓裳羽衣歌〉：「清絃脆管纖纖手，教得霓裳一曲成。」（卷四四四，頁四九七一），晏氏「脆管」、「清絃」二詞，顯取自白詩，詞牌與詩題亦相涉也。

4.〈破陣子〉（起句：海上蟠桃易熟）：「惟有擘釵分鈿侶，離別常多會面難。」

按：白居易〈長恨歌〉：「釵留一股合一扇，釵擘黃金合分鈿。」（卷四三五，頁四八二〇）晏氏「擘釵」、「分鈿」二詞，顯取自白詩。

5.〈浣溪沙〉：「楊柳陰中駐彩旌。芰荷香裡勸金觥，小詞流入管絃聲。　只有醉吟寬別恨，不須朝暮促歸程。雨條煙葉繫人情。」

按：此詞末句「雨條」一詞疑爲「風條」之誤，然諸校注本均未舉出。白居易〈楊柳枝二十韻〉云：「小妓攜桃葉，新聲踏柳枝。……身輕委迴雪，羅薄透凝脂。……才小與妍詞。便想人如樹，先將髮比絲。風條搖兩帶，煙葉貼雙眉。……曲罷那能別，情多不自持；纏頭無別物，一首斷腸詩。」（卷四四五，頁五一五六）詩中以「風條」、「煙葉」比女子之姿容，晏詞末句，正以此喻女子之牽繫人情，若作「雨條」則不通矣！而細讀此詞，亦與白居易原詩，頗有彷彿之處。

6.〈訴衷情〉（起句：秋風吹綻北池蓮）：「斟美酒，祝方筵，奉觥船。」又：〈燕歸梁〉（起句：金鴨香爐起瑞煙）：「斟美酒，泛觥船。」又：〈長生樂〉（起句：玉露金風月正遠）：「清歌妙舞，急管繁絃，榴花滿酌觥船。」又：〈拂霓裳〉（起句：慶生辰）：「捧觥船，一聲聲齊唱太平年。」

按：杜牧〈題禪院〉（一題作〈醉後題僧院〉）詩云：「觥船一棹百分空，十歲青春不負公。」（卷五二二，頁五九七四）「觥船」一詞，始見杜牧此詩，晏氏蓋自此截出。晏氏另有〈喜遷鶯〉詞（起句：花不盡），則襲用杜詩「觥船」整句，而〈玉樓春〉（起句：春蔥指甲輕攏撚）「百分芳酒祝長春」句中之「百分」，蓋亦取自杜詩也。

7.〈漁家傲〉（起句：宿蕊門攢金粉鬧）：「葉軟香清無限好，風頭日腳乾催老。」

按：岑參〈送李司諫歸京得長字〉詩：「雨過風頭黑，雲開日腳黃。」（卷二〇〇，頁二〇七九），晏詞「風頭」、「日腳」兩詞，顯截自岑詩。

8.〈漁家傲〉起句：「幽鷺慢來窺品格，雙魚豈解傳消息。」

按：鄭谷〈水〉詩（西蜀淨眾寺五題之一）：「落花相逐去何處，幽鷺獨來無限時。」（卷六七五，頁七七三七）「幽鷺」一詞，僅見於此詩，晏氏蓋截而用之；而觀詞意，亦與鄭谷詩意相彷彿，頗有化用之味。

9.〈秋蕊香〉（起句：向曉雪花呈瑞）：「何人剪碎天邊桂，散作瑤田瓊蕊。」

按：黃滔〈貽張蠙〉詩云：「惆悵天邊桂，誰教歲歲香。」（卷七〇四，頁八一〇四）「天邊桂」一詞，僅見於此詩，晏氏蓋截而用之。

二、句意之借鑒

(一)增損唐詩字句

凡取材唐詩整句，不易其文意、語序，僅增減一、二字，或改易一、二字者，均歸入此類。茲臚列如次：

1.就唐詩句增字

(1)〈鳳啣盃〉（起句：青蘋昨夜秋風起）：「可惜良辰好景歡娛地，只恁空顦顇。」

按：杜甫〈可惜〉詩云：「可惜歡娛地，都非少壯時。」（卷二二六，頁二四四〇）晏詞上句，顯就杜詩上句增「良辰好景」四字。

(2)〈浣溪沙〉（起句：一向年光有限身）：「不如憐取眼前人。」又：〈玉樓春〉（起句：簾旌浪卷金泥鳳）：「不如憐取眼前人，免使勞魂兼役夢。」

按：元稹〈鶯鶯傳〉載崔鶯鶯〈告絕〉詩云：「還將舊來意，憐取眼前人。」（卷八〇〇，頁九〇〇二）晏氏詞句，顯就崔詩下句增「不如」兩字。

2.就唐詩句減字

(1)〈清平樂〉（起句：紅箋小字）：「人面不知何處，綠波依舊東流。」

按：崔護〈題都城南莊〉詩云：「人面不知何處去，桃花依舊笑春風。」（卷三六八，頁四一四八）晏詞上句，顯就崔詩上句減一「去」字也。

(2)〈喜遷鶯〉（起句：花不盡）：「朱絃悄，知音少，天若有情應老。」

按：李賀〈金銅仙人辭漢歌〉云：「衰蘭送客咸陽道，天若有情天亦老。」（卷三九一，頁四四〇三）晏詞末句，顯就李詩減一「天」字，且易「亦」字爲「應」字也。

3.改易唐詩字句

(1)〈玉樓春〉（起句：燕鴻過後鶯歸去）：「長於春夢幾多時，散似秋雲無覓處。」

按：白居易〈花非花〉詩云：「來如春夢幾多時，去似朝雲無覓處。」（卷四三五，頁四八二二）晏詞兩句，顯取自白詩，特易「來如」爲「長於」，易「去」爲「散」、易「朝」爲「秋」耳。

(2)〈酒泉子〉（起句：春色初來）：「勸君莫惜縷金衣，把酒看花須強飲。」

按：無名氏〈雜詩〉詩云：「勸君莫惜金縷衣，勸君惜取少年時。」（卷七八五，頁八八六三）晏詞顯取自該詩，特易「金縷」爲「縷金」耳。而此詩一般均題作杜秋娘〈金縷衣〉。

(二)化用唐詩句意

凡取材唐詩片段，不易其文意，而另造新句；或引伸文意，反用文意，而另造新句者，均屬檃括範疇。然本文爲區別全首檃括之作，特將此等現象歸入「化用唐詩句意」一項，茲分別臚列如次：

1.襲其意而易其語

(1)〈蝶戀花〉首句：「南雁依稀迴側陣。」

按：唐太宗〈秋日翠微宮〉詩云：「側陣移鴻影」（卷一，頁一四），晏詞係自此化用。

(2)〈殢人嬌〉起首：「一葉秋高，向夕紅蘭露墜。」

按：李吉甫〈九日小園獨謠贈門下武相公〉詩云：「受露紅蘭晚，迎霜白薤肥。」（卷三一七，頁三五八二）晏詞「向夕」句，即自李詩「受露」句化出。

(3)〈點絳唇〉（起句：露下風高）：「一曲呈珠綴。」

按：白居易〈晚春尋沈四著作〉詩云：「最憶陽關唱，真珠一串歌」（卷四五六，頁五一七七），晏詞蓋自白詩「真珠」句化出。

(4)〈酒泉子〉（起句：三月暖風）：「長安多少利名身。」

按：白居易〈常樂里閒居偶題十六韻〉云：「帝都名利場，雞鳴無安居。」（卷四二八，頁四七一二）晏殊此句，即自白詩「帝都」句化出，而唐時「帝都」即「長安」也。晏詞〈喜遷鶯〉末結云：「勸君看取利名場，今古夢茫茫。」亦同此意。

(5)〈清平樂〉（起句：秋光向晚）：「蕭娘勸我金卮，殷勤更唱新詞，暮去朝來即老。……」

按：白居易〈琵琶行〉云：「暮去朝來顏色故」（卷四三五，頁四八二二），晏殊「暮去」句，即自此詩句化出；而「蕭娘」云云，亦何異琵琶女子耶！

(6)〈喜遷鶯〉起首：「歌斂黛，舞縈風。」

按：白居易〈贈晦叔憶夢得〉詩云：「酒面浮花應是喜，歌眉斂黛不關愁。」（卷四五一，頁五一〇五）晏詞首句，即自白詩「歌眉」句化出；而此詞用以祝壽，亦切「喜」字也。

(7)〈鳳銜盃〉起句：「柳條花纇惱青春。」

按：白居易〈和微之春日投簡陽明洞天五十韻〉云：「柳眼黃絲纇，花房絳蠟珠。」（卷四四九，頁五〇六二）晏殊此句，即自白詩「柳眼」句化出，而益以「惱青春」三字也。

(8)〈玉樓春〉起兩句：「紫薇朱槿繁開後，枕簟微涼生玉漏。」

按：白居易〈小曲新詞〉云：「好向昭陽宿，天涼玉漏遲」（卷四四一，頁四九二八），晏殊「枕簟」句即自白詩「天涼」句化出。

(9)〈玉樓春〉（起句：朱簾半下香銷印）：「鸚鵡前頭休借問。」

按：朱慶餘〈宮詞〉云：「含情欲說宮中事，鸚鵡前頭不敢言」（卷五一四，頁五八六五），晏詞即自朱詩「鸚鵡」句化出。

(10)〈更漏子〉（起句：塞鴻高）下片云：「拍碎畫堂檀板。」

按：杜牧〈自宣州赴官入京，逢裴坦判官歸宣州因題贈〉詩云：「畫堂檀板秋拍碎，一飲有時聯十觥」（卷五二〇，五九四八），晏詞正自杜詩「畫堂」句化出，而該詞第三句云：

「秋入銀河清淺」，亦切「秋」字。又：晏詞〈玉樓春〉（起句：紅條約束瓊肌穩）云：「拍碎香檀催急袞」，蓋亦自此化出。

(11)〈訴衷情〉（起句：幕天席地門豪奢）：「從他醉醒醒醉，斜插滿頭花。」[41]

按：杜牧〈九日齊山登高〉詩中兩聯云：「塵世難逢開口笑，菊花須插滿頭歸；但將酩酊酬佳節，不用登臨恨落暉。」（卷五二二，頁五九六六）晏詞「斜插」句，蓋自杜詩「菊花」句化出。

(12)〈玉樓春〉首句：「春葱指甲輕攏撚。」

按：李群玉〈索曲送酒〉詩云：「煩君玉指輕攏撚。」（卷五七〇，頁六六一四）晏殊此句蓋自此詩句化出；而李、晏兩人或亦受白居易〈琵琶行〉：「輕攏慢撚抹復挑」（卷四三五，頁四八二二）詩句所啓發。

(13)〈更漏子〉起三句：「蕣華濃，山翠淺，一寸秋波如剪。」

按：韋莊〈秦婦吟〉云：「一寸橫波剪秋水，妝成只對鏡中春。」晏殊「一寸」句，即自韋「一寸」句化出。

(13)〈蝶戀花〉（起句：南雁依稀迴側陣）：「中夜夢餘消酒困，爐香卷穗燈生暈。」

按：韓愈〈宿龍宮灘〉詩云：「夢覺燈生暈，宵殘雨送涼。」（卷三四三，頁三八三九）晏詞

---

41 此詞《全宋詞》未收，見錄於孔凡禮《全宋詞補輯》（臺北：源流出版社，一九八二年十二月）頁二。

兩句，蓋自韓詩「夢覺」一句化出。

(15)〈菩薩蠻〉（起句：高梧葉下光晚）：「莫學蜜蜂兒，等閒悠颺飛。」

按：溫庭筠〈春愁曲〉云：「颼颼掃尾雙金鳳，蜂喧蝶駐俱悠揚。」（卷五七六，頁六七〇六）晏詞兩句，即自溫詩「蜂喧」句化出。

(16)〈少年遊〉（起句：霜華滿樹）：「秋艷入芙蓉，臙脂嫩臉。」

按：溫庭筠詩云：「芙蓉凋嫩臉，楊柳墮新眉。」（卷八九一，頁一〇〇六三），晏詞兩句，即自溫詩「芙蓉」一句化出。

(17)〈鳳啣杯〉（起句：留花不住怨花飛）：「可惜倒紅斜向，一枝枝，經宿雨，又離披。」

按：溫庭筠〈和沈參軍招友生觀芙蓉池〉詩云：「湘莖久蘚澀，宿雨增離披。」（卷五七七，頁六七〇九）晏詞「經宿雨」兩句，蓋自溫詩「宿雨」一句化出，亦寫芙蓉秋來蕭瑟之景。

(18)〈漁家傲〉（起句：宿蕊鬥攢金粉鬧）：「待得玉京仙子到。」

按：李白〈廬山謠寄盧侍御虛舟〉詩云：「遙見仙人彩雲裏，手把芙蓉朝玉京。」（卷一七三，頁一七七三）晏詞蓋自此兩詩句化出，藉寫芙蓉也。

(19)〈漁家傲〉（起句：臉傳朝霞衣剪翠）：「欲摘嫩條嫌綠刺。」

按：張籍〈採蓮曲〉云：「試牽綠莖下尋藕，斷處絲多刺傷手。」（卷三八二，頁四二八三）

晏詞即自此兩詩句化出，晏殊另有〈雨中花〉一詞，亦化用此詩，參本節「引伸唐詩句意」例(3)。

(20)〈望漢月〉起句：「千縷萬條堪結。」

按：劉禹錫〈楊柳枝〉云：「千條金縷萬條絲，如今綰作同心結。」（卷二八，頁三九八）

晏詞即自此兩詩句化出。

(21)〈山亭柳〉（起句：家住西秦）：「蜀錦纏頭無數。」

按：白居易〈琵琶行〉：「五陵年少爭纏頭，一曲紅綃不知數。」（卷四三五，頁四八二二）

晏詞即自此兩詩句化出。

(22)〈破陣子〉（起句：海上蟠桃易熟）：「蠟燭到明垂淚。」

按：杜牧〈贈別〉詩云：「蠟燭有心還惜別，替人垂淚到天明。」（卷五二三，頁五九八八）

晏詞即自此兩詩句化出；晏殊另有〈撼庭秋〉一詞，亦化用此詩，參本節例(49)。

(23)〈踏莎行〉（起句：碧海無波）：「紅牋小字憑誰付。」

按：韓偓〈偶見〉詩云：「小疊紅箋書恨字，與奴方便寄卿卿。」（卷六八三，頁七八四三）

晏詞蓋自此兩詩句化出；而〈更漏子〉（起句：紅箋小字）上片亦化用此詩意，參本節例(51)。

(24)〈瑞鷓鴣〉（起句：越娥紅淚泣朝雲）：「前溪昨夜深深雪。」

按：僧齊己〈早梅〉詩云：「前村深雪裏，昨夜一枝開。」（卷八四三，頁九五二八）晏詞即自此兩詩句化出，用以詠紅梅也。

(25)〈更漏子〉起兩句：「雪藏梅，煙著柳，依約上春時候。」

按：馬懷素〈奉和人日讌大明宮恩賜綵縷人勝應制〉詩云：「萬宇千門平旦開，天容萬象列昭回，……就暖風光偏著柳，辭寒雪影半藏梅。……」（卷九三，頁一〇〇九）晏詞前兩句，即自馬詩「就暖」、「辭寒」兩句化出，用以寫上春景致也。

(26)〈破陣子〉（起句：湖上西風斜日）：「金菊滿叢珠顆細，海燕辭巢翅羽輕。」

按：皇甫冉〈秋日東郊作〉云：「燕知秋日辭巢去，菊爲重陽冒雨開。」（卷二四九，頁二八一二）晏詞兩句，即自此兩詩句化出，亦寫秋日之景也。

(27)〈訴衷情〉起兩句：「東風楊柳欲青青，煙淡雨初晴。」

按：王維〈送元二使安西〉詩云：「渭城朝雨浥輕塵，客舍青青柳色新。」（卷一二八，頁一三〇六）晏詞兩句，蓋自此兩詩句化出。

(28)〈喜遷鶯〉末結：「曲終休解畫羅衣，留伴綵雲飛。」

按：李白〈宮中行樂詞〉云：「只愁歌舞散，化作綵雲飛。」（卷二八，頁四〇九）晏詞兩句，即自此兩詩句化出。

(29)〈玉樓春〉末結：「未知心在阿誰邊，滿眼淚珠言不盡。」

按：李白〈怨情〉詩云：「但見淚痕溼，不知心恨誰。」（卷一八四，頁一八八二）晏詞兩句，即自此兩詩句化出。

(30)〈瑞鷓鴣〉（起句：越娥紅淚泣朝雲）：「臘月初頭，庾嶺繁開後。」

按：杜甫〈江梅〉詩云：「梅蕊臘前破。」（卷二三二，頁二五五五）又：李商隱〈對雪〉詩云：「梅花大庾嶺頭發。」（卷五三九，頁六一六九）晏詞兩句，蓋自杜、李詩兩句化出，用以寫嶺南特有之紅梅也。[42]

(31)〈採桑子〉（起句：春風不負東君信）：「燕子雙雙，依舊啣泥入杏梁。」

按：杜甫〈春日梓州登樓〉二首之一云：「雙雙新燕子，依舊已銜泥。」（卷二二七，頁二四六〇）晏詞兩句，顯自杜詩兩句化出。晏殊〈玉樓春〉起句云：「杏梁歸燕雙回首」，似亦自此兩句濃縮運用也。

(32)〈玉樓春〉（起句：紅條約束瓊肌穩）：「壠頭嗚咽水聲繁，葉下間關鶯語近。」

按：白居易〈琵琶行〉云：「間關鶯語花底滑，嗚咽流泉水下灘。」（卷四三五，頁四八二二）晏詞兩句，即自此兩詩句化出。

---

[42] 唐・段公路《北戶錄》（同注25，冊五八九，一九八五年八月）云：「紅梅，嶺南之梅，小於江左。」（頁五五）又宋・范成大《范村梅譜》（同注25，冊八四五，一九八六年二月）載：「紅梅，粉紅色，標格猶是梅，而繁密則如杏，香亦類杏，……與江梅同開，紅白相映，園林初春絕景也。」（頁三四）

⒀〈睿恩新〉起首：「芙蓉一朵霜秋色，……靜對西風脈脈。」

按：李賀〈梁臺古愁（一作「意」）〉詩云：「芙蓉凝紅得秋色，蘭臉別春啼脈脈。」（卷三九三，頁四四二九）晏詞兩句，蓋自此兩詩句化出；而「靜對西風」，即「別春」之意也。

⒁〈秋蕊香〉（起句：梅蕊雪殘香瘦）：「金烏玉兔長飛走，爭得朱顏依舊。」

按：韓琮〈春愁〉詩云：「金烏長飛玉兔走，青鬢長青古無有。」（卷五六五，頁六五四八）晏詞兩句，顯自此兩詩句化出。

⒂〈喜遷鶯〉（起句：歌斂黛）：「分行珠翠簇繁紅，雲髻裊瓏璁。」

按：溫庭筠〈握柘詞〉（一作〈屈柘詞〉）：「繡衫金騕褭，花髻玉瓏璁。」（卷五八一，頁六七三八）晏詞兩句，顯自此兩詩句化出。

⒃〈秋蕊香〉（起句：向曉雪花呈瑞）：「蕭娘斂盡雙蛾翠，迴香袂。」

按：溫庭筠〈感舊陳情五十韻獻淮南李僕射〉詩云：「舞轉迴紅袖，歌愁斂翠鈿」（卷五八〇，頁六七三五），晏詞兩句，蓋自此兩詩句化出。

⒄〈睿恩新〉起兩句：「紅絲一曲傍階砌，珠露下、獨呈纖麗。」

按：溫庭筠〈春愁曲〉云：「紅絲穿露珠簾冷，百尺啞啞下纖綆。」（卷五七六，頁六七〇六）晏詞兩句，蓋自此兩詩句化出，以寫紅絲綴露之纖麗也。

(38)〈漁家傲〉起兩句：「葉下鵁鶄眠未穩，風翻露颭香成陣。」

按：李群玉〈池塘晚景〉詩云：「風荷珠露傾，驚起睡鵁鶄。」（卷五七〇，頁六六〇六）晏詞兩句，即自此兩詩句化出。

(39)〈清平樂〉（起句：春花秋草）：「總把千山眉黛掃，未抵別愁多少。」

按：李商隱〈代贈〉詩云：「總把春山掃眉黛，不知供得幾多愁。」（卷五三九，頁六一八一）晏詞兩句，即自此兩詩句化出。

(40)〈訴衷情〉（起句：東風楊柳欲青青）：「眉葉細，舞腰輕。」

按：李商隱〈謔柳〉詩云：「眉細從他斂，腰輕莫自斜。」（卷五三九，頁六一五三）晏詞兩句，即自此兩詩句化出。

(41)〈清平樂〉（起句：秋光向晚）：「林葉殷紅猶未徧，雨後青苔滿院。」

按：韓偓〈效崔國輔體四首〉之一云：「雨後碧苔院，霜來紅葉樓。」（卷六八三，頁七八三八）晏詞兩句，即自此兩詩句化出；而〈蝶戀花〉（起句：簾幕風輕雙語燕）：「餘花落盡青苔院」，其中「青苔院」一詞，或亦自此截取。

(42)〈浣溪沙〉（起句：閬苑瑤臺風露秋）：「整鬟疑思捧觥籌，欲歸臨別強遲留。」

按：韓偓〈踏青詞〉云：「踏青會散欲歸時，金車久立頻催上；收裙整髻故遲留，兩點深心各惆悵。」（卷六八三，頁七八三四）晏詞兩句，顯自韓詩「踏青」及「收裙」兩句化出。

(43)〈浣溪沙〉(起句：玉椀冰寒滴露華)：「鬢嚲欲迎眉際月，酒紅初上臉邊霞。」

按：韓偓〈無題〉詩云：「歌凝眉際恨，酒發臉邊春。」(卷六八三，頁七八四四)晏詞兩句，或亦自此兩句化出。

(44)〈浣溪沙〉(起句：小閣重簾有燕過)：「一霎好風生翠幕，幾回疎雨滴圓荷。」

按：鄭谷〈乖慵〉詩云：「一霎芰荷雨，幾回簾幕風。」(卷六七六，頁七七五八)晏詞兩句，蓋自此兩詩句化出。

(45)〈瑞鷓鴣〉(起句：江南殘臘欲歸時)：「一夜前村，間道瑤英坼。[43]」

按：僧齊己〈早梅〉詩云：「前村深雪裏，昨夜一枝開。」(卷八四三，頁九五二八)晏詞兩句，即自此兩句化出。

(46)〈秋蕊香〉(起句：梅蕊雪殘香瘦)：「蕭娘勸我盃中酒。翻紅袖。金烏玉兔長飛走。爭得朱顏依舊。」

按：白居易〈琵琶行〉云：「血色羅裙翻酒污，暮去朝來顏色故。」(卷四三五，頁四八二二)晏殊此詞下片，全由白詩兩句化出；而「金烏」兩句，亦化用韓琮〈春愁〉詩兩句，

---

[43] 此句《全宋詞》作「間破瑤英拆」，冒廣生校記云：「『間破』，《梅苑》作『聞道』，應依改；周本作『開破』，亦非。」(《冒鶴亭詞曲論文集》，同注39)，頁五二七，茲從之。

參本節例(34)。

(47)〈破陣子〉（起句：燕子欲歸時節）：「多少襟懷言不盡，寫向蠻牋曲調中，此情千萬重。」

按：白居易〈夜箏〉詩云：「絃凝指咽聲停處，別有深情一萬重。」（卷四四二，頁四九三七）晏詞三句，即自此兩詩句化出；而〈紅窗聽〉：「彼此有，萬重心訴」，蓋亦化用「別有」句也。

(48)〈清平樂〉（起句：塞鴻高）：「須盡醉，莫推辭，人生多別離。」

按：白居易〈對酒〉詩云：「相逢且莫推辭醉，聽唱陽關第四聲。」（卷四四九，頁五〇六七）晏詞三句，係自白詩兩句化出，而「聽唱陽關」即切「別離」也。

(49)〈撼庭秋〉（起句：別來音信千里）：「念蘭堂紅燭，心長焰短，向人垂淚。」

按：杜牧〈贈別〉詩云：「蠟燭有心還惜別，替人垂淚到天明。」（卷五二三，頁五九八八）晏詞三句，即自此兩詩句化出。

(50)〈更漏子〉（起句：蕣華濃）：「遏雲聲，迴雪袖，占斷曉鶯春柳。」

按：許渾〈陪王尚書泛舟蓮池〉詩云：「舞疑迴雪態，歌轉遏雲聲。」（卷五二八，頁六〇三六）晏詞三句，係自許詩兩句化出；且以「曉鶯」喻歌聲，以「春柳」喻舞姿也。

(51)〈更漏子〉上片：「紅箋小字。說盡平生意。鴻雁在雲魚在水。惆悵此情難寄。」

按：韓偓〈偶題〉詩云：「小疊紅箋書恨字，與奴方便寄卿卿。」（卷六八三，頁七八四三）

晏詞四句，蓋由此兩詩句鋪展化用也。

(52)〈菩薩蠻〉上片云：「秋花最是黃葵好。天然嫩態迎秋早。家衣。淡粧梳洗時。」

按：薛能〈黃蜀葵〉詩云：「嬌黃新嫩欲題詩，盡日含毫有所思；記得玉人初病起，道家裝束厭禳時。」（卷五六一，頁六五一五）晏詞四句，蓋由薛詩「嬌黃」、「道家」兩句鋪展化用也。

2.引伸唐詩句意

(1)〈秋蕊香〉（起句：向曉雪花呈瑞）：「今朝有酒今朝醉，遮莫更長無睡。」

按：杜甫〈書堂飲既夜，復邀李尚書下馬，月下賦絕句〉云：「久拚野鶴如雙鬢，遮莫鄰雞下五更」（卷二三二，頁二五五七），晏詞「遮莫」句即自杜詩「遮莫」句引伸而出，意謂儘教飲至達旦無妨也。

(2)〈玉堂春〉（起句：趙女採蓮江北岸）：「人面與花相鬥艷。」

按：崔護〈題都城南莊〉詩云：「去年今日此門中，人面桃花相映紅。」（卷三六八，頁四一四八）晏殊此句，即自崔詩「人面」句化出，引伸轉用於人面與「蓮花」相爭豔也。

(3)〈雨中花〉（起句：剪翠粧紅）：「莫傍細條尋嫩藕，怕綠刺、罥衣傷手。」

按：張籍〈採蓮曲〉云：「試牽綠莖下尋藕，斷處絲多刺傷手。」（卷三八二，頁四二八三）晏詞兩句，顯自此詩引伸化用。

(4)〈採桑子〉起首：「陽和二月芳菲徧，暖景溶溶。戲蝶遊蜂。深入千花粉豔中。」

按：岑參〈山房春事〉二首之一：「風恬日暖蕩春光，戲蝶遊蜂亂入房。」（卷二〇一，頁二一〇六）晏詞「暖景」三句，蓋自岑詩兩句引伸化用。

(5)〈浣溪沙〉上片：「楊柳陰中駐彩旌。芰荷香裏勸金觥。小詞流入管絃聲。」

按：韋莊〈漢州〉詩云：「松桂影中旌旆色，芰荷風裏管絃聲。」（卷七〇〇，頁八〇四九）晏詞三句，蓋由此兩詩句鋪展化用也。

3.反用唐詩句意

例：〈漁家傲〉（起句：幽鷺慢來窺品格）：「煙水隔，無人說似長相憶。」

按：元稹〈寄贈薛濤〉詩云：「別後相思隔煙水，菖蒲花發五雲高。」（卷四三二，頁四六五二）晏詞兩句，即自薛詩「別後」句化出，反用其意，謂無人長相思憶也。

(三)襲用唐詩成句

晏殊《珠玉詞》中，襲用成句，未予更動變化者，甚少見；其中襲用唐詩成句，僅查得四例：

1.〈採桑子〉（起句：陽和二月芳菲徧）：「免使繁紅，一片西飛一片東。」

按：此詞「一片」句，出自王建〈宮詞一百首〉之第九十首，茲錄供參考：「樹頭樹底覓殘紅，一片西飛一片東；自是桃花貪結子，錯教人恨五更風。」（卷三〇二，頁三四四五）

2.〈喜遷鶯〉（起句：花不盡）：「觗船一棹百分空，何處不相逢。」

按：此詞「觗船」句，出自杜牧〈題禪院〉（一題作〈醉後題僧院〉）七絕之首句。茲錄供參考：「觗船一棹百分空，十歲青春不負公；今日鬢絲禪榻畔，茶煙輕颺落花風。」（卷五二二，頁五九七四）

3.〈浣溪沙〉起兩句：「一曲新詞酒一杯，去年天氣舊亭臺。」

按：此詞「去年」句，出自鄭谷〈和知己秋日傷懷〉七絕之次句，茲錄供參考：「流水歌聲共不回，去年天氣舊亭臺；梁塵寂寞燕歸去，黃蜀葵花一朵開。」（卷六七六，頁七七五一）

4.〈秋蕊香〉（起句：向曉雪花呈瑞）：「今朝有酒今朝醉，遮莫更長無睡。」

按：此詞「今朝」句，出自羅隱〈自遣〉詩。茲錄供參考：「得即高歌失即休，多愁多恨亦悠悠。今朝有酒今朝醉，明日愁來明日愁。」（卷六五六，頁七五四五）。此詩亦題權審〈絕句〉，次句並作「多悲多恨謾悠悠」（卷五四六，頁六三〇七），有兩字之異。

三、詩篇之借鑒

晏殊《珠玉詞》中，局部檃括唐詩，或全闋檃括詩，亦不多見，唐以前作品，唯見陸凱〈贈范曄〉詩（參本章前言之乙、「宋初無專集詞人已有借鑒唐詩之現象」一節）；唐人詩篇，則僅得下列四例：

1.〈破陣子〉：「憶得去年今日，黃花已滿東籬。曾與玉人臨小檻，共折香英泛酒卮。長條插鬢垂。　人貌不應遷換，珍叢又睹芳菲。重把一尊尋舊徑，所惜光陰去似飛。風飄露冷時。」

按：崔護〈題都城南莊〉詩云：「去年今日此門中，人面桃花相映紅；人面不知何處在，桃花依舊笑春風。」(卷三六八，頁四一四八)比較晏詞，上片係檃括崔詩前兩句詩意，特以「黃花」替「桃花」耳；下片則係檃括崔詩後兩句詩意，特以「秋景」替「春景」耳。

2.〈鵲踏枝〉：「紫府群仙名籍秘。五色斑龍，皆降人間媚。海變桑田都不記，蟠桃一熟三千歲。露滴彩旌雲遶袂。誰信壺中，別有笙歌地。門外落花隨水逝。相看莫惜尊前醉。」

按：李商隱〈贈白道者〉(一作〈詠史第二首〉)詩云：「十二樓前再拜辭，靈風正滿碧桃枝；壺中若是有天地，又向壺中傷別離。」(卷五三九，頁六一六三)比較晏詞，可知亦係「贈道者」而作，上片就李詩前兩句鋪敘，寫其修鍊之地；下片就李詩後兩句鋪敘，寫離別之情，檃括之意，皦然可尋。

3.〈瑞鷓鴣〉上片：「江南殘臘欲歸時。有梅紅亞雪中枝。一夜前村，聞道瑤英坼(參注43)，端的千花冷未知。」

按：熊皎〈早梅〉詩云：「江南近臘時，已亞雪中枝；一夜開欲盡，百花猶未知。人情皆共惜，天意欲教遲；莫訝無濃艷，芳筵正好吹。」(卷七三七，頁八四一〇)晏詞顯係檃括此詩之前四句。

4.〈訴衷情〉上片：「東風楊柳欲青青。煙淡雨初晴。惱他香閣濃睡，撩亂有啼鶯。」

按：金昌緒〈春怨〉（一題作〈伊州歌〉）詩云：「打起黃鶯兒，莫教枝上啼；啼時驚妾夢，不得到遼西。」（卷七六八，頁八七二四）比較晏詞，可知此詞前兩句係切詩題「春」字，後兩句寫「怨」情；而「惱他」兩句則檃括四句詩意也。

四、其　他

(一)援引唐詩人故實

晏殊《珠玉詞》中，引唐詩人故實之作，亦不多見。此中若崔護、陸龜蒙兩人之故實，固屬唐詩人之範圍。然王績著《醉鄉記》，「醉鄉」一詞已成典故；而楊貴妃、念奴等人之故實，亦為詩人所常引，茲並附列舉。

1.寫舊地重遊，物是人非之感，用崔護故實。

(1)〈清平樂〉（起句：春來秋去）：「記得去年今日，依前黃葉西風。」

(2)〈清平樂〉（起句：紅箋小字）：「人面不知何處，綠波依舊東流。」

按：崔護故實見載於唐孟棨《本事詩》〈情感〉條，略云：「（博陵崔護）清明日獨遊於都城南，得居人莊，有女子自門隙窺之。酒渴求飲，女子以杯水至，開門設床命坐，獨倚小桃斜柯佇立，而意屬殊厚，妖姿媚態，綽有餘妍。崔辭去，送至門，如不勝情而入。及來歲清明日，逕往尋之，門牆如故，而已鎖扃之，因題詩於左扉曰：『去年今日此門中，人面桃花相映紅；人面不知何處去，桃花依舊笑春風。』」[44]晏詞前兩闋顯用此典以寫物是人非之感。晏殊另有〈破陣子〉詞，則頗有檃括全詩之意，惟「桃花」易為「菊花」，且寫景物全非之情，較原詩略有不同。（參本節「三、詩篇之借鑒例2」）

2.寫鴨子能人言語，用陸龜蒙故事，此例僅見於〈漁家傲〉（起句：楊柳風前香百步）：「小鴨飛來稠鬧處，三三兩兩能言語。」

按：宋錢易《南部新書》卷四載：「陸龜蒙居震澤之南巨積莊，產有鬥鴨一欄，頗極馴養。一旦有驛使過，挾彈斃其尤者，於是龜蒙詣而駭之曰：『此鴨能人語』復歸家，少頃，手一表本云：『見待附蘇州上進，使者斃之何也？』使人恐，盡與橐中金，以糊其口。龜蒙始焚其章，接以酒食，使者俟其稍悅，方請其人語之由，曰：『能自呼其名』使者憤且笑，拂袖上馬。復召之，盡還其金，曰：『吾戲之耳』」[45]

3.寫醉中別有逍遙之境，用王績〈醉鄉記〉典。此例僅見於〈更漏子〉（起句：菊花殘）：「君莫笑，醉鄉人，熙熙長似春。」

按：王績《醉鄉記》載：「醉之鄉，去中國不知其幾千里也。其土曠然無涯，無丘陵阪險，

---

44 同注30，〈續歷代詩話〉本上冊，頁一九至二〇。

45 同注25，冊一〇三六，一九八六年八月，頁二〇二。

其氣和平一揆，無晦明寒暑，其俗大同；無邑居聚落，其人甚清。」[46]晏詞止借此典寫醉中之趣也。

4.寫春睡之態，或歌詠海棠，用楊貴妃春睡故實。此例僅見於〈玉樓春〉上片：「簾旌浪卷金泥鳳。宿醉醒來長瞢鬆。海棠開後曉寒輕，柳絮飛時春睡重。」

按：宋釋惠洪《冷齋夜話》[47]卷一〈詩本出處〉條引《太真外傳》云：「上皇登沈香亭，詔太真妃子，妃子于時卯醉未醒，命力士，從侍兒扶掖而至。妃子醉顏殘粧，鬢亂釵橫，不能再拜。上皇笑曰：『是豈妃子醉？真海棠睡未足耳。』」[48]

5.寫善歌能唱，用念奴典。此例僅見於〈山亭柳〉（起句：家住西秦）：「偶學念奴聲調，有時高遏行雲。」

按：元稹〈連昌宮詞〉：「力士傳呼覓念奴」（卷四一九，頁四六一三）句，自注：「念奴，天寶中名倡，善歌，每歲樓下酺宴，累日之後，萬眾喧溢，嚴安之、韋黃裳輩闢易不能禁。眾樂爲之罷奏。明皇遣高力士大呼於樓上曰：『欲遣念奴唱歌，邠十二郎吹小管，看人能聽否？』皆悄然奉詔。」晏詞即借此典，以寫善歌者。

(二)綜合運用各技巧

---

46 此文見於《東皐子集》（同注25，冊一〇六五，一九八七年二月）卷下，頁二〇至二一。
47 同注24，《詩話叢刊》本下冊，頁一六一一。
48 此故實僅見載於《冷齋夜話》（同前注）卷一，今本《太真外傳》未見此段文字。

晏殊《珠玉詞》，以小令爲主，所用詞調，最短之〈點絳唇〉，僅四十一字，最長之〈拂霓裳〉，亦不過八十二字。然晏殊已於此短篇小章之中，運用各種技巧，以逞才角能，茲舉五例，以見一斑：

1.〈浣溪沙〉：「楊柳陰中駐彩旌。芰荷香裏勸金觥。小詞流入管絃聲。　只有醉吟寬別恨，不須朝暮促歸程。風條煙葉繫人情。」

按：此詞上片係化用韋莊〈漢州〉詩兩句（參本節句意之借鑒㈡「化用唐詩句意」之2例⑸），而下片「風條」、「煙葉」兩詞，則係截自白居易〈楊柳枝二十韻〉之詩句（參本節字面之借鑒例5）。故此詞實以「化用」、「截取」，兼而用之。

2.〈訴衷情〉：「東風楊柳欲青青。煙淡雨初晴。惱他香閣濃睡，撩亂有啼鶯。　眉葉細，舞腰輕。宿粧成。一春芳意，三月和風，牽繫人情。」

按：此詞起兩句，係化用王維〈送元二使安西詩〉之詩句（參本節句意之借鑒㈡「化用唐詩句意」之1例(27)）；「惱他」二句，則係檃括金昌緒〈春怨〉詩之詩意（參本節「三、詩篇之借鑒」之7）；下片起兩句，又化用李商隱〈謔柳〉詩之詩句。（參本節句意之借鑒㈡「化用唐詩句意」之1例(40)）。故此詞實以「化用」、「檃括」，兼而用之。

3.〈玉樓春〉：「朱簾半下香銷印。二月東風催柳信。琵琶旁畔且尋思，鸚鵡前頭休借問。　驚鴻去後生離恨。紅日長時添酒困。未知心在阿誰邊，滿眼淚珠言不盡。」

按：此詞首句「香銷印」一詞，見元稹〈和友封題開善寺〉詩：「香印白灰銷」（卷四〇八，頁四五四一）晏殊蓋截而用之。次句蓋亦自賀知章〈詠柳〉詩句：「二月春風似剪刀」（卷一一二，頁一一四七），化用而來；上片末結亦化自朱慶餘〈宮詞〉：「鸚鵡前頭不敢言。」（卷五一四，頁五八六五）下片末結，則化用李白〈怨情〉詩兩句（參本節句意之借鑒㈡「化用唐詩句意」之1例㉙）。故此詞實以「截取」、「化用」兩技巧，兼而用之。

4.〈瑞鷓鴣〉（詠紅梅）：「越娥紅淚泣朝雲。越梅從此學妖嚬。臘月初頭，庾嶺繁開後，特染妍華贈世人。　前溪昨夜深雪，朱顏不掩天真。何時驛使西歸，寄與相思客，一枝新。報道江南別樣春。」

按：此詞上片三、四兩句，係化用杜甫〈江梅〉及李商隱〈對雪〉詩句（參本節句意之借鑒㈡「化用唐詩句意」之1例㉚），「前溪」句則化用僧齊己〈早梅〉詩句（參同上例㉔）。自「何時」以下四句，則櫽括陸凱〈贈范曄〉詩，（參前言乙「宋初無專集詞人已有借鑒唐詩之現象」引）故此詞實以「化用」、「櫽括」兩技巧，兼而用之。

5.〈喜遷鶯〉：「花不盡，柳無窮。應與我情同。觥船一棹百分空。何處不相逢。　朱絃悄。知音少。天若有情應老。勸君看取利名場。今古夢茫茫。」

按：此詞「觥船」句，係襲用杜牧〈題禪院〉詩之成句（參本節句意之借鑒㈢「襲用唐詩成句」例2）。「天若」句，則係就李賀〈金銅仙人辭漢歌〉之詩句增損之（參本節句意之借鑒㈠「增損唐詩字句」之2例⑵）。而「利名場」一詞，蓋自白居易〈常樂里閒居偶題十六韻〉詩句：「帝都名利場」（卷四二八，頁四七一二），截而用之。故此詞實以「襲用」、「增損」、

「截取」三技巧，綜合用之。

綜上分析，可見晏殊《珠玉詞》借鑒唐詩之技巧，對比兩宋詞人之借鑒言之，除「合集唐詩成句」猶未見之，其餘技巧實已具體而微；此中尤以「化用唐詩句意」最常見，此豈非江西詩派之習染乎？

其次，爲了解晏殊對唐詩人之好尚，僅以「增損」、「化用」、「襲用」、「檃括」等較見具體、刻意借鑒之技巧，就本文所列舉之詩人，作初、盛、中、晚四期之區分[49]，並按引用作品及其次數之多寡[50]，臚列於後，俾供參考：

初唐（六一八至七一二）：唐太宗1.馬懷素1。

盛唐（七一三至七六二）：杜甫6.李白3.王維1.岑參1。

中唐（七六三至八二六）：白居易16.崔護3.元稹2.張籍2.李賀2.皇甫冉1.王建1.劉禹錫1.韓愈1.李吉甫1.杜秋娘1。

晚唐（八二七至九〇六）：杜牧8.韓偓7.溫庭筠6.李商隱4.鄭谷3.李群玉2.韋莊2.僧齊己2.

49 此處係採李曰剛《中國文學流變史・詩歌編中》（臺北：聯貫出版社，一九七六年十月）之分期，頁二一〇至二六七。

50 凡同一詩，以不同技巧運用者，均分別計算，如崔護〈題都城南莊〉，既見於「增損」項，又見於「檃括」項，即是一例。而運用同一技巧，呈現不同之造語者，亦分別計算，如張籍〈採蓮曲〉，同係「化用」，一見於「化用唐詩句意」項，一見於「引伸唐詩句意」項，即緣造語有別，故分別計算。

朱慶餘1.許渾1.韓琮1.薛能1.熊皎1.金昌緒1.。

由以上統計，可知爲晏殊所借鑒之唐詩，以時期論，晚唐十四人四十次最夥，中唐十一人三十一次次之，盛唐、初唐又其次。以詩人論，則以白居易十六次居冠，其次爲杜牧、韓偓、杜甫，又次爲溫庭筠、李商隱等人。而總計晏殊百三十餘闋詞中，運用此明顯技巧以借鑒唐詩者，達六十餘闋，幾於一半（若含「截取」、「引故實」等，則超過半數），是真有心爲之也。

至論晏殊借鑒唐詩之原因，亦有說焉：其一，詞之產生與樂府之產生，皆須配合樂舞。而其方式，據唐元稹所言，其始皆係「選詞以配聲，非由樂以定詞」[51]，亦即先有詩而後有音樂；宋王灼所謂「唐詩古意未全喪，〈竹枝〉、〈浪淘沙〉、〈拋球樂〉、〈楊柳枝〉，乃詩中絕句，而定爲歌曲。故李太白〈清平調〉三章皆絕句，元、白諸詩亦爲知音協律作歌。」[52]亦同此意，後世於此等作品，則統謂之「聲詩」[53]。而此種風尚又泰半由文士、狎客與歌妓角技呈藝，共促成之；旗亭畫壁之故實，即爲後人所津津樂道[54]。觀夫晏殊之日常生活，亦時與嘉賓酬酢，「歌

---

51 《元氏長慶集》（同注25，冊一〇七九，一九八七年二月）卷二三載元稹之言云：「採民甿者爲謳歌備曲度者，總得謂之歌曲詞調，斯皆由樂以定詞，非選詞以配樂也。由詩而下九名（指其所作樂府詩九篇），皆屬事而作，雖題號不同，而悉謂之詩可也；後之審樂者，往往采取其詞度爲歌曲，蓋選詞以配聲，非由樂以定詞也。」（頁四六四）

52 見《碧雞漫志》卷一（同注2，冊一，頁七七）。

53 有關聲詩之研究，可參考任半塘著《唐聲詩》（上海古籍出版社，一九八二年十月），凡二冊。

54 此事見載於唐・薛用弱《集異記》（同注25，冊一〇四二，一九八六年八月，頁五八〇），然明胡應麟《莊嶽委談》（《筆叢》卷四一），已疑其非真，特文人猶津津樂道耳。

樂相佐」、「相與賦詩」呈藝[55]，因之而借鑒唐詩，以成詞章，藉以配樂，蓋可想見。其二，詞之爲體，發展至宋初，猶以音樂爲主，而當時文士仍未予以重視[56]；或僅視爲詩中樂府，甚而用以代稱詞體[57]。而樂府之爲體，固有「拼湊和分割」[58]之現象，如曹操〈短歌行〉雜入「青青子衿，悠悠我心」、「呦呦鹿鳴，食野之苹」等《詩經》之語詞，即是一證。而晏殊乃好爲「新詞」[59]之行家，「選詞以配聲」，或「由樂以定詞」之際，雜入唐詩，亦極自然。其三，詞承詩後，變齊言爲長短句，亦猶詩之由四言而五言而七言，乃文學演進必然之趨勢。而詞之初期發展，以小令爲大宗，小令之句式，仍似五、七言爲主[60]，故易於借鑒運用。觀乎晏殊同時之作

55 宋．葉夢得《避暑錄話》（同注36）卷上載：「頃有蘇丞相子容嘗在公（指晏殊）幕府。見每有嘉客必留，但人設一空案一杯。既命酒，果實蔬茹漸至，亦必以歌樂相佐，談笑雜出，數行之後，案上已燦然矣。稍闌，即罷遣歌樂，曰：『汝曹呈藝已，吾當呈藝。』乃具筆札，相與賦詩，率以爲常。」（頁六六〇）

56 參拙作《南宋詞研究》（臺北：文史哲出版社，一九八七年九月）頁七二至七九。

57 如宋．黃庭堅〈小山詞序〉，即以「樂府」稱小山及其所作長短句；而宋．張耒〈東山詞序〉，亦以「樂府」稱賀鑄所作詞。

58 參余冠英〈樂府歌辭的拼湊和分割〉一文（《國文月刊》六十一期，一九四七年十一月），此文後收錄於《中古文學概論等五書》（臺北：鼎文書局，一九七年二月），頁二六至三八。

59 《珠玉詞》中，時可見晏殊塡作「新詞」之詞句，如：〈浣溪沙〉起句：「一曲新詞酒一杯，去年天氣舊亭臺」、〈酒泉子〉（起句：玉壺清漏起微涼）：「新曲調絲管，新聲更颭霓裳」〈清平樂〉（起句：秋光向晚）：「蕭娘勸我金卮，殷勤更唱新詞。」、〈相思兒令〉（起句：昨日探春消息）：「有酒且醉瑤觥，更何妨、檀板新聲。」、〈少年遊〉（起句：芙蓉花發去年枝）：「蘭堂風軟，金爐香暖，新曲動簾旌。」

60 參拙作〈以唐、五代小令爲例試述詞律之形成〉一文（《東吳文史學報》第十一號，一九九三年三月，頁七七至一〇六）。

家，若張先、柳永等，已用心於慢詞之創作，而晏殊乃努力塡製五、七言為主之小令，毋怪乎能凸顯其借鑒唐詩之特色。其四，儘管個人之好尚有別，然勤讀唐人詩文集，乃宋初以降文士普徧之現象，晏殊亦未例外。據載晏殊喜讀韋應物詩集，又被視為「西崑體」之一員，且曾編文選以後迄唐之詩（參下節綜評）；而其宿慧早成，「七歲能屬文」，張知白曾以「神童」薦之朝廷，「朝廷召殊與進士千餘人，並試廷中；殊神氣不懾，援筆立成」[61]，誠可謂「後天」與「先天」兼具。如此飽讀前人詩篇，含英咀華，吐屬詞章，雜入唐詩，亦極自然。綜此四項因緣，確能見《珠玉詞》借鑒唐詩之軌迹，卻又未見學者予以闡揚，甚可怪也。

乙、《珠玉詞》借鑒唐詩綜評

北宋評晏殊詩篇之言論，下列兩則頗值留意：

劉攽《中山詩話》云：

（真宗）祥符天喜中，楊大年、錢文僖、晏元獻、劉子儀，以文章立朝，為詩皆宗尚李義山，號『西崑體』。後進多竊義山語句，賜宴，優人有為義山者，衣服敗敝，告人曰：『吾為諸館職撏撦至此』聞者歡笑。大年〈漢武〉詩曰：『力通青海求龍種，死諱文成食馬肝；待詔先生齒編貝，忍令索米向長安。』義山不能過也。元獻〈王文通〉詩曰：『甘

---

61 以上引文，並見《宋史》（臺北：鼎文書局，一九八三年十一月）卷三一一晏殊本傳。

泉柳苑秋風急，卻為流螢下詔書。』子儀畫義山像，寫其詩句，列左右，貴重之如此。」[62]

吳處厚《青箱雜記》卷五云：

> （元獻公）風骨清羸，不喜肉食，尤嫌肥羶。每讀韋應物詩，愛之曰：「全沒些脂膩氣」。故公於文章，尤負賞識，集梁文選以後，迄於唐，別為集選五卷；而詩之選尤精，凡格調猥俗而脂膩者，皆不載也。[63]

此係兩則觀點迥異之評論，而以前者較受重視，如元方回《瀛奎律髓》卷十及卷十七，錄晏殊詩篇，均以「崑體」標目[64]。後者雖未直接評晏詩，然自其所好，蓋亦肯定晏詩『全沒些脂膩氣』。晏詩是否真如此，由於號稱「過萬篇」[65]之作品，散佚未流傳，誠難予以論斷。然自《全宋詩》[66]所載百餘首作品讀之，確與當時「崑體」之味有所不同，尤以「應制」酬酢以外之詩篇爲然。而此現象，後世論者確亦發覺，如馮班評晏殊〈寓意〉（詩見後錄，此詩《全唐詩》題作〈寄遠〉，並參注72）一詩，即云：

---

62 同注24，《詩話叢刊》本上冊，頁五八至五九。
63 同注25，冊一〇三六，一九八六年八月，頁六二九。
64 同注25，冊一三六六，一九八八年二月，頁一〇七及二〇四。
65 晏殊門生宋祁《宋景文筆記》（同注25，冊八六二，一九八六年二月）卷上云：「晏相國，今世之工爲詩者也，末年見編集者乃過萬篇，唐人以來所未有。」（頁五三八）
66 參《全宋詩》（同注10），第三冊，卷一七至一七三，頁一九四〇至一九六九。

次聯自然富貴，妙在無金玉氣；腹聯清怨，妙在無脂粉氣，此豔體之甲科也。

又云：

崑體多用富貴詞，此卻自然不寒儉，勝楊、劉也。[67]

而今人錢鍾書《宋詩選注》亦云：[68]

據說他愛讀韋應物詩，讚它「全沒些兒脂膩氣」，但是從他現存的作品看來，他主要還是受了李商隱的影響。也許因為他反對「脂膩」，所以他跟當時師法李商隱的西崑體作者，以及宋庠、宋祁、胡宿等人不同，比較活潑輕快，不像他們那樣濃得化不開，窒塞悶氣。

此誠持平之論，試讀以下三首作品，即可證之：

寶轂香輪不再逢，峽雲巫雨杳無蹤；梨花院落溶溶月，柳絮池塘淡淡風。幾日寂寥傷酒後，一番蕭索禁煙中；魚書欲寄無由達，水遠山長處處同。〈寄遠〉[69]

---

67 上引兩則，並見李慶甲集評校點《瀛奎律髓彙評》（上海古籍出版社，一九八六年四月），上冊，卷五，頁二二八。
68 臺北：木鐸出版社，一九八〇年九月，頁一三。
69 此詩《瀛奎律髓》（同注67）卷五題作〈寓意〉，字句亦頗有出入，並錄參考：「油壁香車不再逢，峽雲無跡任西東；梨花院落溶溶月，柳絮池塘淡淡風。幾日寂寥中酒後，一番蕭瑟禁煙中；魚書欲寄何由達，水遠山長處處同。」（頁六六）

元巳清明假未開，小園香徑獨徘徊；春寒不定斑斑雨，宿醉難禁灩灩杯。無可奈何花落去，似曾相識燕歸來；遊梁賦客多風味，莫惜青錢萬選才。〈假中示判官張寺丞王校勘〉

點滴行雲覆苑牆，飄蕭微影度迴塘；秦聲未覺朱絃潤，楚夢先知薤葉涼。野水有波增澹碧，霜林無韻濕疎黃；螢稀燕寂高窗暮，正是西風玉漏長。〈賦得秋雨〉

晏殊爲何既是「西崑體」之一員，品味卻又與眾不同？馮班及錢鍾書並未道出個中消息；而吳處厚稱其喜讀韋應物詩，亦難在晏殊作品中見出所以然，豈不可怪？今本文自晏殊《珠玉詞》中具體分析其借鑒唐詩之現象後，赫然發現，此端在晏殊取徑之不同也。蓋宋初楊億、劉筠等人，僅一味師法晚唐李商隱等人之詩風，摭拾典故，堆砌詞藻，難免穠麗晦澀，殊欠自然。而晏殊卻能兼取中唐白居易以及晚唐杜牧等人平易清疏之詩風，自可彌補晚唐溫、李之晦澀，而多一分自然「輕快」。然向來論宋詩者恆謂：宋初崑體詩，雖經柳開、王禹偁、智圓等人之反對，一時仍難改絃易轍，洎乎梅堯臣、歐陽脩、蘇舜欽等人之努力，並承柳、王等人之主張，刻意強調李、杜、韓、白，方扭轉當時之詩風。[70]殊不知早於梅、歐、蘇（舜欽）三人，晏殊已如此取徑，然因其詩篇久佚，論者又未能自其詞中借鑒唐詩之好尚得其端倪，致論扭轉宋詩風氣者恆不及之，誠失公允。

---

70 參羅根澤《中國文學批評史》（臺北：明倫出版社，一九七八年七月）第六篇第一章至第三章，頁六一一至六八四。

而晏殊之詩風，實亦反映於其詞章之中。茲先列舉一般詞選[71]常見之《珠玉詞》篇目如次：(1)〈浣溪沙〉（一曲新詞酒一杯）(2)〈浣溪沙〉（小閣重簾有燕過）(3)〈浣溪沙〉（一向年光有限身）(4)〈訴衷情〉（青梅煮酒鬥時新）(5)〈訴衷情〉（東風楊柳欲青青）(6)〈訴衷情〉（芙蓉金菊鬥馨香）(7)〈訴衷情〉（露蓮雙臉遠山眉）(8)〈採桑子〉（時光只解催人老）(9)〈採桑子〉（春風不負東君信）(10)〈清平樂〉（金風細細）(11)〈清平樂〉（紅箋小字）(12)〈清平樂〉（秋光向晚）(13)〈清平樂〉（春去秋來）(14)〈喜遷鶯〉（花不盡）(15)〈撼庭秋〉（別來音信千里）(16)〈少年遊〉（重陽過後）(17)〈玉樓春〉（燕鴻過後鶯歸去）(18)〈玉樓春〉（池塘水綠風微暖）(19)〈玉樓春〉（玉樓朱閣橫金鎖）(20)〈玉樓春〉（綠楊芳草長亭路）(21)〈踏莎行〉（細草愁煙）(22)〈踏莎行〉（祖席離歌）(23)〈踏莎行〉（碧海無波）(24)〈踏莎行〉（小徑紅稀）(25)〈蝶戀花〉（檻菊愁煙蘭泣露）(26)〈蝶戀花〉（簾幕風輕雙語燕）(27)〈破陣子〉（湖上西風斜日）(28)〈破陣子〉（燕子來時新社）(29)〈山亭柳〉（家住西秦），凡二十九闋。此中運用「增損」、「化用」、「襲用」等明顯借鑒技巧者，凡十四闋（含標號(1)(3)(5)(8)(9)(10)(11)(12)(13)(14)(15)(17)(23)(27)等），茲各舉一闋，以見一斑：

一曲新詞酒一盃。去年天氣舊亭臺。夕陽西下幾時回。　無可奈何花落去，似曾相識燕歸來。小園香徑獨徘徊。（浣溪沙）

71　如先師鄭騫先生編注《詞選》（臺北：中國文化大學出版部，一九七二年四月）、陳弘治《唐宋詞名作析評》（臺北：文津出版社，一九七七年十月）、《宋詞精選會注評箋》（臺北：文史哲出版社，一九七九年五月，此書係彙集唐圭璋《宋詞三百首箋注》、胡雲翼《宋詞選注》、羅琪《中國歷代詞選》三書而成）、《唐宋詞鑒賞辭典》（上海辭書出版社，一九八八年四月，此書臺北地球出版社印行時，更名《宋詞新賞》，授權五南圖書公司印行時，更名《唐宋詞鑒賞》）等。

紅箋小字。說盡平生意。鴻雁在雲魚在水。惆悵此情難寄。　斜陽獨倚西樓。遙山恰對簾鉤。人面不知何處，綠波依舊東流。〈清平樂〉

燕鴻過後鶯歸去。細算浮生千萬緒。長於春夢幾多時，散似秋雲無覓處。　聞琴解佩神仙侶。挽斷羅衣留不住。勸君莫作獨醒人，爛醉花間應有數。〈玉樓春〉

上列首闋詞中，「去年」一句，係鄭谷〈和知己秋日傷懷〉七絕之次句，晏殊特襲而用之（參前節句意之借鑒(三)「襲用唐詩成句」例3）；第二闋詞，上片係自韓偓〈偶題〉詩之兩句「化用」而來（參前節句意之借鑒(二)「化用唐詩句意」之1例(51)），下片「人面」句，則係崔護〈題都城南莊〉七絕之第三句，晏殊持減一「去」字（參前節句意之借鑒(一)「增損唐詩字句」之2例(1)），故此詞兼「化用」與「增損」而有之。以上兩闋詞，雖均借鑒唐詩，以成詞章，然玩味讀之，但覺圓轉流利，明白如話，而無斧鑿之跡、堆砌之病，頗能推陳出新，融入其自鑄之詞意之中，顯現「閒雅有情思」之風格。至若「燕鴻」一闋，其上片三、四兩句，係增損白居易〈花非花〉詩句而成（參前節句意之借鑒(一)「增損唐詩字句」之3例(1)）。整體而言，此詞情思較前三闋激動，難稱閒雅，然所增損之唐詩，仍甚平妥，置之詞中，頗有緩和前後情緒之功能；且此句以「春夢」、「秋雲」聯繫對照美好之年華、愛情與人生之聚散，內涵廣闊，感慨深沈，亦令詞境多一分空靈；去此二句，則此詞必直率無味矣！

其次，再選錄一般詞選未錄之作品，簡要評論如次：

剪翠粧紅欲就。折得清香滿袖。一對鴛鴦眠未足，葉下長相守。　莫傍細條尋嫩藕。

怕綠刺、罥衣傷手。可惜許，月明風露好，恰在人歸後。〈雨中花〉

越娥紅淚泣朝雲。越梅從此學妖嚬。臘月初頭，庾嶺繁開後，特染妍華贈世人。　前溪昨夜深深雪，朱顏不掩天真。何時驛使西歸，寄與相思客，一枝新。報道江南別樣春。〈瑞鷓鴣．詠紅梅〉

歌斂黛，舞縈風。遲日象筵中。分行珠翠簇繁紅。雲鬢裊瓏璁。　金爐暖，龍香遠。共祝堯齡萬萬。曲終休解畫羅衣。留伴綵雲飛。〈喜遷鶯〉

上列首闋詞之下片前兩句，係化用張籍〈採蓮曲〉之詩句（參前節句意之借鑒(二)「化用唐詩句意」之2例(3)）；第二闋，則係綜合運用「化用」、「檃括」之技巧，借鑒前人之詩篇（參前節其他類之二「綜合運用各技巧」例4）；第三闋「分行」兩句，化用溫庭筠〈握柘詞〉之詩句，「曲終」兩句，化用李白〈宮中行樂詞〉之詩句（並參前節句意之借鑒(二)「化用唐詩句意」之1例(35)、(28)）。以上三闋詞，一則寫採蓮女子，一則詠越地特有之紅梅，一則寫歌舞祝壽。所借鑒之詩句，在該詞中，亦甚平妥自然，詩題詩句，亦均能切合詞意。張炎《詞源》〈詠物〉條云：「詩難於詠物，詞爲尤難。體認稍真，則拘而不暢，模寫差遠，則晦而不明，要須收縱聯密，用事合題，一段意思，全在結句，斯爲絕妙。」其〈雜論〉條亦云：「難莫難於壽詞，倘盡言富貴則塵俗，盡言功名則諛佞，盡言神仙則迂闊虛誕，當總此三者而爲之，無俗忌之辭，不失其壽可也；松椿龜鶴，有所不免，卻要融化字面，語意新奇。」[72]準此度之，此三闋詞確能符合此原則。

雖然，學者對此類作品之評論，並不一致。如陸侃如、馮沅君合著之《中國詩史》，即如是云：

《珠玉詞》中實有不少魚目，……所謂「魚目」者，實指下列三種詞：一、祝壽的詞，……二、詠物的詞，……三、歌頌昇平的詞。……這三種詞約佔《珠玉詞》的三分之一，就中壽詞尤多。這三種詞大都無內容，少風致，讀之味如嚼蠟；而壽詞尤劣。[73]

而葉嘉瑩〈大晏詞的欣賞〉一文，卻又極力爲壽詞辯護，其言云：

《珠玉詞》中有一部分祝頌之詞，這是最為不滿大晏的人所據為口實，而對之加以詆毀的。……大晏所寫的祝頌之詞，也絕沒有明言專指的淺俗卑下之言，他衹是平淡然卻誠摯地寫他個人的一份祝願，且多以大自然之景物為陪襯，而大晏對大自然界之景物又自有其一份詩人之感覺，所以大晏所寫的祝頌之詞，不但閒雅富麗，而且更有著一份清新

---

72 宋・張炎《詞源》（兩段引文見同注2，冊一，頁二六一及二六六）卷下〈虛字〉條云：「詞與詩不同，詞之句語，有二字、三字、四字，至六字、七字、八字，若堆疊實字，讀且不通，況付之雪兒乎？合用虛字呼喚，單字如正、但、任、甚之類，兩字如莫是、還又、那堪之類，三字如更能消、最無端、又卻是之類，此等虛字，卻要用之得其所。若使盡用虛字，句語又俗，雖不質實，恐不無掩卷之誚。」本章「實字」、「虛字」之用語本此。

73 北京：作家出版社，一九五六年九月，頁六二〇至六二一。

之致。[74]

此兩段評論，一則過於詆毀，一則過於溢美。蓋晏殊此類作品，除〈漁家傲〉十二闋歌詠採蓮女之詩篇，以具備歌謠樂府之況味，較覺自然清新；其餘題材，讀其一二，亦尚能有葉氏「清新」之體會。然晏殊乃一再重複塡製，又乏悠遠之情思，真有嚼蠟雷同之感。茲另舉其重複借鑒白居易、溫庭筠、韓琮等人之詩篇以成詞章之作品，以見一斑：

勸君綠酒金盃。其嫌絲管聲催。兔走烏飛不住，人生幾度三臺。〈清平樂〉（起句：春花秋草）

蕭娘勸我金巵。殷勤更唱新詞。暮去朝來即老，人生不飲何為？〈清平樂〉（起句：秋光向晚）

蕭娘勸我盃中酒。翻紅袖。金烏玉兔長飛走，爭得朱顏依舊。〈秋蕊香〉（起句：梅蕊雪殘香瘦）

蕭娘斂盡雙蛾翠。迴香袂。今朝有酒今朝醉，遮莫更長無睡。〈秋蕊香〉（起句：向曉雪花呈瑞）

此等作品，旨意複沓，措辭淺露，確爲失敗之借鑒。再則，錢鍾書《宋詩選注》（參注65）評晏殊詩篇時，復謂：

> 他也有時把古典成語割裂簡省得牽強不通，例如〈賦得秋雨〉的「楚夢先知薤葉涼」，把楚懷王夢見巫山神女那件事縮成「楚夢」兩個字，比李商隱〈聖女祠〉的「腸迴楚國夢」更加生硬。

而似此「新奇」、「生澀」之詞語，的確亦見於其詞章。如：

---

74 此文收入《迦陵論詞叢稿》（臺北：明文書局，一九八一年九月，頁一三三。）

為我轉回紅臉面，向誰分付紫臺心。〈浣溪沙〉（起句：三月和風滿上林）

為別莫辭金盞酒，入朝須近玉爐煙。〈浣溪沙〉（起句：湖上西風急暮蟬）

只有醉吟寬別恨，不須朝暮促歸程，風條煙葉繫人情。〈浣溪沙〉（起句：楊柳陰中駐彩旌）

華軟香清無限好，風頭日腳乾催老。〈漁家傲〉（起句：宿蕊鬥攢金粉鬧）

此四段文句中，首例「紫臺心」一詞，蔡茂雄《珠玉詞研究》以爲「似爲『紫檀心』之誤，紫檀，即檀香，古代婦女有藏香之習，如今女性之噴灑香水，故此紫檀心借喻美人心」（參該書「八、珠玉詞校注」部分，並參注39）張紹鐸《珠玉詞校箋註》（參注39），則以杜甫〈詠懷古跡〉之三：「一去紫臺連朔漠，獨留青冢向黃昏」一聯注之，並未釋其義。然無論何解，「紫臺心」一語，確乎生澀也。其餘「風條煙葉」（參前節「字面之借鑒」例5）、「日腳風頭」（同上例7），亦同此病。元好問〈論詩三十首〉之十二評「崑體」詩云：「望帝春心託杜鵑，佳人錦瑟怨華年；詩家總愛西崑好，獨恨無人作鄭箋。」[75]晏殊此等用詞，確有賴箋註，方能明之。錢鍾書《宋詩選注》謂：「這種修詞是唐人類書《初學記》滋長的習氣，而更是摹仿李商隱的流弊。」（參注68）理或宜然！

要之，晏殊《珠玉詞》所借鑒之唐詩，置之作品之中，絕大多數均能推陳出新，平妥精粹；少部分則有命意複沓、措辭淺率之病，甚有生澀之造語，此與其不棄中、晚唐，兼取白居易、

75《元好問研究資料彙編》（行政院文化建設委員會出版，臺北：文史哲出版社承印，一九九〇年十二月，上冊，頁五二五。）

李商隱等人之習染，有極密切之關係也。

參、結　語

綜合前兩節之敘述及析評，可證晏殊《珠玉詞》在兩宋詞壇借鑒唐詩之發展，以及對宋詩發展之影響，均有可值留意之處，茲擇要結論如次：

其一，歸納晏殊《珠玉詞》借鑒唐詩之技巧，可以四大類賅之：

一曰字面之借鑒，唯見「截取唐詩字面」。

二曰句意之借鑒：

㈠增損唐詩字句

1.就唐詩句增字

2.就唐詩句減字

3.改易唐詩字句

㈡化用唐詩句意

1.襲其意而易其語

2.引伸唐詩句意

3.反用唐詩句意

㈢襲用唐詩成句

三曰詩篇之借鑒，亦即檃括唐詩入詞

四曰其他

㈠援引唐詩人故實

㈡綜合運用各技巧

吾人試取之與兩宋詞人借鑒唐詩之技巧做一比較，即可發現，晏殊《珠玉詞》之借鑒唐詩，實已具體而微。此中，以「化用唐詩句意」最常見，且以「襲其意而易其語」之技巧，出現頻率最高。若更就該項進一步分析：例⑴至⒀，屬「一句化一句」；例⒁至⒄屬「一句化兩句」；例⒅至㉔，屬「兩句化一句」；例㉕至㊺，屬「兩句化兩句」；例㊻至(52)，屬「兩句化多句」，技巧亦最繁富，而此正江西詩派之習染也。至於字面之借鑒，僅見「截取」技巧，形式單純，且未見「鎔鑄唐詩字面」；「反用唐詩句意」，亦少見其例；「檃括唐詩入詞」，技巧未見成熟等，均以開風氣之先，難以面面俱到，有待後人承流繼響。復以往後之發展觀之，則唯「合集唐詩成句」入詞之技巧，猶未見之（按：此技巧至王安石出，始具體運用），其餘均已採行。洎乎慢詞風行，蘇軾借其形式，拓其內容，形成「以詩爲詞」之現象；而黃庭堅「奪胎」、「換骨」、「點鐵成金」

[76]之主張，又適時提出，兩股勢力相互激盪，遂令此風氣沛然莫之能禦。於焉賀鑄、周邦彥乃於其中大展開闔變化之能事；甚而渡江之後，如辛棄疾、吳文英等南宋詞人，仍擴充行之，未嘗稍歇。宋末沈義父主張「要求字面，當看溫飛卿、李長吉、李商隱及唐人諸家詩句中字面好而不俗者，采摘之。」[77]蓋亦順此情勢而有此必然之立論也。至若采摘之詩體，尤不止於絕句、律詩，即便古詩、歌行，如杜甫〈佳人〉、韓愈〈聽穎師彈琴〉、盧仝〈有所思〉等，亦通篇予以檃括[78]，逞才使能，嘆爲觀止！而論其肇始，晏殊《珠玉詞》實扮演「先驅者」之角色。

其二，晏殊《珠玉詞》之內容，一般均以爲除沿襲晚唐五代「言情」之風氣外，亦大量用於祝壽應酬、詠物及表達對人生之省思，充分流露「閒雅有情思」之特色。（參前引葉嘉瑩之評論）今以所探析觀之，晏殊蓋刻意行之，專力爲之，企圖以唐人詩句矯詞體柔靡之質。而其所作詩、詞，常有詞意重見之處，均足顯示晏殊視塡詞如作詩，並無輕重之別；此與當時重詩輕詞、視詞爲小道之觀念（參注56），誠然不同。而此態度，正面之影響，固爲開啓後世詞壇「以詩爲詞」

---

76 宋・釋惠洪《冷齋夜話》（同注24）卷一載黃庭堅之言云：「詩意無窮，人之才有限，以有限之才，追無窮之意，雖淵明、少陵不能盡也。然不易其意，而造其語，謂之換骨法；規模其意，形容之，謂之奪胎法。」（頁一六一八）又《豫章黃先生文集》（臺北：臺灣商務印書館《四部叢刊初編縮本》，一九六五年五月）卷十九〈答洪駒父書第二首〉云：「老杜作詩，退之作文，無一字無來處；蓋後人讀書少，故謂韓、杜自作此語耳。古之爲文章者，真能陶冶萬物，雖取古人之陳言，入於翰墨，如靈丹一粒，點鐵成金也。」（頁二〇四）

77 見《樂府指迷》（同注2，冊一，頁二七九）

78 杜甫〈佳人〉詩，蔣捷予以檃括，調寄〈賀新郎〉；韓愈〈聽穎師彈琴〉詩，蘇軾予以檃括，調寄〈水調歌頭〉；盧仝〈有所思〉詩，賀鑄予以檃括，調寄〈小梅花〉。

之風尚，足以提高詞與詩之競爭力；然其負面影響，則在於忽視詩、詞異體，詞以音樂爲尚之事實。因之，晏殊雖能運用「人工」達於「自然」，然終爲格律派詞家所不取；李清照視之爲「句讀不葺之詩」（參注1），良有以也。

其三，晏殊《珠玉詞》借鑒唐詩之技巧，以「化用」最常見，而此正與黃庭堅「奪胎」、「換骨」、「點鐵成金」之主張相契合（參注76），個中消息，殊足玩味。蓋黃氏與晏家素極相識，晏幾道〈小山詞〉序，即由黃氏所撰寫，其中尤提及晏幾道「乃獨喜弄於樂府之餘，而寓以詩人之句法。」可見黃氏對「以詩入詞」之現象頗爲留意，而此習染正爲晏殊影響晏幾道之處，而同爲晏氏父子之特色。至於晏殊，「平居好賢，當世知名之士，如范仲淹、孔道輔皆出其門。及爲相，益務進賢材，而仲淹與韓琦、富弼皆進用，至於臺閣，多一時之賢」（《宋史》卷三一一本傳）是真繫天下人望，黃氏於此前輩之好尚，理應熟稔。故私以爲必有晏氏、歐陽、蘇軾等人之努力創作，引導風向，豐富質量，方有黃氏理論之提出，終鼓起天下之風氣。所惜者，晏氏詩篇，號稱「過萬篇」（參注65），然今已不及見之，所存僅《全宋詩》所輯百二十餘首而已；又率爲酬酢、詠物及節序之作，固不如《珠玉詞》之能見其「奪胎」、「換骨」之技巧。雖然，晏氏已有數首詩、詞字句重出之現象，其習染所在，亦可概見之。因之，若謂晏氏詩詞所顯現之技巧，對黃氏詩學理論之提出，具有某種程度之影響，或不致過於唐突！

其四，經分析晏殊詞中借鑒唐詩之現象，終可對晏殊既屬崑體詩人，爲何所作復與之不盡相同，尋得解答，蓋能兼取中、晚唐詩風使然也。而似此企圖借白居易等人平易之詩風，扭轉當時競崇李商隱之習尚，晏殊所作之努力，尤早於梅、歐、蘇，然因其詩篇久佚，致論宋詩者，恒不及之，誠欠公允。今本章文既以其詞中運用唐詩之具體現象，探知此中消息，論宋詩者，正可重估晏殊在宋詩發展上之地位，此亦本章撰寫之意外發現也。

至論晏殊《珠玉詞》借鑒唐詩之成效，一言以蔽之：「得多於失」，讀者固宜自其「閒雅有情思」者深加體會，不必斤斤計較於酬酢祝壽之作，嚴苛批評。蓋富貴宰相，生活優裕，尋常應酬，歌舞流連，勢所不免；而感時光之易逝，嘆景物之遷化，亦人情所當然，尤爲居處富貴者所必然也。

王安石《臨川先生歌曲》借鑑唐詩之探析

——兩宋「集唐詩入詞」風氣之開啓

壹、前　言

甲、相關詞評所揭露之問題

本書於前兩章中提及，兩宋詞人好借鑒唐詩，乃不爭之事實，且就借鑒唐詩之發展而言，除「合集唐詩成句」以外，其餘技巧，均已見於晏殊《珠玉詞》中。至於集唐人詩句入詞，因而開啓風氣者，允推王安石爲先導（按：王安石字介甫，自號半山老人，撫州臨川人。曾封舒國公，旋改封荊；卒諡文。後人或以字號稱之，或以封號稱之，本章統於此說明，不另復按。）茲先臚列相關詞評如次：

吳曾《能改齋詞話》卷二云：

王荊公築草堂於半山，引八（原作「入」，據趙本及臨嘯本改。）功德水作小港，其上疊石作橋，為集句填〈菩薩蠻〉云：「數間茅屋閒臨水。窄衫短帽垂楊裏。花似（原作「是」，據臨嘯本改。）去年紅。吹開一夜風。　柳（原作「梢」，據臨嘯本改。）梢新月偃。午醉醒來晚。何物最關情。黃鸝三兩聲。」其後豫章效其體云：「半煙半雨溪橋畔。漁翁醉著無人喚。疏懶意何長。春風花草香。　江山如有待。此意陶潛解。問我去何之。君行到自知。」[1]

陳霆《渚山堂詞話》卷三云：

詩有集古句者矣，而南詞則少見用此格者。偶於《半山集》得一闋焉，〈菩薩蠻〉云……荊公退居金陵，作草堂於半山之麓，引八功德水濬小港，於其上疊石作橋；暇則幅巾藜杖，往來其間。因集古句為此，俾侍者歌之。[2]

沈雄《古今詞話‧詞品》上卷云：

《柳塘詞話》曰：徐士俊謂集句有六難：屬對一也，協韻二也，不失粘三也，切題四也，情思聯續五也，句句精美六也。賀裳曰：集之佳者，亦僅一斑爛衣也，否則百補破衲矣。介甫雖工，亦未生動。沈雄曰：余更增其一難，曰打成一片，稼軒俱集經語，尤為不易。[3]

謝章鋌《賭棋山莊詞話》卷一二云：

填詞有即集詞句者，且有通闋只集一人句者。然他人寥寥數篇，至竹垞則專集詩句，既

1 見唐圭璋編《詞話叢編》（臺北：新文豐出版公司，一九八八年二月臺一版），冊一，頁一四五。
2 同前注，冊一，頁三七二至三七三。
3 同注1，冊一，頁八四三。

工且多。第考之《臨川集》，荊公已啟其端。詠梅〈甘露歌〉三首，草堂〈菩薩蠻〉一首，皆是集句。〈甘露歌〉云：「天寒日暮山谷裏。的皪愁成水。地上漸多枝上稀。惟有故人知。」〈菩薩蠻〉云：「花是去年紅。吹開一夜風。」又云：「何物最關情，黃鸝三兩聲。」可謂滅盡針線之跡。[4]

歸納上列四則詞評，可值吾人留意者凡五：其一，陳霆謂自王安石集中得其集句詞一闋，而謝章鋌則謂得〈甘露歌〉三首、〈菩薩蠻〉一首，凡四首。然則王安石《臨川先生歌曲》之數量，究有多少？其集句詞之數量，又有多少？其二，除卻集句，王安石《臨川先生歌曲》豈無其他之借鑒技巧，總數為何？其三，謝章鋌又謂集句詞係由「荊公啓其端」，然王安石之前，寧無集句詞？其四，沈雄引賀裳之語，謂王安石集句詞雖工，「亦未生動」；謝章鋌則舉例謂其能「滅盡針線之跡」，兩人之評價宜如何看待？其五，吳曾謂王安石之集句詞，引發黃庭堅之仿效，然其影響豈僅黃氏一人？

以上問題，後世詞學研究者，每為文辨之，部分問題似已有定論，部分問題則仍待釐清；而王安石在兩宋詞人借鑒唐詩之發展上所扮演之角色，尤未見人道及。因之，本文乃就相關問題，予以爬羅剔抉，歸納探析，期能對《臨川先生歌曲》在借鑒唐詩方面，有更具體之認識與評價。

---

4 同注1，冊四，頁三四六七。

乙、《臨川先生歌曲》數量之商榷

最早統計《臨川先生歌曲》之數量者，厥爲羅忼烈，其〈王安石詞雜論〉[5]一文云：

> 荊公作詞不多，最早的結集見宋紹興重刊本《臨川集》卷三十七，在『集句』詩之後，標題『歌曲』共十八首。宋刊本不易見，但明嘉靖刊本《臨川先生文集》（有《四部叢刊》縮印本）這部份還保存原來面目。到清末民初，朱孝臧編印《彊村叢書》，搜求遺件，復得六首，共二十四首，成《臨川先生歌曲》一卷、《補遺》一卷。幾年前，唐圭璋編《全宋詞》（一九六五年，上海中華書局出版），把一向認為集句詩的〈甘露歌〉一首，訂正為集句詞三首；又收〈清平樂〉「留春不住」一首，〈漁家傲〉「夢中作」一首，共二十九首。這個數字，除〈清平樂〉別本又題王安國（荊公弟）外，其他都沒有問題。

此段文字，已將《臨川先生歌曲》之來源，交代甚清；唯此中某些詞篇之認定，仍有爭議；另有〈生查子〉（雨打江南樹）一詞之詞牌，亦待斟酌，茲依序釐清如次：

一、《臨川先生歌曲》中，載有〈西江月〉詠紅梅一詞，亦見錄於《王魏公集》[6]卷一。王

---

5 此文最早見載於《抖擻》第四卷四期（一九七四年七月），頁一至五，後收入羅氏《詞曲論稿》（香港：中華書局，一九七七年八月），頁一至三一；此書並於一九八二年六月，由木鐸出版社在臺灣發行。本段引文，見頁六。

6 宋·王安禮《王魏公集》（臺北：臺灣商務印書館《影印文淵閣四庫全書》本，冊一一〇〇），一九八七年二月。

魏公即王安石三弟安禮[7]，其文集，據《欽定四庫全書總目》云：「蓋自明中葉以後，已佚不存，今從《永樂大典》散見各韻者，裒輯彙編，釐爲八卷。」[8]是知《王魏公集》乃後人輯佚而成，所收詞亦僅此一闋，舛錯難免。況此詞末結云：「北人渾作杏花疑，惟有青枝不似。」而王安石〈紅梅〉詩云：

春半花才發，多應不奈寒；北人初未識，渾作杏花看。[9]

詩末兩句，與所引詞之上句相較，意思相仿，視爲王安石所作，實頗自然，而此亦詩詞同題之現象也。再則，南宋初年黃大輿所編《梅苑》卷八收錄此詞，即題「王介甫」作[10]，黃氏去王安石時代未遠，所題蓋可信也。

二、〈清平樂〉（留春不住）一闋，又題王安國作。安國係王安石大弟（參注7），有《王校理集》，早已不傳，《全宋詞》收其詞三闋，均錄自他書。其中〈清平樂〉一詞，首見周紫芝（一〇八二至一一五五）《竹坡老人詩話》卷一載錄：[11]

---

7 王安石兄弟凡七人：安仁（常甫）、安道（勤甫）、安石（介甫）、安國（平甫）、安世（字號缺）、安禮（和甫）、安上（純甫），見清・顧棟高編輯《王荊國文公年譜》（收入《王安石年譜三種》，北京：中華書局，一九九四年一月一版）卷上，頁二三。

8 《永樂大典》（臺北：藝文印書館，一九七四年十月四版），冊五，卷一五三，頁三〇四五。

9 見北京大學古文獻研究所編《全宋詩》（北京：北京大學出版社，一九九二年六月第一版），冊一〇，卷五六三，頁六六八二。

10 同注6，冊一四八九，一九八八年二月，頁一五〇。

11 臺北：弘道文化事業有限公司《詩話叢刊》本，一九七一年三月初版，上冊，頁四九二。

大梁羅叔共（按：羅竦，字叔恭，南宋初期人士）為余言：頃在建康士人家，見王荊公親寫小詞一紙，其家藏之甚珍。其詞云：「留春不住。費盡鶯兒語。滿地殘紅宮錦污，昨夜南園風雨。　小憐初上琵琶。曉來思繞天涯。不肯畫堂朱戶，東風自在楊花。」荊公平生不作是語，而有此何也？儀真沈彥述為余言：荊公詩如「濃綠萬枝紅一點，動人春色不須多」[12]、「春色惱人眠不得，月移花影上欄干」[13]等篇皆平甫詩，非荊公詩也。沈乃元龍家婿，故嘗見之耳，叔共所見，未必非平甫詞也。

晚宋黃昇《花菴詞選》卷二殆因之收作王安國詞[14]，後世詞選率踵繼之。然諦審周氏所謂「未必非平甫詞也」，特作疑似之辭，未作定論，後人何盲目從之？而周氏又緣何只信沈彥述之說，不信羅叔恭親見之辭？甚可怪也。又：南宋文士爲北宋先賢諱言塡小詞，已成風尚[15]，無怪恒爲後世所譏諷。如何文煥《歷代詩話考索》[16]，對周氏此記載，即曾斥之曰：「〈關雎〉，思窈窕之淑女；〈東山〉，詠其新之孔嘉，文王、周公不害爲聖人。惟學究腐儒屏絕綺語，一或有之，

12 此爲王安石詠〈石榴花〉詩句，見同注9，卷五七七，頁六七八四。

13 此爲王安石〈夜値〉詩句，見同注9，卷五六八，頁六七一六。

14 同注6，冊一四八九，一九八八年二月，頁三三〇。

15 如宋·曾慥《樂府雅詞·引》（見於金啓華等人編《唐宋詞集序跋匯編》，頁三五二，臺北：臺灣商務印書館，一九九三年二月臺灣初版）云：「歐公一代儒宗，風流自命，詞章幼眇，世所矜式。當時小人或作豔曲，謬爲公詞。」他如羅泌〈六一詞跋〉、陳振孫《直齋書錄解題》、王灼《碧雞漫志》、蔡絛《西淸詩話》、朱熹《名臣言行錄》等，均有相近之說法。

16 見淸·何文煥編訂《歷代詩話》（臺北：藝文印書館，一九七四年四月三版）附錄，頁五二五。

必爲之辨，渾可厭也。」因之，本文仍視此詞爲王安石之作。

三、《全宋詞》又列王安石「雨打江南樹」一詞，調寄〈生查子〉[17]，蓋緣南宋吳曾之誤而誤題其調也。吳曾《能改齋漫錄》卷一六〈傷春怨〉則載：[18]

> 王江寧（按：王安石於神宗元豐年間曾知江寧府，故云。）元豐間，嘗得樂章兩闋於夢中云：「雨打南樹。……且莫恁、匆匆去。」其二云：「春又老。淚痕都揾了。」右調〈生查子〉、〈謁金門〉。

茲查康熙敕撰《詞譜》，計列〈生查子〉五體[19]，自四十字至四十二字不等，均分上下闋，押仄聲韻，屬「單韻」形式；且均爲晚唐五代詞人所作，其句式及押韻位置（凡押韻處，以○表之）臚列如次：

「五、㊄、五、㊄　五、㊄、五、㊄」（晚唐　韓偓體）

「五、㊄、五、㊄　㊄、㊄、五、㊄」（閩　劉侍讀體）

「五、㊄、五、㊄　三、三、㊄、五、㊄」（蜀　牛希濟體）

---

17 見唐圭璋編《全宋詞》（臺北：世界書局，一九七六年十月初版），冊一，頁二〇八。

18 同注6，冊八五〇，一九八六年二月，頁八五一。

19 清·康熙敕撰《詞譜》（臺北：洪氏出版社，一九八〇年十一月出版），冊一，卷三，頁二三五至二四〇。

「五、㊄、五、㊄　七、㊄、五、㊄」（荊南　孫光憲體）

「三、㊂、㊄、五、㊄　三、㊂、㊄、五、㊄」（南唐　張泌體）

至若王安石所作，被題爲〈生查子〉之詞調，爲四十三字體，亦分上下闋，亦屬仄聲「單韻」形式，然其句式及押韻位置則爲：

「㊄、㊅、五、㊅　㊄、㊄、五、㊅」

與前人所作相較，迥不相侔，因之萬樹《詞律》[20]、康熙敕撰《詞譜》[21]、許昂霄《詞綜偶評》[22]等，均將此詞另列一調，並從吳曾《能改齋漫錄》之標題，權題作〈傷春怨〉（吳曾原標題，實亦兼指〈謁金門〉一詞之內容），視爲王安石新製之詞調，本文亦從之。

四、〈甘露歌〉是詩抑或是詞？若屬詞，其體製宜如何看待？歷來亦爭論不休。先是，朱祖謀《彊村叢書》收錄《臨川先生歌曲》，附曹元忠後記云：

> 此《臨川先生歌曲》，從紹興重刊《臨川集》第三十七卷寫出。惟是卷前集句詩，後歌曲；而〈桂枝香〉又適與〈甘露歌〉相接，故當時曾慥、黃大輿輩皆誤以〈甘露歌〉為詞，

---

20 清·萬樹《詞律》（臺北：廣文書局，一九七一年九月初版），卷三，頁五八。

21 同注19，冊一，卷四，頁三一二。

22 同注1，冊二，頁一五五一。

明陳耀文無論已。其實《臨川集・目錄》於〈甘露歌〉後標題「歌曲」二字，而本卷〈桂枝香〉調下復注「歌曲」二小字，皆所以別於集句詩也，特諸家未之察耳。……其〈甘露歌〉誤收入《樂府雅詞》及《梅苑》者，不復列入云。[23]

洎乎唐圭璋編《全宋詞》，則視〈甘露歌〉爲詞，而予以收錄，並於詞後按云：

〈甘露歌〉原不分段，茲從《花草粹編》卷一作三首。

又按云：

曹元忠據王安石本集云：「此集句詩，曾慥、黃大輿輩誤為詞」考曾、黃二人去王安石時代未遠，必有所據。龍舒本亦以為詞，今從之。[24]

而郭瑞文〈甘露歌不是詞而是集句詩〉一文[25]，則提出四點質疑，爲能據以辨析，茲錄其原文如次：

一、在所收錄《臨川詞》二十九首中，其他各首均為當時常用詞調，獨有〈甘露歌〉為新出，王非以詞見長，豈有意另創新調？此一可疑也。二、檢遍《全宋詞》，乃至以後各代詞作，均無〈甘露歌〉之繼作；《詞學全書》又稱其為〈古祝英臺〉，然各代詞作中亦無此調，此二可疑也。三、視其為詞的詞選家、詞譜家們，對於它的內部組織結構，亦各持一端。曾慥《樂府雅詞》作一首分三段，陳耀文《花草粹編》將其一分為三，視為

23 見清・朱祖謀編《彊村叢書》（臺北：廣文書局，一九七〇年三月初版），冊二，頁六一六至六一七。
24 同注17，兩段按語，見冊一，頁二〇五。
25 見《文學遺產》，一九八七年六期，頁二五。

三首，一本分作兩段，每段六句（見《粵雅堂叢書》案語）；查培繼《詞學全書》承陳耀文說，將其列入小令，《欽定詞譜》則採曾慥說，視其為中調。如其真為長短句，何以詞家對其結構如此歧義紛出？此三可疑也。四、從詞體本身的特點看，如依《詞學全書》說，此為小令，每首四句，凡四韻，兩仄兩平。查小令四句體中無此例；如依《欽定詞譜》說，則為中調，內分三段（片），每段四句，兩仄韻兩平韻。查中調中亦無分為三片之例；如依他本分兩段，則不僅押韻乖違，連語意亦不通。此四可疑也。

因此四點質疑，郭氏遂下結論云：

以上四個疑點，足證〈甘露歌〉非詞，曹元忠指為集句詩，並非虛妄之語，曾慥、黃大輿雖去王安石時代未遠，但其所據不知為何？本集雖將〈甘露歌〉同臨川詞合為一卷，卻題為「集句歌曲」，此乃分指，並非合指，同卷中《胡笳十八拍》可為內證。故近人朱孝臧編《彊村叢書》，內收《臨川先生歌曲》一卷，並不將〈甘露歌〉列入。

郭氏此文，將〈甘露歌〉可能之質疑，均已提出，唯此中意見仍有待商榷。首先，郭氏所見資料，與筆者所見頗有不同，茲概述如次：

王安石〈甘露歌〉最早見於南宋初期曾慥所編之《樂府雅詞》卷上及黃大輿所編之《梅苑》卷二[26]，並未分段；洎乎明代陳耀文所編之《花草粹編》卷一，則將之分爲三闋，並於調名下

---

26 《樂府雅詞》所錄，見同注6，冊一四八九，一九八八年二月，頁一八九；《梅苑》所錄，見同上，頁一一一。

附註「〈古祝英臺〉集句」六字。[27]清初毛先舒《填詞名解》（收入查培繼《詞學全書》[28]，郭文一律稱《詞學全書》，實不恰當）將此調列入小令，並從陳耀文之意，附註「〈古祝英臺〉也。」康熙敕撰《詞譜》，綜合前人之說，於卷一六，該調下註云：「調見《樂府雅詞》，一名〈古祝英臺〉」又云：「三段，七十二字，每段各四句，兩平韻兩仄韻。」詞末又附註云：「按：《花草粹編》分此詞三段爲三首，今從《樂府雅詞》訂正。」[29]其意蓋謂《花草粹編》分此詞爲三首，實不恰當，因從《樂府雅詞》視爲一首，且予以訂正成三段；是知〈甘露歌〉分成三段，始於《詞譜》，非《樂府雅詞》也。而後徐本立撰《詞律拾遺》，其卷一收錄〈甘露歌〉一調[30]（《詞律》未收故也），並視爲小令，舉一首爲例，爲之訂譜，附註云：「此調詠梅集句三首，旁注俱以別作二首爲據也。」

至謂〈甘露歌〉分兩段，確見乎清伍崇曜編《粵雅堂叢書》[31]所收《樂府雅詞》〈甘露歌〉後所附伍氏之案語：「一本作兩段，《花草粹編》作三首，《欽定詞譜》云：『《樂府雅詞》作三段』，平仄換韻當以《詞譜》爲正。」伍氏此案，不知何據？然引《欽定詞譜》云云，實誤解其意，前段已然辨明，茲不贅。

---

27 同注6，冊一四九〇，一九八八年二月，頁一一八。
28 清．查培繼《詞學全書》（臺北：廣文書局，一九七一年四月初版），〈甘露歌〉見於頁一〇，《填詞名解》卷一。
29 同注19，冊二，頁一一一七及一一一八。
30 同注20，頁四三一。
31 臺北：華聯出版社，一九六五年五月出版；《樂府雅詞》見錄於該叢書第二十集，〈甘露歌〉見於頁九八一九。

復查經門弟子排比[32]，於南宋高宗紹興十年，由郡守桐廬詹大和校定重刻、豫章黃次山為序之百卷《臨川文集》卷三七著錄〈甘露歌〉[33]，亦未分段。而該文集目錄於〈甘露歌〉後標題「歌曲」二字；於本卷〈桂枝香〉調下復注「歌曲」二小字，均確如曹元忠所記。

至於〈甘露歌〉是否可視為「詞」？筆者持肯定之態度；此亦曾慥《樂府雅詞》、黃大輿《梅苑》、陳耀文《花草粹編》、毛先舒《塡詞名解》、康熙敕撰《詞譜》、徐本立《詞律拾遺》、唐圭璋《全宋詞》等，共同之見解。雖然，視之為小令，且視三闋為「聯章詞」者，唯陳耀文、毛先舒、徐本立、唐圭璋四人，筆者亦步趨從之，理由有二：其一，此三闋有一定之規矩可循，符合「由樂以定詞」[34]之原理；而此原理，王安石亦知之甚詳，其論塡詞云：「古之歌者，皆先有詞，後有聲。故曰：『詩言志，歌永言，聲依永，律和聲。』如今先撰腔子，後塡詞，卻是『永依聲』也。」[35]茲先錄其原詞如次：

折得一枝香在手。人間應未有。疑是經春雪未消。今日是何朝。

---

32 據《欽定四庫全書總目》卷一五三《臨川集》提要云：「安石詩文本出門弟子排比，非所自定，故當時已議其舛錯。」（同注8，冊五，頁三〇五四）

33 同注6，冊一一〇五，一九八七年二月，頁二七二。

34 唐·元稹《元氏長慶集》卷二三（同注6，冊一〇七九，一九八七年二月，頁四六四）載元稹之言云：「採民甿者為謳歌備曲度者，總得謂之歌曲詞調，斯皆由樂以定詞，非選詞以配樂也。由詩而下九名（指其所作樂府詩九篇），皆屬事而作，雖題號不同，而悉謂之詩可也；後之審樂者，往往采取其詞度為歌曲，蓋選詞以配聲，非由樂以定詞也。」而一般論詞之起源者，恒謂詞體產生之初，率「選詞以配聲」，以肆應燕樂之節奏；洎乎樂調、譜式既定，始「由樂以定詞」，遂產生一調眾作之現象。

35 見宋·趙德麟《侯鯖錄》卷七引（同注6，冊一〇三七，一九八六年八月，頁四〇七）。

盡日含毫難比興。都無色可並。萬里晴天何處來。真是屑瓊瑰。
天寒日暮山谷裏。的皪愁成水。地上漸多枝上稀。唯有故人知。

以言句式，則此小令係由七言、五言各兩句，交錯組成之，其句式為「七、五、七、五」；以言押韻，則屬「換韻」形式，兩句一換，且由仄聲韻轉為平聲韻；以言平仄，則可定律為：（凡宜仄可平，以「⊥」表之；宜平可仄，則以「丅」表之。）

⊥｜⊥一一｜｜韻丅一一⊥｜叶⊥｜丅一⊥｜一換平一｜｜一一叶平

以此規矩審度，第三闋之前兩句，平仄分別為「平平仄仄平仄仄」、「仄仄平平仄」，顯係拗句；此乃王安石詞中偶有之現象，如其〈清平樂〉（雲垂平野）之「且莫五角六張」即是，不足怪也。是知〈甘露歌〉真有譜式可遵循，惜後人未之察覺，遂無繼塡之者。其二，王安石既製此譜，復據以塡三闋，以詠山谷中之春梅，寫其寂寞堅貞之形象，確具「聯章詞」之形式：首闋寫折得春梅一枝，人間罕見；次闋進一步渲染其絕色，誠難以筆墨形容；末闋則寫此山谷中之春梅，於天寒日暮之際，眾芳搖落之時，獨見其寂寞堅貞之形象。證諸退居金陵後之王安石，則此三闋詠梅詞，寧非其處境及形象之道白耶？

而上述兩特色，曾慥、黃大輿並未見之，致雖視〈甘露歌〉為詞，而未予以分段。至康熙敕撰《詞譜》，雖知此詞須分段，卻又昧於中調無三片之例，而強分之；尤不知此乃三闋小令組成之聯章詞，致啓後人諸多疑竇也。至論小令無「每首四句，凡四韻，兩仄兩平」之體例；是又不然。如〈菩薩蠻〉，以譜式及音樂論，即在一闋音樂中，「分成四句，凡四韻，兩仄兩平」；重覆歌之，遂有上、下闋「八句，八韻，四仄四平」之「換韻」形式出現，〈甘露歌〉特未重覆歌之耳。即以單調詞而論，如〈調笑令〉八句八韻，亦三換韻，即「前三句押仄聲韻，中兩句換平聲韻，末三句復押仄聲韻」，特不似〈甘露歌〉兩句一換韻爲整齊耳。

〈甘露歌〉之體製既明，有關郭瑞文氏所提出之其他質疑，亦併此說明：其一，宋初詞壇，係因襲舊調與創製新聲並行之時期，因之柳永、張先、晏殊、歐陽脩等有專集之詞家，固有新調之創製；即如寇準、范仲淹等無專集之詞家，亦有〈甘草子〉[36]、〈江南春〉[37]、〈蘇幕遮〉[38]等新聲之創製。王安石之創製〈甘露歌〉，實未足多怪，蓋一時風尚使然。況王安石另有〈傷春怨〉一調，亦屬其自度曲（見本節「三」之辨析）；而〈桂枝香〉（登臨送目）一調，《詞律》、《詞

36 〈甘草子〉一調，《詞譜》（同注19，冊一，卷六，頁四三四至四三五）著錄寇準、柳永兩體。並於寇作後按云：「此調前段第四句押韻者，祇有此詞。」徐本立《詞律拾遺》（同注30，卷一，頁四三九）亦云：「次句第四字用仄，第四句第五字亦用仄韻協，與柳詞異。」然寇體〈甘草子〉蓋其所自創，後亦無繼作者。

37 此詞，《全宋詞》（同注17，冊一，頁四）以爲「乃詩而非詞」，因附於寇準詞後。然王奕清等撰《歷代詞話》（《詞話叢編》本，同注1，冊二，頁一一四二）、先著、程洪撰、胡念貽輯《詞潔輯評》（同上，冊二，頁一三四三）、許昂霄《詞綜偶評》（同上，冊二，頁一五五〇）等，均視之爲「詞」。而《詞律》（同注20，卷一，頁二〇）、《詞譜》（同注19，冊一，卷二，頁一一六），亦視〈江南春〉爲詞調，而予以收錄，茲從之。雖然，《詞譜》復將此調視同〈秋風清〉，附李白作品之後，視爲又一體。而細較李、寇兩人之作，除第五句外，其他各句之平仄、押韻，實頗差異，故筆者仍主張各自成調，〈江南春〉視爲寇準之創製可也，後亦無繼作者。

38 《詞譜》（同注19，冊二，卷一四，頁九六七至九六八）於〈蘇幕遮〉調下，僅錄范仲淹「碧雲天」一詞爲正體，並於調名下按云：「唐教坊曲名，……宋詞蓋因舊曲名，另度新聲也。」而范仲淹另有〈漁家傲〉、〈御街行〉、〈剔銀燈〉等調，亦屬宋詞人之創製，雖未必由范氏率先度曲，然《詞律》、《詞譜》亦恒列范作爲正體，可證范氏於當時新聲，自有其喜好也。

譜》均列爲正體之一[39]，雖未云該調爲王安石之自度曲，然依筆者所見唐、五代及兩宋詞，實以王作爲最早[40]，因疑此調亦王氏之創製。要之，〈甘露歌〉洵非王安石唯一之創製也。復證諸王氏大量寫作古、近體集句詩，以及以集句譜寫〈胡笳十八拍〉、〈虞美人〉等古琴曲，並開啓集句入詞之風氣（參本章第伍節之論述），正可見其刻意嘗試創新體製；因此而有一二新詞調之創製，自可想見。其二，後世無〈甘露歌〉之繼作，亦不足怪，蓋宋初，如寇準之〈甘草子〉、〈江南春〉（並參注36及37），晏殊之〈望仙門〉[41]、〈睿恩新〉[42]、〈長生樂〉[43]等自度曲，後世亦無繼作者，然各詞譜無不視之爲詞調；又何必以〈甘露歌〉或〈傷春怨〉之無繼作者，而疑其非詞調乎？其三，王安石《臨川文集》卷三十七，所以將〈胡笳十八拍〉、〈虞美人〉、〈甘露歌〉等集句之作與諸詞調並列，蓋爲有別於卷三十六之「集句」（古律詩）[44]，以示可歌與不

39 《詞律》所錄，見同注20，卷一六，頁三二一；《詞譜》所錄，見同注19，冊三，卷二九，頁二〇三五至二〇三六。

40 宋．楊湜《古今詞話》（同注1，冊一，頁二二）云：「金陵懷古，諸公寄詞於〈桂枝香〉，凡三十餘首，獨介甫最爲絕唱。東坡見之，不覺嘆曰：此老乃野狐精也。」按：楊湜爲南渡初期人士，距王安石時代不遠，所云三十餘首，或有所據。然今查《全宋詞》含無名氏之作，兩宋詞人所塡〈桂枝香〉一調，亦不過二十五闋；北宋詞人僅四闋，而以王安石之作爲最早（同注17，冊一，頁二〇四）。

41 《詞律》所錄，見卷四（同注20，頁七九），《詞譜》所錄，見同注19，冊一，卷六，頁三八九。

42 《詞律》所錄，見同注20，卷八，頁一四六；《詞譜》所錄，見同注19，冊二，卷一一，頁七八二。

43 《詞律》所錄，見同注20，卷一一，頁二〇八至二〇九；《詞譜》所錄，見同注19，冊二，卷一七，頁一一六五至一一六七。

44 今查該卷所錄「古律詩」，實包含五古、七古等古體詩，以及五絕、七絕、七律等近體詩。

可歌也。否則，均爲集句之作，此三首作品何不逕併入三十六卷集句詩中？如此，體例亦較單純一致，又何須滋生困擾？至於卷三十七目錄，既標「集句」，復標「歌曲」之原因，亦可理解。蓋於諸可歌之作品中，此三首作品均爲「集句」之作，故並列該卷之前；〈桂枝香〉以下各調，則以非「集句」，故以「歌曲」目之，以明結構之差異也。雖然，此中若〈菩薩蠻〉（數家茅屋閒臨水）（按：另有「海棠亂發皆臨水」一闋，係唐圭璋自《揮麈餘話》卷二摘錄，增補入《全宋詞》者，並未見於卷三十七）、〈浣溪沙〉（百畝中庭半是苔）、〈南鄉子〉（自古帝王州）等三闋，亦屬集句歌曲，王氏弟子乃未察覺，顯然仍有疏忽。

至於〈胡笳十八拍〉等三首集句之作，雖均可歌，然據郭茂倩《樂府詩集》所載，〈胡笳十八拍〉乃傳自漢代之琴曲[45]；〈虞美人〉始亦爲古琴曲，與後世〈虞美人〉詞調無涉[46]，故此二曲均宜視爲古樂府，非後世之詞調，以無規矩可據以塡製也。至若〈甘露歌〉，則爲王安石創製之新聲，有規矩可循，可「由樂以定詞」，與一般詞調無異，故無妨視爲詞調也。

---

45 郭茂倩《樂府詩集》（臺北：里仁書局，一九八〇年十二月），冊二，卷五九〈琴曲歌辭三・胡笳十八拍〉詩名下，引《琴集》云：「大胡笳十八拍，小胡笳十九拍，並蔡琰作。」（頁八六一）並錄蔡琰及唐劉商作品供參考。

46 《樂府詩集》（同前注，卷五八，頁八四九）〈琴曲歌辭二・力拔山操〉詩名下，按云：「《琴集》有〈力拔山操〉，項羽所作也。近世又有〈虞美人曲〉，亦出於此。」謂亦出於《琴集》也。任訥《教坊記箋訂・曲名》（臺北：宏業書局，一九七三年元月），〈虞美人〉調下箋訂云：「始爲古琴曲。……南唐張洎《貫氏談錄》（按：一般書目均題作宋張洎《賈氏談錄》，「貫」字疑係排版之誤。）謂褒谷中有虞美人草，行人或唱此曲，則葉動，頗應節。語雖不經，足證其曲在民間頗流行。《碧雞漫志》四已考，引《夢溪筆談》謂：宋時『傳其曲，皆吳音也。今盛行江湖間，人亦莫知如何爲吳音。』」（頁九一）然則王安石居金陵時，豈亦依當地吳音而有此集句之作乎？觀其句式、規矩，實與〈虞美人〉詞調迥異，自難視之爲詞。

綜上辨析，可知《臨川先生歌曲》之數量，凡二十九闋，均見錄於《全宋詞》：包含素有爭議之〈西江月〉（梅好惟嫌淡佇）詠紅梅一闋、〈清平樂〉（留春不住）一闋、〈甘露歌〉三闋，以及誤題詞調之〈傷春怨〉（雨打江南樹）一闋；另有〈漁家傲〉（隔岸桃花紅未半）僅存半闋，亦以一闋計之。此中屬於「集句」之作，則有：〈甘露歌〉三闋、〈菩薩蠻〉（數家茅屋閒臨水）及（海棠亂發皆臨水）兩闋、〈浣溪沙〉（百畝中庭半是苔）一闋、〈南鄉子〉（自古帝王州）一闋，凡七闋。

貳、正文

甲、《臨川先生歌曲》借鑒唐詩之詳析

《臨川歌曲》二十九闋，若以內容歸納，可分爲詠史懷古、談佛論道、閒居寄興、離情別緒、詠物寫景五類[47]，此中談佛論道十一闋，並無借鑒唐詩之現象；其餘十八闋中，則有十三闋採用本章第一節所揭之技巧，借鑒唐詩，尤以「集句」一項，最爲突出。茲依序詳析如次：（按：

---

47 羅忼烈〈王安石詞雜論〉一文（參注5），稱《臨川歌曲》之題材，「有懷古、詠物、抒情、寫景、寫生活情趣，甚至說理談禪，但沒有綺筵歌席的玩意。」筆者大致贊同，並據以明確歸納其內容爲五類。至於熊大權〈略論王安石在詞史上的地位〉一文（《江西社會科學》，一九八七年一期，頁一〇一至一〇五）引林抒之歸納，亦爲五類：詠史詞、描景詞、情韻詞、禪理詞、集句詞。然「集句」特屬技巧，實難視爲內容，無怪其舉例時，又將部分集句之作派入前四類中，顯然自相矛盾。另有高克勤〈王安石詞簡論〉一文（《爭鳴》，一九八六年二期，頁二一一至二一四），則分爲詠史之作、描寫江南景色、宣揚佛教思想三類，顯然過於籠統。

所引唐詩，全依《全唐詩》[48]及陳尚君輯校《全唐詩補編》[49]；所引宋詞，則依《全宋詞》（參注17），除有必要，不一一附註，特此說明。）

念往昔、繁華競逐。歎門外樓頭，悲恨相續。千古憑高，對此謾嗟榮辱。[50]六朝舊事隨流水，但寒煙芳草凝綠。至今商女，時時猶唱，後庭遺曲。〈桂枝香〉（登臨送目）下闋

此詞「念往昔」三句中，「門外」、「樓頭」兩詞，係自杜牧〈臺城曲〉：「門外韓擒虎，樓頭張麗華」兩詩句，截取而來；且用韓、張故實[51]，以切「金陵懷古」之題旨。「六朝舊事」兩句，則係檃括竇鞏《南遊感興》詩：「傷心欲問前朝事，惟見江流去不回；日暮東風春草綠，鷓鴣飛上越王臺。」（按：五代歐陽炯〈江城子〉（晚日金陵岸草平）云：「六代繁華，暗逐逝波聲。」亦同此境。）末結三句，係自杜牧〈夜泊秦淮〉：「商女不知亡國恨，隔江猶唱後庭花」兩詩句，化用而來。故此詞下闋，係以「截取」、「檃括」、「化用」之技巧，借鑒唐詩。

平岸小橋千嶂抱。柔藍一水縈花草。茅屋數間窗窈窕。塵不到。時時自有春風掃。　午

---

48 臺北：盤庚出版社，一九七九年二月第一版。

49 北京：中華書局，一九九二年十月第一版。

50 此兩句，《詞律》（同注20，卷一六，頁三二一）及一般詞選，均斷作「千古憑高對此，謾嗟榮辱。」然《詞譜》（同注19），卷二九，頁二〇三五至二〇四二錄五體，除黃裳〈插雲翠壁〉一詞，與《詞律》同，其餘四體，均與《全宋詞》無異，茲從之。

51 杜詩兩句意謂：隋軍已兵臨城下，陳後主與寵妃張麗華仍尋歡作樂。樓頭，指張妃所居結綺閣也。韓擒虎乃隋開國大將，曾率部眾自朱雀門入城，俘獲陳後主與張麗華（見《隋書》卷五二，頁一三四〇，《北史》卷六八，頁二三七四，臺北：鼎文書局，一九八五年三月四版）。門外，即指韓所從入之朱雀門也。蘇軾〈虢國夫人夜游圖〉詩：「當時亦笑張麗華，不知門外韓擒虎」（《全宋詩》冊一四，卷八一〇，頁九三八五），亦同此意。

枕覺來聞語鳥。攲眠似聽朝雞早。忽憶故人今總老。貪夢好。茫然忘了邯鄲道。〈漁家傲〉

此詞上闋，「柔藍」一句，宋吳聿《觀林詩話》以爲王安石蓋取諸某江上人家壁間之絕句[52]，特不知是否爲唐人之作？然「柔藍」一詞，或作「揉藍」，則確爲唐詩人之用語。如方干〈贈江上老人〉詩：「卻教魚目無分別，須學揉藍染釣絲。」白居易或亦用作「挼藍」，如其〈池上〉詩：「直似挼藍新汁色，與君南宅染羅裙。」然則「柔藍」一詞，視爲王安石泛用唐詩字面，亦無不可。又：「茅屋」三句，與王安石〈竹裏〉詩所寫之內容相似[53]，亦詩詞同境之一例。至若此詞末結，則採唐沈既濟撰《枕中記》故實[54]，以諭個人已拋卻盧生邯鄲道上所作「建功樹名，出將入相」之黃粱幻夢也。

丈夫運用堂堂。且莫五角六張。若有一卮芳酒，逍遙自在無妨。〈清平樂〉（雲垂平野）下闋

據南宋馬永卿撰《嬾真子》卷一載：「世言五角六張，此古語也。嘗記開元中有人獻俳文於明皇，

52 宋．吳聿《觀林詩話》載：「半山嘗於江上人家壁間見一絕云：『一江春水碧揉藍，船趁歸潮未上帆；渡口酒家賒不得，問人何處典春衫。』深味其首句，爲躊躇久之而去。已而作小詞，有『平漲小橋千嶂抱，揉藍一水縈花草』之句，蓋追用其語。」（丁仲祜編訂《續歷代詩話》本，臺北：藝文印書館，一九七四年四月三版，上冊，頁一三七。）

53 茲錄王安石〈竹裏〉詩如下：「竹裏編茅倚石根，竹莖疏處見前村；閒眠盡日無人到，自有春風爲掃門。」（見同注9，卷五六四，頁六六八七。）

54 此記概云：開元七年，道者呂翁於邯鄲邸舍中值少年盧生，自嘆其困，翁乃操囊中枕授之曰：「子枕吾枕，當令子榮適如志。」生於寐中，娶妻中舉，拜官封爵，崇盛無比。老乞骸骨，不許，卒於官。欠伸而寤。初，主人蒸黃粱爲饌，時尚未熟也。呂翁笑謂曰：「人世之適，亦猶是矣。」生曰：「此先生所以窒吾欲也，敢不受教。」稽首再拜而去。（詳參《文苑英華》卷八三三，同注6，冊一三四一，一九八七年八月，頁二五七至二五九。）

其略云：說甚三皇五帝，不如來告三郎；既是千年一遇，且莫五角六張。三郎，即明皇也。……五角六張，謂五日遇角宿，六日遇張宿，此兩日作事多不成。」[55]又據《韻府拾遺・七陽韻》[56]「張」目下所載，「五角六張」一語，係見於劉朝霞獻《幸溫泉賦》自敘；然則獻俳文於明皇者，其劉朝霞乎？王安石蓋用此故實，且襲用其語也。

梅好惟嫌淡佇，天教薄與胭脂。真妃初出華清池。酒入瓊姬半醉。　東閣詩情易動，高樓玉管休吹。北人渾作杏花疑。惟有青枝不似。〈西江月〉

此詞上片「真妃」兩句，係用楊貴妃故實。據宋樂史《楊太真外傳》卷上載：「楊貴妃，小字玉環，弘農華陰人也。……開元二十二年十一月歸於壽邸；二十八年十月，玄宗幸溫泉宮（自天寶六載十月，復改為華清宮），使高力士取楊氏女於壽邸，度為女道士，號太真。」其卷下又載：「上每年冬十月，幸華清宮，常經冬還宮闕。去即與妃同輦（原誤作「輩」字），華清有端正樓，即貴妃梳洗之所；有蓮花湯，即貴妃澡沐之室。」[57]唐詩人恒記此事，如白居易〈長恨歌〉即云：「春寒賜浴華清池，溫泉水滑洗凝脂」是也。王安石「真妃」句，則據以寫紅梅冰清之姿。復據北宋釋惠洪《冷齋夜話》卷一〈詩本出處〉則[58]引《太真外傳》云：「上皇登沈香亭，詔

55 收入《叢書集成新編》（臺北：新文豐出版公司，一九八六年二月）冊十一，頁三三七。
56 臺北：臺灣商務印書館，一九七八年七月臺八版。按：此書係與《佩文韻府》同刊，列入第六冊，所引見卷二二，頁四四〇五。
57 兩段引文，並見《叢書集成新編》（同注55）冊八十一，頁四九一至四九五。
58 同注11，《詩話叢刊》本下冊，頁一六一一。

太真妃子，妃子於時卯醉未醒，命力士從侍兒扶掖而至。妃子醉顏殘粧，鬢亂釵橫，不能再拜。上皇笑曰：『豈是妃子醉？真海棠睡未足耳。』」[59]此事亦恒爲文士所引，以寫美人春睡之態，或歌詠海棠，如晏殊〈玉樓春〉上片：「簾旌浪卷金泥鳳。宿醉醒來長瞢鬆。海棠開後曉寒輕，柳絮飛時春睡重。」王安石「酒入」句，則據以狀紅梅淡紅之色。

下片「東閣」句，係自杜甫〈和裴迪登蜀州東亭送客逢早梅相憶見寄〉詩之首句：「東閣官梅動詩興」，化用而得。「高樓」句，則係自李白〈與史郎中欽聽黃鶴樓上吹笛〉兩詩句：「黃鶴樓中吹玉笛，江城五月落梅花。」檃括其意，以道珍惜之情。至若「北人」句，又與其〈紅梅〉詩末兩句（見前節引），意思相仿，斯亦詩詞同題之一例。總之，此詞係採「引故實」、「化用」、「檃括」三技巧，以借鑒唐詩也。

小憐初上琵琶。曉來思繞天涯。不肯畫堂朱戶，春風自在楊花。〈清平樂〉（留春不住）下闋

此詞「小憐」句，係自李賀〈馮小憐〉兩詩句：「灣頭見小憐，請上琵琶語」，化用而來；而李詩又係採北齊馮淑妃之故實也。[60]「不肯」兩句，係檃括吳融〈楊花〉詩：「不鬥穠華不占紅，自飛晴野雪濛濛；百花長恨風吹落，唯有楊花獨愛風。」前兩句檃括成「不肯畫堂朱戶」，後兩

59 此故實僅見於《冷齋夜話》（同前注）卷一，今本《太真外傳》並未見此段文字。

60 《北史・后妃傳上》（臺北：鼎文書局新校標點二十四史本，一九八五年三月四版），冊一，卷一四，載：「馮淑妃名小憐，大穆后（按：即北齊後主皇后穆氏）從婢也。穆后愛衰，以五月五日進之，號曰『續命』。慧黠能彈琵琶，工歌舞。後主惑之，坐則同席，出則並馬，願得生死一處。……及帝遇害，以淑妃賜代王達，甚嬖之。淑妃彈琵琶，因絃斷，作詩曰：『雖蒙今日寵，猶憶昔時憐；欲知心斷絕，應看膠上弦。』達妃爲淑妃所譖，幾致於死。隋文帝將賜達妃兄李詢，令著布裙配舂。詢母逼令自殺。」（頁五二五至五二六）

句檃括成「春風自在楊花」，誠然有跡可尋也。

> 雨打江南樹。一夜花開無數。綠葉漸成陰，下有游人歸路。　與君相逢處。不道春將暮。把酒祝東風，且莫恁，匆匆去。〈傷春怨〉

此詞「綠葉」兩句，係用杜牧故實及化用其詩句。據《太平廣記》卷二七三〈杜牧〉則[61]載杜牧行實，略云：杜牧嘗往湖州，目一女子，年方十餘，約以十年後來守該郡，當納之。比至，已十四年，前女子已從人，兩抱雛矣！因賦〈悵詩〉云：「自是尋春去較遲，不須惆悵怨芳時；狂風落盡深紅色，綠葉成陰子滿枝。」王安石既化用此詩末句，復據杜牧十四年後，再尋所遇女子之行實，而云：「下有游人歸路」，以道故人久別重逢也。至若此詞末結，則係化用司空圖〈酒泉子〉（買得杏花）末兩句：「黃昏把酒祝東風，且從容。」[62]歐陽脩〈浪淘沙〉起首云：「把酒祝東風，且共從容。」亦化自此詞也。

綜上詳析，可見王安石亦採用「截取」、「化用」、「襲用」、「檃括」、「引故實」以及「截取字面」，以借鑒唐詩；而此等技巧，前輩詞人均已採用，如晏殊《珠玉詞》即是一例。至論「合集唐詩成句」入詞，則有待王安石開啓風氣。而在《全宋詞》收錄之作品中，可能早於王安石而具集句形式之詞作，當推宋祁之〈鷓鴣天〉：

> 畫轂彫鞍狭路逢。一聲腸斷繡簾中。身無彩鳳雙飛翼，心有靈犀一點通。　金作屋，

---

61 同注6，冊一〇四五，一九八六年八月，頁六〇至六二。

62 此詞見載於張璋、黃畬編《全唐五代詞》（臺北：文史哲出版社，一九八六年十月臺一版）卷二，頁二六二。

玉為籠。車如流水馬游龍。劉郎已恨蓬山遠，更隔蓬山幾萬重。

按：《全宋詞》於此詞後附唐圭璋按云：「此首又見《花草粹編》卷五，無撰人姓名，題作『輦路聞車中美人呼歐九醜面漢』，其前一首歐陽脩詞。依《花草粹編》體例，似曾有某書以此首爲歐陽脩作。」[63]唐氏此言，非也。其一，此詞又見明陳耀文《花草粹編》[64]卷十，非卷五；其二，《花草粹編》體例，凡同一作者同調作品，係以「又」表示；同調又同題，則以序數「一」「二」等表示。而卷十錄歐陽脩〈鷓鴣天〉詞後，接錄以〈輦路聞車中美人呼歐九醜面漢〉爲題之〈鷓鴣天〉，既未標「又」，亦未標「一」「二」等，顯未認定爲歐陽脩之作，特以內容相涉而並列也。實則此詞已見錄於宋黃昇所編之《花菴詞選》[65]卷三，題「宋子京」（即宋祁）作，並附載本事云：「子京過繁臺街，逢內家車子中有褰簾者曰：小宋也？子京歸，遂作此詞，都下傳唱，達于禁中。仁宗知之，問內人第幾車子？何人呼小宋？有內人自陳：頃侍御宴，見宣翰林學士，左右曰：『小宋也』，時在車子中偶見之，呼一聲爾。上召子京從容語及，子京皇懼無地。上笑曰：『蓬山不遠』，因以內人賜之。」而宋祁係生於真宗咸平元年（九九八），卒於仁宗嘉祐六年（一〇六一）。王安石則生於真宗天禧五年（一〇二一），卒於哲宗元年（一〇八六）[66]，

63 同注17，冊一，頁一一七。
64 同注27，頁三三九。
65 同注14，頁三三三。
66 王安石卒年，諸書無異辭。壽六十六，《宋史》本傳（同注60，冊一三，卷三二七，頁一〇五五〇）誤爲六十八，故有以爲生於天禧三年己未者，如清．顧棟高編輯《王荊國文公年譜》（同注7）即是。清蔡上翔撰《王

兩人相差二十三年。復檢視宋人詩話，恒謂王安石「晚年」喜爲集句；甚謂「元豐」間益工於此。[67]以此準度，元豐元年（一〇六八）王安石退隱金陵之際，宋祁已然辭世，其所塡〈鷓鴣天〉集句詞，實有可能早於王安石所作。

至若此詞，唯首兩句出處待考，餘七句出處如下：「身無」兩句爲李商隱〈無題〉（昨夜星辰昨夜風）詩之頷聯，「車如」句爲蘇頲〈夜宴安樂公主新宅〉七絕之首句，特易「馬如龍」爲「馬游龍」；而其原典爲「車如流水，馬如游龍」，見《後漢書・馬皇后紀》[68]。至如「劉郎」兩句，亦爲李商隱〈無題〉（來是空言去絕蹤）之尾聯，特易「一」字爲「幾」字耳。另：「金作屋」兩句，蓋自韓偓〈無題〉（小檻移燈灺）五言古詩中兩句：「繡屏金作屋，絲幰玉爲輪」，化用而來。

荆國文公年譜考略》（同注7）、先師鄭騫先生撰《宋人生卒考示例》（臺北：華世出版社，一九七七年一月初版，頁一〇）彙輯眾說，予以考訂，正爲「天禧五年辛酉」，茲從之。至於王安石行實，則仍依顧氏所輯。

67 宋・陳師道《後山詩話》云：「荆公暮年喜爲集句。」《蔡寬夫詩話》亦云：「荆公晚多喜取前人詩句爲集句詩。」蔡絛《西清詩話》則云：「集句國初有之，未盛也。……至元豐間王荆公益工於此。人言起自荆公，非也。」以上均可見《苕溪漁隱叢話・前集》卷三五引（同注6，冊一四八〇，頁二三九）。然此並不意味王安石晚年始有集句之作；當是早年即染指此道，至晚年則益投入而益工也。以〈離昇州〉一詩爲例，據《王荆國文公年譜》（同注7）查知，王安石一生曾三度離昇州（即江寧，亦即金陵），而最後一次，即於熙寧八年，故知此集句五絕必作於此年之前也。

68 《後漢書・皇后紀上》（同注60，冊一），卷一〇載：「明德馬皇后諱某，伏波將軍援之小女也。……顯宗即位，以后爲貴人。……永平三年春，有司奏立長秋宮，帝未有所言。皇太后曰：『馬貴人德冠後宮，即其人也。』遂立爲皇后。……及帝崩，肅宗即位，尊后曰皇太后。……建初元年，欲封爵諸舅，太后不聽。明年夏，大旱，言事者以爲不封外戚之故，有司因此上奏，宜依舊典。太后詔曰：『……前過濯龍門上，見外家問起居者，車如流水，馬如游龍，倉頭衣綠褠，領袖正白，顧視御者，不及遠矣。……』固不許。」（頁四〇七至四一一）

要之，此詞確已具「集句」之形式。

至論王安石之集句詞，由於《臨川先生歌曲》至今猶未有箋注本，故未見逐句考原之著作。而彭海、張宏梁合撰之〈王安石的集句詩詞〉一文[69]，雖云：「筆者稽核溯源，除少量闕解，基本上弄清了王安石集句詩詞的源出情況。」然撰寫本章之際，筆者仍未見其發表。爲求了解王安石集句詞採集之對象，茲依查尋所得，逐句予以注明；少數未知出處者，謹從蓋闕之訓，俟日後再考。

〈甘露歌〉（按：原文已見前節引錄，茲逕注明所知各句之出處）

一、

△人間應未有：劉禹錫〈渾侍中宅牡丹〉詩云：「徑尺千餘朵，人間有此花。」王安石蓋化用此詩下句而集入詞中，爲協韻故也。

△疑是經春雪未消：出自張謂〈早梅〉詩：「不知近水花先發，疑是經春雪未消。」[70]

△今日是何朝：出自韓愈〈次同冠峽〉詩：「今日是何朝，天晴物色饒。」

二、

△盡日含毫難比興：薛能〈黃蜀葵〉詩云：「嬌黃新嫩欲題詩，盡日含毫有所思。」王安石蓋化用此詩下句而集入詞中，爲起韻故也。

---

69 見載於《古典文學知識》，一九八七年五期，頁一〇一至一〇六。

70 此詩又題戎昱作，見《全唐詩》（同注48）冊四，卷二七〇，頁三〇〇九；兩句又作「應緣近水花先發，疑是經冬雪未銷。」

△都無色可並：出自李商隱〈荷花〉詩：「都無色可並，不奈此香何？」

△萬里晴天何處來：出自杜牧〈雲〉詩：「可憐光彩一片玉，萬里晴（作「青」）天何處來。」

△真是屑瓊瑰：出自韓愈〈詠雪贈張籍〉詩：「定非燖鵠鷺，真是屑瓊瑰。」

三、

△天寒日暮山谷裏：出自杜甫〈乾元中寓居同谷縣作歌七首〉之一：「天寒日暮山谷裏，中原無書（作「主」）歸不得。」

△的礫愁成水：出自韋應物〈詠水精〉詩：「持來向明月，的礫愁成水。」

△池上漸多枝上稀：出自張籍〈讌客詞〉：「請君看取園中花，地上漸多枝上稀。」[71]

△唯有故人知：出自韋應物〈逢楊開府〉詩：「坐客何由識，唯有故人知。」[72]

〈菩薩蠻〉

數家茅屋閒臨水。單衫短帽垂楊裏。今日是何朝。看予度石橋。[73] 梢梢新月偃。午醉醒

---

71 此句「池上」兩字，張籍原詩作「地上」；而《臨川文集》卷三七，頁二七二所錄〈甘露歌〉亦作「地上」，《全宋詞》顯然有誤。

72 韋應物此詩句，亦經王安石化用，寫入其〈思王逢原三首〉之二：「妙質不爲平世得，微言惟有故人知。」（同注9，冊一〇，卷五五七，頁六六二七）遂成名句。陳師道〈何郎中出示黃公草書四首〉之四云：「妙手不爲平世用，高懷猶有故人知。」（同上，冊一九，卷一一一七，頁一二六九一）又係化用王安石詩句也。

73 「今日」兩句，黃庭堅戲效王安石所作〈菩薩蠻〉（同注17，冊一，頁三九九），引作「花是去年紅，吹開一夜風。」上句出自唐文益〈看牡丹〉詩：「髮從今日白，花是去年紅。」（按：此詩《全唐詩》兩見，一在冊一一，卷七七〇，頁八七四三，題殷益作；一在冊一二，卷八二五，頁九三〇一，題謙光作，題目、文句間有出

來晚。何物最關情。黃鸝三兩聲。

△數家茅屋閒臨水：出自劉禹錫〈送曹璩歸越中舊隱〉詩：「數間茅屋閒臨水，一盞秋燈夜讀書。」

△今日是何朝：出處已見〈甘露歌〉首闋注。

△看予度石橋：出自駱賓王〈靈隱寺〉詩：「待入天臺路，看予度石橋。」[74]

△梢梢新月偃：出自韓愈〈南溪始泛〉詩：「點點暮雨飄，梢梢新月偃。」

△午醉醒來晚：出自方棫五絕詩（失題）：「午醉醒來晚，無人夢自驚。」[75]

△何物最關情：李白〈楊判兒〉詩云：「何許最關人，烏啼白門柳。」王安石蓋化用此詩上句而集入詞中；而王詞末兩句，與此兩詩句，結構完全相同，益見模仿之跡。

△黃鸝三兩聲：此句末三字，《臨川文集》卷三七作「一兩聲」。胡仔《苕溪漁隱叢話》前集卷三十七云：「《遯齋閒覽》云：功甫曾題人山居一聯云：『謝家莊上無多景，祇有黃鸝三兩聲。』荊公命工繪爲圖，自題其上云：『此是功甫題山居

入。茲據陳尙君輯校《全唐詩補編》上冊，頁二九三所載孫望《全唐詩補逸》卷一八之考訂，正爲文益詩。版本同注48及49。）下句疑出自王涯〈游春曲〉二首之一：「萬樹江邊杏，新開一夜風。」錄此待考。

74 此詩《全唐詩》（同注48，冊一，卷五三，頁六五三）題宋之問作，茲據陳尙君輯校《全唐詩補編》（同注49，上冊，頁五八五）所錄《全唐詩外編》修訂說明訂正之。

75 此詩或題作陳後主〈小窗詩〉，見明張溥編《漢魏六朝百三家集》卷一〇二載錄（同注6，冊一四一五，一九八八年二月，頁四七八）。

詩處。』即遣人以金酒鍾並圖遣之。」[76]

按：功甫，即郭祥正字，胡仔所記，係指其〈金陵〉七絕詩：「洗盡青春初變晴，曉光微散淡烟横；謝家池上無多景，祇有黃鸝一兩聲。」然則安石末句，蓋集郭祥正句入詞，而作「一兩聲」爲是也。

〈菩薩蠻〉

海棠亂發皆臨水。君知此處花何似。涼月白紛紛。香風隔岸聞。　囀枝　鳥近。隔岸相應。隨意坐莓苔。飄零酒一杯。

△海棠亂發皆臨水：張謂〈早梅〉詩云：「不知近水花先發，疑是經春雪未消。」（參注70）王安石蓋化用此詩上句而集入詞中。

△君知此處花何似：出自韓愈〈李花贈張十一署〉（或作〈李有花〉）詩：「君知此處花何似，白花倒燭天夜明。」

△涼月白紛紛：出自杜甫〈陪鄭廣文遊何將軍山林〉十首之九：「絺衣掛蘿薜，涼月白紛紛。」

△香風隔岸聞：出自韓愈〈花島〉詩：「蜂蝶去紛紛，香風隔岸聞。」

△囀枝黃鳥近：出自杜甫〈遣意〉二首之一：「囀枝黃鳥近，泛渚白鷗輕。」

△隨意坐莓苔：出自杜甫〈陪鄭廣文遊何將軍山林〉十首之五：「興移無灑掃，隨意坐莓苔。」

△飄零酒一杯：出自杜甫〈不見〉詩：「敏捷詩千首，飄零酒一杯。」

---

76 見同注67，頁五四四。

〈浣溪沙〉

百畝中庭半是苔。門前白道水縈迴。愛閒能有幾人來。　小院回廊春寂寂，山桃溪杏兩三栽。為誰零落為誰開。

△百畝中庭半是苔：出自劉禹錫〈再遊玄都觀〉詩：「百畝庭中半是苔，桃花淨（一作「開」，一作「落」）盡菜花開。」唯王詞將「庭中」倒作「中庭」。

△門前白道水縈迴：見王安石〈法喜寺〉詩：「門前白道自縈迴，門下青莎間綠苔。」王氏蓋引自作詩句入詞也。而王氏此句，或又化自李商隱〈無題〉（一作〈陽城〉）七絕之首句：「白道縈迴入暮霞」。

△愛閒能有幾人來：張籍〈閒居〉詩云：「盡說無多事，能閒有幾人？」王安石蓋化用此兩詩句而集入詞中。

△小院回廊春寂寂：出自杜甫〈涪城縣香積寺官閣〉詩：「小院迴廊春（一作「清」、一作「深」）寂寂，浴鳧飛鷺晚悠悠。」

△山桃溪杏兩三栽：出自雍陶〈過舊宅看花〉詩：「山桃野杏兩三栽，樹樹繁花去後開。」按：「野杏」兩字，《全宋詞》及《臨川文集》卷三七均作「溪杏」；然王安石另一首〈招葉致遠〉集句詩（見《臨川文集》卷三六），引此句正作「野杏」，疑「野杏」爲是。

△爲誰零落爲誰開：出自嚴惲〈落花〉詩：「盡日問花花不語，爲誰零落爲誰開。」

〈南鄉子〉

自古帝王州。鬱鬱蔥蔥佳氣浮。四百年來真一夢，堪愁。晉代衣冠成古丘。　繞水恣行游。上盡層城更上樓。往事悠悠君莫問，回頭。檻外長江空自流。

△自古帝王州：出自杜甫〈秋興八首〉之六：「回首可憐歌舞地，秦中自古帝王州。」而杜詩又化自謝朓〈隋王鼓吹曲〉十首之四〈入朝曲〉：「江南佳麗地，金陵帝王州。」[77]

△鬱鬱蔥蔥佳氣浮：出自杜羔妻劉氏七絕詩：「長安此去無多地，鬱鬱蔥蔥佳氣浮。」[78]

△四百年來真一夢：李商隱〈詠史〉詩云：「北湖南埭水漫漫，一片降旗百尺竿；三百年間同曉夢，鍾山何處有龍盤？」此乃金陵懷古之作，與王安石詞意相符；因疑王詞係自李詩「三百年」句化用而成。云「四百年」者，溯六朝之亡至王安石當時，約四百餘年，故取整數言之也。又：詞中「真」字，《臨川文集》卷三七係作「成」字。

△晉代衣冠成古丘：出自李白〈登金陵鳳凰臺〉詩：「吳宮花草埋幽徑，晉代衣冠成古丘。」

△繞水恣行游：出自李翺〈戲贈詩〉：「縣君好磚渠，繞水恣行游。」

---

77 同前注，冊一四一四，卷七七，頁三四九。

78 宋．尤袤《全唐詩話．劉氏》（臺北：藝文印書館《歷代詩話》本，一九七四年四月），卷六載：「杜羔不第，將至家，其妻劉氏先寄詩云：『良人的的有奇才，何事年年被放回；如今妾面羞君面，君若來時近夜來。』羔即回，尋登第，又寄詩云：『長安此去無多地，鬱鬱蔥蔥佳氣浮；良人得意正年少，今夜醉眠何處樓。』」（頁一五一）

△上盡層城更上樓：出自李商隱〈夕陽樓〉詩：「花明柳暗繞天愁，上盡重城更上樓。」此中「重城」一詞，王詞易作「層城」；然王安石另一首〈金陵懷古〉集句詩（見《臨川文集》卷三六）引此句正作「重城」，疑「重城」爲是。

△往事悠悠君莫問：杜牧〈洛中送冀處士東遊〉詩云：「往事不可問，天地空悠悠。」王安石蓋化用此兩詩句而集入詞中。

△檻外長江空自流：出自王勃〈滕王閣〉詩：「閣中帝子今何在？檻外長江空自流。」

要之，在七闋四十二集句中（此中〈南鄉子〉有兩句二字短句不計），本文查得其出處者，凡三十九句（含化用八句）。茲據詩人作品見引之多寡，依序臚列如次：杜甫七句，韓愈六句，李商隱及劉禹錫各三句，李白、韋應物、張謂及杜牧各二句；其餘詩人，含王勃、駱賓王、張謂、張籍、李翺、杜羔妻、嚴惲、雍陶、薛能、方棫、王安石、郭祥正等各一句。此中，唯一句係王安石自作詩，一句爲同時人郭祥正詩，餘三十七句，盡唐詩人作品也。同時亦可知，當時詞中集句，除集前人作品外，亦可集入個人或時人作品；而所集詩句，固以不更動原句爲原則，然化用而後集入者，亦所在多有，王安石外，蘇軾所作集句詞，亦有此現象（參注一一九），蓋當時風氣始啓，故不如後世之嚴謹也。

若再以前段分析，並計其以「截取」、「化用」、「襲用」、「櫽括」等較具體、刻意之借鑒技巧，則王安石《臨川先生歌曲》借鑒唐詩之情形，依初、盛、中、晚之區分[79]，及引用作品之

79 此處係採李曰剛《中國文學流變史・詩歌編中》之分期（臺北：聯貫出版社，一九七六年十月，頁二一〇至二一六

多寡，蓋可得下列數據：

初唐（六一八至七一二）：王勃1.駱賓王1.

盛唐（七一三至七六二）：杜甫8.李白3.韋應物2.張謂2.

中唐（七六三至八二六）：韓愈6.劉禹錫3.李翺1.張籍1.白居易1.竇鞏1.李賀1.杜羔妻1.

晚唐（八二七至九〇六）：杜牧5.李商隱3.嚴惲1.雍陶1.薛能1.吳融1.方棫1.

由以上統計，可知爲王安石所借鑒之唐詩，以時期論，盛唐四人十五次、中唐八人十五次最夥，又次爲晚唐七人十三次，初唐二人二次。以詩人論，則杜甫八次居冠，韓愈六次次之，又次爲杜牧五次，又次爲李白、劉禹錫、李商隱等人。而總計王安石二十九闋詞中，計有十三闋採用明顯之借鑒技巧，其中又有七闋係以「集句」形式出現；然則「合集唐人詩句入詞」，顯然爲〈臨川先生歌曲〉借鑒唐詩之最大特色，亦爲王安石最刻意爲之者。

復依據以上統計，印證王安石平生對唐詩人之好尚，亦甚一致。首先，被借鑒最夥之杜甫，即最爲王安石所推服之唐詩人。早在仁宗皇祐四年，王氏三十二歲時，即曾編成《老杜詩後集》，此書雖早佚，而其序仍見載於《臨川文集》卷八四，中有云：「余考古之詩，尤愛杜甫氏作者。其辭所從出，一莫知其窮極，而病未能學也。……自余得之世之學者，至乎甫而後爲詩；不能至，要之不知詩焉爾。嗚呼！詩之難，唯有甫哉！」[80]誠然推服之至。而王安石另編有《四家

七。）

[80] 同注34，頁七〇一至七〇二。

詩選》[81]，其書亦早佚，然自諸書記載，可知「四家」者，唐之李、杜、韓及宋之歐陽脩也。其排序雖各有主張，唯以杜甫居冠，則無二致。[82]今詞中所借鑒者，以杜甫作品最夥，蓋其來有自也。

其次，在《四家詩選》中，屬唐代詩人者，尚有李、韓兩人。此中，王安石對李白有較多之批評，曾云：「太白詩語迅快，無疏脫處。然其識污下，詩詞十句九句，言婦人酒耳。」[83]其〈和王微之秋浦望齊山感李太白杜牧之〉詩亦云：「王生志業無高論，末世篇章有逸才。」[84]意見如此，無怪乎《四家詩選》中，以「韓、李」之排序較為人所主張（參注82）。今觀乎詞中借鑒之唐詩人，韓愈居次，李白後之，豈非巧合乎？雖然，王安石亦曾云：「詩人各有所得。『清水出芙蓉，天然去雕飾』，此李白所得也；『或看翡翠蘭苕上，未掣鯨魚碧海中』，此老杜所得也；

---

81 華鎮〈題杜工部詩後〉云：「元豐間，王文公在江寧，嘗刪工部、翰林、韓文公、歐陽文忠詩，以杜李歐韓相次，通為一，集目曰四選。」（轉引自《古典文學研究資料彙編．杜甫卷》，頁一四三，臺北：源流出版社，一九八二年五月初版）此文署於宋徽宗大觀戊子（一一〇八），上距王安石謝世已四十年，所稱「以杜李歐韓相次」，與他書不同（參注**82**），是否親見原本，令人置疑；成於元豐之說，亦屬孤證，姑錄參考。

82 四家先後之次，諸書所記不同，稱「杜歐韓李」者，有《王直方詩話》、蔡絛《西清詩話》、王鞏《聞見近錄》等。此外，華鎮〈題杜工部集後〉稱「杜李歐韓」，陳振孫《直齋書錄解題》則稱「杜韓歐李」，要皆以杜甫居冠。

83 見《冷齋夜話》（同注**58**，頁一六五七）卷五〈舒王編四家〉條。另蔡正孫《詩林廣記》（臺北：仁愛書局，一九八六年五月，頁五五）引《鍾山語錄》亦有類似之記載，茲錄供參考：「白詩近俗，人易悅，故也。白識見污下，十首九說婦人與酒。然其才豪俊，亦可取也。」

84 同注**9**，卷五五六，頁六六二五。

『橫空盤硬語，妥帖力排奡』，此韓愈所得也。」[85]可見王安石於三家詩之特色，體會皆深。因之，吾人試讀王安石集句詩，又見其引用李白詩之次數，實不亞於韓愈[86]，尤以古體詩爲然，其故何耶？蓋李白詩篇不喜受聲律束縛，而詞須依調律塡製，自難相侔，數量自少；古體詩則專尙氣格，筆隨意走，不受聲律束縛，故適以李白詩入之也。可證王安石於借鑒李、杜、韓三家詩之際，頗能因「體」制宜，各取所長。

至若在借鑒之唐詩人中，若杜牧、李商隱等晚唐詩人，亦爲王安石所取徑者。先是，嘉祐五、六年，王安石年四十、四十一之際，曾編有《唐百家詩選》[87]，乃北宋僅見之純粹唐詩選本，其內容特色凡二：其一，李杜韓及諸名家之詩，皆不入選；其二，所選凡一百四家，一千二百六十六首詩（《四庫全書總目提要》誤作一百八家，一千二百六十二首），然諸膾炙人口者多不入選。無怪乎引發後人諸多之討論與批評。[88]然此書序云：「余與宋次道（即宋敏求）同爲三司判官，

---

85 見宋．胡仔《苕溪漁隱叢話．前集》卷五引（同注67，頁七一）。

86 彭海．張宏梁撰〈王安石的集句詩詞〉（同注69，頁一〇三）一文云：「宋人詩話裏，寫了許多王安石貶抑李白詩篇的議論。然而王安石對於李白的詩歌，仍然是下一番誦讀工夫的，被王安石集引的就有四十二句之多。」

87 依據王安石〈唐百家詩選序〉（同注6，冊一三四四，頁五六五）稱，此書係成於任三司判官時，故可推知其成書時間。至於此選之作者，素有異說：或謂其書乃宋敏求編，而王安石更爲之去取；或謂原書雖經王安石選定，然終爲抄吏偷天換日，以長詩抄錄不易也。前說出晁公武《郡齋讀書志》卷二〇，而爲《四庫全書總目》提要所本。後說則見載於《河南邵氏聞見後錄》、《淸波雜志》，近人傳增湘《藏園群書題記》卷八即採其說。二說歷來多有論駁，其中以蔡上翔《王荊國文公年譜考略》卷八、余嘉錫《四庫提要辨證》卷二四論證最詳；而書出於王安石之手，則可無疑。

88 此方面之討論，可參余嘉錫《四庫提要辨證》卷二四、近藤光男《四庫全書總目提要唐詩集之研究》頁三三四

時次道出其家藏唐詩百餘編，諉余擇其精者，次道因名曰《百家詩選》。廢日力於此，良可悔也。雖然，欲知唐詩者，觀此足矣。」（參注87）然則王安石蓋就宋家所有加以點定，未必即唐詩足本，亦非謂此選乃唐詩之至極也[89]。雖然，此選詳晚唐，而略初盛唐；且不棄小家之作，乃不爭之事實。今觀其詞中所借鑒者，若嚴惲、雍陶、薛能、吳融、方棫等人之作，亦盡取之，則可證其去取之態度。

而杜牧，既與李白同為「逸才」而見取（見前引王安石〈和王微之秋浦望齊山感李太白杜牧之〉詩），自有一定份量之借鑒。至於李商隱，尤為王安石晚年所學習之對象，此乃當時之公言。如《冷齋夜話》卷四〈西崑體〉則云：「詩到李義山，謂之文章一厄，以其用事僻澀，時稱西崑體。然荊公晚年亦或喜之，而字字有根蒂。」[90]，又《蔡寬夫詩話》云：「王荊公晚年亦喜稱義山詩，以為唐人知學老杜而得其藩籬者，惟義山一人而已。」[91]又葉夢得《石林詩話》載：「王荊公

至三四二、郭紹虞《滄浪詩話校釋》〈考證〉項、蔡瑜《宋代唐詩學》第六章第一節、孫琴安《唐詩選本六百種提要》頁三八至四二、陳伯海及朱易安《唐詩書錄》頁二一七至二二〇，以及夏敬觀〈題唐百家詩選〉、西村富美子〈王荊公唐百家詩選小論〉、孫克寬〈唐詩鼓吹與王荊公〉等單篇論文。

89 宋·朱熹〈答鞏仲書〉云：「荊公唐選，本非其用意處，乃就宋次道所有而因為點定耳。觀其序引，有『廢日力於此，良可惜也』之歎，則可以見此老之用心矣！夫豈以區區掇拾唐人一言半句為述作，而必欲其無所遺哉！」（《晦庵文集》卷六四，同注6，冊一一四五，一九八七年二月，頁二一一九。）而明·何焯〈跋王荊公百家詩選〉亦云：「荊公之意，以浮文妨要，恐後人蹈其所悔，故有『觀此足矣』之語，非謂此選乃至極也。後人譏彈之口，並失其意。」讀朱、何兩人之論，較為持平，故從之。

90 同注59，頁一六四三。

91 見《苕溪漁隱叢話·前集》卷二二引（同注67，頁一六五）。

亦嘗爲蔡天啓言：學詩者未可遽學老杜，當先學商隱；未有不能爲商隱而能爲老杜者。」[92]然則由李商隱上窺老杜，蓋王安石所悟而示人之門徑。今觀其詞中所借鑒之唐詩人，要以杜甫作品最夥，李商隱等人居四，主從儼然，實與其平素之好尚相契也。

乙、《臨川先生歌曲》借鑒唐詩之綜評

王安石《臨川先生歌曲》借鑒唐詩之情形，既如上節所述，而其評價如何？乃本節所欲探討之問題。首先，論其壓卷之作〈桂枝香〉詞：

> 登臨送目。正故國晚秋，天氣初肅。千里澄江似練，翠峰如簇。歸帆去棹殘陽裏，背西風、酒旗斜矗。綵舟雲淡，星河鷺起，畫圖難足。　念往昔、繁華競逐。歎門外樓頭，悲恨相續。千古憑高，對此謾嗟榮辱。六朝舊事隨流水，但寒煙、芳草凝綠。至今商女，時時猶唱，後庭遺曲。

此詞下片，以「截取」、「檃括」、「化用」等技巧借鑒唐詩，已見第參節分析。實則其上片「千里」一句，亦係化用謝脁〈晚登三山還望京邑〉詩句：「餘霞散成綺，澄江靜如練。」故此詞句意，泰半皆借鑒前人作品，然王安石乃能奪胎換骨，運用入化；擷取原詩之精華，豐富詞之意

92 此段文字，徧查《四庫全書》及何文煥《歷代詩話》本《石林詩話》，均不見載錄。而夏敬觀《唐詩說・說李商隱》（臺北：河洛圖書出版社，一九七五年十二月）、吳調公〈李商隱詩歌對宋詩的影響〉（收入《李商隱研究》，上海古籍出版社，一九八二年）等論文，均曾引用，姑錄此俟考。

象，致被同好引用事典、語典之蘇軾所嘆服，謂爲「野狐精」（參注40），實極激賞之至。又：此詞主旨確爲金陵懷古，故或以此標題，自無不當。而「懷古」係詩題常見，立意「莊重雅正」，而王氏乃能以之入詞，藉古鑑今，諷刺當時沈湎之社會，流露沈痛之情緒，寄慨既深，質量亦重。且出以沈鬱曲折之筆，頓挫有致，意調高亢，境界開闊，故亦爲格律派詞家張炎所稱道，以爲「清空中有意趣」[93]，是真善於借鑒也。後來詞家，以借鑑唐詩，而寫金陵懷古者，厥惟周邦彥〈西河〉（詞見第伍節引），足以相提並論。王灼《碧雞漫志》卷二云：「王荊公長短句不多，合繩墨處，自雍容奇特。」[94]蓋即指此類作品言之也。再如〈漁家傲〉詞：

平岸小橋千嶂抱。柔藍一水縈花草。茅屋數間窗窈窕。塵不到。時時自有春風掃。　午枕覺來聞語鳥。欹眠似聽朝雞早。忽憶故人今總老。貪夢好。茫然忘了邯鄲道。

此詞「柔藍」一詞，乃唐詩人用語；而據《觀林詩話》載，「柔藍一水」四字，係自「一江春水碧揉藍」七字化用而來（參注52），果然，益見王氏精鍊之工夫。而下片末結，則引唐人傳奇《枕中記》故實，以喻沈酣功名之意。就寫作技巧言，此詞上片，係以清倩之筆寫景，而閒居之趣、出塵之思，自然流露。下片則轉而抒情，「忽憶」以下，文從字順，不似上片空靈超逸，然此乃王安石今昔處境之反映，意在言外，固不以修飾見長。黃氏《蓼園詞評》云：「此必荊公退居金陵時所作也。借漁家樂以自寫其恬退，首闋（指上片）筆筆清奇，令人神往。次闋（指下片）似譏

93 宋・張炎《詞源》（同注1，冊一，頁二六〇）卷下〈意趣〉項云：「詞以意趣爲主，要不蹈襲前人語意。如東坡中秋〈水調〉歌……王荊公金陵懷古〈桂枝香〉……此數詞皆清空中有意趣，無筆力者未易到。」

94 同注1，冊一，頁八三。

故人之戀位者，然亦不過反筆以寫其幽居之樂耳。情詞自超雋無匹，運用入化。」[95]誠屬的論。又如：

留春不住。費盡鶯兒語。滿地殘紅宮錦污。昨夜南園風雨。　小憐初上琵琶。曉來思繞天涯。不肯畫堂朱戶，春風自在楊花。〈清平樂〉

雨打江南樹。一夜花開無數。綠葉漸成陰，下有游人歸路。　與君相逢處。不道春將暮。把酒祝東風，且莫恁、匆匆去。〈傷春怨〉

此兩闋詞，係以「化用」、「櫽括」及「引故實」之技巧借鑒唐詩，亦已見第參節分析。而王安石乃能取詩「意」化成詞「情」，圓融婉轉，確乎難能。許昂霄特喜〈傷春怨〉之起句，謂之「真有神助」[96]。然吾尤喜兩詞於惜春傷春之餘，仍寓有個人身世之慨，所謂「不肯畫堂朱戶，春風自在楊花」，何嘗不可視爲王安石人格之寫照？而此兩句正自吳融〈楊花〉詩櫽括而來，真取其神而遺其句矣！至若王闓運《湘綺樓評詞》謂〈傷春怨〉詞，係「以去要君語，尙有一肚皮新法要施行，卻不見一點執拗。」[97]則恐強作解事，徒增困惑！

此外，王安石詞中，仍有部分詞作係借鑒唐詩，而詩味未除；或雜入俗詩，而未合繩墨者，如：

梅好惟嫌淡佇，天教薄與胭脂。真妃初出華清池。酒入瓊姬半醉。　東閣詩情易動，

---

95 同注1，冊四，頁二〇五四。
96 同注1，冊二，頁一五五一。
97 同注1，冊五，頁四二八七。

高樓玉管休吹。北人渾作杏花疑。惟有青枝不似。〈西江月〉

雲垂平野。掩映竹籬茅舍。闃寂幽居實瀟灑。是處綠嬌紅冶。　丈夫運用堂堂。且莫五角六張。若有一卮芳酒，逍遙自在無妨。〈清平樂〉

此兩闋詞中，前闋詠紅梅之作，係以「引故實」、「化用」、「檃括」三技巧借鑒唐詩（參第參節分析），然過於拘滯所詠之物，復無寄興，殊欠神韻；末結涉入辨名，尤似詩而非詞。吾人試舉陸游〈卜算子〉詠梅之作，與之相較：

驛外斷橋邊，寂寞開無主。已是黃昏獨自愁，更著風和雨。　無意苦爭春，一任群芳妒。零落成泥碾作塵，只有香如故。

此亦屬「詩人的詞」[98]，亦出以令詞，然卻能運用比興手法，託物言志，幾於詠物而不滯於物之境地，是真高妙也。況周頤《蕙風詞話續編》卷一云：「詞有淡遠取神，只描取景物，而神致自在言外，此爲高手。」[99]以此標準，省視陸、王兩人詠梅之作，真有高下之別。至若後闋詞，「且莫」一句，係「襲用」唐人俳詩，平仄爲「仄仄仄仄仄平」，綦拗；而該詞下片復涉入理路，真少情韻。賀裳《皺水軒詞筌》評王安石詞云：「未免平直板硬」[100]，田同之《西圃詞說》引

98 胡適《詞選・序》（臺北：臺灣商務印書館，一九七五年一月臺三版）云：「我以爲詞的歷史有三個大時期：第一時期，自晚唐到元初（八五〇至一二五〇），爲詞的自然演變時期。……這部《詞選》專表現第一個大時期。這個時期，也可分作三個段落：一、歌者的詞；二、詩人的詞；三、詞匠的詞。」（頁五）

99 同注1，冊五，頁四五三三。

100 同注1，冊一，頁七一六。

宋徵璧之評云：「介甫之劖削，而或傷於拗。」[101]，蓋均指此類作品而言。雖然，讀《臨川先生歌曲》，既須欣賞其「合繩墨處，自雍容奇特」之優點，亦須賞其「平直板硬」，詞中有「人」之意涵，方能見其特出於當時詞壇之處。即以〈清平樂〉下片爲例，近人羅忼烈〈王安石詞雜論〉即如是云：「荆公以堂堂之陣去推行新法，不顧流俗所謂是非得失，這是多麼『桀傲不群』的氣概！盡力而爲，雖然失敗了，卻也心安理得。『若有一卮芳酒，逍遙自在何妨！』又是何等胸襟氣度！」[102]王安石之部分詞作既有如此厚重之意涵，又豈是曲子所能束縛？

至論王安石之集句詞，其內容，蓋包含詠物、懷古及寫閒居之情三類，而以〈菩薩蠻〉最受詞選及詞論家所青睞：

數家茅屋閒臨水。單衫短帽垂楊裏。今日是何朝。看予度石橋。　梢梢新月偃。午醉醒來晚。何物最關情。黃鸝三兩聲。

此詞上片末兩句，除《樂府雅詞》外，其餘選本均以「花是去年紅，吹開一夜風」爲正，而附註一本作「今日」兩句，筆者亦同意此見解。謝章鋌亦持此立場，而謂此詞上下片兩結雖屬集句，乃能「滅盡針線」（參第壹節引），確乎中肯。蓋用「今日」兩句，則此詞上片全以「賦」筆寫人之舉動，即覺淺露而無婉曲之致。易以「花是」兩句，則於安然自適之環境中，存一分歲月流逝之慨嘆，對比其今昔，則壯志未酬之晚年心境，亦依稀流露。遂覺「何物」兩句，雖以

101 同注1，冊二，頁一四五八。

102 同注5，頁一四。

寬解語寫閒情逸趣，然亦足見其孤介傲岸、超塵拔俗之氣格。吳之振於《宋詩鈔》卷一八〈臨川詩鈔〉云：「安石遺情世外，其悲壯即寓閒淡之中。」[103]此詞蓋亦如是也。而與此詞同其品味之作品，尚有：

> 海棠亂發皆臨水。君知此處花何似。涼月白紛紛。香風隔岸聞。　囀枝黃鳥近。隔岸聲相應。隨意坐莓苔。飄零酒一杯。〈菩薩蠻〉

> 百畝中庭半是苔。門前白道水縈迴。愛閒能有幾人來。　小院回廊春寂寂，山桃溪杏兩三栽。為誰零落為誰開。〈浣溪沙〉

雖然，前闋詞素未見詞家選錄，蓋緣技巧未圓融婉曲之故：其一，「君知」句平直發問，痕跡太露；其二，上、下片同時出現「隔岸」一詞，句型太相似；其三，末結將「飄零」之情直接道出，少一分含蓄；自不如次闋以「零落」屬花，而人「情」即在其中，爲能見其言外之意也。再者，王安石之集句，雖指事類情，貼切自然，不啻如出己口，然實亦經一番安排。如其集同一詩句，入之詩與入之詞，即有不同之情緒與意境：（字句之出入，參第參節分析）

> 山桃野杏兩三栽，嫩蘂商量細細開；最是一年春好處，明朝有意抱琴來。（〈招葉致遠〉，《臨川文集》卷三六，頁二六六，版本同注6）

> 白玉堂前一樹梅，為誰零落為誰開；唯有春風最相惜，一年一度一歸來。（〈梅花〉，同上）

此兩首集句詩中，「山桃」、「爲誰」兩句，均見之於〈浣溪沙〉詞中。然前詩係用以歡迎其亡弟

---

103 同注6，冊一四六一，一九八八年二月，頁三五三。

王平甫之婿葉濤（字致遠），後詩則寫梅花逢春再開之景況，充滿生機。而以之入詞，則呈現「春寂寂」之況味，並隱露淒涼之心情，與詩境全然不同。如此費心於令人不覺之中，是真難能也。

至若其集句懷古詞，則調寄〈南鄉子〉：

自古帝王州。鬱鬱蔥蔥佳氣浮。四百年來真一夢，堪愁。晉代衣冠成古丘。　繞水恣行游。上盡層城更上樓。往事悠悠君莫問，回頭。檻外長江空自流。

此詞集句之作用，實同〈桂枝香〉，亦以寫金陵之形勢與其作爲帝都之興衰歷史；同時寄寓個人憂國憂民、無限沈痛悲憤之心情。然卻能一氣呵成，如自己出；除卻學問襟抱，若無駕馭文字之工夫，何克臻此？茲更錄其〈金陵懷古〉集句詩供參考：

六代豪華空處所，金陵王氣漠然收；煙濃草遠望不盡，物換星移幾度秋。至竟江山誰是主，卻因歌舞破除休；我來不見當時事，上盡重城更上樓。（《臨川文集》卷三六，頁二六七，同注6）

同地點，同主題，王氏乃再三致意，則其憂時之情志豈不皦然！而同屬「集句」，詩「莊」詞「婉」，詩「直」詞「曲」，則王安石借鑒前人作品之用心，亦可知也。其〈題張司業詩〉云：「看似尋常最奇崛，成如容易卻艱辛。」（《臨川文集》卷三一，頁二二四，同注6）此等集句作品，正可作如是觀。

雖然，集句究有其難處，詩、詞究有其異同，以詩人之態度而填製集句詞，而欲求其篇篇佳構，亦戛戛其難！若情意更有不足，則難免「百家衣」[104]之譏！以〈甘露歌〉三闋詠梅聯

---

104 宋．惠洪《冷齋夜話》卷三（同注58，頁一六三五）云：「集句詩，山谷謂之『百家衣體』，其法貴拙速，而

章詞爲例（詞與格律均見第貳節），吾人固可視爲王安石自我之寫照，然其描寫既過於「平直」，其第三闋前兩句，平仄亦拗；且集「盡日含毫難比興」、「都無色可並」、「真是屑瓊瑰」、「的皪愁成水」等詩句入詞，誠然傷「拗」覺「硬」。賀裳稱王安石集句詞「亦未生動」，若指此等作品，自無可議，若一概否定，即覺過苛。至於謝章鋌稱〈甘露歌〉之第三闋，謂能「滅盡針線」（賀、謝兩人之評見第壹節引），亦覺溢美；蓋王安石「能滅盡針線」之集句詞，端在〈菩薩蠻〉、〈浣溪沙〉、〈南鄉子〉等作品，而不在〈甘露歌〉也。

除卻賀、謝兩人，後世綜評其集句詞者蓋寡，而評其集句詩者則甚夥，茲舉宋代四人之見，以概其餘：

沈括《夢溪筆談》卷一四〈文藝一〉云：

> 荊公始為集句詩，多者至百韻，皆集合前人之句，語意、對偶往往親切過於本詩，後人稍稍有效而為之者。[105]

陳正敏《遯齋閒覽》云：

> 荊公集句詩，雖累數十韻，皆頃刻而就，詞意相屬，如出諸己。他人極力效之，終不及也。[106]

李綱《梁谿集》卷二一〈胡笳十八拍・序〉云：

不貴巧遲。如前輩曰：『晴湖勝境碧，衰柳似金黃』……人以爲巧，然皆疲費精力，積日月而後成，不足貴也。」

105 同注6，冊八六二，一九八六年二月，頁七九一。

106 見《苕溪漁隱叢話，前集》卷三五引（同注67，頁二三八）。

> 昔蔡琰作〈胡笳十八拍〉，後多仿之者。王介甫集古人詩句為之，辭尤麗縟淒婉，能道其情致，過於創作。……靖康之事，可為萬世悲，暇日效其體集句，聊以寫無窮之哀云。[107]

嚴羽《滄浪詩話．詩評》云：

> 集句惟荊公最長，〈胡笳十八拍〉渾然天成，絕無痕跡，如蔡文姬肺腑間流出。[108]

此四則評論，前兩則係綜評，後兩則專爲王安石集句詩之大手筆〈胡笳十八拍〉而發。然所謂「親切過於本詩」、「辭意相屬」、「渾然天成，絕無痕跡」等批評，用以論其成功之集句詞，亦甚的當。而李綱既稱賞王安石集句詩之成就，又效以寫其靖康國難之沈痛，如此付與現實環境之意涵，亦王安石集句詩詞之特色，自不可以遊戲筆墨等閒效之也。

要之，《臨川先生歌曲》中，計有十三闋詞係採「截取」、「化用」、「襲用」、「集句」、「檃括」、「引故實」等技巧，借鑒唐詩。其合於詞之繩墨者，均能妥貼安穩，寄意其中，顯現「雍容奇特」、「沈鬱含蓄」、「空靈委婉」等不同之風格。如〈桂枝香〉、〈清平樂〉（留春不住）、〈傷春怨〉（雨打江南樹）、〈菩薩蠻〉（數家茅屋閒臨水）、〈浣溪沙〉、〈南鄉子〉（自古帝王州）等六闋，皆是也。至若〈漁家傲〉（平岸小橋千嶂抱）、〈清平樂〉（雲垂平野）兩詞，其下片或嫌平直顯露，或雜入俗語而覺拗口；而〈菩薩蠻〉（海棠亂發皆臨水）一詞，亦有痕跡太露、句型犯複之缺失，然以詞中有「人」，意涵飽滿，衡諸當時詞壇，自是別樣異彩，固宜令其出一頭地！至於〈甘露歌〉、〈西

---

107 同注6，冊一一二五，一九八七年二月，頁六八八。
108 同注11，頁六三五。

江月〉等詠梅之作，由於過於拘滯所詠之物，未能遺物取神，又無深厚之寄興，故稍覺遜色。

再者，吾人若不為唐詩所囿，則《臨川先生歌曲》二十九闋詞中，蓋有二十七闋均運用事典或語典。此中，十一闋談佛說道、引用佛道典故之作品固無論，餘如〈浪淘沙〉之詠伊、呂，〈千秋歲引〉之「楚臺風」、「庾樓月」、「華表語」、「秦樓約」，〈漁家傲〉之「惆悵武陵人」等，何闋不然！錢鍾書《宋詩選注》[109]一書，論及王安石之詩，歸納其大要，蓋有三焉：其一，王安石學問極淵博，又極講究修詞技巧，故其詩篇往往引經據典；其出處愈僻者，如取自佛典，道書等，愈見工夫；甚而亦引用通俗之話語作點綴，取徑極博。其二，王安石雖喜搬弄典故，然由於內容及語彙來源均廣博，故迥非西崑撏撦餖飣之輩所能比擬。又以其能「借古語以申今情」、「借事以相發明」、「備用古人語而不用其意」，幾臻於「如出己意」之境地，故極圓活高妙。其三，即因王安石用典極廣博圓活，故其詩集雖經李壁、沈欽韓等人之箋注，猶未能如數精確指認其出處，不無遺憾！而此三特色，實亦見諸其詞作之中，固不以詞「少」詩「多」而稍異其習性；斯亦可證王安石文學觀念之執著，甚而執意以作詩之態度填詞，已然為「以詩為詞」指出方向，絕不受音律束縛，誠「奇特」也。

丙、《臨川先生歌曲》借鑑唐詩之影響

清代以前之詞評家論及《臨川先生歌曲》，而能道及其革新精神者，厥惟劉熙載，其《詞

---

109 錢鍾書《宋詩選注》（臺北：木鐸出版社，一九八〇年六月），頁四八至五一。

概》云：

> 王半山詞瘦削雅素，一洗五代舊習；惟未能涉樂必笑，言哀已歎，故深情之士，不無間然。[110]

此評論實就王詞整體風格而言，謂其能革去五代以來詞壇綺靡柔媚之習尚；唯未能哀樂盡情，而出以「瘦削雅素」，致少一分詞體應有之「情」韻，故未能見賞於深情之士。及至鄭振鐸撰《中國文學史》，復於第三十五章〈北宋詞人〉第一期後介紹王安石詞云：

> 以他這樣的一位用世的名臣，宜乎氣格與別的詞人們不同。他的詞脫盡了《花間》的習氣，推翻盡了溫、韋的格調，另自有一種桀傲不群的氣韻，足為蘇、辛作先驅。[111]

似此以「史」之觀點，道出王安石詞之特色與影響，確乎別具隻眼。而後世相關著作，如薛礪若《宋詞通論》[112]、黃拔荊《詞史》[113]、程千凡及吳新雷合著《兩宋文學史》[114]等，固亦在北宋詞壇中列入王安石，然以非專論，故著墨甚少；要亦不出劉、鄭兩人之觀點，而盡稱道其〈桂枝香〉詞而已。至於其他文學史、詞史等著作，則甚少再提及，王安石詞顯然未得應有

---

110 同注1，冊四，頁三六八九。

111 鄭振鐸《中國文學史》（北京：人民文學出版社，一九五七年十二月），頁四八四；書名全稱爲《插圖本中國文學史》。

112 見薛礪若《宋詞通論》（臺北：臺灣開明書店，一九七五年九月臺五版），第三編第二章，頁一三四至一三五。

113 見黃拔荊《詞史》（福州：福建人民出版社，一九八九年四月一版），第三章，頁九一至九二。

114 見程千帆、吳新雷《兩宋文學史》（此書原由上海古籍出版社出版，後授權臺灣高雄麗文文化事業股份有限公司在臺灣發行，一九九三年十月），第三章第二節，頁一二〇至一二一。

之重視。

當今學者，研究層面既廣，對王安石詞始有較具體之探討，如羅忼烈〈王安石詞雜論〉、高克勤〈王安石詞簡論〉、熊大權〈略論王安石在詞史上的地位〉等專門論文[115]，均本乎劉熙載「一洗五代舊習」、鄭振鐸「足爲蘇、辛作先驅」之角度，針對王安石詞之內容及影響，進行析論，要而言之，渠等以爲王安石爲詞壇開風氣者凡五端：其一，藉詞寫出具體之懷古詞；其二，藉詞寫出退隱之情趣；其三，藉詞談佛說道；其四，集句入詞；其五，以詩入詞。誠然，蘇軾以前，能如此全面「破舊立新」者，非王安石莫屬；惜其質、量均不及蘇軾，固論者恆及蘇而不及王，難免「忘祖」之譏！然若上舉各項分別探討，則五代鹿虔扆〈臨江仙〉（金鎖重門荒苑靜）、李珣〈巫山一段雲〉（有客經巫峽）及（古廟依青嶂）、歐陽炯〈江城子〉（晚日金陵岸草平）等詞，亦已有思古之幽情；晚近出現之《敦煌曲子詞》，尤不乏談佛說道之詞；宋祁〈鷓鴣天〉（畫轂雕鞍狹路逢），亦具備集句之形式；而大量「以詩入詞」之詞人，筆者曾爲文指出，始推晏殊（參注1）。因之，若謂上舉五項內涵均「始」於王安石，實有不妥；而一人之詞同時具備此五項特色，且部分特色具有「開啓風氣」之影響，則王安石誠然當仁不讓也。

再者，王安石詞之內容與風格對後世詞壇之影響，固可以「史」之角度予以肯定，但欲一一加以具體比對印證，誠亦有困難。唯其詞中借鑒唐詩之技巧，對當代及後世之影響，則有明顯之脈絡可探討；且以〈桂枝香〉（金陵懷古）及其集句詞最具影響力，茲析論如次：

---

115 羅文同注5，高克勤、熊大權兩文，同注47。

關於〈桂枝香〉一詞，與王安石同時之蘇軾與宋末詞人兼詞評家張炎，均曾予以相當肯定（參第肆節引），正可見該詞於宋代，無論豪放與婉約詞家，均頗推服。而〈桂枝香〉之特色之一，即借鑒唐詩以道其「金陵懷古」之情；此技巧遂亦成爲塡作同類題材之不二法門，且逞才角能，每下愈況。如北宋賀鑄〈臺城游〉（南國本瀟灑），周邦彥〈西河〉（佳麗地），南宋王埜〈六州歌頭〉（龍蟠虎踞）、汪元量〈鶯啼序〉（金陵故都最好），金吳激〈人月圓〉（南朝千古傷心事），元薩都拉〈滿江紅〉（六代豪華）、〈酹江月〉（六朝形勝）等，莫不以借鑒唐詩爲其寫作技巧。茲先舉周邦彥〈西河〉爲例：

> 佳麗地。南朝盛事誰記。山圍故國，繞清江、髻鬟對起。怒濤寂寞打孤城，風檣遙度天際。斷崖樹，猶倒倚。莫愁艇子曾繫。空餘舊跡鬱蒼蒼，霧沈半壘。夜深月過女牆來，傷心東望淮水。　酒旗戲鼓甚處市。想依稀、王謝鄰里。燕子不知何世。入尋常、巷陌人家相對。如說興亡斜陽裏。

此詞以化用劉禹錫兩詩句意爲主：其一，〈金陵五題〉之一〈石頭城〉詩：「山圍故國周遭在，潮打孤城寂寞回；淮水東邊舊時月，夜深還過女牆來。」其二，〈金陵五題〉之二〈烏衣巷〉詩：「朱雀橋邊野草花，烏衣巷口夕陽斜；舊時王謝堂前燕，飛入尋常百姓家。」而起首三字，又係自謝朓〈隋王鼓吹曲〉十首之四〈入朝曲〉：「江南佳麗地」截取而來；「莫愁」句，亦化自古樂府〈莫愁樂〉：「莫愁在何處，住在石城西；艇子打兩槳，催送莫愁來。」由於周邦彥「善於融化詩句」[116]、「隱括入律，渾然天成」[117]，因之此詞亦備受推舉，如明沈際飛《草堂詩餘四集・正集》[118]卷五即評云：「介甫〈桂枝香〉獨步不得。」而後人和此詞以詠金陵者，如陳允平、王奕等，亦以借鑒唐詩爲其寫作技巧，然推其祖祧，即王安石也。至若寫金陵而引用唐詩最夥之詞作，當推汪元量之〈鶯啼序〉：

> 金陵故都最好，有朱樓迢遞。嗟倦客又此憑高，檻外已少佳致。更落盡梨花，飛盡楊花，春也成憔悴。問青山、三國英雄，六朝奇偉。麥甸葵丘，荒臺敗壘，鹿豕銜枯薺。正潮打孤城，寂寞斜陽影裏。聽樓頭哀笳怨角，未把酒、愁心先醉。漸夜深、月滿秦淮，煙籠寒水。　悽悽慘慘，冷冷清清，燈火渡頭市。慨商女不知興廢，隔江猶唱庭花，餘音亹亹。傷心千古，淚痕如洗。烏衣巷口青蕪路，認依稀王謝舊鄰里。臨春結綺，可憐紅粉成灰，蕭索白楊風起。　因思疇昔，鐵鎖千尋，謾沈江底。揮羽扇障西塵，便好角巾私第。清談到底成何事，回首新亭，風景今如此。楚囚對泣何時已，歎人間、今古真兒戲。東風歲歲還來，吹入鍾山，幾重蒼翠。

此詞幾乎全篇用典，其屬借鑒唐詩句意者，依次爲：一、鄭谷〈下第退居〉二首之一：「落盡梨

---

116 宋・張炎《詞源・序》（同注1，冊一，頁二五五）云：「美成負一代詞名，所作之詞，渾厚和雅，善於融化詩句；而於音譜間有未諧，可見其難矣。」

117 宋・陳振孫《直齋書錄解題》卷二一（同注6，冊六七四，一九八五年八月，頁八八八）云：「（美成）詞多用唐人詩語，隱括入律，渾然天成；長調尤善鋪敘，富艷精工，詞人之甲乙也。」

118 此書原名爲《古香岑批點草堂詩餘四集》，含「正集」六卷，「續集」二卷，「別集」四卷，「新集」五卷，凡十七卷。今藏中央研究院歷史語言研究所，坊間並未刊行。

花春又了，破籬殘雨晚鶯啼。」二、許渾〈姑蘇懷古〉詩：「荒臺麋鹿爭新草」又：〈凌歊臺〉詩：「行殿有基荒薺合」三、劉禹錫〈金陵五題〉之一〈石頭城〉詩，已見周邦彥〈西河〉引，茲不贅；四、杜牧〈夜泊秦淮〉：「煙籠寒水月籠沙，夜泊秦淮近酒家；商女不知亡國恨，隔江猶唱後庭花。」五、劉禹錫〈金陵五題〉之二〈烏衣巷〉詩，已見周邦彥〈西河〉引，茲不贅；六、劉禹錫〈金陵五題〉之三〈臺城〉詩：「臺城六代競豪華，結綺臨春事最奢」。七、白居易〈和關盼盼感事詩〉：「見說白楊堪作柱，爭教紅粉不成灰。」八、劉禹錫〈西塞山懷古〉詩：「千尋鐵鎖沈江底，一片降幡出石頭。」

要之，「金陵」乃吳、東晉、宋、齊、梁、陳六朝定都之所在，三百六十餘年間，朝代更替，興亡存廢，急遽頻繁，恒引發詩人詞客之感懷；因之以金陵爲題之詠史、懷古之作，實不勝其數。於詩壇，最爲人稱引者，厥爲南朝宋謝朓〈隋王鼓吹曲〉十首之四〈入朝曲〉，以及中唐劉禹錫、晚唐杜牧等人所作之相關詩篇。然自王安石〈桂枝香〉將前人詩篇（尤其唐詩人作品）化用引入詞壇後，詞壇寫「金陵懷古」或涉及「金陵懷古」者，遂視此等借鑒爲常軌，爭奇鬥巧，所在多有。茲更舉薩都拉〈滿江紅〉爲例：

> 六代豪華，春去也，更無消息。空悵望，山川形勝，已非疇昔。王謝堂前雙燕子，烏衣巷口曾相識。聽夜深、寂寞打孤城，春潮急。　思往事，愁如織。懷故國，空陳跡。但荒煙衰草，亂鴉斜日。玉樹歌殘秋露冷，胭脂井壞寒蛩泣。到如今，只有蔣山青，秦淮碧。

此詞上片，顯係借鑒劉禹錫〈金陵五題〉之三〈臺城〉詩、之二〈烏衣巷〉詩，以及其〈金陵〉

詩，均見前引，茲不贅。下片「玉樹歌殘」，係截自許渾〈金陵懷古〉詩：「玉樹歌殘王氣終，景陽兵合戍樓空。」而「荒煙衰草」句，蓋亦取自王安石〈桂枝香〉「但寒煙衰草凝綠」之詞句也。

至論王安石集句詞對後世之影響，雖不及其集句詩，然亦不可輕忽。而在王安石之前，雖可見宋祁〈鷓鴣天〉已具集句形式（參第參節分析），然從未見人提及，亦僅此一闋，自難論其影響。而王安石集句詞之影響當代及後世，則在在可證。首先，王安石集句詞是否影響蘇軾？宜屬肯定。查蘇軾詩篇，並未見集句詩，乃有五闋集句詞，其中三闋調寄〈南鄉子〉，一闋調寄〈定風波〉，一闋調寄〈阮郎歸〉，均係集唐詩而成[119]。此五闋集句詞之寫成年代，以〈定風波〉

119 蘇軾〈定風波〉詞，與徐師曾《文體明辨》（可參考臺北長安出版社出版《文體明辨序說》頁一一一，一九七八年十二月）所謂「集句詩者，雜集古句以成詩也。」之定義，頗有出入。茲先錄其原詞如次：「雨洗娟娟嫩葉光。風吹細細綠筠香。秀色亂侵書帙晚。簾捲。清陰微過酒尊涼。　人畫竹身肥擁腫。何用。先生落筆勝蕭郎。記得小軒岑寂夜。廊下。月和疏影上東牆。」按：杜甫〈嚴鄭公宅同詠竹得「香」字詩〉云：「綠竹半含籜，新梢才出牆；色侵書帙晚，陰過酒尊涼。雨洗娟娟淨，風吹細細香；但令無剪伐，會見拂雲長。」蘇詞上片顯係「檃括」杜詩而成，而其詞題仍云「集古句」，可證其時「集句」之觀念，猶未如後世之嚴謹。至於下片起兩句，亦出自白居易〈畫竹歌〉：「蕭郎下筆獨逼真，丹青已來惟一人；人畫竹身肥擁腫，蕭畫莖瘦節節竦。」末三句，據《東坡題跋》（臺北：臺灣商務印書館《叢書集成簡編》本，一九六五年十二月臺一版）卷三〈書曹希蘊詩〉載：「近世有婦人曹希蘊者，頗能詩，雖格韻不高，然時有巧語。嘗作〈墨竹〉詩云：『記得小軒岑寂夜，月移疏影上東牆。』此語甚工。」（頁四九）可證蘇軾此詞末結，係引曹氏詩入詞，特易「移」字為「和」字；然則蘇軾此詞，唯「人畫」、「記得」兩句未易原詩，餘均有所更動。

最早[120]，其題云：「元豐五年七月六日[121]，王文甫家飲釀白酒，大醉。集古句作墨竹詞。」而元豐五年（一〇八二）乃神宗元豐年號之後期（元豐凡八年），其時王安石退隱蔣山已五年，亦爲其卒前四年。印證王安石熙寧八年（一〇七五）以前，即有〈離昇州〉集句五絕之作，及「元豐間，王荆公益工於此」之記載（參注67），則謂蘇軾之有集句，或受王安石之影響，實不爲過。次則，王安石亦有〈南鄉子〉（自古帝王州）一詞，係集唐詩入詞，內容與風格，與〈桂枝香〉相似（見第肆節分析），一般均以爲兩闋詞係同時之作。而〈桂枝香〉寫作之時間，凡有四說：其一，英宗治平三年（一〇六六）[122]；其二，英宗治平四年（一〇六七）[123]；其三，神宗熙寧七年（一〇七四）或九年（一〇七六）[124]；其四，晚年閒居金陵時所作，亦即作於熙寧九年再次罷相以後。[125]而蘇軾三闋〈南鄉子〉集句詞，據本書《蘇軾集句詞探微》一章考知，係寫於元豐八年（一〇八五），較之王安石同調集句之作，其時間可據者（即〈桂枝香〉寫就之時

120 見本書下篇所錄《蘇軾集句詞探微》一章。

121 元葉曾校刻《東坡樂府》（臺北：世界書局，一九七〇年五月再版）、明毛晉編《東坡詞》（臺北：臺灣中華書局《四部備要》本，一九六五年十一月臺一版）、《全宋詞》等，均題作「元豐六年」，茲據南宋傅幹《注坡詞》（成都：巴蜀書社，一九九三年七月一版），作「元豐五年」。

122 見張志烈〈王安石《桂枝香・金陵懷古》作年考〉，《四川大學學報叢刊》第二一輯（唐宋文學論叢），一九八三年十一月，頁二二至二四轉頁七三。

123 如陳如江〈一洗五代舊習——談王安石詞〉（《國文天地》五卷九期，頁八二至八四，一九九〇年二月），程千帆、吳新雷合著《兩宋文學史》（同注114），均主此說。

124 見羅忼烈〈王安石詞雜論〉，頁九至一〇，同注5。

125 見先師鄭騫先生《詞選》（臺北：中國文化大學出版部，一九八六年十一月新二版），頁二〇三。

間），至少相差九年（見同注120）；且此三詞係逐句注明出處，就形成之處理言，亦較進步，頗符「後」出轉「精」之原理。孔平仲（字毅父）曾作五首集句詩送蘇軾，蘇軾回敬五首，題爲〈次韻孔毅父集古人詩見贈五首〉，其一云：「羨君戲集他人詩，指呼市人如使兒；天邊鴻鵠不易得，便令作對隨家雞。退之驚笑子美泣，問君久假何時歸；世間好句世人共，明月自滿千家墀。」[126]所謂「隨家雞」云云，不無微刺時人集句之意，然今乃見蘇軾亦難免俗，特未見之於詩，而出之以詞也。

其次爲黃庭堅，據陳師道《後山詩話》[127]載：「王荊公暮年喜爲集句，唐人號爲『四體』[128]。黃魯直謂：正堪一笑爾。」《冷齋夜話》[129]云：「集句詩，其法貴速巧，如前輩曰：『晴湖勝境碧，衰柳似金黃』，人以爲巧，然疲費精力，日月而後成，不足道也。山谷以集句詩，名曰百家衣；百家衣，今小兒文褓也。」[130]所謂「正堪一笑」、「小兒文褓」，乃對集句詩負面之評價，亦爲北宋首見指名批評王安石集句爲詩者。然黃庭堅非但自作一首五古百字十韻集句詩，

---

126 同注9，冊一四，一九九二年九月，卷八〇五，頁九三二五。

127 同注11，頁八七。

128 裴普賢《集句詩研究續集・歷代集句詩發展總論之三》云：「唐時已流行七絕四句遊戲性集句詩，號爲四體；至宋初，除四體繼續流行外，又增七律遊戲性之集句，號爲八體。蓋唐時詩歌，已有以一人爲一體者，例如李賀詩稱長吉體。今集四人詩句爲一首，則爲四體，集八人詩句爲一首，則應稱爲八體。」（臺北：臺灣學生書局，一九七九年二月初版，頁二五〇）

129 見《苕溪漁隱叢話・前集》卷三五引，同注67。

130 《苕溪漁隱叢話・前集》所引文字，與《詩話叢刊》本《冷齋夜話》（參注104）所載，詳略不一，文字亦頗出入，特並錄供對照。

題爲（銅官縣望五松山集句）[131]，其〈菩薩蠻〉（半煙半雨溪橋畔）詞，自題復云：「王荆公新築草堂於半山，引八功德水作小港，其上壘石作橋，爲集句云……戲效荆公作。」（詞見第壹節引）豈非嘲之而復效之？「集句」一體之迷人，由此可見；亦可證王安石開集句入詞之風尚，誠然銳不可擋。再如：

狂風落盡深紅色。春色惱人眠不得。淚沿紅粉溼羅巾，怨入青塵愁錦瑟。（秦觀〈玉樓春·集句〉上片）

爆竹聲中一歲除。東風送暖入屠蘇。曈曈曉色上林廬。　老去怕看新曆日，退歸擬學舊桃符。青春不染白髭鬚。（向子諲〈浣溪沙〉）

秦觀詞中，「春色」一句，係出於王安石〈夜值〉詩（參注13）；而向子諲〈浣溪沙〉自題云：「荆公〈除日〉詩云：『爆竹聲中一歲除，東風送暖入屠蘇；千門萬戶曈曈日，爭插新桃換舊符。』東坡詩云：『老去怕看新曆日，退歸擬學舊桃符。』古今絕唱也。呂居仁詩有『畫角聲中一歲除，平明更飲屠蘇酒。』之句，政用以爲故事耳。薌林退居之十年，戲集兩公詩，輒以鄙意足成〈浣

131 見黃庭堅《山谷詩注·外集》（臺北：臺灣商務印書館《國學基本叢書》本，一九六八年九月臺一版，冊二九五，卷一四，頁三二一至一三二二），茲移錄如次：「北風無時休（退之），崩浪聒天響（陶）；蛟鼉好爲祟（老杜），此物俱神王（老杜）。我來五松下（太白），白髮三千丈（太白）；松門點青苔（太白），惜哉不得往（退之）。今日天氣嘉（陶），清絕心有向（老杜）；子雲性嗜酒（陶），況乃氣清爽（老杜）。此人已成灰（太白），懷賢盈夢想（太白）；衣食當須紀（陶），吾得終疏放（老杜）。弱女雖非男（陶），出處同世網（老杜）；搔背牧雞豚（太白），相見得無恙（退之）。」所集李、杜各六句，陶潛五句，韓愈三句，而此四人正黃庭堅所崇拜者，詩人習尚所在，可見一斑。

溪沙〉，因書以遺靈照。」顯然，秦、向兩人均集王安石詩入詞，適足以印證同受王安石之影響，亦可見兩人對王安石開此風尚之留意。又：向詞中，「曈曈」句顯係化用王詩，未全然集用原作，然對「集句」之觀念，宋人每從寬認定，無足怪也（參注132）。至若「青春」一句，頗疑集自辛棄疾〈鷓鴣天〉（起句：壯歲旌旗擁萬夫）詞：「追往事，嘆今吾，春風不染白髭鬚。」向詞特將辛詞「春風」易作「青春」耳；而辛詞又化自歐陽脩〈聖無憂〉（起句：世路風波險）詞：「好酒能消光景，春風不染髭鬚」。

而筆者曾就兩宋集句詞加以蒐集，凡五十一闋。[132]其中在王安石之前，僅有宋祁〈鷓鴣天〉（畫轂彫鞍狹路逢）一詞，餘皆在王安石之後。印證「前言」所舉謝章鋌等詞論家稱集句由「荆公啓其端」之言，以及本文論證王安石集句詞影響蘇、黃等人，則見王安石以「合集唐詩成句」入詞之借鑒技巧，真有開風氣之功也。

參、結語

本章於第壹節，先就相關詞評對《臨川先生歌曲》所提出之問題，綜合歸納，而後再分四節逐次探析，茲扼要總結如次：

---

132 參拙作〈兩宋集句詞形式考——兼論兩宋集句詞未必盡集前人成句〉一文，收錄於《宋代文學研究叢刊》（高雄：麗文文化事業公司）第五期，一九九九年十二月，頁三六三至三九八。

其一，有關《臨川先生歌曲》之數量，經分析，凡二十九闋，均見錄於《全宋詞》。此中，〈甘露歌〉一調，或視之爲詩，或視之爲詞；視之爲詞者，又有不分段、分兩段、分三段之別，爭議最大。經筆者辨證，〈甘露歌〉宜可視之爲詞，且爲三闋聯章集句詠梅之作。至於「雨打江南樹」一詞之詞牌，一般均題作〈生查子〉，實不恰當；宜從吳曾《能改齋漫錄》原錄，權題作〈傷春怨〉。

其二，《臨川先生歌曲》二十九闋中，計有十三闋係借鑒唐詩，其中〈桂枝香〉（登臨送目）、〈漁家傲〉（平岸小橋千嶂抱）、〈清平樂〉（雲垂平野）及（留春不住）、〈西江月〉（梅好惟嫌淡佇）、〈傷春怨〉（雨打江南樹）等六闋，係以「截取」、「化用」、「襲用」、「檃括」、「引故實」等技巧，借鑒唐詩。至若〈甘露歌〉三闋、〈菩薩蠻〉（數家茅屋閒臨水）及（海棠亂發皆臨水）兩闋、〈浣溪沙〉（百畝中庭半是苔）、〈南鄉子〉（自古帝王州）等，凡七闋，則係以「集句」方式借鑒唐詩。此中，除「集句」外，其餘借鑒技巧，均已見晏珠《珠玉詞》採用。而「合集唐詩成句」入詞之技巧，王安石之前，已有宋祁〈鷓鴣天〉（畫轂彫鞍狹路逢）一詞，已然爲之，惜未引人重視；洎乎王安石所作，無論質量，均有可觀，始開啓風氣。

其三，王安石集句詞凡七闋四十二句（此中〈南鄉子〉有兩句二字句不計），經筆者考原知其出處者，凡三十九句。此中，三十七句係唐人詩，一句係王安石自作詩，一句係同時人郭祥正之詩；而唐人詩中，復有七句係「化用」而後集入者，顯見當時「集句」之觀念猶從寬，並不限於雜集古人成句而已。又綜合王安石詞中對唐詩之借鑒，以時期論，盛、中、晚三期，均頗見採；以詩人論，則以杜甫、韓愈居前。此與王安石對唐詩之好尚，亦甚契合。唯列入其所編《四家詩選》之李白，見引之詩篇稍嫌不足；然證諸其集句詩所引，李白又不亞於韓愈，蓋李白詩較不受聲律束縛，故不適於入詞，而適於集入古詩之中。

其四，經綜合分析，可見《臨川先生歌曲》借鑒唐詩之十三闋作品中，其合於詞之繩墨者，均能妥貼安穩，寄意其中，顯現「雍容奇特」、「沈鬱含蓄」、「空靈委婉」等不同之風格。至若〈漁家傲〉（平岸小橋千嶂抱）、〈清平樂〉（雲垂平野）兩詞，其下片或嫌平直顯露，或雜入俗語而覺拗口；而〈菩薩蠻〉（海棠亂發皆臨水）一詞，亦有痕跡太露、句型犯複之失，然以詞中有「人」，意涵飽滿，衡諸當時詞壇，自是別樣異彩，固宜令其出一頭地！至於〈甘露歌〉、〈西江月〉等詠梅之作，以過於拘滯所詠之物，未能遺物取神，又無深厚之寄興，故稍遜色。

其五，論及《臨川先生歌曲》對後世之影響，前人每本乎劉熙載「王半山詞，瘦削雅素，一洗五代舊習」《詞概》之語，針對其內容與形式，謂其爲詞壇開風者凡五端：一、藉詞寫出具體之懷古詞；二、藉詞寫出退隱之情趣；三、藉詞談佛說道；四、集句入詞；五、以詩入詞。本論文則就其借鑒唐詩之部分，舉其信而有證之影響凡二端：一爲以「截取」、「化用」、「檃括」等技巧借鑒唐詩，寫就〈桂枝香〉、〈金陵懷古〉詞，而後凡以「金陵懷古」爲題材，或涉及「金陵懷古」者，遂起而效之，競以借鑒唐詩爲能事。北宋賀鑄〈臺城游〉（南國本瀟灑）、周邦彥〈西河〉（佳麗地）固如是，南宋王埜〈六州歌頭〉（龍蟠虎踞）、汪元量〈鶯啼序〉（重過金陵），亦踵事增華，不遜前賢；即如金吳激〈人月圓〉（南朝千古傷心事）、元薩都拉〈滿江紅〉（六代豪華）、〈酹江月〉（六朝形勝）等詞，亦莫不以借鑒唐詩爲技巧，而有傑出之成就。其次則爲集唐詩入詞之寫作方式，在當時，若蘇軾〈南鄉子〉（寒玉細凝膚）、（悵望送春杯）、（何處倚欄杆）三闋，黃庭堅〈菩薩蠻〉（半煙半雨溪橋畔）一闋，均係採王安石曾使用之詞調集句，影響顯而易見，亦頗有推波助瀾之勢。而秦觀〈玉樓春〉（狂風落盡深紅色）、向子諲〈浣溪沙〉（爆竹聲中一歲除）等集句作品，亦引王安石詩入詞，其影響自不待言。

賀鑄《東山詞》借鑒唐詩之探析
——兩宋詞人借鑒唐詩之奇葩

壹、前　言：賀鑄借鑒唐詩概述

兩宋詞人好借鑒唐詩，乃不爭之事實[1]；此中，北宋賀鑄（字方回，著有《東山詞》），尤為人所樂道。南宋葉夢得《建康集》卷八即云：

（賀鑄）博學強記，工語言，深婉麗密，如比組繡。尤長於度曲，掇拾人所遺棄，少加檃括，皆為新奇。嘗言：「吾筆端驅使李商隱、溫庭筠，當奔命不暇。」[2]

1 參本書〈緒論〉及〈綜論兩宋詞人借鑒唐詩之技巧〉一章。

2 本段引自鍾振振《東山詞》（上海：上海古籍出版社，一九八九年十二月）附錄四，頁五二三至五二四。然《景印文淵閣四庫全書》本《建康集》（臺北：臺灣商務印書館，一九八五年二月），卷六，頁六五九，所載文字與此頗有出入，姑錄俟考。

宋末周密《浩然齋雅談》卷下、元脫脫等撰《宋史・文苑傳》卷四四三，均引葉氏所載賀鑄之言；宋史甚而將本段文字全數抄錄[3]。而此處所謂「掇拾人所遺棄」，並未專指唐詩，故前人或亦稱賀鑄「詞筆借屈、宋」、「全得力於楚騷」等[4]，然「吾筆端驅使李商隱、溫庭筠，當奔命不暇」云云，實亦可證「唐詩」乃其主要之借鑑對象，尤以晚唐之溫、李爲然。至王銍《默記》卷下，則明確指出賀鑄之好借鑒唐人，以爲詩詞，其言云：

> 賀方回遍讀唐人遺集，取其意以為詩詞，然所得在善取唐人遺意也，不如晏叔原盡見昇平氣象，所得者人情物態。叔原妙在得於婦人，方回妙在得於詞人遺意。[5]

近人夏敬觀批《東山詞》亦如是云：

> （方回）小令喜用前人成句，其造句恆類晚唐人詩。慢詞命辭遣意，多自唐賢詩篇得來，不施破碎藻采，可謂無假脂粉，自然穠麗。[6]

---

3 《宋史》（臺北：鼎文書局，一九七九年十一月）引本文，見卷四四三〈文苑傳〉五，頁一三一〇三至一三一〇四，文中「如比組繡」之「比」作「次」，「當奔命不暇」之「當」作「常」，稍異耳。

4 宋・張耒〈東山詞序〉云：「方回樂府妙絕一世，盛麗如游金、張之堂，妖冶如攬嬙、施之袪，幽潔如屈、宋，悲壯如蘇、李。」正可說明賀詞之豐富多采。譚瑩〈論詞絕句〉云：「詞筆真能屈、宋偕，鬼頭（按：即賀鑄，以其狀貌奇醜，色青黑而有英氣，故俗謂之『賀鬼頭』，參宋・陸游《老學庵筆記》卷八。）善盜各安排；也知本寇巴東語，梅子黃時雨特佳。」又：清・陳廷焯《白雨齋詞話》卷一云：「方回詞，胸中眼中另有一種傷心說不出處，全得力於楚騷而運以變化，允推神品。」

5 宋・王銍撰、朱杰人點校《默記》（北京：中華書局，一九九七年十二月）卷下，頁四六。

6 清・朱孝臧編撰、夏敬觀手批評點《彊村叢書》第二冊（上海：上海古籍出版社，一九八九年八月），頁一五七〇。

而大陸學者鍾振振於所著《北宋詞人賀鑄研究》第四章〈賀鑄詞之藝術技巧與特色〉中亦云：

大抵其（指賀鑄）所取汲，上自先秦，下至當代，靡不該備，而於唐詩，特別是中晚唐近體詩，採擇尤多。[7]

然則賀鑄之好借鑒唐詩，蓋無疑義。唯如何借鑒？如何隱括？諸家並未詳述，故特撰此文以明之。

貳、主　文

甲、《東山詞》借鑒唐詩之技巧

賀鑄之好借鑒唐詩既如上述，本節爰就東山詞中所見之借鑒技巧，進一步歸納分析，舉例印證。茲先就其原則，說明如次：

其一，有關東山詞之校注，目前所見，以大陸學者鍾振振《東山詞》[8]最爲詳贍，故本文

7 鍾振振，《北宋詞人賀鑄研究》（臺北：文津出版社，一九九四年八月），頁一五〇。
8 見同注2。

取以爲底本，各詞作之校注、用字，悉以之爲準。同時，亦參考黃啓方《東山詞箋注》[9]，截長補短，以求周備。若兩書有不足者，則以所得資料補充之。

其二，本書所錄〈綜論兩宋詞人借鑑唐詩之技巧〉一章，係就大方向探討，以見其概；本文則取賀鑄《東山詞》個別分析，以見其細。兩文相參，兩宋詞人借鑑唐詩之技巧盡矣！

其三，〈綜論兩宋詞人借鑑唐詩之技巧〉一章，曾歸納兩宋詞人借鑑唐詩之技巧凡九，並分四類以賅之：一曰字面之借鑑，包含㈠截取唐詩字面；㈡鎔鑄唐詩字面。二曰句意之借鑑，包含㈠增損唐詩字句；㈡化用唐詩句意；㈢襲用唐詩成句；㈣合集唐詩成句。三曰詩篇之借鑑，係專指檃括唐詩篇章而言，包含㈠局部檃括唐詩；㈡全闋檃括唐詩。四曰其他，包含㈠援引唐詩人故實；㈡綜合運用各技巧。今亦準此原則以歸納《東山詞》，發現除「合集唐詩成句」外，餘皆有例可證，且變化愈奇、愈覺多端；頗多作品，甚而兼賅各法而有之。

其四，每項之舉證，以不超過二十例爲原則；項下之分類舉證，則以兩例爲基準，並依運用頻率而遞增之，所以見賀鑄喜好之程度也。此中，調名之「截取」唐詩，現象特殊，全數附於「截取」項後；而「襲用唐詩成句」與檃括唐人詩篇兩部分，亦以量少，全數列出。

其五，由於賀鑄《東山詞》使用之調名，泰半屬個人之取義（參注15），而鮮用一般名稱，因不憚其煩，逐一括弧標出，以便檢覽對照。

其六，每闋詞之標點，凡錄半闋以上，段落完整，故以「。」表押韻，以「，」表不押韻；

---

9 黃啓方《東山詞箋注》（臺北：嘉新水泥公司文化基金會出版，研究論文第173種，一九六九年八月。）

零星舉例，則以命意爲斷。至於詩篇，係以「，」表單句意思完整，「；」表兩句意思完整，「。」表整段或全詩之意思完整。

其七，所引《全宋詞》之冊數、頁碼，以及《全唐詩》之卷數、頁碼，逕標於作品之下，以省篇幅。

原則既明，爰分項歸納，舉證說明如次：

一、字面之借鑒

(一)截取唐詩字面

凡借鑒唐詩，止於辭彙之引用者，均歸入此類，其下又分「自一詩句中截取兩字面」、「自兩詩句中截取兩字面」、「自一詩句中截取一字面」三子目。茲分述如次：

1.自一詩句中截取兩字面

(1)〈爾汝歌〉（即〈商清怨〉，起句：勞生羈旅未易處）：「白眼青天，忘形相爾汝。」

按：杜甫〈飲中八仙歌〉云：「舉觴白眼望青天」（卷二一六，頁二二五九），賀詞「白眼」、「青天」兩詞，顯係截自杜詩。而「忘形」句，又係就杜甫〈醉時歌〉：「忘形到爾汝」（卷二一六，頁二二五七）一句，增損其字也。

(2)〈忍淚吟〉（即〈醜奴兒〉，起句：十年一覺揚州夢）：「當時玉管朱絃句，忍淚重吟。」

按：白居易〈聽歌六絕句〉之四〈想夫憐〉云：「玉管朱絃莫急催」（卷四五八，頁五二一三），賀詞「玉管」、「朱絃」兩詞，顯係截自白詩也。

2.自兩詩句中截取兩字面

(1)〈九回腸〉(即〈好女兒〉，起句：削玉銷香)：「但垂楊永巷，落花微雨，芳草斜陽。」

按：翁宏〈春殘〉詩：「落花人獨立，微雨燕雙飛。」(卷七六二，頁八六五六)，賀詞「落花」、「微雨」兩詞，顯係截自翁詩。而「芳草」、「斜陽」，蓋亦自杜牧〈長安送人〉詩：「山密夕陽多，人稀芳草遠」(卷五二〇，頁五九四四)，截取而得也。

(3)〈思越人〉(即〈鷓鴣天〉，起句：京口瓜洲記夢間)：「春水漫，夕陽閒，烏檣幾轉綠楊灣。」

按：嚴維〈酬劉員外見寄〉詩云：「柳塘春水漫，花塢夕陽遲。」(卷二六三，頁二九一四)，賀詞首兩句，顯係截自嚴維詩，特將「夕陽遲」之「遲」字易爲「閒」字耳。

(3)〈窗下繡〉(即〈一落索〉，起句：初見碧紗窗下繡)「金縷一雙紅豆，情通色授。」

按：元稹〈會真詩三十韻〉云：「柔情已暗通」(卷四二二，頁四六四四)；又：張東之〈大堤曲〉云：「色授開心許」(卷九九，頁一〇六七)，賀詞「情通」、「色授」兩詞，顯係截自元、張二詩句，特「情通」爲另鑄之新字面耳。賀鑄〈綺筵張〉(即〈好女兒〉，起句：綺繡張筵)詞云：「認情通、色授纏綿處」，同此例也。

3.自一詩句中截取一字面

(1)〈群玉軒〉(即〈小重山〉)，起首：「群玉軒中跡已陳，江南重喜見，廣陵春。」

按：杜牧〈隋苑〉詩云：「紅霞一抹廣陵春」(卷五二四，頁六〇〇八)，賀作「廣陵春」一詞，顯係截自杜詩。

(2)〈負心期〉（即〈山花子〉[10]，起句：節物侵尋迫暮遲）：「驚雁失行風翦翦，冷雲成陣雪垂垂。」

按：韓偓〈寒食夜〉詩云：「惻惻輕寒翦翦風」（卷六八三，頁七八三四），賀作「風翦翦」一詞，顯係截自韓詩。

又：上兩例均係自一詩句中截取三字之字面，此現象頗見於東山詞中，蓋賀鑄之習慣也。茲更舉三例如下：(1)〈吹柳絮〉（即〈瑞鷓鴣〉[11]）：「酒未酣時眼更狂」，「眼更狂」三字，係截自韓偓〈五更〉詩：「自後相逢眼更狂」（卷六八三，頁七八三二）；(2)〈宴齊雲〉（即〈南歌子〉）：「樓近尺五天」，「尺五天」三字，係截自杜甫〈贈韋七贊善〉詩：「時諺同歸尺五天」（卷二三三，頁二五七八）（《辛氏三秦記》引長安諺曰：「城南韋杜，去天尺五」，蓋即杜詩所本。）；(3)〈木蘭花〉：「枉度佳春拋好夜」，「拋好夜」

---

10 鍾振振《東山詞》及黃啓方《東山詞箋注》，均以朱祖謀校輯《彊村叢書》及唐圭璋編《全宋詞》爲藍本，調名仍之。然鍾著詳於注釋，而鮮考調，黃著則列有「考調」一項。黃著於〈負心期〉詞後，引清．萬樹《詞律》及康熙皇帝《御製詞譜》考調云：「此調爲〈攤破浣溪沙〉，係將〈浣溪沙〉原調結處七字句攤破爲十字句者，《東山詞》原題作〈浣溪沙〉，又以原〈浣溪沙〉之調爲〈減字浣溪沙〉。」因之，其箋注均秉此原則，將《全宋詞》原標示之〈減字浣溪沙〉，正名爲〈浣溪沙〉，而將原標示之〈浣溪沙〉，正名爲〈攤破浣溪沙〉。大陸學者施存蟄更就〈攤破浣溪沙〉與〈山花子〉予以考證，得知「七七七三句法的曲調，在五代時原名〈山花子〉，與〈浣溪沙〉無關，宋人以爲是浣溪沙的變體，故改名爲〈攤破浣溪沙〉，反而不知道有〈山花子〉。」（上海：上海辭書出版社出版，《唐宋詞鑒賞辭典》頁二五六七附錄〈詞學名詞解釋〉「攤破．添字」項，一九八八年八月。）本文既從黃著將〈減字浣溪沙〉正名爲〈浣溪沙〉，復從施氏之說，將〈攤破浣溪沙〉正名爲〈山花子〉，僅此說明，不一一附注。

11 此詞原題「鷓鴣詞」，今從《御製詞譜》作「瑞鷓鴣」。《詞譜》並引《茗溪詞話》云：「唐初歌詞，多五言詩或七言詩，今存者止〈瑞鷓鴣〉七言八句詩，猶依字易歌也。」（卷一二，頁四）

三字，係截自薛能〈晚春〉詩：「臥晚不曾拋好夜」（卷五五九，頁六四八四）。

(3)〈呈纖手〉（即〈木蘭花〉，起句：秦絃絡絡呈纖手）：「徵韶心諳日邊來」；〈念離群〉（起句：宮燭分煙）：「念日邊消耗」。

按：李白〈永王東巡歌十一首〉之十一：「西入長安到日邊」（卷一六七，頁一七二五），賀作「日邊」一詞，顯截自李白詩也。

(4)〈陽羨歌〉（即〈踏莎行〉）起首：「山秀芙蓉，溪明罨畫，真游洞穴滄波下。」

按：唐李嶠〈閏九月九日幸總持寺登浮圖應制〉詩云：「真游下大千」（卷五八，頁六九三），賀作「真游」[12]一詞，蓋截自李詩。至若「罨畫」一詞，尤爲唐人所慣用[13]，賀作蓋亦有所本也。

(5)〈斷湘絃〉（即〈萬年歡〉，起句：淑質柔情）：「青門解袂，畫橋回首。」按：杜甫〈湘江宴餞裴二端公赴道州〉詩云：「解袂從此旋」（卷二二三，頁二三七九），賀作「解袂」一詞，蓋截自杜詩。

又：以上三例均係自一詩句中截取兩字之字面，此現象亦賀鑄所慣用。尤值注意者，賀鑄所取兩字之字面中，實不乏唐人慣用之方言、口語，固不止於雅言而已。如〈夜

---

12 真游，仙人之游。《史記．始皇本紀》載盧生說始皇曰：「真人者，入水不濡，入火不熱，陵雲氣，與天地久長。」

13 如元稹〈劉阮妻〉詩：「罨畫樓臺青黛山」；秦韜玉〈送友人罷舉授南陵令〉詩：「花明驛路燕脂暖，山入江亭罨畫開。」宋．高似孫《緯略》卷七〈罨畫〉條云：「《墨客揮犀》曰：罨畫，今之生色也。余嘗謂五采彰施於五服，此固生色之始也。」

如年〉(即〈擣練子〉)：「破除今夜夜如年」；〈山花子〉(參注10)：「雙鶴橫橋阿那邊？……破得尊前何限恨，不論錢。」；〈花心動〉：「相將故故，背人飛去」；〈減字木蘭花〉：「得得濃妝樣樣新」；〈清平樂〉：「指似歸期庭下柳」；〈攤破木蘭花〉：「大抵新歡」等，其中「破除」、「阿那邊」、「破得」、「故故」、「得得」、「指似」、「大抵」，皆其例也。[14]

---

14 △破除，除去或消除之意，如韓愈〈贈鄭兵曹〉詩：「杯行到君莫停手，破除萬事無過酒。」(卷三三八，頁三七八七)薛能〈老僧〉詩：「勸師莫羨人間有，幸是元無免破除。」(卷五六一，頁六五一七)

△阿那，如李白〈相逢行〉：「萬戶垂楊裡，君家阿那邊？」(卷一六三，頁一六九二)李郢〈上元日寄湖杭二從事〉詩：「謝公留賞山公喚，如入笙歌阿那朋？」(卷五九〇，頁六八五四)明·胡震亨《唐音癸籤》卷二四〈詁箋〉九「阿那」條云：「阿那，猶言若箇也。」即今言「哪箇」。「阿那邊」，那邊也。

△破得，張相《詩詞曲語辭匯釋》卷三「破」字下釋云：「猶盡也，遍也，煞也。」如杜甫〈奉贈韋左丞丈二十二韻〉詩：「讀書破萬卷，下筆如有神。」(卷二一六，頁二二五一)李賀〈馮小憐〉詩：「破得春風恨，今朝值幾錢。」(卷三九二，頁四四一六)賀詞蓋自李詩化出也。

△故故，張相《詩詞曲語辭匯釋》卷四「故」字下釋云：「猶常也，久也，素也。……故故，猶云常常或頻頻也。」如杜甫〈月〉詩：「時時開暗室，故故滿青天。」(卷二三〇，頁二五二八)白居易〈人定〉詩：「誰家教鸚鵡，故故語相驚。」(卷四四八，頁五〇五二)

△得得，張相《詩詞曲語辭匯釋》卷四「得得」條云：「得得，猶特特也。」如元稹〈去杭州〉詩：「得得爲題羅剎石，古來非獨伍員冤。」(卷四二〇，頁四六三二)貫休〈陳情獻蜀皇帝〉詩：「一瓶一缽垂垂老，千水千山得得來。」(卷八三五，頁九四一三)

△指似，張相《詩詞曲語辭匯釋》卷三「似」字下釋云：「似，猶與也，向也，用於動詞之後，特於動作影響及他處時用之。」因之，「指似」猶言「指向」也。如元稹〈連昌宮詞〉：「指似旁人因慟哭，卻出宮門淚相續。」(卷四一九，頁四六一三)竇鞏〈贈阿史那都尉〉詩：「年來馬上渾無力，望見飛鴻指似人。」(卷二七一，頁

(二)鎔鑄唐詩字面

凡借鑒唐詩，止於辭彙之引用，且係濃縮或化用原詩字面另鑄新詞者皆屬之。如：

1.〈窗下繡〉（即〈一落索〉）起首：「初見碧紗窗下繡，寸波頻溜。」

按：李群玉〈醉後贈馮姬〉詩云：「一寸橫波回慢水」（卷五六九，頁六六〇一）；又：韋莊〈秦婦吟〉云：「一寸橫波剪秋水」，賀作「寸波」一詞，顯截自李、韋二詩而另鑄字面，皆用指「眼波」。賀鑄另一闋〈浣溪沙〉起句云：「兩點春山一寸波」，所謂「一寸波」，亦同此例。

2.〈子夜歌〉（即〈憶秦娥〉，起句：三更月）：「王孫何許音塵絕，柔桑陌上吞聲別。」

按：杜甫〈夢李白〉二首之一云：「死別已吞聲」（卷二一八，頁二二八九），賀作「吞聲別」一詞，蓋截自杜詩而另鑄字面也。

上述借鑒唐詩字面之項目中，顯而易見，係以「自一詩句中截取一字面」之例子，爲數最夥，其餘尚不及其半。此中，截三字成一詞者，最爲特殊，亦兩宋詞人所鮮見；截兩字成一詞者，兼又取口語、白話，固不止雅言而已。此外，賀鑄《東山詞》之調名，堪稱繁富多樣，標

三〇五一）

△大抵，張相《詩詞曲語辭匯釋》卷一「大底」條云：「大底，與大抵同，……猶言大致也。」如白居易〈醉後走筆〉詩：「大底浮榮何足道，幾度相逢身即老。」（卷四三五，頁四八一三）羅隱〈聽琵琶〉詩：「大底曲中皆有恨，滿樓人自不知君。」（卷六六一，頁七五八七）

新立異，爲兩宋詞人所僅見。[15]其取自唐人詩句而創新稱者，凡三十闋，由於係特殊之截取及化用，爰全數臚列如次：

1.〈鴛鴦語〉：即〈七娘子〉，截自〈續仙傳·元柳二公篇〉載南溟夫人詩句：「鴛鴦自解分明語」（卷八六三，頁九七五八）。[16]

2.〈群玉軒〉：即〈小重山〉，李白〈清平調〉三首之一：「若非群玉山頭見」（卷一六四，頁一七〇三），「群玉」名軒，蓋出於此。

3.〈辨絃聲〉：即〈迎春樂〉，截自李商隱〈天水閒話舊事〉詩：「更辨絃聲覺指纖」（卷五四〇，頁六一八六）。

---

15 《東山詞》之調名，論其定稱，可歸納爲六類：（一）採用一般名稱者：如〈小重山〉、〈更漏子〉、〈菩薩蠻〉等；（二）採用樂府詩題而原有詞調者，如〈鳳求凰〉（即〈聲聲慢〉）、〈江南曲〉（即〈踏莎行〉）、〈子夜歌〉（即〈憶秦娥〉）等；（三）化用樂府詩題而原有調名者，如〈陌上郎〉（化用〈陌上桑〉，即〈生查子〉）、〈秋風嘆〉（化用〈秋風辭〉，即〈燕瑤池〉）、〈採蓮回〉（化用唐人擬樂府題〈採蓮歸〉，即〈臨江仙〉）等；（四）自擬樂府詩題而原有調名者，如〈西笑吟〉（即〈鵲踏枝〉）、〈東吳樂〉（即〈尉遲杯〉）、〈荆溪詠〉（即〈漁家傲〉）等；（五）取自樂府以外之唐詩而原有調名者，如〈群玉軒〉（即〈七娘子〉）、〈辨絃聲〉（即〈迎春樂〉）、〈翦朝霞〉（即〈鷓鴣天〉）等；（六）自度新腔調，如〈將進酒〉、〈行路難〉係採樂府詩題，而由賀鑄定調，名〈小梅花〉、〈簇水近〉等，皆是也。再則，同一詞調，而用無數異名，亦東山詞所常見，如〈踏莎行〉一調，即有〈惜餘春〉、〈題醉袖〉、〈陽羨歌〉、〈芳心苦〉、〈平陽興〉、〈暈眉山〉、〈思牛女〉、〈江南曲〉、〈芳洲泊〉等異稱，誠然好奇太甚也。

16 此故實見載於宋·李昉等撰《太平廣記》卷二五，略云：「唐元和初，有元徹、柳實者，於海島遇南溟夫人，贈以玉壺一枚，高尺餘，夫人題詩曰：『來從一葉舟中來，去向百花橋上去；若到人間叩玉壺，鴛鴦自解分明語。』」（頁一八七至一九〇）

4.〈半死桐〉：即〈鷓鴣天〉，梁庾肩吾〈春日〉詩：「山橫半死桐」，是「半死桐」一詞，梁時已見。然取此三字用以悼亡，蓋始於唐，白居易〈爲薛台悼亡〉詩云：「半死梧桐老病身」（卷四三六，頁四八三八），李嶠〈天官崔侍郎夫人吳氏挽歌〉云：「琴哀半死桐」（卷五八，頁六九九），即是二例。賀此詞，亦所以悼其亡妻[17]，豈受唐人啓發耶！姑錄於此。

5.〈翦朝霞〉：即〈鷓鴣天〉，元稹〈紅芍藥〉詩：「翦刻彤雲片，開張赤霞裹」（卷四〇一，頁四四八九）。賀鑄蓋取此二詩句名調，以詠牡丹也。

6.〈避少年〉：即〈鷓鴣天〉，截自唐彥謙〈和陶淵明貧士詩〉七首之四：「逡巡避少年」（卷六七一，頁七六七七）。

7.〈第一花〉：即〈鷓鴣天〉，截自許渾〈客有卜居不遂薄游汧隴因題〉詩：「落盡春風第一花」（卷五三八，頁六一三八）；又：秦醇〈溫泉記〉[18]載張俞〈過驪山留題〉二絕句之一：「銜出宮中第一花」，蓋亦賀鑄所本，並錄於此。

8.〈花想容〉：即〈武陵春〉，截自李白〈清平調〉三首之一：「雲想衣裳花想容」（卷一六四，頁

---

17 據鍾振振《東山詞》卷一〈半死桐〉箋注云：「本篇當作於徽宗建中靖國元年辛巳(一一〇一)。按：此重過蘇州悼亡之作。方回元符元年(一〇九八)六月後至建中靖國元年九月前，曾寓蘇州，其間元符三年庚辰(一一〇〇)十月再道臨淮，約十一、二月在淮南見蔡京，……意趙夫人(即賀鑄妻)歿於詞人北行前，詞則作於此行之返也。」(頁二五)

18 秦醇〈溫泉記〉，見載於宋．劉斧《青瑣高議前集》(見收於《四庫全書存目叢書》冊二四六，臺南：莊嚴文化事業公司，一九九五年九月)卷六，頁三五至三八，係記西蜀張俞遇太真事。

一七〇三）。

9.〈釣船歸〉：即〈添聲楊柳枝〉[19]，截自杜牧〈漢江〉詩：「夕陽長送釣船歸」（卷五二三，頁五九七九）。

10.〈愛孤雲〉：即〈添聲楊柳枝〉（參注19），截自杜牧〈將赴吳興登樂遊原〉詩：「閒愛孤雲靜愛僧」（卷五二一，頁五九六二）。

11.〈桃源行〉：即〈蝶戀花〉，唐新樂府有〈桃源行〉，王維、劉禹錫等均有作，例詠陶潛（桃花源記）故事，賀鑄此詞亦然。

12.〈臺城游〉：即〈水調歌頭〉，此詞起首：「南國本瀟灑，六代浸豪奢。臺城游冶，襞箋能賦屬宮娃。」而劉禹錫〈金陵五題〉之三〈臺城〉詩云：「臺城六代競豪華」（卷三六五，頁四一一七），然則賀詞及詞調，蓋緣自劉詩也。

13.〈望長安〉：即〈蝶戀花〉，此詞末句云：「長安不見令人老」，而李白〈登金陵鳳凰臺〉詩末句云：「長安不見使人愁」（卷一八〇，頁一八三六），賀詞蓋化用李白詩意，且據以定詞調也。

---

19 賀鑄《東山詞》中，計有〈豔聲歌〉、〈喚春愁〉、〈花幕暗〉、〈晚雲高〉、〈釣船歸〉、〈愛孤雲〉、〈替人愁〉、〈夢江南〉等八調，均題爲〈太平時〉。清．萬樹《詞律》卷三錄〈豔聲歌〉「蜀錦塵香生襪羅」一詞，題〈太平時〉，附注云：「此調一名〈賀聖朝影〉，因原名〈太平時〉，故並列於此，不附〈賀聖朝〉之後，勿謂例有不同也。」康熙《御製詞譜》卷三亦錄賀鑄此作，更名〈添聲楊柳枝〉，附注云：「又按：賀詞八首，名〈太平時〉，多用前人絕句，添入和聲，蓋即〈添聲楊柳枝〉也，詞律以〈太平時〉另列一體者，誤。」本文從《詞譜》之說，將〈太平時〉一律更名爲〈添聲楊柳枝〉。

14.〈歸風便〉：即〈木蘭花〉，截自方干〈送人之日本國〉詩：「或有歸風便，當爲相見期」（卷六四九，頁七四五四）。

15.〈惜餘春〉：即〈踏莎行〉，截自李白〈惜餘春賦〉：「惜餘春之將闌，每爲恨兮不淺。」（《李太白全集》卷一，頁一八）

16.〈題醉袖〉：即〈踏莎行〉，此詞下片起句云：「濃染吟毫，偷題醉袖。」按：白居易〈代書詩一百韻寄微之〉詩云：「醉袖玉鞭垂」（卷四三六，頁四八二四），賀詞「醉袖」一詞，蓋截自白詩，而據以名調也。

17.〈醉中真〉：即〈浣溪沙〉（參注10），截自李白〈擬古十二首〉詩之三：「未若醉中真」（卷一八三，頁一八六二）。

18.〈換追風〉：即〈浣溪沙〉（參注10），截自張祜〈愛妾換馬〉詩二首之二：「忍將行雨換追風」[20]（卷五一一，頁五八二六）。

19.〈錦纏頭〉：即〈浣溪沙〉（參注10），截自杜甫〈即事〉詩：「舞罷錦纏頭」[21]（卷二二六，頁二

---

20 唐·李亢《獨異志》卷中載：「後魏曹彰性倜儻，偶逢駿馬，愛之，其主所惜也。彰曰：『予有美妾，可換，惟君所選。』馬主因指一妓，彰遂換之。」按：宋·郭茂倩《樂府詩集》卷七〈雜曲歌辭〉一三收〈愛妾換馬〉一題，並引《樂府解題》曰：「舊說淮南王所作，疑淮南王即劉安也。然則張祜詩題，蓋亦所本也。至若「追風」一詞，係秦始皇名馬之一，見晉·崔豹《古今注》卷四〈鳥獸〉條：「秦始皇有七名馬：追風、白兔、躡景、奔電、飛翮、銅爵、神鳧。」

21 宋·程大昌《演繁露》卷七〈錦纏頭〉條載：「唐書：代宗詔許大臣燕郭子儀於其第，魚朝恩出錦三十疋爲纏頭之費。舊俗，賞歌舞人，以錦綵置之頭上，謂之『纏頭』。」

四四七）。

19.〈斷湘絃〉：即〈萬年歡〉，錢起〈省試湘靈鼓瑟〉詩：「善鼓雲和瑟，常聞帝子靈。……流水傳湘浦，悲風過洞庭；曲終人不見，江上數峰青」（卷二三八，頁二六五一）。賀詞之取名，蓋化自此詩。

20.〈付金釵〉：即〈更漏子〉，元稹〈遣悲懷〉三首之一云：「泥他沽酒拔金釵」（卷四〇四，頁四五一〇）；又：杜牧〈代吳興妓春初寄薛軍事〉詩云：「金釵有幾隻，抽當酒家錢」（卷五二二，頁五九七一）。而此詞起首云：「付金釵，平斗酒。」然則此調名蓋亦化自元、杜之詩也。

22.〈伴雲來〉：即〈天香〉，杜牧〈丹水〉詩云：「恨身隨夢去，春態逐雲來」（卷五二三，頁五九七八）。而此詞末結云：「賴明月，曾知舊游處，好伴雲來，還將夢去。」然則賀詞蓋自杜詩化出，且據以名調也。

23.〈寒松歎〉：即〈聲聲慢〉，白居易〈新樂府澗底松〉云：「有松百尺大十圍，生在澗底寒且卑」（卷四二七，頁四七〇二）。而此詞有句云：「寒松半敧澗底」，蓋化自白詩而據以名調也。

24.〈醉春風〉：此蓋賀鑄自度曲，李白詩云：「絃管醉春風」（卷一六四，頁一七〇三），賀鑄因截而名調也。[22]

---

22 〈醉春風〉一調，清．萬樹《詞律》及康熙《御製詞譜》均收「陌上清明近」一闋，題趙德仁作。《全宋詞》

25.〈望西飛〉：即〈商清怨〉，截自顧況〈短歌行〉六首之二：「紫燕西飛欲寄書」（卷二六五，頁二九四二）。

26.〈吹柳絮〉：即〈瑞鷓鴣〉（參注11），截自李商隱〈訪人不遇留別館〉詩：「閒倚繡簾吹柳絮」（卷五四〇，頁六二〇五）。

27.〈擁鼻吟〉：即〈吳音子〉，截自唐彥謙〈春陰〉詩：「樓上寧無擁鼻吟」[23]（卷六七二，頁七六九三）。

28.〈採蓮回〉：即〈臨江仙〉，此詞下片檃括白居易〈池上二絕〉之二：「小娃撐小艇，偷採白蓮回；不解藏蹤跡，浮萍一道開。」（卷四五五，頁五一五九），且據以名調也。

29.〈小梅花〉[24]：此詞全闋檃括盧仝〈有所思〉詩，盧詩末兩句云：「相思一夜梅花發，忽到

後附「誤題撰人姓名詞存目」一覽表，係《樂府雅詞拾遺》卷下所錄，改題無名氏作。因之，賀鑄之前，或其同時代，更無他詞可校，故本文暫視爲賀鑄之自度曲。

23 楊勇《世說新語校箋．雅量》〈桓公伏甲設饌〉條，劉孝標注：「宋明帝《文章志》曰：「(謝)安能作洛下書生詠，而少有鼻疾，語音濁，後名流多效其詠，莫能及，手掩鼻而吟焉。」（頁二八二至二八三，臺北：明倫出版社，一九七二年四月）是知唐彥謙蓋引此典，而賀鑄復據以名調也。按：方回詩有「天涯晚歲客無歡，擁鼻微吟行路難」之語，詩爲晚年載病東歸時所作，詞或作於同時。

24 宋．賀鑄《東山詞》中，有〈將進酒〉、〈行路難〉、〈小梅花〉三詞，實屬同一調。而前兩者係樂府詩題，故未成詞調之通稱，唯〈小梅花〉則見載於清．萬樹《詞律》卷八及《御製詞譜》卷一二。其中《御製詞譜》又錄賀鑄〈將進酒〉詞之前段五十七字，分上下片，題〈梅花引〉，視爲正體；而將〈行路難〉一百十四字，列爲〈梅花引〉之又一體。另於〈梅花引〉調下注云：「賀鑄詞，名小梅花。」至若《詞律》雖未舉賀鑄詞爲例，然所舉万俟雅言、向子諲等人之作，均在賀作之後，是又可知〈小梅花〉(又名〈梅花引〉)蓋爲賀鑄自度曲也。

窗前疑是君。」（卷三八八，頁四三七八），賀鑄蓋即據此名調也。

二、句意之借鑑

㈠增損唐詩字句

凡借鑑唐詩整句，不易其文意、語序，僅增減一、二字，或改易一、二字者，均歸入此類，其下又分「就唐詩句增字」、「就唐詩句減字」、「改易唐詩字句」三子目，茲分述如次：

1.就唐詩句增字

(1)〈辨絃聲〉（即〈迎春樂〉，起句：瓊瓊絕藝真無價）：「明月待歡來，久背面、鞦韆下。」

按：李商隱〈無題〉（起句：八歲偷照鏡）詩云：「十五泣春風，背面鞦韆下。」（卷五三九，頁六一六五），賀詞下句，顯襲用李詩，特加一「久」字，且斷爲「三三」句式也。

(2)〈小重山〉（起句：月月相逢只舊圓）：「傷心不照綺羅筵，孤舟裡，單枕若爲眠？」

按：聶夷中〈詠田家〉詩云：「不照綺羅筵，只照逃亡屋。」（卷六三六，頁七二九六），賀詞上句，顯襲用聶詩，特加「傷心」兩字以成七字句。

2.就唐詩句減字

(1)〈羅敷歌〉（即〈採桑子〉），起首：「東南自古繁華地，歌吹揚州。」

按：杜牧〈題揚州禪智寺〉詩云：「斜陽竹西路，歌吹是揚州。」（卷五二二，頁五九六四），賀詞下句，顯襲用杜詩而減一「是」字也。

(2)〈綺筵張〉（即〈好女兒〉，起句：綺繡張筵）：「吳蠶八繭，漢柳三眠。」[25]

按：李洞〈舞姬脫鞋吟〉云：「吳蠶八繭鴛鴦綺」，賀詞上句，顯襲用李詩而減去「鴛鴦綺」三字。賀作〈品令〉詞有句云：「閒擁鴛鴦綺」，則就李詩截取「鴛鴦綺」字面，並錄供參考。

3.改易唐詩字句

(1)〈南歌子〉[26]起首：「疏雨池塘見，微風襟袖知。」

按：杜牧〈秋思〉詩云：「微雨池塘見，好風襟袖知。」（卷五二三，頁五九八五），顯而易見，賀作係襲用杜詩，特改「微」字爲「疏」字，「好」字爲「微」字耳。

(2)〈芳洲泊〉（即〈踏莎行〉，起句：露葉棲螢）：「殷勤留語採香人，清尊不負黃花約。」

按：牟融〈樓城敘別〉詩云：「清尊不負花前約」（卷四六七，頁五三一四），賀詞下句，顯襲用牟詩，特易「花前」爲「黃花」耳。

(3)〈浣溪沙〉起首：「翠縠參差拂水風，暖雲如絮撲低空。」

---

25 宋·朱長文《吳郡圖經續記》卷下〈雜錄〉項載：「蘇州舊貢絲葛、絲綿、八蠶絲……，皆具唐志。」是知吳地固產八蠶絲，故有「吳蠶八繭」之語。至若「漢柳三眠」則見宋·胡仔《苕溪漁隱叢話前集》卷二二引《漫叟詩話》載：「玉溪生〈江之嫣賦〉云：『豈如河畔牛星，隔歲止聞一過；不比苑中人柳，終朝剩得三眠。』注云：『漢苑中有柳，狀如人形，號曰人柳，一日三起三倒。』」

26 此詞《彊村叢書》及《全宋詞》均未標題，黃啓方先生《東山詞箋注》考調云：「按：即〈南歌子〉，此詞五十二字，此體《詞律》收歐陽脩及石孝友詞各一首，《詞譜》另收毛熙震、辛棄疾各一首，方回此詞即歐詞體，蓋宋人皆用歐體也。」黃書並以方回寓聲之例，取詞中語名調，曰〈囀黃鸝〉，本文則逕以一般通稱名之也。

按：杜牧〈長安雜題長句〉六首之二云：「晴雲似絮惹低空。」（卷五二一，頁五九五一），賀詞下句，顯襲用杜詩，特易「晴」字爲「暖」字，「似」字爲「如」字，「惹」字爲「撲」字耳。

由上舉證，可見賀鑄增損唐詩字句之技巧，或就一句增損，或就兩句增損；或增損一、二字，或改易一、二字，真可謂變化多端。此中，甚而有增、減與改易同時進行者，如：

(1)〈南歌子〉（起句：疏雨池塘見）云：「睡起芭蕉葉上、自題詩。」

按：韋應物〈閒居寄諸弟〉詩云：「芭蕉葉上獨題詩」（卷一八八，頁一九一九），賀詞顯襲用韋詩，特於原詩前增「睡起」兩字，且易「獨」字爲「自」字耳。

(2)〈浪淘沙〉（起句：雨過碧雲秋）：「樓下誰家歌水調？明月揚州。」

按：杜牧〈揚州〉詩：「誰家唱水調？明月滿揚州。」（卷五二二，頁五九六三），賀詞顯襲用杜詩，特於原詩上句前增「樓下」兩字，且易「唱」字爲「歌」字；並就原詩下句減一「滿」字耳。

(二)化用唐詩句意

凡借鑒唐詩片段，不易其文意，而另造新句；或引伸文意，反用文意，而另造新句者，均屬檃括之範疇。然本文爲區別全首檃括之作，特將此等現象歸入「化用唐詩句意」一類，其下又分「襲其意而易其語」、「引伸唐詩句意」、「反用唐詩句意」三子目，茲分別舉證如次：

1.襲其意而易其語

(1)〈避少年〉（即〈鷓鴣天〉，起句：誰愛松陵水似天）：「袖手低回避少年」。

按：唐彥謙〈和陶淵明貧士詩〉七首之四云：「逡巡避少年，赴穢不敢酬。」（卷六七一，頁七六七七），賀詞顯化用唐詩，以「袖手低回」替「逡巡」，不易其意而易其語也。

(2)〈佚調〉起首：「長廊碧瓦，夢雨時飄灑。」

按：李商隱〈重過聖女祠〉詩云：「一春夢雨常飄瓦」（卷五三九，頁六一四五），賀詞兩句，顯化自李詩。

(3)〈山花子〉（起句：湖上秋深藕葉黃）：「洲嘴嫩沙斜照暖，睡鴛鴦。」

按：杜甫〈絕句〉二首之一云：「沙暖睡鴛鴦」（卷二二八，頁二四七五），賀詞兩句，顯化自杜詩。

(4)〈雨中花慢〉[27]起首：「回首揚州，猖狂十載，依然一夢歸來。」

按：杜牧〈遣懷〉詩云：「十年一覺揚州夢」（卷五二四，頁五九九八），賀詞顯化用杜詩詩意而敷成三句也。

(5)〈芳心苦〉（即〈踏莎行〉，起句：楊柳迴塘）：「斷無蜂蝶慕幽香，紅衣脫盡芳心苦。」

按：崔塗〈殘花〉詩云：「蜂蝶無情極，殘香更不尋。」（卷六七九，頁七七七八），賀詞上句，顯化用兩句崔詩，而濃縮爲一句。

(6)〈楊柳陌〉（即〈浣溪沙〉）（參注10），起句：興慶宮池整月開）：「後庭芳草綠緣階。」

---

[27] 此詞原題〈雨中花〉，然〈雨中花〉調僅五十一字，賀此詞則有九十八字，應爲〈雨中花慢〉，故予更名。詳參《詞律》卷七及《御製詞譜》卷二六。

按：李白〈寄遠十一首〉之九：「長短春草綠，緣階如有情，……睹物知妾怨，希君種後庭。」（卷一八四，頁一八七九），賀詞一句，顯自李詩三句濃縮而成也。

(7)〈臺城游〉（即〈水調歌頭〉，起句：南國本瀟灑）：「舊時王謝，堂前雙燕過誰家。」

按：劉禹錫〈金陵五題之二，烏衣巷〉詩云：「舊時王謝堂前燕，飛入尋常百姓家。」（卷三六五，頁四一一七），賀詞兩句，顯化用杜詩兩句，且出以疑問句也。

(8)〈九回腸〉（即〈好女兒〉，起句：削玉銷香）：「小華箋、付與西飛去，印一雙愁黛。」

按：顧況〈悲歌六首〉之二云：「紫燕西飛欲寄書」（卷二六五，頁二九四二）；韓偓〈余作探使以繚綾手帛子寄賀因而有詩〉云：「黛眉印在微微綠」（卷六八二，頁七八二五），賀詞兩句，顯化用顧、韓二人詩句而未易其意也。

(9)〈江城子〉（起句：麝熏微度繡芙蓉）：「坐疑行聽竹窗風，出簾櫳，杳無蹤。」

按：李益〈竹窗聞風寄苗發司空曙〉詩云：「開門復動竹，疑是故人來。」（卷二八三，頁三二一四），賀詞三句，顯自李詩兩句化用而來，意則未變。

(10)〈擁鼻吟〉（即〈吳音子〉，起句：別酒初銷）：「大艑軻峨，越商巴賈；萬恨龍鍾，篷下對語。」

按：李端〈荊門歌送兄歸夔州〉詩云：「船門相對多商賈，葛服龍鍾篷下語」（卷二八四，頁三二四一）。賀詞四句，顯化自李詩兩句而未易其意也。

2.引伸唐詩句意

(1)〈夜擣衣〉（即〈擣練子〉），起首：「收錦字，下鴛機，淨拂床砧夜擣衣。」

按：李商隱〈即日〉詩末兩句云：「幾家緣錦字，含淚坐鴛機。」（卷五四〇，頁六一九〇），賀詞顯自李詩化用而來，李詩原謂：欲織錦書寄遠，卻坐於織錦機前含淚思人。賀詞則引伸用之，謂：織畢錦書，趁夜擣洗征衣；此亦思念征人之意，而舉措略有不同。

(2)〈最多宜〉（即〈浣溪沙〉，參注10）上片：「半解香綃撲粉肌，避風長下絳紗帷，碧琉璃水浸瓊枝。」

按：白居易〈泛太湖書事寄微之〉詩云：「碧琉璃水淨無風」（卷四四七，頁五〇二五），原以「碧琉璃水」狀太湖之潔淨，賀詞則用指「浸瓊枝」之清水，且以喻女子之冰肌玉骨。

(3)〈浪淘沙〉（起句：潮漲湛芳橋）：「十二闌干今夜月，誰伴吹簫。」

按：杜牧〈寄揚州韓綽判官〉詩云：「二十四橋明月夜，玉人何處教吹簫。」（卷五二三，頁五九八二），原用以調侃揚州（二十四橋在揚州）之韓綽，問渠於有月之夜晚，在何處教妓女歌吹取樂？賀詞則引伸用之，地點易爲「十二闌干」，人亦不指韓綽也。

3.反用唐詩句意

「反用唐詩句意」之技巧，宋詞原即少見，賀鑄東山詞亦然。若視爲一項歸類，量有不足，然就借鑒方法言之，亦聊備一格，故予標出。如李商隱〈無題〉詩首句云：「相見時難別亦難」（卷五三九，頁六一六九），賀詞〈憶仙姿〉首句乃云：「相見時難別易」，是反用之例也。至如王建〈宮詞〉百首之九十云：「樹頭樹底覓殘紅，一片西飛一片東；自是桃花貪結子，錯教人恨五更風。」（卷三〇二，頁三四四五）賀鑄〈捲春空〉（即〈定風波〉）詞上片云：「牆上夭桃簌簌紅，巧隨輕絮入簾櫳。自是芳心貪結子，翻使，惜花人恨五更風。」，就字面言，「錯教人恨」化爲「翻使惜花人恨」，亦反用之意。

由上舉證，可見賀鑄「化用唐詩句意」之技巧，以「襲其意而易其語」一類最夥，或一句化一句，或一句化多句；或兩句縮成一句，或三句縮成一句；或兩句化兩句，或兩句化多句，變化多端。其「引伸唐人詩意」者，量不及前項，變化亦莫衷一是。而「反用唐人詩意」之例，最爲少見。至若最爲賀鑄所化用之唐詩，厥爲杜牧〈遣懷〉、〈贈別〉與顧況〈悲歌〉[28]三詩，由於〈遣懷〉詩與杜牧揚州行實有關，而「揚州夢」亦成後人常用之典，故歸入「援引唐詩人故實」一項，合併舉證。此處僅舉後兩詩爲例，而採其他方法引此兩詩詩句入詞者不與焉：

(1)杜牧〈贈別〉二首之一：「娉娉裊裊十三餘，豆蔻梢頭二月初；春風十里揚州路，捲盡珠簾總不如。」（卷五二三，頁五九八八）

化用之賀詞如下：

①〈第一花〉（即〈鷓鴣天〉）：「豆蔻梢頭莫漫誇，春風十里舊繁華。」

②〈思越人〉（即〈鷓鴣天〉）：「紅塵十里揚州過。」

③〈浣溪沙〉（參注10）：「春風十里鬥嬋娟。」

④〈浣溪沙〉（參注10）：「春風十里斷人腸。」

---

28 顧況〈悲歌〉一詩，見於《全唐詩》卷二六五，凡六首，而篇名及篇章分合頗異。其第二首，一作〈短歌行〉，共八句，《才調集》則分爲二首，各四句。三、四、五三首，一本合爲一首，題作〈遠思曲〉。第六首，一題作〈攀龍引〉，或又與第五首合爲一首。本文則悉從《全唐詩》之分篇及題名。

(2)顧況〈悲歌六首〉之二：「……越人翠被今何夕，獨立沙邊江草碧；紫燕西飛欲寄書，白雲何處蓬萊客。」（卷二六五，頁二九四二），化用之賀詞如下：

①〈九回腸〉（即〈好女兒〉）：「小華箋、付與西飛去。」

②〈鳳棲梧〉（即〈蝶戀花〉）：「小研綾牋，偷寄西飛燕。」

③〈青門飲〉[29]：「會憑紫燕西飛。」

④〈點絳唇〉：「燕子西飛去。」

⑤〈木蘭花〉：「西飛燕子會來時，好付小箋封淚帖。」

⑥〈念彩雲〉（即〈夜遊宮〉）：「紫燕西飛書漫託。」

(三)襲用唐詩成句

凡取材唐詩，而襲用一首詩之成句，又不致全首引用者，均歸入此類。總計賀鑄《東山詞》中，襲用唐詩成句者凡三十一處，分屬十八位詩人。其中襲用杜牧之詩八句，李商隱之詩五句，王維、李賀之詩各兩句，餘均一句，茲臚列如次（同爲一句者，以作品出現之先後爲序）：

1.〈窗下繡〉（即〈一落索〉，起句：初見碧紗窗下繡）：「錯將黃暈壓檀花」，此係杜牧〈偶作〉（卷

---

29 此詞原題〈菱花怨〉，鍾振振《東山詞》校云：「知不足齋本作『菱花怨 過秦樓』，蓋上爲詞題，下爲調名。然《詞律》卷一九〈過秦樓〉錄李甲『賣酒鑪邊』、周邦彥『永浴清蟾』二體；《詞譜》卷三五僅收李甲一體，格律與此迥異，則此斷非〈過秦樓〉。諸本刪之固是，惟使人認〈菱花怨〉爲調名，至王易《詞曲史．衍流篇，以爲方回自度曲，則又生誤會。鄙意：〈菱花怨〉蓋摘篇中『菱花怨晚』句爲題，《東山詞》慣例也，指爲調名似不確。審其聲律，調當是〈青門飲〉。」（卷二，頁二八八）此說有據，本文從之。

五二四，頁五九九八）詩之第四句。

2.〈愛孤雲〉（即〈添聲楊柳枝〉，參注19）起首：「閒愛孤雲靜愛僧」，此係杜牧〈將赴吳興登樂遊原〉（卷五二一，頁五九六二）詩之第二句。

3.同前闋：「淸時有味是無能」，同上舉杜牧詩之首句。

4.〈思牛女〉（即〈踏莎行〉，起句：樓角參橫）：「輕羅小扇撲流螢」，此係杜牧〈秋夕〉（卷五二四，頁六〇〇二）詩之第二句。

5.〈忍淚吟〉（即〈醜奴兒〉），起首：「十年一覺揚州夢」，此係杜牧〈遣懷〉（卷五二四，頁五九九八）詩之首句。

6.〈臺城游〉（即〈水調歌頭〉，起句：南國本瀟灑）：「卻羨井中蛙」，此係杜牧〈臺城曲〉（卷五二三，頁五九七七）二首之一末句。

7.〈減字木蘭花〉（起句：多情多病）：「惟覺尊前笑不成」，此係杜牧〈贈別〉（卷五二三，頁五九八八）詩二首之二第二句。

8.〈百寶裝〉（起句：楓葉初丹）：「歌吹是揚州」，此係杜牧〈題揚州禪智寺〉（卷五二二，頁五九六四）詩之末句。

9.〈吹柳絮〉（即〈瑞鷓鴣〉，參注11，起句：月痕依約到西廂）：「閒倚繡簾吹柳絮」，此係李商隱〈訪人不遇留別館〉（卷五四〇，頁六二〇五）詩之第三句。

10.〈羅敷歌〉（即〈採桑子〉，起句：自憐楚客悲秋思）：「十二玉樓空更空」，此係李商隱〈代應〉（卷五三九，頁六一六六）詩二首之一末句。

11.〈鷓鴣天〉（起句：[illegible]醉玉孫玳瑁筵）：「已帶斜陽又帶蟬」，此係李商隱〈柳〉（卷五三九，頁六一六八）詩之末句。

12.〈江城子〉起句：「麝熏微度繡芙蓉」，此係李商隱〈無題〉（來是空言去絕蹤）（卷五三九，頁六一六三）詩之第六句。

13.〈石州引〉（起句：薄雨初寒）：「芭蕉不展丁香結」，此係李商隱〈代贈〉（卷五三九，頁六一八一）詩之第三句。

14.〈佚調〉（起句：疏雨池塘見）：「陰陰夏木囀黃鸝」，此係王維〈積雨輞川莊作〉（卷一二八，頁一二九七）詩之第四句。

15.〈採蓮回〉（即〈臨江仙〉，起句：翡翠樓高簾幕薄）：「羞從面色起，嬌逐語聲來。」此係王維〈扶南曲歌詞〉（卷一二五，頁一二三五）五首之一第三、四句。

16.〈行路難〉（即〈小梅花〉，起句：不知我輩可是蓬蒿人）：「衰蘭送客咸陽道，天若有情天亦老。」此係李賀〈金銅仙人辭漢歌〉（卷三九一，頁四四〇三）之第九、十兩句。

17.〈付金釵〉（即〈更漏子〉，起句：付金釵）：「今秋似去秋」，此係李賀〈莫種樹〉（卷三九二，頁四四一四）詩之第四句。

18.〈群玉軒〉（即〈小重山〉，起句：壁月軒中跡已陳）：「憐取眼前人」，此係元稹《鶯鶯傳》載崔鶯鶯〈告絕〉（卷八〇〇，頁九〇〇二）詩之第四句。

19.〈第一花〉（即〈鷓鴣天〉，起句：豆蔻梢頭莫漫誇）：「飛入尋常百姓家」，此係劉禹錫〈金陵五題〉之二〈烏衣巷〉（卷三六五，頁四一一七）詩之末句。

20.〈花想容〉（即〈武陵春〉，起句：南國佳人推阿秀）：「雲想衣裳花想容」，此係李白〈清平調〉（卷一六四，頁一七〇三）三首之一首句。

21.〈愁風月〉（即〈生查子〉，起句：風清月正圓）：「解帶翻成結」，此係韋應物〈對殘燈〉（卷一九三，頁一九九二）詩之末句。

22.〈西笑吟〉（即〈鷓鴣天〉，起句：桃葉園林風日好）：「處處聞啼鳥」，此係孟浩然〈春曉〉（卷一六〇，頁一六六七）詩之第二句。

23.〈頻載酒〉（即〈浣溪沙〉（參注10），起句：金斗城南載酒頻）：「酣歌一曲太平人」，此係宋之問〈寒食還陸渾別業〉（卷五一，頁六二六）詩之末句。

24.〈將進酒〉（即〈小梅花〉，起句：城下路）：「今人犁田古人墓」，此係顧況〈悲歌〉（卷二六五，頁二九四二）六首之一之第二句。

25.〈行路難〉（即〈小梅花〉，起句：縛虎手）：「青鬢常青古無有」，此係韓琮〈春愁〉（卷五六五，頁六五四八）詩之第二句。

26.〈瀟湘雨〉（即〈滿庭花〉，起句：一闋離歌）：「江上數峰青」，此係錢起〈省試湘靈鼓瑟〉（卷二三八，頁二六五一）詩之末句。

27.〈夜遊宮〉（起句：江面波紋皺縠）：「初過寒食一百六」，此係元稹〈連昌宮詞〉（卷四一九，頁四六一二）之第十三句。

28.〈減字木蘭花〉（起句：多情多病）：「欲別頻啼四五聲」，此係戎昱〈移家別湖上亭〉（卷二七〇，頁三〇〇九）詩之第四句。

29.〈攤破木蘭花〉（起句：芳草裙腰一尺圍）：「爲嫌風日下樓稀」，此係張籍〈倡女詞〉（卷三八六，頁四三五九）之第二句。

30.〈憶秦娥〉（起句：風驚幕）：「燈前細雨檐花落」，此係杜甫〈醉時歌〉（卷二一六，頁二二五七）之第十八句。

31.〈杵聲齊〉（即〈擣練子〉，起句：砧面瑩）：「寄到玉關應萬里，戍人猶在玉關西。」此兩句宋·楊萬里〈頤菴詩稿序〉，以爲晚唐詩，特不知作者爲誰耳。

三、詩篇之借鑒

凡借鑒唐詩，而全闋檃括成詞作；或全闋檃括成詞作之部分詞句；或全闋襲用，間夾其他詞句；或全闋大部分詩句檃括成詞作之部分詞句，均歸入此類（零星詩句之檃括，則歸入「三、化用唐詩句意」一項）。總計賀鑄《東山詞》中，屬於此類之檃括，凡十二闋；檃括之唐詩，含杜牧四首，孟浩然、李端、白居易、崔護、薛能、方棫、盧仝、李商隱等各一首。茲分項歸納如次：

㈠局部檃括唐詩

1.〈攀鞍態〉（即〈迎春樂〉，起句：逢迎一笑金難買）：「望新月、爲誰雙拜。細語人不聞，微風動、羅裙帶。」

按：此段爲〈攀鞍態〉詞下闋之末三句，係檃括李端全首〈拜新月〉詩，茲移錄如下：「開簾見新月，便即下階拜；細語人不聞，北風吹裙帶。」（卷二八六，頁三二八〇）

2.〈捲春空〉（即〈定風波〉）下闋：「露萼鮮濃妝臉靚。相映。隔年情事此門中。粉面不知何處在。無奈。武陵流水捲春空。」

按：此段詞句，係將崔護〈題都城南莊〉詩全首檃括，再益以「無奈」兩句。茲錄崔詩如下：「去年今日此門中，人面桃花相映紅；人面不知何處在，桃花依舊笑春風。」（卷三六八，頁四一四八）

3.〈連理枝〉起首五句：「繡幌閒眠曉。處處聞啼鳥。枕上無情，斜風橫雨，落花多少。」

按：此段詞句，顯係檃括孟浩然〈春曉〉詩，茲移錄如下：「春眠不覺曉，處處聞啼鳥；夜來風雨聲，花落知多少。」（卷一六〇，頁一六六七）

4.〈採蓮回〉（即〈臨江仙〉）下片：「門外木蘭花艇子，垂楊風掃纖埃。平湖一鏡綠萍開。緩歌輕調笑，薄暮採蓮回。」

按：此段詞句，係檃括白居易〈池上二絕〉其二，茲移錄如下：「小娃撐小艇，偷採白蓮回；不解藏蹤跡，浮萍一道開。」（卷四五五，頁五一五九）

5.〈鴛鴦夢〉（即〈臨江仙〉）上闋：「午醉厭厭醒自晚，鴛鴦春夢初驚。閒花深院聽啼鶯。斜陽如有意，偏傍小窗明。」

按：此段詞句，係檃括方棫五絕：「午醉醒來晚，無人夢自驚；夕陽如有意，長傍小窗明。」（卷七七五，頁八七八三），〈佚題〉中夾「閒花」一句，以道「驚夢」之故。

6.〈綠頭鴨〉（即〈多麗〉）下片：「翠釵分。銀牋封淚，舞鞋從此生塵。……記取明年，薔薇謝後，佳期應未誤行雲。……」

按：此段詞句，係檃括杜牧〈留贈〉詩：「舞靴應任閒人看，笑臉還須待我開；不用鏡前空有淚，薔薇花謝即歸來。」（卷五二四，頁五九九四），然將全詩分散，穿插於詞句中，誠特殊也。

(二)全闋檃括唐詩

1.〈醉夢迷〉（即〈醜奴兒〉）：「深坊別館蘭閨小，障掩金泥。燈映玻璃。一枕濃香醉夢迷。　醒來擬作清晨散，草草分攜。柳巷鴉啼。又是明朝日向西。」

按：薛能〈吳姬〉詩云：「畫燭燒蘭暖復迷，殿幃深密下銀泥；開門欲作侵晨散，已是明朝日向西。」（卷五六一，頁六五二〇），詩詞相參，可見薛詩首兩句，檃括成賀詞之上闋，後兩句則檃括成賀詞之下闋。

2.〈菩薩蠻〉：「章臺游冶金龜婿。歸來猶帶醺醺醉。花漏怯春宵。雲屏無限嬌。　絳紗燈影背。玉枕釵聲碎。不待宿醒銷。馬嘶催早朝。」

按：李商隱〈為有〉詩云：「為有雲屏無限嬌。鳳城寒盡怕春宵；無端嫁得金龜婿，辜負香衾事早朝。」（卷五三九，頁六一六八），詩詞相參，可見李詩前三句，檃括成賀詞之上闋，末句則鋪敘成賀詞之下闋。

3.〈小梅花〉：「思前別。記時節。美人顏色如花發。美人歸。天一涯，娟娟姮娥，三五滿還虧。　翠眉蟬鬢生離訣。遙望青樓心欲絕。夢中尋。臥巫雲。覺來珠淚，滴向湘水深。　愁無已。奏綠綺。歷歷高山與流水。妙通神。絕知音。不知暮雨朝雲何山岑。相思無計堪相比。珠箔雕闌幾千里。漏將分。月窗明，一夜梅花忽開、疑是君。」

按：盧仝〈有所思〉詩云：「當時我醉美人家，美人顏色嬌如花；今日美人棄我去，青樓朱箔天之涯。娟娟姮娥月，三五二八圓又缺。翠眉蟬鬢生別離，一望不見心斷絕；心斷絕，幾千里，夢中醉臥巫山雲，覺來淚滴湘江水。湘江兩岸花木深，美人不見愁人心；含愁更奏綠綺琴，調高絃絕無知音。美人兮美人，不知爲暮雨兮爲朝雲；相思一夜梅花發，忽到窗邊疑是君。」（卷三八八，頁四三七八），詩詞相參，可見盧詩自首句至「美人不見愁人心」，檃括成賀詞之上闋；「含愁更奏綠綺琴」，則檃括成賀詞之下闋。

賀鑄《東山詞》中，尚有三闋作品，係檃括杜牧七言絕句，對調其首兩句；且在各句間夾入三組三字句，以成其作。茲列舉如次：

1.〈晚雲高〉（即〈添聲楊柳枝〉，參注19）：「秋盡江南葉未凋。晚雲高。青山隱隱水迢迢。接亭皐。
二十四橋明月夜，弭蘭橈。玉人何處教吹簫。可憐宵。」

按：此係檃括杜牧〈寄揚州韓綽判官〉詩：「青山隱隱水迢迢，秋盡江南草木凋；二十四橋明月夜，玉人何處教吹簫。」（卷五二三，頁五九八二）

2.〈釣船歸〉（即〈添聲楊柳枝〉，參注19）：「綠淨春深好染衣。際柴扉。溶溶漾漾白鷗飛。兩忘機。
南去北來徒自老，故人稀。夕陽長送釣船歸。鱖魚肥。」

按：此係檃括杜牧〈漢江〉詩：「溶溶漾漾白鷗飛，綠淨春深好染衣；南去北來人自老，夕陽長送釣船歸。」（卷五二三，頁五九七九）

3.〈替人愁〉（即〈添聲楊柳枝〉，參注19）：「風緊雲輕欲變秋。雨初收。江城水路漫悠悠。帶汀洲。
正是客心孤迴處，轉歸舟。誰家紅袖倚津樓。替人愁。」

按：此係檃括杜牧〈南陵道中〉詩：「南陵水面漫悠悠，風緊雲輕欲變秋；正是客心孤迥處，誰家紅袖憑江樓。」（卷五二四，頁五九九六）

四、其　他

㈠援引唐詩人故實

凡取材唐代詩人故實，或詩人作品已成一故實者（如王維〈送元二使安西〉詩），均歸入此類。茲臚列賀鑄《東山詞》中最常見引之故實五則，並舉詞作以印證之：

1.王維〈送元二使安西〉詩云：「渭城朝雨浥輕塵，客舍青青柳色新；勸君更進一杯酒，西出陽關無故人。」（卷一二八，頁一三○七），此詩另題作〈渭城曲〉，且譜入樂府，當作送別曲。而其句可反覆重疊歌唱，故又稱〈陽關三疊〉[30]，或〈陽關曲〉。賀詞每道及離別，恆引為故實，此兩宋詞人之通例也，茲舉所見《東山詞》臚列如次：

---

[30] 《御製詞譜》卷一〈陽關曲〉附注云：「蘇軾論三疊歌法云：『舊傳陽關三疊，然今世歌者，每句再疊而已。若通一首言之，又是四疊，皆非是。或每句三唱以應三疊之說，則叢然無復節奏。余在密州，文勛長官以事至密，自云：「得古本陽關，其聲宛轉悽斷，不類向之所聞；每句皆再唱，而第一句不疊。」乃知古本三疊蓋如此。及在黃州，偶讀樂天對酒詩云：「相逢且莫推辭醉，聽唱陽關第四聲。」注云：「第四聲，勸君更盡一杯酒。」以此驗之，若第一句再疊，則此句為第五聲，今為第四聲，則第一句不疊審矣！』查元《陽春白雪集》有大石調〈陽關三疊〉詞云：『渭城朝雨，一霎浥輕塵。更灑遍、客舍青青。弄柔凝。千縷柳色新。更灑遍、客舍青青。千縷柳色新。休煩惱，勸君更盡一杯酒，人生會少，自古富貴功名有定分。莫遣容儀瘦損。休煩惱，勸君更盡一杯酒，只恐怕、西出陽關，舊遊如夢，眼前無故人。只恐怕、西出陽關，眼前無故人。』與蘇論吻合，並附錄之。」（頁二八至二九）

(1)〈江如練〉(即〈蝶戀花〉，起句：睡鴨鑪寒熏麝煎)：「一杯長待何人勸。」

(2)〈羅敷歌〉(即〈採桑子〉，起句：東亭南館逢迎地)：「四疊陽關忍淚聞。」

(3)〈虞美人〉(起句：粉娥齊斂千金笑)：「渭城才唱浥輕塵。」

(4)〈醉春風〉(起句：樓外屏山秀)：「渭城懷遠，一枝煙柳。」

(5)〈鳳棲梧〉(即〈蝶戀花〉，起句：為問宛溪橋畔柳)：「唱斷青青。」

2.寫男女情約及相思憧憬，用元稹《鶯鶯傳》故實。

(1)〈吹柳絮〉(即〈瑞鷓鴣〉，參注11)上片：「月痕依約到西廂。曾羨花枝拂短牆。初未識愁那得淚，每渾疑夢奈餘香。」

(2)〈羅敷歌〉(即〈採桑子〉，起句：高樓簾捲秋風裡)：「玉人望月銷蹤處，應在西廂。」

(3)〈浣溪沙〉(參注10)(起句：鼓動城頭啼暮鴉)：「弄影西廂侵戶月，分香東畔拂牆花。」

(4)〈山花子〉(參注10)(起句：雙鳳簫聲隔彩霞)：「飲罷西廂簾影下，玉蟾斜。」

按：以上四例，均引元稹《鶯鶯傳》載崔鶯鶯贈張生〈月明三五夜〉詩：「待月西廂下，迎風門半開，拂牆花影動，疑是玉人來。」而第一例後兩句，又係檃括《鶯鶯傳》一段故實，茲節略如次：「俄而紅娘捧崔氏而至，至則嬌羞融冶，力不能運支體，曩時端莊，不復同矣。……有頃，寺鐘鳴，天將曉，紅娘促去。崔氏嬌啼宛轉，紅娘又捧之而去，終夕無一言。張生辨色而興，自疑曰：『豈其夢邪？』及明，睹妝在臂，香在衣，淚光熒熒然，猶瑩於茵席而已。』」(《元氏長慶集補遺》卷六，頁六五八至六六三。)

(5)〈群玉軒〉(即〈小重山〉，起句：璧月軒中跡已陳)：「風月夜，憐取眼前人。」

按：此詞末句，係襲用元稹《鶯鶯傳》載崔鶯鶯〈告絕〉詩之成句：「棄置今何道，當時且自親；還將舊時意，憐取眼前人。」

3.詠桃花用崔護及劉禹錫典，且時引伸以寄舊地重遊，景物已非之感。

(1)〈捲春空〉(即〈定風波〉，起句：牆上夭桃簇簇紅)：「露萼鮮濃妝臉靚，相映，隔年情事此門中。粉面不知何處在？無奈，武陵流水捲春空。」

(2)〈憶秦娥〉(起句：曉朦朧)：「去年今日東門東，鮮妝輝映桃花紅。桃花紅。吹開吹落，一任東風。」

按：以上兩例，均引崔護故實，見載於唐孟棨《本事詩》〈情感〉條：「(博陵崔護)清明日獨遊於都城南，得居人莊，有女子自門隙窺之。酒渴求飲，女子以杯水至，開門設床命坐，獨倚小桃斜柯佇立，而意屬殊厚，妖姿媚態，綽有餘妍。崔辭去，送至門，如不勝情而入。及來歲清明日，逕往尋之，門牆如故，而已鎖扃之，因題詩於左扉曰：『去年今日此門中，人面桃花相映紅；人面祇今何處去，桃花依舊笑春風。』」

(見《續歷代詩話》，頁一九至二〇)

(3)〈漁家傲〉(起句：莫厭香醪斟繡履)：「前度劉郎應老矣，行樂地，兔葵燕麥春風裡。」

(4)〈風流子〉(起句：何處最難忘)：「好在後庭桃李，應記劉郎。」

(5)〈小重山〉(起句：一葉西風生嫩涼)：「尊酒畔，好住伴劉郎。」

(6)〈訴衷情〉(起句：不堪回首臥雲鄉)：「畫橋流水，曾見扁舟，幾度劉郎。」

(7)〈減字木蘭花〉(起句：簪花照鏡)：「深閉重門，牽絆劉郎別後魂。」

按：以上五例，均引劉禹錫故實，據宋尤袤《全唐詩話》卷三〈劉禹錫〉條載：「元和十年，（劉禹錫）自朗州召至京，戲贈看花君子云：『紫陌紅塵拂面來，無人不道看花回；玄都觀裡桃千樹，盡是劉郎去後栽。』再遊玄都觀絕句並序云：『予貞元二十一年爲屯田郎時，此觀未有花，是歲出牧連州，貶朗州司馬。居十年，召至京師，人人皆言有道士手植仙桃，滿觀如紅霞，遂有前篇以志一時之事。旋又出牧，今十有四年，復爲主客郎中，重遊玄都，蕩然無復一樹，惟兔葵燕麥，動搖風耳。因再題二十八字，以俟後遊，時太和二年三月也。』詩云：『百畝庭中半是苔，桃花淨盡菜花開；種桃道士歸何處，前度劉郎今又來。』」（見《歷代詩話》，頁七五）雖然，後四例之「劉郎」，與《幽明錄》所載東漢之劉晨，或亦有關，茲節略其故實如次：「劉晨、阮肇入天台採藥，經十三日，饑。遙望山上有桃，遂授葛至其下，噉數枚，饑止。出一大溪，遇二女，忻然如舊相識，因邀還家。俄有群女持桃來賀。酒酣作樂，夜，各就一帳宿，婉態殊絕。十日求還，苦留半年。更懷鄉，女遂指示還路，鄉邑零落，已十世矣！」（見《叢書集成新編》，冊八二，頁五）據此，則劉晨故實，亦與桃有關，且可引伸故地重遊，景物已非，故爲賀詞所取用。

4.憶年少行徑或寫歌館情事，以及敘寫揚州，用杜牧故實。

(1)〈忍淚吟〉（即〈醜奴兒〉）起首：「十年一覺揚州夢，雨散雲沈。」

(2)〈憶仙姿〉（即〈如夢令〉，起句：柳下玉驄雙鞚）：「一覺揚州春夢。」

(3)〈雨中花慢〉起首：「回首揚州，猖狂十載，依然一夢歸來。」

(4)〈清平樂〉（起句：吳波不動）：「載酒一尊誰與共，回首江湖舊夢。」

(5)〈新念別〉（即〈夜遊宮〉，起句：湖上蘭舟暮發）：「揚州夢斷燈明滅。」

(6)〈河傳〉（起句：華堂張燕）：「彼美箇人，的的風流心眼。恨尋芳來晚。」

按：杜牧之故實，可參《太平廣記》卷二七三〈杜牧〉條及題唐・于鄴《揚州夢記》，略云：「（杜牧）詩情豪邁，人號為小杜。然平生鬱鬱不得志，嘗往湖州，目一女子，年方十餘，約以十年後，來守該郡，當納之。比至，已十四年，前女子已從人，兩抱雛矣，因賦〈悵詩〉云：『自是尋春去較遲，不須惆悵怨芳時；狂風落盡深紅色，綠葉成陰子滿枝。』又嘗往揚州，每夕為狹斜遊，所至成歡，無不會意，有〈遺懷〉詩云：『落魄江湖載酒行，楚腰纖細掌中輕；十年一覺揚州夢，贏得青樓薄倖名。』」（見《叢書集成新編》，冊八三，頁一七一）觀夫賀鑄行徑，與杜牧頗有相似之處[31]，《東山詞》之好引杜牧詩作與故實，蓋亦其來有自也。

---

[31] 杜牧傳記及軼事，可參《新唐書》卷一六六，頁五〇九三至五〇九七、《太平廣記》卷二七三，頁二〇〇一至二〇〇三〈杜牧〉條；賀鑄傳記及軼事，可參《宋史》卷四四三，頁一三一〇三至一三一〇四、夏承燾〈賀方回年譜〉（收入《唐宋詞人年譜》，頁二七五至三一四，上海：上海古籍出版杜，一九七九年五月）。比較其行徑，蓋有兩點相似之處：其一，杜牧為官，雖曾以考功郎中知制詔，遷中書舍人；然以為人疏直，終無右援者。而其從兄杜悰。才不及杜牧，乃更歷將相，相較之下，牧頗怏怏不平。至若賀鑄，雖娶趙氏宗女為妻，然其秉性，尚氣使酒，任俠雄爽，終不得美官，遂退居吳下，稍務引遠世故。其二，杜牧嘗往湖州，目一女子，年方十餘，約以十年後，來守該郡，當納之。比至，已十四年，前女子已從人，兩抱雛矣！又嘗往揚州，每夕為狹斜遊，所至成歡，無不會意。至若賀鑄，退居吳下之際，亦曾邂逅吳女，數年後，吳女竟夭亡，令鑄憾恨不已！是知杜、賀兩人，於吳地均有一段淒美之戀情也。

5.詠牡丹，或寫女子花容姿態，用李白故實。

(1)〈翦朝霞〉（即〈鷓鴣天〉，起句：雲弄輕陰穀雨乾）：「沈香亭子鉤欄畔，偏得三郎帶笑看。」

(2)〈花想容〉（即〈武陵春〉，起句：南國佳人推阿秀）：「雲想衣裳花想容。」

(3)〈小重山〉（起句：一葉西風生嫩涼）：「苧羅標韻美，倚新妝。」

(4)〈減字木蘭花〉（起句：簪花照鏡）：「風香月影，信是瑤臺清夜永。」

按：李白故實，見載於唐李濬《松窗雜錄》：「開元中，禁中初重木芍藥，即今牡丹也。得四本——紅、紫、淺紅、通白者，上因移植興慶池東沈香亭前。會花方繁開，上乘月夜召太真妃以步輦從。詔選梨園子弟中尤者，得樂十六色。李龜年以歌擅一時之名，手捧檀板，押眾樂前，欲歌之。上曰：『賞名花，對妃子，焉用舊樂詞為？』遂命龜年持金花牋宣賜翰林學士李白進清平調詞三章。白欣承詔旨，猶苦宿酲未解，因援筆賦之。」（《文淵閣四庫全書》本，冊一〇三五，頁五五七至五五八）茲更錄〈清平調詞〉三首，以供對照：

其一：「雲想衣裳花想容，春風拂檻露華濃；若非群玉山頭見，會向瑤臺月下逢。」

其二：「一枝紅豔露凝香，雲雨巫山枉斷腸；借問漢宮誰得似，可憐飛燕倚新妝。」

其三：「名花傾國兩相歡，長得君王帶笑看；解釋春風無限恨，沈香亭北倚欄干。」

(二)綜合運用各技巧

本書於〈綜論兩宋詞人借鑒唐詩之技巧〉一文中，曾列有「合集唐詩成句」一項，並定義為：「凡取材唐詩，而襲用二首以上之唐詩成句，不論是否同為一人之作，其在一闋詞中若已佔相當比例者」，均屬之。賀鑄以前之詞家，若宋祁、王安石、蘇軾、黃庭堅等人，均有此類作品；而在二百八十七闋詞作中[32]，高達二百二十六闋[33]取材自唐詩之《東山詞》，獨未純然採用此法，甚可怪也。然仔細閱讀，又可見賀鑄恆綜合運用截取、增損、化用、襲用、檃括及引用詩人故實等方法以入詞；其運用兩方法以上之詞作，約一百二十餘闋，變化之奇，較上列各家之「集句」技巧，誠有過之而無不及。茲舉運用三種方法以上之實例，以見一斑：

---

32 據鍾振振《東山詞》前言云：「(方回)辭世之日，留下詞作凡五百餘篇，經過八百多年的星移物換，今尚存二百八十六闋(含殘篇斷句)，數量之夥，僅次於蘇軾而居北宋之亞。」(頁三)而黃啓方先生《東山詞箋注》凡例一云：「東山詞之傳世者，以朱氏《彊村叢書》本最爲完善，唐圭璋所編《全宋詞》，則於朱本略有增刪，本編即據朱本而參校唐本以定取捨，共得詞二百八十七首。」(按：本人據此箋注本統計，扣除卷四〈佚題〉〈鷓鴣天〉與〈思牛女〉〈踏莎行〉兩詞重出後，僅得二百八十三闋，短少四闋，不知何故?)茲更比對兩書，見於黃著而未見於鍾著者，有下列六闋：〈浣溪沙〉(起句：一色煙雲澹不開)、〈眼兒媚〉(起句：蕭蕭江上荻花秋)、〈柳梢青〉(起句：子規啼血)、〈梅香慢〉(起句：高閣寒輕)、〈馬家春慢〉(起句：珠箔風輕)、〈百寶裝〉(起句：楓葉初丹)。其中前五闋，唐圭璋《全宋詞》(一九七六年十月，台北世界書局)於〈東山詞〉後所附「存目詞」(頁五四三)，均曾爲之考證，以爲係其他詞家之作，故鍾著未予收入，並附於所著《東山詞》之後(頁四八四)。至若〈百寶裝〉一詞。則係黃著依夏敬觀《詞律拾遺補》(見《同聲月刊》第二卷第八號)所補者，鍾氏猶未之見也。而見於鍾著而未見於黃著者，則有下列八闋：〈辟寒金〉(起句：六華應臘妝吳苑)、〈避少年〉(起句：誰愛松陵水似天)、〈佚題〉(起句：留落吳門……)、〈烏啼月〉(起句：牛女相望處)、〈佚題〉(起句：風頭夢雨吹成雪)、〈佚題〉(起句：長廊碧瓦)、〈六么令〉(金陵懷古)、〈滿庭芳〉(詠茶)。總計兩家所錄，賀鑄《東山詞》目前可確知者，宜爲二百八十七闋。

33 據鍾振振《北宋詞人賀鑄研究》(臺北：文津出版社，一九九四年八月初版)，第四章等四節〈善於融化前人成句〉稱：「據筆者箋注，其一字不改地嵌用前人成句，即達二十八家五十七句，用前人句而增損變化更多到九十餘家二百數十句。分布面爲一百四十餘首，超過總數的二分之一。」(頁一四九)然筆者逐闋逐句統計，其取材唐詩者，實高達二百二十六闋，詳參下節表列統計！

1.〈第一花〉（即〈鷓鴣天〉）：「豆蔻梢頭莫漫誇。春風十里舊繁華。金樓玉蕊皆殊豔，別有傾城第一花。　青雀舫。紫雲車。暗期歸路指煙霞。無端卻似堂前燕，飛入尋常百姓家。」

按：此詞首兩句，取自杜牧〈贈別〉詩（詩見「化用唐詩句意」項引），一截取，一化用。「第一花」，爲許渾詩句（見「截取」項附詞調之7，〈第一花〉所引），賀鑄取而用之。「紫雲車」，見杜牧〈贈妓人張好好〉詩：「載以紫雲車」（卷五二〇，頁五九四一），賀鑄亦截而用之。「暗期」一句，則化自柳富〈贈幼玉長歌〉：「他日得郎歸來時，攜手同上煙霞路」。末兩句，取自劉禹錫〈金陵五題〉之二〈烏衣巷〉詩：「舊時王謝堂前燕，飛入尋常百姓家。」（卷三六五，頁四一一七），一化用，一襲用。要之，此詞係運用「截取」、「化用」、「襲用」三方法以取材唐詩也。

2.〈捲春空〉（即〈定風波〉）：「牆上夭桃簌簌紅。巧隨輕絮入簾櫳。自是芳心貪結子。翻使。惜花人恨五更風。　露萼鮮濃妝臉靚。相映。隔年情事此門中。粉面不知何處在。無奈。武陵流水捲春空。」

按：此詞起首兩句，化用元稹〈連昌宮詞〉之三、四句：「更有牆頭千葉桃，風動落花紅簌簌。」（卷四一九，頁四六一二）「自是」以下三句，則化用王建〈宮詞一百首〉之第九十首詩句：「自是桃花貪結子，錯教人恨五更風。」（卷三〇二，頁三四四五），至若此詞下片，則係引崔護故實（參「引用詩人故實」項之㈢），並檃括其中所載〈題都城南莊〉詩（參「檃括唐人詩作」項㈡之2）。然則，此詞蓋運用「化用」、「檃括」、「引用詩人故實」三方法以取材唐詩也。

3.〈思越人〉（即〈鷓鴣天〉）：「京口瓜洲記夢間。朱扉猶想映花關。東風大是無情思，不許扁舟興盡還。　春水漫，夕陽閒。烏檣幾轉綠楊灣。紅塵十里揚州過，更上迷樓一借山。」

按：此詞「朱扉」句，係化自韓翃〈題薦福寺衡嶽暕師房〉詩句：「深戶映花關」（卷二四四，頁二七四三）。下闋起首兩句，則截取嚴維〈酬劉員外見寄〉詩句：「柳塘春水漫，花塢夕陽遲。」（卷二六三，頁二九一四），其中「夕陽閒」一句，易嚴詩之「遲」字爲「閒」字，兼有增損之法。「紅塵」一句，則化自杜牧〈贈別〉詩二首之一詩句：「春風十里揚州路」（卷五二三，頁五九八八）。至若「迷樓」一詞，係用題韓偓著《迷樓記》典[34]，屬引故實之法。然則，此詞兼用「化用」、「截取」、「增損」、「引用詩人故實」四方法以取材唐詩也。

4.〈將進酒〉（即〈小梅花〉）上闋：「城下路。淒風露。今人犁田古人墓。岸頭沙。帶蒹葭。漫漫昔時流水今人家。黃埃赤日長安道。倦客無漿馬無草。開函關。掩函關。千古如何不見一人閒。」

按：顧況〈悲歌〉（參注28）六首之一前四句云：「邊城路。今人犁田昔人墓。岸上沙。昔時

34　題韓偓《迷樓記》載：「煬帝晚年，尤沈迷於女色。……近侍高昌奏曰：『臣有友項昇，浙人也，自言能構宮室。』翌日召而問之。昇曰：『臣乞先進圖本。』後數日進圖，帝覽大悅，即日詔有司供具材木。凡役夫數萬，經歲而成。樓閣高下，軒窗掩映；幽房曲室，玉欄朱楯，互相連屬，回環四合，曲屋自通。……工巧之極，自古無有也。……人誤入者，雖終日不能出。帝幸之，大喜，顧左右曰：『使真仙游其中，亦當自迷也，可目之曰「迷樓」。』」（臺北：藝文印書館《古今逸史》本，頁一，一九六六年）

江水今人家。」」(卷二六五，頁二九四二)，賀詞前六句，顯取自顧詩，而增損其用字。「黃埃」兩句，則化用顧況〈長安道〉詩句：「長安道。人無衣，馬無草。」(卷二六五，頁二九四一)，至若末句，係化自戴叔倫〈汝南逢董校書〉詩：「如何百年內，不見一人閒。」(卷二七三，頁三〇七四)，然則，此半闋詞，係運用「增損」與「化用」之方法以取材唐詩也。

5.〈行路難〉(即〈小梅花〉)：「縛虎手。懸河口。車如雞棲馬如狗。白綸巾。撲黃塵。不知我輩可是蓬蒿人。衰蘭送客咸陽道，天若有情天亦老。作雷顛。不論錢。誰問旗亭美酒斗十千。酌大斗。更爲壽。青鬢常青古無有。笑嫣然。舞翩然。當壚秦女十五語如絃。遺音能記秋風曲。事去千年猶恨促。攬流光。繫扶桑。爭奈愁來一日卻爲長。」

按：此詞上闋「不知」一句，係原自李白〈南陵別兒童入京〉詩句：「我輩豈是蓬蒿人」(卷一七四，頁一七八七)，而增損其用字。「衰蘭」兩句，則襲用李賀〈金銅仙人辭漢歌〉之九、十兩句。下闋「青鬢」一句，係襲用韓琮〈春愁〉詩之第二句；「當壚」一句，則化自同一首詩之詩句：「秦娥十六語如絃」(卷五六五，頁六五四八)。「事去」一句，見於李益〈同崔邠登鸛雀樓〉詩，原句爲「事去千年猶恨速」(卷二八三，頁三二一八)，賀詞易「速」字爲「促」字，屬增損之法。「繫扶桑」三字，截自杜甫〈遣興〉二首之一：「有時繫扶桑」(卷二一八，頁二二九一)。至若末句，仍見於李益〈同崔邠登鸛雀樓〉詩，原句爲「愁來一日即爲長」(卷二八三，頁三二一八)，賀詞增「爭奈」兩字，並易「即」字爲「卻」字，屬增損之法。然則，此詞係運用「增損」、「襲用」、「化用」、「截取」四方法以取材唐詩也。

要之，賀鑄《東山詞》中，雖未見通首「集句」之作，然其運用各種方法取材唐詩之努力，以及所呈現之數量，確爲兩宋詞人之冠。或施之於令詞，或行之於慢詞；或整闋爲之，或半闋爲之，有法而無法，無法而有法，確令人目不暇給也。

乙、《東山詞》借鑒唐詩人綜考

本文於「前言」提及，賀鑄嘗自言「驅使李商隱、溫庭筠，當奔命不暇」，而張炎《詞源・字面》偏又稱賀鑄、吳文英善鍊字面，「多於李長吉，溫庭筠詩中來」。然則賀鑄所好借鑒之唐詩人，果爲李商隱、溫庭筠、李賀三人乎？爲了解眞相，爰將《東山詞》中涉及借鑒唐詩之二百二十六闋詞，先表列如次（此中凡不同調借鑒同一詩者，均分開計數，不忌重複；以不同闋故也）：

目次	詞調	起句	詞句	唐詩人	詩題、詩句及故實	借鑒技巧
1	佚調（七娘子）	缺	「美滿孤帆」	杜牧	〈池州送孟遲先輩〉：「千帆美滿風」（卷五二〇，頁五九四六）	化用
2	鴛鴦語（七娘子）	京江抵海邊吳楚	「鐵甕城、形勝無今古」	杜牧	〈潤州詩〉二首之二：「城高鐵甕橫強弩」（卷五二二，頁五九六三）	鎔鑄
			「奈玉壺、難扣鴛鴦語」	南溟夫人	〈題玉壺贈元柳二子〉：「若到人間叩玉壺，鴛鴦自解分明語」，事見《續仙傳·元柳二公篇》（卷八六三，頁九七五八）	引故實 化用
			「非花非霧」	白居易	〈花非花〉：「花非花，霧非霧，夜半來，天明去。」（卷四三五，頁四八二二）	截取
			「為誰來為誰還去」	歐陽獬	〈詠燕上主司鄭愚〉：「為誰歸去為誰來」（卷六〇七，頁七〇〇八）	化用
3	璧月堂（小重山）	夢草池南璧月堂	「得意兩鴛鴦」	崔十娘	「得意似鴛鴦」，事見唐·張鷟《游仙窟》。	引故實 增損
4	群玉軒（小重山）	璧月軒中跡已陳	「廣陵春」	杜牧	〈隋苑〉：「紅霞一抹廣陵春」（卷五二四，六〇〇八頁）	截取

目次	詞調	起句	詞句	唐詩人	詩題、詩句及故實	借鑒技巧
			「憐取眼前人」	崔鶯鶯	「告絕詩」第四句，見元稹《鶯鶯傳》（卷八○○，頁九○○二）	襲用 引故實
5	佚調（小重山）	隔水桃花□□□	「……葉付漪漣，馳寄與，人住玉溪邊。」	盧渥	唐·范攄《雲溪友議》卷下引盧渥紅葉題詩故實	引故實
6	辨絃聲（迎春樂）	瓊瓊絕藝真無價	同上	薛瓊瓊	宋·張君房《麗情集》引薛瓊瓊故實	引故實
			「久背面、鞦韆下」	李商隱	〈無題〉二首之一（八歲偷照鏡）：「背面鞦韆下」（卷五三九，頁六一六五）	化用
7	攀鞍態（迎春樂）	逢迎一笑金難買	「望新月、爲誰雙拜？細語人不聞，微風動、羅裙帶」	李端	〈拜新月〉：「開簾見新月，便即下階拜；細語人不聞，北風吹裙帶。」（卷二八六，頁三二八○）	檃括
			「玉環風調依然在」	白居易	〈和殷協律琴思〉：「依稀風調似文君」（卷四四二，頁四七一三）	截取化用

8	辟寒金（迎春樂）	六華應臘妝吳苑	「賞新不厭杯行緩，待月度、銀河半。」	白居易	〈首夏同諸校正游開元觀因宿玩月〉：「置酒西廊下，待月杯遊遲。」（卷四二八，頁四七一三）	化用
9	爾汝歌（清商怨）	勞生羈旅未易處	「白眼青天」	杜甫	〈飲中八仙歌〉：「舉觴白眼望青天」（卷二一六，頁二二五九）	截取
			「忘形相爾汝」	杜甫	〈醉時歌〉：「忘形到爾汝」（卷二一六，頁二二五七）	增損
10	佚調（清商怨）	揚州商女□□□	同上	劉禹錫	〈夜聞商人船中箏詩〉：「揚州市裏商人女」（卷三六五，頁四一二八）	鎔鑄
			「朝風來色好」	盧照鄰	〈至陳倉曉望京邑〉：「今朝好風色」（卷四二，頁五二六）	化用
11	半死桐（鷓鴣天）	重過閶門萬事非	「重過閶門萬事非。同來何事不同歸。梧桐半死清霜後，頭白鴛鴦失伴飛。」	韋莊	〈鄠杜舊居〉：「卻到山陽事事非」（卷六九八，頁八〇三八）	化用
				徐月英	〈送人〉：「惆悵人間萬事違，兩人同去一人歸；生憎平望亭前水，忍照鴛鴦相背飛。」（卷八〇二，頁九〇三三）	

目次	詞調起句	詞句	唐詩人	詩題、詩句及故實	借鑒技巧
		「梧桐半死清霜後」	白居易	〈爲薛台悼亡〉:「半死梧桐老病身」(卷四三六,頁四八三八)	化用
12	翦朝霞(鷓鴣天)	雲弄輕煙穀雨乾	「翦刻朝霞飣露盤」	元稹	〈紅芍藥〉:「翦刻彤雲片,開張赤霞裹」(卷四〇一,頁四四八九)	化用
			裴潾	〈裴給事宅白牡丹〉:「別有玉盤承露冷」(卷二八〇,頁三一八八)	鎔鑄
		「沉香亭子鉤欄畔,偏得三郎帶笑看」	李白	〈清平調〉三首之三:「名花傾國兩相歡,長得君王帶笑看;解釋春風無限恨,沈香亭北倚闌干。」(卷一六四,頁一七〇三)	化用
				唐・李濬《松窗雜錄》及樂史《李翰林別集序》	引故實
13	避少年(鷓鴣天)	誰愛松陵水似天	同上	雍陶	〈望月懷江上舊游〉:「憶得當時水似天」(卷五一八,頁五九二八)	截取
		「清風明月休論價」	李白	〈襄陽歌〉:「清風明月不用一錢買」(卷一六六,頁一七一五)	化用
		「賣與愁人	杜牧	〈醉贈薛道封〉:「賣與明君直幾錢」(卷	化用

			值幾錢」		五二四，頁五九九六）	
			「一時朋輩飲中仙」	杜甫	杜甫詩題：「飲中八仙歌」（卷二一六，頁二二五九）	鎔鑄
			「袖手低回避少年」	唐彥謙	〈和陶淵明貧士詩七首〉之四：「逡巡避少年」（卷六七一，頁七六七七）	截取
14	佚調（鷓鴣天）	留落吳門……	「樵青與我和滄浪」	張志和	宋·錢易《南部新書》壬集載玄真子張志和故事	引故實
15	第一花（鷓鴣天）	豆蔻梢頭莫漫誇	同上	杜牧	〈贈別〉：「荳蔻梢頭二月初」（卷五二三，頁五九八八）	截取
			「春風十里舊繁華」	杜牧	〈贈別〉：「春風十里揚州路」（卷五二三，頁五九八八）	化用
			「別有傾城第一花」	張俞	〈過驪山留題二絕〉之一：「銜出宮中第一花」。事見宋·劉斧《青瑣高議》載秦醇〈溫泉記〉	引故實
				許渾	〈客有卜居不遂薄遊汧隴因題〉：「落盡春風第一花」（卷五三八，頁六一三八）	截取

目次	詞調	起句	詞句	唐詩人	詩題、詩句及故實	借鑒技巧
			「紫雲車」	杜牧	〈贈妓人張好好〉:「載以紫雲車」(卷五二〇,頁五九四二)	截取
			「暗期歸路指煙霞」	柳富	〈贈幼玉長歌〉:「他日得郎歸來時,攜手同上煙霞路。」,事見宋·劉斧《青瑣高議》載柳師尹〈王幼玉記〉。	引故實 化用
			「無端卻似堂前燕,飛入尋常百姓家」	劉禹錫	〈金陵五題〉之二〈烏衣巷〉:「舊時王謝堂前燕,飛入尋常百姓家。」(卷三六五,頁四一一七)	化用 襲用
16	花想容(武陵春)	南國佳人推阿秀	「雲想衣裳花想容」	李白	〈清平調〉三首之一起句(卷一六四,頁一七〇三),又見唐·李濬《松窗雜錄》載李白故實	襲用 引故實
17	佚調(擣練子)	樓下鼓	「思婦想無腸可斷」	白居易	〈山游示小妓〉:「無腸與君斷」(卷四五二,頁五一一三)	化用
18	夜擣衣(擣練子)	收錦字	「收錦字,下鴛機」	李商隱	〈即日〉:「幾家緣錦字,含淚坐鴛機。」(卷五四〇,頁六一九〇)	化用

19	杵聲齊（擣練子）	砧面瑩	「砧面瑩，杵聲齊，擣就征衣淚墨題。寄到玉關應萬里，戍人猶在玉關西。」	李白	〈子夜歌〉：「長安一片月，萬戶擣衣聲；春風吹不盡，總是玉關情。」（卷一六五，頁一七一一）	化用
			「擣就征衣淚墨題」	孟郊	歸信吟：「淚墨灑爲書」（卷三七二，頁四一七九）	截取
			「寄到玉關應萬里，戍人猶在玉關西」	佚名	宋．楊萬里〈頤菴詩稿序〉以爲晚唐詩，今《全唐詩》未見此兩句。	襲用
20	夜如年（擣練子）	斜月下	「破除今夜夜如年」	韓愈	〈贈鄭兵曹〉：「破除萬事無過酒」（卷三三八，頁三七八七）	截取
21	佚調（南歌子）	疏雨池塘見	「疏雨池塘見，微風襟袖知」	杜牧	〈秋思〉：「微雨池塘見，好風襟袖知。」（卷五二三，頁五九八五）	增損
			「陰陰夏木囀黃鸝」	王維	〈積雨輞川莊作〉詩第四句（卷一二八，頁一二九八）	襲用

目次	詞調起句	詞句	唐詩人	詩題、詩句及故實	借鑒技巧
		「易醉扶頭酒，難逢敵手棋。」	姚合	〈答友人招遊〉：「賭棋招敵手，沽酒自扶頭。」（卷五〇一，頁五六九八）	化用
		「睡起芭蕉葉上、自題詩」	韋應物	〈閒居寄諸弟〉：「芭蕉葉上獨題詩」（卷一八八，頁一九一九）	增損化用
22	窗下繡（一落索）	初見碧紗窗下繡			
		「錯將黃暈壓檀花」	杜牧	〈偶作〉詩第四句（卷五二四，頁五九九八）	襲用
		「寸波頻溜」	李群玉	〈醉後贈馮姬〉：「一寸橫波回慢水」（卷五六九，頁六六〇一）	鎔鑄
			韋莊	〈秦婦吟〉：「一寸橫波剪秋水」（見陳尚君輯校《全唐詩補編》上冊，頁三六）	
		「不應學舞愛垂楊」	溫庭筠	〈惜春詞〉：「不似垂楊惜金縷。」（卷五七六，頁六七〇六）	化用

		「情通色授」	元稹	〈會眞詩三十韻〉：「柔情已暗通」（卷四二二，頁四六四四）	鎔鑄
			張柬之	〈大堤曲〉：「色授開心許」（卷九九，頁一〇六七）	截取
23	喚春愁（添聲楊柳枝）天與多情不自由	同上	韓偓	〈多情〉：「天遣多情不自持」（卷六八三，頁七八四三）	化用
			李商隱	〈即日〉：「多情豈自由」（卷五四〇，頁六一九二）	
		「試作小妝窺晚鏡，淡娥羞。」	溫庭筠	〈過華清宮二十二韻〉：「窺鏡澹蛾羞。」（卷五八〇，頁六七三六）	化用
24	花幕暗（添聲楊柳枝）綠綺新聲隔坐聞	「尊前爲舞鬱金裙」	杜牧	〈送客州唐中丞赴鎮〉：「看舞鬱金裙」（卷五二一，頁五九五四）	截取
			李商隱	〈牡丹〉：「折腰爭舞鬱金裙」（卷五三九，頁六一七一）	化用

目次	詞調	起句	詞句	唐詩人	詩題、詩句及故實	借鑒技巧
25	晚雲高(添聲楊柳枝)	秋盡江南葉未凋	「秋盡江南葉未凋。晚雲高。青山隱隱水迢迢。接亭皐。　二十四橋明月夜，弭蘭橈。玉人何處教吹簫。可憐宵。」	杜牧	〈寄揚州韓綽判官〉：「青山隱隱水迢迢，秋盡江南草木凋；二十四橋明月夜，玉人何處教吹簫。」(卷五二三，頁五九八二)	檃括增損
26	釣船歸(添聲楊柳枝)	綠淨春深好染衣	「綠淨春深好染衣。際柴扉。溶溶漾漾白鷗飛。兩忘機。　南去北來徒自	杜牧	〈漢江〉：「溶溶漾漾白鷗飛，綠淨春深好染衣；南去北來人自老，夕陽長送釣船歸。」(卷五二三，頁五九七九)	檃括

		老，故人稀。夕陽長送釣船歸。鱖魚肥。」			
27	愛孤雲（添聲楊柳枝）	閒愛孤雲靜愛僧			
		同上	杜　牧	〈將赴吳興登樂遊原〉詩之第二句（卷五二一，頁五九六二）	襲　用
		「得良朋」	李商隱	〈漫成五章〉之一：「王楊落筆得良朋。」（卷五四〇，頁六二一六）	截　取
		「清時有味是無能」	杜　牧	〈將赴吳興登樂遊原〉詩之首句（卷五二一，頁五九六二）	襲　用
		「如今癡鈍似寒蠅」	韓　愈	〈送侯參謀赴河中幕〉：「癡如遇寒蠅」（卷三三九，頁三八〇四）	化　用
		「醉懵騰」	韓　偓	〈格卑〉：「自拋懷抱醉懵騰」（卷六八二，頁七八二〇）	截　取

目次	詞調	起句	詞句	唐詩人	詩題、詩句及故實	借鑒技巧
28	替人愁(添聲楊柳枝)	風緊雲輕欲變秋	「風緊雲輕欲變秋。雨初收。江城水路漫悠悠。帶汀州。　正是客心孤迴處，轉歸舟。誰家紅袖倚津樓。替人愁。」	杜牧	〈南陵道中〉：「南陵水面漫悠悠，風緊雲輕欲變秋；正是客心孤迴處，誰家紅袖憑江樓。」（卷五二四，頁五九九六）	檃括　增損
29	夢江南(添聲楊柳枝)	九曲池頭三月三	「柳毿毿」	孟浩然	〈高陽池送朱二〉：「綠岸毿毿楊柳垂」（卷一五九，頁一六三〇）	鎔鑄
				施肩吾	〈春日錢塘雜興〉：「錢塘郭外柳毿毿」（卷四九四，頁五六〇二）	截取
			「苦筍鰣魚鄉味美」	韓偓	〈江樓詩二首〉之二：「鰣魚苦筍香味新」（卷六八三，頁七八三〇）	化用

30	愁風月（生查子）	風清月正圓	「欲遽就床眠，解帶翻成結」	韋應物	〈對殘燈〉：「幽人將遽眠，解帶翻成結。」（卷一九三，頁一九九二）	化用 襲用
31	綠羅裙（生查子）	東風柳陌長	「應念畫眉人，拂鏡啼新曉」	王昌齡	〈朝來曲〉：「盤龍玉臺鏡，唯待畫眉人。」（卷一四三，頁一四四二）	化用
			「傷心南浦波」	武元衡	〈晨興寄贈竇使君〉：「縱橫南浦波」（卷三一六，頁三五四五）	截取
			「回首青門道」	李白	〈寓言〉：「先入青門道」（卷一八三，頁一八六四）	截取
				權德輿	〈送韋十二赴襄城令三韻〉：「青門重迴首」（卷三二三，頁三六三〇）	化用
32	捲春空（定風波）	牆上夭桃簌簌紅	同上	元稹	〈連昌宮詞〉：「又有牆頭千葉桃，風動落花紅蔌蔌」（卷四一九，頁四六一二）	化用
			「自是芳心貪結子，翻使、惜花人恨五更風。」	王建	〈宮詞一百首〉之九十：「自是桃花貪結子，錯教人恨五更風。」（卷三〇二，頁三四四五）	增損化用

目次	詞調	起句	詞句	唐詩人	詩題、詩句及故實	借鑒技巧
			「露萼鮮濃妝臉靚，相映，隔年情事此門中。粉面不知何處在？」	崔護	〈題都城南莊〉：「去年今日此門中，人面桃花相映紅；人面不知何處在，桃花依舊笑春風。」（卷三六八，頁四一四八）	檃括 引故實 增損
33	西笑吟（蝶戀花）	桃葉園林風日好	「處處聞啼鳥」	孟浩然	〈春曉〉詩第二句（卷一六〇，頁一六六七）	襲用
			「翠珥金丸委芳草」		《西京雜記》引韓嫣典	引故實
34	望長安（蝶戀花）	排辦張燈春事早	「金犢車輕玉驄小」	韋莊	〈延興門外作〉：「美人金犢車」（卷六九五，頁七九九五） 「金犢車」又見《明皇雜錄》引楊貴妃故實	截取 引故實
			「拂頭楊柳穿馳道」	杜牧	〈自宣城赴官上京〉：「蘇小門前柳拂頭」（卷五二二，頁五九六五）	化用

			「長安不見令人老」	李白	〈登金陵鳳凰臺〉:「長安不見使人愁」(卷一八〇，頁一八三六)	化用
35	呈纖手(木蘭花)	秦紘絡絡呈纖手	「蜜炬垂花知夜久」	李賀	〈河陽歌〉:「蜜炬千枝爛」(卷三九二，頁四四一八)	截取
			「徵詔心諳日邊來」	李白	〈永王東巡歌十一首〉之十一:「西入長安到日邊」(卷一六七，頁一七二五)	截取
			「細學永豐坊畔柳」	白居易	《本事詩・事感》及《全唐詩話》引白居易故實	引故實
36	續漁歌(木蘭花)	中年多辦收身具	同上	白居易	〈洛下閒居寄山南令狐相公〉:「已收身向園林下」(卷四五六，頁五一七五)	化用
			「四肢安穩一漁舟」	盧仝	〈客淮南病〉:「四肢安穩一張牀」(卷三八七，頁四三七二)	化用
			「祇許樵青相伴去」		宋・錢易《南部新書》壬集載玄真子張志和故實	引故實
37	惜餘春(踏莎行)	急雨收春	「年年游子惜餘春」	陳子良	〈春晚看群公朝還人爲八韻〉:「游子惜春暮」(卷三九，頁四九七)	化用
			「鴛鴦俱是白頭時」	李商隱	〈代贈〉:「鴛鴦可羨頭俱白」(卷五三九，頁六一五一)	化用

目次	詞調起句		詞句	唐詩人	詩題、詩句及故實	借鑒技巧
			「江南渭北三千里」	杜甫	〈社日〉:「今日江南老，它時渭北童。」(卷二三一，頁二五三六)〈春日憶李白〉:「渭北春天樹，江東日暮雲。」(卷二二四，頁二三九五)	截取
38	題醉袖（踏莎行）	淺黛宜顰	「低鬟促坐認絃聲」	李商隱	〈天水閒話舊事〉:「更辨絃聲覺指纖」(卷五四〇，頁六一八六)	截取
			「濃染吟毫，偷題醉袖」	白居易	〈代書詩一百韻寄微之〉:「醉袖玉鞭垂」(卷四三六，頁四八二四)	截取
39	陽羨歌（踏莎行）	山秀芙蓉	同上	李白	〈望九華贈青陽韋仲堪〉:「秀出九芙蓉」(卷一六九，頁一七四八)	化用
			「眞游洞穴滄波下」	李嶠	〈閏九月九日幸總持寺登浮圖應制〉:「眞游下大千」(卷五八，頁六九三)	截取
			「黃雞白酒漁樵□」	李白	〈南陵別兒童入京〉:「白酒新熟山中歸，黃雞啄黍秋正肥。」(卷一七四，頁一七八七)	截取

40	芳心苦（踏莎行）	楊柳迴塘	「斷無蜂蝶慕幽香」	崔塗	〈殘花〉：「蜂蝶無情極，殘香更不尋。」（卷六七九，頁七七七八）	化用
			「紅衣脫盡芳心苦」	羊士諤	〈玩荷花〉：「紅衣落盡暗香殘」（卷三三二，頁三六九六）	化用
				趙嘏	〈長安晚秋〉：「紅衣落盡渚蓮愁」（卷五四九，頁六三四七）	
			「當年不肯嫁春風」	韓偓	〈寄恨〉：「蓮花不肯嫁春風」（卷六八三，頁七八四二）	增損
			「無端卻被秋風誤」	韓愈	〈落花〉：「無端又被春風誤」（卷三四三，頁三八五〇）	化用
41	平陽興（踏莎行）	涼葉辭風	同上	元稹	〈小胡笳引〉：「秋霜滿樹葉辭風」（卷四二一，頁四六三〇）	化用
			「潮平別浦」	鄭谷	〈題杭州梓亭〉：「潮平無別浦」（卷六七四，頁七七一七）	增損
42	暈眉山（踏莎行）	鏡暈眉山	「囊熏水麝」		李石《續博物志》載虞人獲水麝事	引故實
			「依稀待月西廂下」	崔鶯鶯	元稹《鶯鶯傳》載鶯鶯答張生詩：「待月西廂下」（卷八〇〇，頁九〇〇二）	增損

目次	詞調	起句	詞句	唐詩人	詩題、詩句及故實	借鑒技巧
43	思牛女（踏莎行）	樓角參橫	「庭心月午」	李賀	〈感諷五首〉之三：「月午樹無影」（卷三九一，頁四四一一）	截取
			「侵階夜色涼經雨」	杜牧	〈秋夕〉：「天階夜色涼如水」（卷五二四，頁六〇〇二）	化用
			「輕羅小扇撲流螢」	杜牧	〈秋夕〉詩第二句（卷五二四，頁六〇〇二）	襲用
			「扶肩暱語」		陳鴻《長恨歌傳》載明皇、貴妃事	引故實
44	負心期（山花子）	節物侵尋迫暮遲	「可勝搖落長年悲」	張說	〈岳州九日宴道觀西閣〉：「搖落長年歎」（卷八八，頁九七四）	增損
			「驚雁失行風翦翦」	韓偓	〈寒食夜〉：「惻惻輕寒翦翦風」（卷六八三，頁七八三四）	鎔鑄
45	醉中眞（浣溪沙）	不信芳春厭老人	「惱花顛酒拚君瞋」	杜甫	〈江畔獨步尋花七絕〉之一：「江上被花惱不徹」（卷二二七，頁二四五二）	鎔鑄
					「顛酒」事見《開元天寶遺事》	引故實

			「桃李趣行無算酌」	駱賓王	〈帝京篇〉：「倡家桃李自芳菲」（卷七七，頁八三四）	化用
				盧照鄰	〈長安古意〉：「共宿娼家桃李蹊」（卷四一，頁五一九）	
46	頻載酒（浣溪沙）	金斗城南載酒頻	「桑榆收得自由身」	白居易	〈晚歸早出〉：「卻作自由身」（卷四五一，頁五一〇四）	截取
				羅隱	〈寄第五尊師〉：「世間難得自由身」（卷六五九，頁七五七二）	
			「酣歌一曲太平人」	宋之問	〈寒食還陸渾別業〉詩末句（卷五一，頁六二六）	襲用
47	掩蕭齋（浣溪沙）	落日逢迎朱雀街	「笑拈飛絮買金釵」	司空圖	〈楊柳枝壽杯詞十八首〉之十三：「絮惹輕枝雪未飄，小溪煙束帶危橋；鄰家女伴頻攀折，不覺回身罥翠翹。」（卷六三四，頁七二八〇）	化用
48	楊柳陌（浣溪沙）	興慶宮池整月開	「後庭芳草綠緣階」	李白	〈寄遠十一首〉之九：「長短春草綠，緣階如有情；……覩物知妾意，希君種後庭。」（卷一八四，頁一八七九）	化用

目次	詞調	起句	詞句	唐詩人	詩題、詩句及故實	借鑒技巧
			「□□□落鳳凰釵」	殷堯藩	〈上巳日贈都上人〉:「遺落鳳凰釵」(卷四九二，頁五五六五)	截取
49	換追風(浣溪沙)	掌上香羅六弓寸	「雍容胡旋一盤中」		「胡旋」見唐·段安節《樂府雜錄·舞工》條 「一盤中」見《楊太眞外傳》卷上	引故實
			「目成心許兩息息」	張柬之 皇甫冉	〈大堤曲〉:「魂處自目成，色授開心許。」(卷九九，頁一〇六七) 〈見諸姬學玉臺體詩〉:「傳杯見目成，結帶明心許。」(卷二四九，頁二八一一)	截取
			「當時曾約換追風」	張祜	〈愛妾換馬詩二首〉之二:「忍將行雨換追風」(卷五一一，頁五八二六)	截取
50	最多宜(浣溪沙)	半解香綃撲粉肌	「碧琉璃水浸瓊枝」	白居易 韓偓	〈泛太湖書事寄微之〉:「碧琉璃水淨無風」(卷四四七，頁五〇二五) 〈多情〉:「瓊樹長須浸一枝」(卷六八三，頁七八四三)	截取 化用

		「可人風調最多宜」	白居易	〈和殷協律琴思〉：「依稀風調似文君」（卷四四二，頁四九四八）	截取
51	錦纏頭（浣溪沙）	舊說山陰禊事修			
		「繞郭煙花連茂苑，滿船絲竹載涼州。」	薛能	〈清河泛舟〉：「遶郭煙波浮泗水，一船絲竹載涼州。」（卷五五九，頁六四八五）	化用 增損
		「一標爭勝錦纏頭」	杜甫	〈即事〉：「舞罷錦纏頭」（卷二二六，頁二四四七）「錦纏頭」事見《演繁露》卷七	截取 引故實
52	將進酒（小梅花）	城下路			
		「城下路，淒風露。今人犁田古人墓。」	顧況	〈悲歌六首〉之一：「邊城路，今人犁田昔人墓。」（卷二六五，頁二九四二）	增損 襲用
		「岸頭沙，帶蒹葭，漫漫昔時流水今人家。」	顧況	〈悲歌六首〉之一：「岸上沙，昔時江水今人家。」（卷二六五，頁二九四二）	化用 增損
		「黃埃赤日長安道，倦客無漿馬無草。」	顧況	〈長安道〉：「長安道，人無衣，馬無草。」（卷二六五，頁二九四一）	化用

目次	詞調	起句	詞句	唐詩人	詩題、詩句及故實	借鑒技巧
			「千古如何不見一人閒」	戴叔倫	〈汝南逢董校書〉：「如何百年內，不見一人閒。」（卷二七三，頁三〇七四）	化用
			「深入醉鄉安穩處」		「醉鄉」事見唐．王績《醉鄉記》	引故實
53	行路難（小縛虎手梅花）		「不知我輩可是蓬蒿人」	李白	〈南陵別兒童入京〉：「我輩豈是蓬蒿人」（卷一七四，頁一七八七）	增損
			「衰蘭送客咸陽道，天若有情天亦老。」	李賀	〈金銅仙人辭漢歌〉第九、十兩句（卷三九一，頁四四〇三）	襲用
			「青鬢常青古無有」	韓琮	〈春愁〉詩第二句（卷五六五，頁六五四八）	襲用
			「當壚秦女十五語如絃」	韓琮	〈春愁〉：「秦娥十六語如絃」（卷五六五，頁六五四八）	化用
			「事去千年猶恨促」	李益	〈同崔邠登鸛雀樓〉：「事去千年猶恨速」（卷二八三，頁三二二八）	增損

			「繫扶桑」	杜　甫	〈遣興五首〉之一：「有時繫扶桑」（卷二一八，頁二二九一）	截　取
			「爭奈愁來一日卻爲長」	李　益	〈同崔邠登鸛雀樓〉：「愁來一日即爲長」（卷二八三，頁三二一八）	增　損
54	東鄰妙（木蘭花）	張燈結綺籠馳道	「昭華吹斷紫雲回」		「紫雲回」事見唐・鄭棨《開天傳信記》	引故實
			「尊酒相逢留一笑」	韓　愈	〈贈鄭兵曹〉：「尊酒相逢十載前」（卷三三八，頁三七八七）	化　用
			「盧郎任老也多才」		「盧郎」事見宋・錢易《南部新書》丁集	引故實
			「不數五陵狂俠少」	李　白 白居易	〈少年行〉：「五陵年少金市東」（卷一六五，頁一七〇九） 〈琵琶行〉：「五陵年少爭纏頭」（卷四三五，頁四八二一）	截　取
55	問歌顰（雨中花）	清渭京江人物秀	同上	杜　牧	〈杜秋娘〉詩：「京江水清滑，生女白如脂。」（卷五二〇，頁五九三八）	化　用
			「寶子餘妍」		「寶子」事見《太眞外傳》	引故實

目次	詞調	起句	詞句	唐詩人	詩題、詩句及故實	借鑒技巧
			「獨步秋娘後」		「秋娘」事見杜牧〈杜秋娘詩序〉（卷五二〇，頁五九三八）	引故實
56	畫樓空（訴衷情）	吳門春水雪初融	「罷畫樓空」	元稹	〈劉阮妻〉：「罷畫樓臺青黛山」（卷四二二，頁四六四〇）	截取
			「觸處小橈通」	岑參	〈江上春嘆〉：「春風觸處到」（卷二〇〇，頁二〇九二）	截取
57	步花間（訴衷情）	憑陵殘醉步花間	「風綽佩珊珊」	杜甫	〈鄭駙馬宅宴洞中〉：「時聞雜佩聲珊珊」（卷二二四，頁二三九一）	截取
58	醉夢迷（醜奴兒）	深坊別館蘭閨小	「深坊別館蘭閨小，障掩金泥。燈映玻璃。一枕濃香醉夢迷。醒來擬作清晨散，草草分	薛能	〈吳姬〉：「畫燭燒蘭暖復迷，殿幃深密下銀泥；開門欲作侵晨散，已是明朝日向西。」（卷五六一，頁六五二〇）	檃括

			攜。柳巷鴉啼。又是明朝日向西。」			
			「草草分攜」	杜甫	〈送長孫九侍御赴武威判官〉:「取別何草草」(卷二一七，頁二二七二)	化用
			「柳巷鴉啼」	耿湋	〈題楊著別業〉:「柳巷向陂斜，回陽噪亂鴉」(卷二六八，頁二九九一)	化用鎔鑄
59	忍淚吟(醜奴兒)	十年一覺揚州夢	同上	杜牧	〈遣懷〉詩首句(卷五二四，頁五九九八)	襲用
			「雨散雲沉」	溫庭筠	〈送崔郎中赴幕詩〉:「雨散雲收二十年」(卷五七八，頁六七二五)	截取
			「當時玉管朱絃句」	白居易	〈聽歌六絕句〉之四「想夫憐」:「玉管朱絃莫急催」(卷四五八，頁五二一三)	截取
60	凌歊引(銅人捧露盤引)	控滄江	「更爲儂、三弄斜陽」	李郢	〈江上逢王將軍〉:「臥吹三弄送殘陽」(卷五九〇，頁六八四八)	增損

目次	詞調起句	詞句	唐詩人	詩題、詩句及故實	借鑑技巧
61	斷湘絃（萬淑質柔情年歡）	「青門解袂」	杜甫	〈湘江宴餞裴二端公赴道州〉：「解袂從此旋」（卷二二三，頁二三七九）	截取
		「永斷湘絃」	韓愈	〈送靈師〉：「杳如奏湘絃」（卷三三七，頁三七七五）本句或亦從錢起〈省試湘靈鼓瑟詩〉化出（卷二三八，頁二六五一）	截取
62	子夜歌（憶三更月秦娥）	三更月。中庭恰照梨花雪。梨花雪。不勝淒斷，杜鵑啼血。	雍陶	〈聞子規詩〉：「百鳥有啼時，子規聲不歇；春寒四鄰靜，獨叫三更月」（卷五一八，頁五九一九）	化用
		「柔桑陌上吞聲別」	杜甫	〈夢李白二首〉之一：「死別已吞聲」（卷二一八，頁二二八九）	鎔鑄化用
		「隴頭流水，替人嗚咽」		《辛氏三秦記》引俗歌：「隴頭流水，其聲嗚咽」	化用

63	翻翠袖（更漏子）	袖羅垂	「玉闌風牡丹」	白居易	〈和燕子樓〉：「風嫋牡丹花」（卷四三八，頁四八六九）	化用
64	付金釵（更漏子）	付金釵	「付金釵，平斗酒」	元稹	〈遣悲懷〉：「泥他沽酒拔金釵」（卷四〇四，頁四五〇九）	化用
				杜牧	〈代吳興妓春初寄薛軍事〉：「金釵有幾隻，抽當酒家錢。」（卷五二二，頁五九七一）	
			「今秋似去秋」	李賀	〈莫種樹〉詩第四句（卷三九二，頁四四一四）	襲用
65	伴登臨（醜奴兒）	中吳茂苑繁華地	「桃李成陰」	楊師道	〈春朝閒步〉：「桃李自成陰」（卷三四，頁四六一）	增損
			「高秋霽色清於水」	靈源夫人	〈靈源夫人〉詩：「高秋渾似水」，事見劉斧《青瑣高議》	引故實化用
66	東吳樂（尉遲杯）	勝游地	「人如穠李」	蘇味道	〈正月十五日夜〉：「游妓皆穠李」（卷六五，頁七五三）	截取
			「鄂君被」	李商隱	〈念遠〉：「牀空鄂君被」（卷五四一，頁六二二三）	截取

目次	詞調起句	詞句	唐詩人	詩題、詩句及故實	借鑒技巧
		「雙鴛綺」	韋應物	〈擬古詩十二首〉之九：「別時雙鴛綺」（卷一八六，頁一八九五）	截取
		「回首碧雲千里」	許渾	〈和友人送僧歸貴州靈巖寺〉：「碧雲千里暮愁合」（卷五三四，頁六〇九五）	化用
67	臺城游（水調歌頭）南國本瀟灑	「六代浸豪奢」	劉禹錫	〈金陵五題〉之三〈臺城〉：「臺城六代競豪華，結綺臨春事最奢」（卷三六五，頁四一一七）	化用
		「回首飛鴛瓦」	杜牧	〈臺城曲二首〉之二：「乾蘆一炬火，回首是平蕪。」（卷五二三，頁五九七七）	化用
			杜甫	〈往在〉：「中宵焚九廟，……解瓦飛十里。」（卷二二二，頁二三五七）	
		「卻羨井中蛙」	杜牧	〈臺城曲二首〉之一末句（卷五二三，頁五九七七）	襲用

			「舊時王謝，堂前雙燕過誰家。」	劉禹錫	〈金陵五題〉之二〈烏衣巷〉：「舊時王謝堂前燕，飛入尋常百姓家。」（卷三六五，頁四一一七）	化用 增損
			「商女篷窗罅，猶唱後庭花。」	杜牧	〈泊秦淮〉：「商女不知亡國恨，隔江猶唱後庭花。」（卷五二三，頁五九八〇）	化用 增損
68	瀟湘雨（滿庭芳）	一闋離歌	「江上數峰青」	錢起	〈省試湘靈鼓瑟〉詩末句（卷二三八，頁二六五一）	襲用
69	念離群（沁園春）	宮燭分煙	同上	韓翃	〈寒食〉：「日暮漢宮傳蠟燭，青煙散入五侯家。」（卷二四五，頁二七五七）	化用 鎔鑄
			「鳳城暮春」	杜甫	〈夜〉：「銀漢遙應接鳳城」（卷二三〇，頁二五二七）	截取
			「燈火平康尋夢雲」		「平康」典見《開元天寶遺事》卷上	引故實
			「最多才自負」	韓偓	〈自負〉：「人許風流自負才」（卷六八三，頁七八四五）	化用
			「念日邊消耗」	李白	〈永王東巡歌十一首〉之十一：「西入長安到日邊」（卷一六七，頁一七二五）	截取

目次	詞調	起句	詞句	唐詩人	詩題、詩句及故實	借鑒技巧
70	宛溪柳（六幺令）	夢雲蕭散	「綺席金壺倒」	李白	〈贈從弟南平太守之遙〉：「象床綺席黃金盤」（卷一七〇，頁一七五五）	截取
				鄭谷	〈席上貽歌者〉：「清歌一曲倒金壺」（卷六七五，頁七七三〇）	
			「宛溪楊柳，依舊青青爲誰好。」	韋應物	〈有所思〉：「借問堤上柳，青青爲誰春？」（卷一九一，頁一九五七）	化用
71	橫塘路（青玉案）	凌波不過橫塘路	「錦瑟華年誰與度」	李商隱	〈錦瑟〉：「錦瑟無端五十絃，一絃一柱思華年」（卷五三九，頁六一四四）	化用
				杜甫	〈有懷台州鄭十八司戶〉：「歲月誰與度」（卷二一八，頁二二八九）	截取
			「梅子黃時雨」		《歲時廣記》卷一「春花信風」條引《東皋雜錄》載後唐人詩云：「楝花開後風光好，梅子黃時雨意濃。」（卷七九六，頁八九六五）	增損
72	人南渡（感	蘭芷滿芳	「半黃梅		《歲時廣記》卷一「春花信風」條引《東	化用

	皇恩）	洲	子，向晚一簾疏雨。」		皐雜錄》載後唐人詩云：「楝花開後風光好，梅子黃時雨意濃。」（卷七九六，頁八九六五）	
73	伴雲來（天香）	煙絡橫林	「蛩催機杼」	鄭愔	〈秋閨〉：「機杼夜蛩催」（卷一〇六，頁一一〇七）	化用
				溫庭筠	〈秋日旅舍寄義山李侍御〉：「寒蛩乍響催機杼」（卷五八三，頁六七五六）	
			「好伴雲來，還將夢去」	杜牧	〈丹水〉：「恨身隨夢去，春態逐雲來。」（卷五二三，頁五九七八）	化用
74	念良游（滿江紅）	山繚平湖	「清鏡曉、倚巖琪樹」	李白	〈送友人尋越中山水〉：「湖清霜鏡曉」（卷一七五，頁一七九〇）	截取
				許渾	〈秋思〉：「琪樹西風枕簟秋」（卷五三八，頁六一三九）	
75	寒松歎（聲聲慢）	鵲驚橋斷	「寶琴塵網」	岑參	〈春遇南使貽趙知音〉：「網絲結寶琴」（卷一九八，頁二〇三〇）	化用

目次	詞調	起句	詞句	唐詩人	詩題、詩句及故實	借鑒技巧
			「□□簾垂窣地，簟竟空床。」	李商隱	〈王十二兄與畏之員外相訪見招小飲時予以悼亡日近不去因寄〉:「更無人處簾垂地，欲拂塵時簟竟床。」（卷五三九，頁六一六五）	化用
			「同誰消遣，一年年，夜夜長。」	李商隱	同前題:「愁霖腹疾俱難遣，萬里西風夜正長」（卷五三九，頁六一六五）	化用
76	鳳求凰（聲聲慢）	園林冪翠	「燕寢凝香」	韋應物	〈郡齋與諸文士燕集〉:「宴寢凝清香」（卷一八六，頁一九〇一）	增損
			「寶瑟高張」	劉禹錫	〈調瑟詞〉:「調色在張絃，絃平音自足。……美人愛高張，瑤軫再三促。」（卷三五四，頁三九七四）	化用
77	國門東（好女兒）	車馬忽忽	「堠館娟娟新月，從今夜、與誰同？想深閨、獨守	杜甫	〈船下夔州郭宿雨溼不得上岸別王十二判官〉:「依沙宿舸船，石瀨月娟娟」（卷二二九，頁二四九四） 〈月夜〉:「今夜鄜州月，閨中只獨看。」	化用

		空床思。」		（卷二二四，頁二四〇三）	
78	九回腸（好女兒）削玉銷香	「落花微雨」	翁宏	〈春殘〉：「落花人獨立，微雨燕雙飛。」（卷七六二，頁八六五六）	截取
		「芳草斜陽」	杜牧	〈長安送人〉：「山密夕陽多，人稀芳草遠」（卷五二〇，頁五九四四）	截取
		「小華箋、付與西飛去，印一雙愁黛。」	顧況	「小華箋」典見唐・李匡乂《資暇集》卷下〈悲歌六首〉之二：「紫燕西飛欲寄書」（卷二六五，頁二九四二）	化用
			韓偓	〈余作探使以繚綾手帛子寄賀因而有詩〉：「黛眉印在微微綠。」（卷六八二，頁七八二五）	
79	月先圓（好女兒）才色相憐	同上	韓翃	唐・許堯佐《柳氏傳》：「（韓）翃仰柳氏之色，柳氏慕翃之才，兩情皆獲，喜可知也。」	引故實
		「算蓬山、未抵屏山遠」	李商隱	無題（來是空言去絕蹤）：「劉郎已恨蓬山遠，更隔蓬山一萬重。」（卷五三九，頁六一六三）	化用

目次	詞調起句	詞句	唐詩人	詩題、詩句及故實	借鑒技巧
		「彩霞深閉」	李沇	夢仙瑤：「膩霞遠閉瑤山夢」（卷六八八，頁七九〇九）	截取
80	綺筵張（好女兒）	綺繡張筵	「認情通、色授纏綿處」	元稹	〈會真詩三十韻〉：「柔情已暗通」（卷四二二，頁四六四四）	鎔鑄
			張柬之	〈大堤曲〉：「色授開心許」（卷九九，頁一〇六七）	截取
		「似靈犀一點」	李商隱	無題（昨夜星辰昨夜風）：「心有靈犀一點通。」（卷五三九，頁六一六三）	截取
		「吳蠶八繭」	李洞	〈舞姬脫鞋吟〉：「吳蠶八繭鴛鴦綺」	截取
		「漢柳三眠」	李商隱	《漫叟詩話》引李商隱〈江之嫣賦〉	引故實
81	舞迎春（迎春樂）	雲鮮日嫩東風軟	同上	元稹	〈湘南登臨湘樓〉：「雨餘憐日嫩」（卷四〇九，頁四五四九）	截取
82	城裏鐘（菩薩蠻）	厭厭別酒商歌送	「多謝五更風」	王建	〈宮詞一百首〉之九十：「錯教人恨五更風」（卷三〇二，頁三四四五）	化用
83	望西飛（商清怨）	十分持酒每□□	同上	白居易	〈醉吟二首〉之二：「十分一醆欲如泥」（卷四四〇，頁四九〇六）	截取 化用

				元稹	〈放言詩五首〉之一：「十分飛盞未嫌多」（卷四一三，頁四五七三）	
84	東陽歎（商清怨）	流連狂樂恨景短	「醉未成歡」	白居易	〈琵琶行〉：「醉不成歡慘將別」（卷四三五，頁四八二一）	截取
85	吹柳絮（瑞鷓鴣）	月痕依約到西廂	同上	李商隱	〈杏花〉：「牆高月有痕。」（卷五三九，頁六一七九）	化用
				崔鶯鶯	元稹《鶯鶯傳》載鶯鶯答張生詩：「待月西廂下」（卷八〇〇，頁九〇〇二）	引故實
			「曾羨花枝拂短牆」	元稹	〈嘉陵驛詩二首〉之二：「牆外花枝壓短牆」（卷四一二，頁四五六九）	化用
			「初未識愁那得淚？每渾疑夢奈餘香。」	崔鶯鶯	元稹《鶯鶯傳》載鶯鶯會張生情境	引故實
			「酒未酣時眼更狂」	韓偓	〈五更〉：「自後相逢眼更狂」（卷六八三，頁七八三二）	截取
			「閒倚繡簾吹柳絮」	李商隱	〈訪人不遇留別館〉詩第三句（卷五四〇，頁六二〇五）	襲用

目次	詞調起句	詞句	唐詩人	詩題、詩句及故實	借鑒技巧
		「問何人似冶遊郎」	李商隱	〈蝶三首〉之三（壽陽公主嫁時妝）：「不知身屬冶遊郎」（卷五三九，頁六一六五）	截取
86	江如練（蝶戀花） 睡鴨鑪寒熏麝煎	同上	李商隱	〈促漏〉：「睡鴨香爐換夕熏」（卷五三九，頁六一七五）	截取 化用
		「十二曲闌閒倚遍」	李商隱	〈碧城三首〉之一：「碧城十二曲欄干」（卷五三九，頁六一六九）	截取
		「一杯長待何人勸」	王維	〈送元二使安西〉：「勸君更進一杯酒」（卷一二八，頁一三〇七）	化用
87	宴齊雲（南歌子） 境跨三千里	「樓近尺五天」	杜甫	〈贈韋七贊善〉：「爾家最近魁三象，時論同歸尺五天」（卷二三三，頁二五七八）	截取
		「碧鴛鴦瓦畫生煙」	李商隱	〈錦瑟〉：「藍田日暖玉生煙」（卷五三九，頁六一四四）	截取
		「野色分禾黍，秋聲入管絃」	白居易	〈冀城北原作〉：「野色何莽蒼，秋聲亦蕭疏」（卷四三二，頁四七七六）	截取

88	醉瓊枝（破陣子）	檻外雨波新漲	「寂寞文園淹臥久」	李商隱	〈崇讓宅東亭醉後沔然有作〉：「淹臥劇清漳」（卷五四〇，頁六一九〇）	截取
			「推枕援琴涕自零」	陳子昂	〈同旻上人傷壽安傅少府〉：「援琴一流涕」（卷八四，頁九一五）	化用
89	夢相親（木蘭花）	清琴再鼓求凰弄	「每向夢中還說夢」	白居易	〈讀禪經〉：「夢中說夢兩重虛」（卷四五五，頁五一五〇）	化用
90	羅敷歌（採桑子）	高樓簾捲秋風裏	「玉人望月銷蹤處，應在西廂。」	崔鶯鶯	元稹《鶯鶯傳》載鶯鶯答張生詩：「待月西廂下」（卷八〇〇，頁九〇〇二）	化用 引故實
91	羅敷歌（採桑子）	河陽官罷文園病	「人生聚散浮雲似」	張繼	〈重經巴丘〉：「浮生聚散雲相似」（卷二四二，頁二七二三）	化用
			「悵望星河共一天」	李洞	〈送雲卿上人游安南〉：「星河共一天」（卷七二一，頁八二七一）	增損
92	羅敷歌（採桑子）	東南自古繁華地	「歌吹揚州」	杜牧	〈題揚州禪智寺〉：「歌吹是揚州」（卷五二二，頁五九六四）	增損
93	羅敷歌（採桑子）	自憐楚客悲秋思	同上	鮑溶	〈秋思〉：「楚客秋更悲」（卷四八六，頁五五一八）	化用

目次	詞調	起句	詞句	唐詩人	詩題、詩句及故實	借鑒技巧
			「誰家水調聲聲怨」	杜牧	〈揚州〉三首之一：「誰家唱水調」（卷五二二，頁五九六三）	化用
			「十二玉樓空更空」	李商隱	〈代應二首〉之一末句（卷五三九，頁六一六六）	襲用
94	羅敷歌（採桑子）	東亭南館逢迎地	「幾醉紅裙」	韓愈	〈醉贈張祕書〉：「惟能醉紅裙」（卷三三七，頁三七七四）	化用
			「四疊陽關忍淚聞」	王維	用王維〈送元二使安西〉（亦即〈渭城曲〉、〈陽關曲〉）典（卷一二八，頁一三〇七）	引故實
95	小重山	玉指金徽一再彈	「新聲傳訪戴、雪溪寒」	李商隱	〈憶雪〉：「虛乘訪戴船」（卷五四一，頁六二三八）	化用
			「兩行墨妙破水紈」	孟浩然	〈還山貽湛法師〉：「墨妙稱古絕」（卷一五九，頁一六二〇）	截取
			「相逢眞許似、鏡中鸞」	李賀	〈貝宮夫人〉：「清涼堪老鏡中鸞」（卷三九三，頁四四三〇）	截取
96	小重山	簾影新妝一破顏	同上	白居易	〈天寒晚起引酌詠懷寄許州王尚書汝州李常侍〉：「一放狂歌一破顏」（卷四五七，	截取

					頁五一九四）	
				元稹	〈百牢關〉：「何事臨江一破顏」（卷四一二，頁四五六九）	
			「玳筵回雪舞」	李商隱	〈歌舞〉：「回雪舞腰輕」（卷五四〇，頁六一九九）	化用 截取
97	小重山	枕上聞門五報更	「蠟燈香灺冷、恨天明」	李商隱	〈聞歌〉：「香灺燈光奈爾何」（卷五四〇，頁六一八六）	化用
			「纏綿處、翻是斷腸聲」	李商隱	〈贈歌妓二首〉之一：「斷腸聲裏唱陽關」（卷五三九，頁六一五五）	鎔鑄 化用
98	小重山	月月相逢只舊圓	「傷心不照綺羅筵」	聶夷中	〈詠田家〉：「不照綺羅筵」（卷六三六，頁七二九六）	增損
			「花樓連苑起、壓漪漣」	張籍	〈節婦吟寄東平李司空師道〉：「妾家高樓連苑起」（卷三八二，頁四二八二）	化用
			「玉人千里共嬋娟」	孟郊	〈嬋娟篇〉：「月嬋娟，真可憐。」（卷三七二，頁四一八六）	截取
				許渾	〈懷江南同志〉：「萬里共嬋娟」（卷五三〇，頁六〇五七）	化用

目次	詞調	起句	詞句	唐詩人	詩題、詩句及故實	借鑒技巧
99	河傳	華堂張燕	「恨尋芳來晚」	杜牧	〈悵詩〉:「自是尋春去較遲」(卷五二七,頁六〇三三),其故實見題唐・于鄴《揚州夢記》	化用
			「一晛春風面」	杜甫	〈詠懷古跡五首〉之三:「畫圖省識春風面」(卷二三〇,頁二五一一)	截取
100	河傳	華唐重夏	「恨隨紅蠟短」	皮日休	〈春夕酒醒〉:「夜半醒來紅蠟短」(卷六一五,頁七〇九五)	截取
101	侍香金童	楚夢方回	「楚夢方回,翠被寒如水。」	張祜	〈長安感懷〉:「楚夢覺來愁翠被」(見陳尚君輯校《全唐詩補編》上冊,頁一二〇〇)	化用
			「玉管秋風,漫聲流美」		見唐・李濬《松窗雜錄》引明皇、貴妃事	引故實
102	鳳棲梧(蝶戀花)	獨立江東人婉孌	「愛我竹窗新句鍊,小研綾牋,偷寄西	顧況	本段引唐・蔣防《霍小玉傳》故實。	引故實
					「小研」兩句又化用顧況〈悲歌六首〉之二:「紫燕西飛欲寄書。」(卷二六五,頁	化用

		飛燕，乍可聞名睬識面。」		二九四二）	
103	更漏子	芳草斜曛			
		「數闋清歌，兩行紅粉。」	杜牧	〈兵部尚書席上作〉：「兩行紅粉一時回」（卷五二五，頁六〇一八）	截取 引故實
		「府洞人間，素手輕分。」	杜牧	〈宣州留贈〉：「洞府人間手欲分」（卷五二四，頁五九九三）	化用
		「十里綺陌香塵」	楊巨源	〈酬于駙馬二首〉之一：「綺陌塵香曙色分」（卷三三三，頁三七二三）	截取
		「望紫雲車遠」	杜牧	〈贈妓人張好好詩〉：「載以紫雲車」（卷五二〇，頁五九四一）	截取
104	虞美人	粉娥齊斂千金笑			
		「渭城才唱浥輕塵」	王維	〈送元二使安西〉：「渭城朝雨浥輕塵」（卷一二八，頁一三〇七）	引故實 化用
		「無奈兩行紅淚、溼香巾。」	溫庭筠	〈達摩支曲〉：「紅淚文姬洛水春」（卷五七六，頁六七〇三）	截取

目次	詞調	起句	詞句	唐詩人	詩題、詩句及故實	借鑒技巧
			「明年載酒洛陽春」	李紳	〈七年初到洛陽寓居宣教里時已春暮而四老俱在洛中分司〉:「勸教沈醉洛陽春」（卷四八一，頁五四七〇）	截取
105	下水船	芳草青門路	「簾捲津樓風雨」	王勃	〈滕王閣詩〉:「珠簾暮捲西山雨」（卷五五，頁六七三）	化用
106	漁家傲	莫厭香醪斟繡履	「前度劉郎應老矣，行樂地，兔葵燕麥春風裏」	劉禹錫	引劉禹錫〈再遊玄都觀〉絕句及故實（卷三六五，頁四一一六）	引故實
107	感皇恩	歌笑見餘妍	「漏促離襟將解」	韋莊	〈寄湖州舍弟〉:「半年江上離襟」（卷六九八，頁八〇三六）	截取
			「惱人紅蠟淚，啼相對」	皮日休	〈春夕酒醒〉:「夜半醒來紅蠟短，一枝寒淚作珊珊」（卷六一五，頁七〇九五）	化用
108	菩薩蠻	綵舟載得離愁動	「無端更借樵風送」	宋之問	〈游禹穴迴出若邪〉:「日暮使樵風」（卷五三，頁六五三）	截取

			「波渺夕陽遲」	嚴維	〈酬劉員外見寄〉：「花塢夕陽遲」（卷二六三，頁二九一四）	截取
109	菩薩蠻	章臺游冶金龜婿	「章臺游冶金龜婿。歸來猶帶醺醺醉。花漏怯春宵。雲屏無限嬌。　絳紗燈影背。玉枕釵聲碎。不待宿醒銷。馬嘶催早朝。」	李商隱	〈爲有〉：「爲有雲屏無限嬌，鳳城寒盡怕春宵；無端嫁得金龜婿，辜負香衾事早朝。」（卷五三九，頁六一六八）	檃括
110	菩薩蠻	曲門南與鳴珂接	「曲門南與鳴珂接。小園綠徑飛胡蝶。下馬訪嬋娟。笑迎妝閣前。」		本段引唐・白行簡《李娃傳》故實。	引故實

目次	詞調	起句	詞句	唐詩人	詩題、詩句及故實	借鑒技巧
111	菩薩蠻	綠窗殘夢聞鵑鴃	同上	李益	〈奉和武相公春曉聞鶯〉:「綠窗殘夢曉聞鶯」(卷二八三，頁三二二六)	化用
112	菩薩蠻	粉香映葉花羞日	同上	劉禹錫	〈贈眼醫婆羅門僧〉:「羞日不禁風」(卷三五七，頁四〇二八)	截取
			「舞裙金斗熨」	白居易	〈繚綾〉:「廣裁衫袖長製裙，金斗熨波刀翦紋」(卷四二七，頁四七〇四)	化用
			「絳幮鴛鴦密」	郭元振	題唐·朱揆《釵小志·梅妝閣》條引郭元振故實	引故實
113	菩薩蠻	虛堂向壁青燈滅	「蘭衾羞更入」	崔公遠	〈獨夜〉:「錦帳羅幃羞更入」(卷八〇一，頁九〇一二)	化用
114	菩薩蠻	芭蕉襯雨秋聲動	「蓬山千萬里」	李商隱	〈無題〉(來是空言去絕蹤):「更隔蓬山一萬重」(卷五三九，頁六一六三)	化用
115	于飛樂	日薄雲融	「偏健羨、紫蝶黃蜂」	元稹	〈遣病詩〉之三:「健羨成人列」(卷四〇二，頁四四九六)	截取
				李商隱	〈閨情〉:「黃蜂紫蝶兩參差」(卷五三九，頁六一七八)	

116	山花子	雙鶴橫橋阿那邊	同上	李　白	〈相逢行〉：「君家阿那邊」（卷一六三，頁一六九二）	截　取
			「五度花開三處見」	李　頻	〈春日旅舍〉：「五度花開五處看」（卷五八七，頁六八一二）	化　用
			「破得尊前何限恨，不論錢。」	李　賀	〈馮小憐〉：「破得春風恨，今朝值幾錢。」（卷三九二，頁四四一六）	化　用
117	品令	懷彼美	「閒擁鴛鴦綺」	李　洞	〈舞姬脫鞋吟〉：「吳蠶八繭鴛鴦綺」	截　取
118	海月謠	樓平疊巘	「桂輪晃玉」	方　干	〈月〉：「桂輪秋半出東方」（卷六五二，頁七四九四）	截　取 化　用
			「鯨波張練」	杜　甫	〈舟出江陵南浦奉寄鄭少尹審〉：「溟漲鯨波動」（卷二三二，頁二五六一）	截　取
119	風流子	何處最難忘	「放樂五雲鄉」	李　白 王　建	〈侍從宜春苑奉詔賦〉：「五雲垂暉耀紫清」（卷一六六，頁一七一六） 〈贈郭將軍〉：「當直巡更近五雲」（卷三〇〇，頁三四〇八）	截　取

目次	詞調	起句詞句	唐詩人	詩題、詩句及故實	借鑒技巧
		「彩筆賦詩，禁池芳草。」	白居易	唐・張固《幽閑鼓吹》載白居易事	引故實
		「輦路垂楊」	楊師道	《奉和夏日晚景應詔》：「輦路夾垂楊」（卷三四，頁四六〇）	增損
		「侵鬢吳霜」	李賀	《還自會稽歌》：「吳霜點歸鬢」（卷三九〇，頁四三九三）	化用
		「鶴表相望」	白居易	《和微之春日投簡陽明洞天五十韻》：「華表雙棲鶴」（卷四四九，頁五〇六二）	鎔鑄
		「好在後庭桃李，應記劉郎」	劉禹錫	引劉禹錫再遊玄都觀故實 又引《神仙記》載劉晨、阮肇故實	引故實
120	鷓鴣天	轟醉王孫玳瑁筵 「側商調裏清歌送」	王建	宮詞一百首之五十六「側商調裏唱伊州」（卷三〇二，頁三四四三）	化用
		「破盡窮愁直幾錢」	李賀	〈馮小憐〉：「破得春風恨，今朝值幾錢。」（卷三九二，頁四四一六）	化用

			「愛而不見酒中仙」	杜甫	〈飲中八仙歌〉:「自稱臣是酒中仙」(卷二一六，頁二二六〇)	截取
			「已帶斜陽又帶蟬」	李商隱	〈柳〉詩末句(卷五三九，頁六一六八)	襲用
121	憶仙姿(如夢令)	白紵春衫新製	同上	柳宗元	〈同劉二十八院長述舊言懷感時書事〉:「春衫裁白紵」(卷三五一，頁二九二六)	化用
				賈島	〈再投李益常侍〉:「新衣裁白苧」(卷五七三，頁六六五九)	
			「遮日走京塵」	杜牧	〈塗中一絕〉:「卻遮西日向長安」(卷五二三，頁五九八五)	化用
				賈島	〈紀湯泉〉:「十年走塵土」(見陳尚君輯校《全唐詩補編》上冊，頁一五七)	鎔鑄
122	憶仙姿(如夢令)	相見時難別易	同上	李商隱	〈無題〉:「相見時難別亦難」(卷五三九，頁六一六八)	化用
			「羞見雙鴛鴦字」	權德輿	〈玉臺體詩十二首〉之六:「羞見繡鴛鴦」(卷三二八，頁三六七四)	化用

目次	詞調	詞起句	詞句	唐詩人	詩題、詩句及故實	借鑒技巧
123	憶仙姿（如夢令）	雨後一分春減	「度日綵旗風颭」	崔顥	〈王家少婦〉：「度日不成妝」（卷一三〇，頁一三二七）	截取
				郎士元	〈赴無錫別靈一上人〉：「度日白雲深」（卷二四八，頁二七八八）	
124	憶仙姿（如夢令）	柳下玉驄雙鞚	「半醉倚迷樓」	韓偓	「迷樓」典見題韓偓撰《迷樓記》	引故實
			「聊送斜陽三弄」	李郢	〈江上逢王將軍〉：「臥吹三弄送殘陽」（卷五九〇，頁六八四八）	化用
			「一覺揚州春夢」	杜牧	〈遺懷〉：「十年一覺揚州夢」（卷五二四，頁五九九八）	化用
125	憶仙姿（如夢令）	何處偷諳心賞	「不記下樓時」	李白	〈魯中都東樓醉起作〉：「不省下樓時」（卷一八二，頁一八五三）	增損
126	憶仙姿（如夢令）	江上潮迴風細	「紅袖倚樓凝睇」	杜牧	〈南陵道中〉：「誰家紅袖倚江樓」（卷五二四，頁五九九六）	化用
127	雨中花慢	回首揚州	「回首揚州，猖狂十	杜牧	〈遺懷〉：「十年一覺揚州夢」（卷五二四，頁五九九八）	化用

			載，依然一夢歸來。」			
			「醉墨碧紗猶鎖」	陸龜蒙	〈奉和襲美醉中偶作見寄次韻〉：「憐君醉墨風流甚」（卷六二五，頁七一八六） 「碧紗猶鎖」引王播故實，見《唐摭言》卷七	截取 引故實
			「春衫白紵新裁」	雍陶	〈公子行〉：「新裁白紵作春衣」（卷五一八，頁五九二〇）	化用
			「認鳴珂曲裏」		「鳴珂曲」事見唐·白行簡《李娃傳》	引故實
			「忍過陽臺新柳」		引唐·許堯佐《柳氏傳》載韓翃、柳氏事	引故實
128	花心動	西郭園林	「竟日素襟銷暑」	李白	〈經離亂後天恩流夜郎憶舊遊書懷贈江夏韋太守良宰〉：「逸興橫素襟」（卷一七〇，頁一七五二）	截取
			「相將故故，背人飛去」		「故故」爲唐人慣用語，猶言常常或頻頻，如杜甫〈月〉詩：「時時開暗室，故故滿青天。」（卷二三〇，頁二五二八）白居易〈人定〉詩：「誰家教鸚鵡，故故語相驚。」（卷四四八，頁五〇五二）	截取

目次	詞調	起句	詞句	唐詩人	詩題、詩句及故實	借鑒技巧
129	浪淘沙	一十二都門	「無言桃李幾經春」	杜牧	〈題桃花夫人廟〉:「細腰宮裏露桃新，脈脈無言幾度春。」(卷五二三，頁五九八一)	化用
			「鏡中銷瘦老於眞」	李洞	〈贈高僕射自安西赴闕〉:「形容銷瘦老於眞」(卷七二三，頁八三〇〇)	化用
130	浪淘沙	潮漲湛芳橋	「十二闌干今夜月，誰伴吹簫」	杜牧	〈寄揚州韓綽判官〉:「二十四橋明月夜，玉人何處教吹簫？」(卷五二三，頁五九八二)	化用
131	浪淘沙	雨過碧雲秋	「樓下誰家歌水調？明月揚州。」	杜牧	〈揚州〉:「誰家唱水調?明月滿揚州。」(卷五二二，頁五九六三)	化用 增損
132	夜遊宮	江面波紋皺縠	「初過寒食一百六」	元稹	〈連昌宮詞〉第十三句(卷四一九，頁四六一二)	襲用
133	憶仙姿(如夢令)	綵舫解維官柳	「樓上誰家紅袖」	杜牧	〈南陵道中〉:「誰家紅袖倚江樓」(卷五二四，頁五九九六)	化用
134	菱花怨(青	疊鼓嘲喧	「會憑紫燕	顧況	〈悲歌六首〉之二:「紫燕西飛欲寄書」	化用

	門飲）		西飛」		（卷二六五，頁二九四二）	
135	望揚州（長相思慢）	鐵甕城高	同上	杜牧	〈潤州詩二首〉之二：「城高鐵甕橫強弩」（卷五二二，頁五九六三）	鎔鑄化用
			「潘鬢點、吳霜漸稠」	李賀	〈還自會稽〉：「吳霜點歸鬢」（卷三九〇，頁四三九三）	化用
136	定情曲	沉水濃熏	「兩點靈犀心顛倒」	李商隱	〈無題〉（昨夜星辰昨夜風）：「心有靈犀一點通」（卷五三九，頁六一六三）	化用
			「油壁車，迎蘇小」	李賀	〈蘇小小墓〉：「油壁車，夕相待。」（卷三九〇，頁四三九三）	引故實化用
137	擁鼻吟	別酒初銷	「回首不見高城，青樓更何許！」	歐陽詹	〈初發太原途中寄太原所思〉：「高城已不見，況復城中人。」（卷三四九，頁三九〇三）	化用
			「大艑軻峨，越商巴賈。萬恨龍鍾，篷下對語。」	李端	〈荊門歌送兄赴夔州〉：「船門相對多商賈，葛服龍鍾篷下語。」（卷二八四，頁三二四一）	化用

目次	詞調	起句	詞句	唐詩人	詩題、詩句及故實	借鑒技巧
138	思越人（鷓鴣天）	京口瓜洲記夢間	「缺處孤煙起」	王維	〈使至塞上詩〉：「大漠孤煙直」（卷一二六，頁一二七九）	截取
			「江豚吹浪，晚來風轉夜深雨」	許渾	〈金陵懷古〉：「江豚吹浪夜還風」（卷五三三，頁六〇八四）	化用
			「擁鼻微吟」	唐彥謙	〈春陰〉：「樓上寧無擁鼻吟」（卷六七二，頁七六九三）	化用
					「擁鼻吟」典見《世說新語・雅量篇》「桓公伏甲設饌」條劉孝標注載謝安事	引故實
			「粉碧羅箋，封淚寄與」	杜甫	〈因許八奉寄江寧旻上人〉：「封書寄與淚潺湲」（卷二二五，頁二四一四）	化用
					本句並用《麗情集》載官奴灼灼事	引故實
			「朱扉猶想映花關」	韓翃	〈題薦福寺衡嶽暕師房〉：「深戶映花關」（卷二四四，頁二七四三）	化用
			「春水漫，夕陽閒。」	嚴維	〈酬劉員外見寄〉：「柳塘春水漫，花塢夕陽遲」（卷二六三，頁二九一四）	截取 增損

			「紅塵十里揚州過」	杜　牧	〈贈別二首〉之一：「春風十里揚州路」（卷五二三，頁五九八八）	化　用
			「更上迷樓一借山」	韓　偓	「迷樓」典見題韓偓〈迷樓記〉	引故實
139	清平樂	吳波不動	同上	溫庭筠	〈湖陰詞〉：「吳波不動楚山晚」（卷五七五，頁六七〇〇）	截　取
			「載酒一尊誰與共，回首江湖舊夢。」	杜　牧	〈遣懷〉：「落拓江湖載酒行……十年一覺揚州夢」（卷五二四，頁五九九八）	化　用
			「艣聲鴉軋征鴻」	劉禹錫	〈隄上行〉：「槳聲幽軋滿中流」（卷三六五，頁四一一一）	化　用
			「醉眠搖蕩春風」	白居易	〈思婦眉〉：「春風搖蕩自東來」（卷四四二，頁四九四六）	化　用
140	清平樂	厭厭別酒	「指似歸期庭下柳」	竇　鞏	〈贈阿使那都尉〉：「望見飛鴻指似人」（卷二七一，頁三〇五一）	截　取
141	木蘭花	嫣然何啻千金價	「意遠態閒難入畫」	杜　甫	〈麗人行〉：「態濃意遠淑且眞」（卷二一六，頁二二六〇）	化　用

目次	詞調	起句	詞句	唐詩人	詩題、詩句及故實	借鑒技巧
			「枉度佳春抛好夜」	薛能	〈晚春〉：「臥晚不曾抛好夜」（卷五五九，頁六四八四）	化用
142	木蘭花	朝來著眼沙頭認	「佳期學取弄潮兒，人縱無情潮有信」	李益	〈江南曲〉：「嫁得瞿塘賈，朝朝誤妾期；早知潮有信，嫁與弄潮兒。」（卷二八三，頁三二二二）	化用
			「紛紛花雨紅成陣」	李賀	〈將進酒〉：「桃花亂落如紅雨」（卷三九三，頁四四三四）	化用
143	減字木蘭花	春容秀潤	「鸞鏡佳人」	李商隱	李衛公：「鸞鏡佳人舊會稀」（卷五四〇，頁六二一四）	截取
			「得得濃妝樣樣新」		「得得」爲唐人慣用語，猶言特地也。如王建〈洛中張籍新居〉：「親故應須得得來」（卷三〇〇，頁三四一一）貫休〈陳情獻蜀皇帝〉：「千水千山得得來」（卷八三五，頁九四一三）	截取
144	減字木蘭花	閑情減舊	「誰共登樓，分取煙波」	崔顥	〈黃鶴樓〉：「日暮鄉關何處是？煙波江上使人愁」（卷一三〇，頁一三二九）	化用

			一段愁。」			
145	減字木蘭花	南園清夜	「瀲灩觥船泛露華」	杜牧 姚合	〈醉後題僧院〉：「觥船一棹百分空」（卷五二二，頁五九七四） 〈寄衛拾遺乞酒〉：「味輕花上露」（卷五〇〇，頁五六八八）	截取
			「酒闌歌罷」	姚合	〈惜別〉：「酒闌歌罷更遲留」（卷四九六，頁五六三三）	截取
146	減字木蘭花	多情多病	「惟覺尊前笑不成」	杜牧	〈贈別二首〉之二第二句（卷五二三，頁五九八八）	襲用
			「好住東風誰主領」	白居易	〈和錢華州題少華清光絕句〉：「主領清光管白雲」（卷四四八，頁五〇四七）	化用
			「欲別頻啼四五聲」	戎昱	〈移家別湖上亭〉詩第四句（卷二七〇，頁三〇〇九）事又見《本事詩・情感篇》	襲用 引故實
147	攤破木蘭花	芳草裙腰一尺圍	同上	白居易	〈杭州春望〉：「草綠裙腰一道斜」（卷四四三，頁四九五九）	化用
			「爲嫌風日下樓稀」	張籍	〈倡女詞〉第二句（卷三八六，頁四三五九）	襲用

目次	詞調	起句	詞句	唐詩人	詩題、詩句及故實	借鑒技巧
			「好待郎歸」	韓愈	〈鎮州初歸〉：「留花不發待郎歸」（卷三四四，頁三八六四）	化用
148	南鄉子	秋半雨涼天	「二十四橋游冶處」	杜牧	〈寄揚州韓綽判官〉：「二十四橋明月夜」（卷五二三，頁五九八二）	截取
			「玉局彈棋無限意」	李商隱	〈柳枝五首〉其二：「玉作彈棋局」（卷五四一，頁六二三二）	鎔鑄
149	臨江仙	暫假臨淮東道主	「經年未辦買山錢」	顧況	〈送李山人還玉溪〉：「幽人獨欠買山錢」（卷二六七，頁二九六九）	截取
				符載山人	「買山錢」又見范攄《雲溪友議》卷上「襄陽傑」條載符載山人事	
			「行擁一舟稱浪士」	元結	「浪士」見《新唐書・元結傳》載元結自釋	引故實
			「五湖春水如天」	裴瑤	〈闔閭城懷古〉：「五湖春水接遙天」（卷七七二，頁八七五九）	化用

			「來伴擁衾眠」	皮日休	〈魯望昨以五百首言見貽……亦迭和之微旨也〉：「釣罷偎衾眠」（卷六〇九，頁七〇二六）	截取
150	羅敷歌（醜奴兒）	東山未辦終焉計	「車馬塵埃」	韋應物	〈大梁亭會李四栖梧作〉：「車馬平明合，城郭滿埃塵」（卷一八六，頁一八九七）	截取
151	點絳脣	一幅霜綃	「麝煤熏膩紋絲縷」	韓偓	〈橫塘〉：「蜀紙麝煤添筆媚」（卷六八三，頁七八三二）	截取
			「燕子西飛去」	顧況	〈悲歌六首〉之二：「紫燕西飛欲寄書」（卷二六五，頁二九四二）	化用
152	小重山	一葉西風生嫩涼	「溪流幾曲似回腸」	柳宗元	〈登柳州城樓寄漳汀封連四州〉：「江流曲似九回腸」（卷三五一，頁三九三五）	化用
			「高城遠」	歐陽詹	〈初發太原途中寄太原所思〉：「高城已不見」（卷三四九，頁三九〇三）	化用
			「倚新妝」	李白	〈清平調三首〉之二：「可憐飛燕倚新妝」（卷一六四，頁一七〇三），又見唐・李濬《松窗雜錄》載李白故實	截取 引故實
			「好住伴劉郎」		「劉郎」用劉禹錫、劉晨事	引故實
153	清平樂	林皋葉脫	「三千里外長安」	劉禹錫	〈採菱行〉：「長安北望三千里」（卷三五六，頁四〇〇七）	化用

目次	詞調	起句	詞句	唐詩人	詩題、詩句及故實	借鑑技巧
154	木蘭花	羅襟粉汗和香浥	「纖指留痕紅一捻」	楊貴妃	「紅一捻」見《青鎖高議》前集卷六〈驪山記〉載貴妃事	引故實
			「西風燕子會來時，好付小箋封淚帖」	顧況	〈悲歌六首〉之二：「紫燕西飛欲寄書」（卷二六五，頁二九四二）	化用
					「封淚」見《麗情集》載灼灼事	引故實
155	玉連環	別酒更添紅粉淚	「促成愁醉」	白居易	〈晚春登大雲寺南樓贈常禪師〉：「愁醉非因酒」（卷四三九，頁四八八一）	截取
			「誰禁斷、東流水」	顧況	「帝城不禁東流水」，詩見《本事詩・情感篇》	化用
156	惜奴嬌	玉立佳人	同上	顧況	〈宜城放琴客歌〉：「佳人玉立生此方」（卷二六五，頁二九四六）	截取
157	西江月	攜手看花深徑	「臨分少佇已悵悵」	白居易	〈江上對酒〉：「悵悵任運行」（卷四四七，頁五〇三五）	截取
158	攤破木蘭花	桂葉眉叢恨自成	同上	江采蘋	〈謝賜珍珠〉：「桂葉雙眉久不描」（卷五，頁六四）	化用
				李賀	〈房中思〉：「新桂如蛾眉」（卷三九二，	

					頁四四二一）	
159	點絳脣	十二層樓	「雙鳳和鳴」	蘇頲	〈侍宴安樂公主山莊應制詩〉：「和鳴雙鳳喜來儀」（卷七三，頁八〇四）	截取
			「釵涼玉勝掛蘭纓」	李白	〈白紵辭三首〉之三：「玉釵掛纓君莫違」（卷一六三，頁一六九六）	化用
			「屏護文茵翠織成」	杜甫	〈太子張舍人遺織成褥段〉：「遺我翠織成」（卷二二〇，頁二三二九）	截取
			「大抵新歡」		「大抵」係唐時俗語，謂大都也。如元稹〈鄆亭月〉：「大抵偏嗔步月明」（卷四一二，頁四五六九）；又杜牧〈潤州二首〉之一：「大抵南朝皆曠達」（卷五二二，頁五九六三）	截取
			「夢回縹緲非煙裏」	杜正倫	〈玄武門侍宴〉：「雲閣聚非煙」（卷三三，頁四五〇至四五一）	截取
			「觸處逢桃李」	岑參	〈江上春嘆〉：「春風觸處到」（卷二〇〇，頁二〇九二）	截取

目次	詞調	起句	詞句	唐詩人	詩題、詩句及故實	借鑒技巧
160	訴衷情	不堪回首臥雲鄉	同上	白居易	〈酬元郎中同制加朝散大夫書懷見贈〉：「終身擬作臥雲伴」（卷四四二，頁四九三五）	截取
				方干	〈寄李頻〉：「先生猶臥雲」（卷六五三，頁七五〇五）	
			「幾度劉郎」		「劉郎」用劉禹錫、劉晨事	引故實
161	訴衷情	半銷檀粉睡痕新	同上	杜牧	〈閨情〉：「暗砌匀檀粉」（卷五二三，頁五九八六）	截取
				杜牧	〈隋苑〉：「定子當筵睡臉新」（卷五二四，頁六〇〇八）	化用
162	怨三三	玉津春水如藍	「官柳毿毿」	孟浩然	〈高陽池送朱二〉：「綠岸毿毿楊柳垂」（卷一五九，頁一六三〇）	鎔鑄
				施肩吾	〈春日錢塘雜興〉：「錢塘郭外柳毿毿」（卷四九四，頁五六〇二）	截取
			「橋上東風側帽檐」	李商隱	〈飲席代官妓贈兩從事〉：「舊主江邊側帽簷」（卷五三九，頁六一七二）	截取

			「對夢雨廉纖」	李商隱	〈重過聖女祠〉：「一春夢雨常飄瓦」（卷五三九，頁六一四五）	鎔鑄
				韓愈	〈晚雨〉：「廉纖晚雨不能晴」（卷三四三，頁三八五一）	
163	醉春風	樓外屏山秀	「歸雲何許誤心期」	張喬	〈寄山僧〉：「白雲那得有心期」（卷六三九，頁七三三七）	化用
			「渭城懷遠，一枝煙柳」	王維	用王維〈送元二使安西〉詩意（卷一二八，頁一三〇七）	引故實
164	憶秦娥	曉朦朧	「拜月樓空」	張夫人	〈拜新月〉：「拜月妝樓上」（卷七九九，頁八九八六）	化用
				李端	〈拜新月〉：「開簾見新月，便即下階拜」（卷二八六，頁三二八〇）	
			「去年今日東門東，鮮妝輝映桃花紅。」	崔護	〈題都城南莊〉：「去年今日此門中，人面桃花相映紅。」（卷三六八，頁四一四八）	化用

目次	詞調	起句	詞句	唐詩人	詩題、詩句及故實	借鑒技巧
165	憶秦娥	風驚幕	「燈前細雨檐花落」	杜甫	〈醉時歌〉第十八句（卷二一六，頁二二五七）	襲用
166	憶秦娥	著春衫	「著春衫，玉鞭鞭馬南城南」	張籍 崔顥	〈白紵歌〉：「衣裳著時寒食下，還把玉鞭鞭白馬。」（卷三八二，頁四二八〇） 〈渭城少年行〉：「揚鞭走馬城南陌」（卷一三〇，頁一三二四）	化用 鎔鑄
167	何滿子	每恨相逢薄處	「爲問依依楊柳，秋風好住章臺。」	韓翃	〈寄柳氏詩〉：「章臺柳，章臺柳，顏色青青今在否」事見唐．許堯佐《柳氏傳》（卷二四五，頁二七五九）	化用 引故實
168	御街行	松門石路秋風掃	「雙攜纖手別煙蘿」	李白 韓湘	〈同族姪評事黯遊昌禪師山池二首〉之二：「惜去愛佳景，煙蘿欲暝時」（卷一七九，頁一八二七） 〈答從叔愈〉：「卻收身去臥煙蘿」（卷八六〇，頁九七二三）	截取 化用

			「斷橋孤驛，冷雲黃葉，想見長安道。」	顧況	〈長安道〉：「長安道，人無衣，馬無草。」（卷二六五，頁二九四一）	化用
169	連理枝	繡幌閒眠曉	「繡幌閒眠曉，處處聞啼鳥。枕上無情，斜風橫雨，落花多少。」	孟浩然	〈春曉〉：「春眠不覺曉，處處聞啼鳥；夜來風雨聲，花落知多少。」（卷一六〇，頁一六六七）	檃括 襲用
			「賴醉鄉佳境許徜徉」	王績	「醉鄉」典見唐．王績《醉鄉記》	引故實
170	芳洲泊（踏莎行）	露葉棲螢	「風枝嫋鵲」	戴叔倫	〈客夜與故人偶集〉：「風枝驚暗鵲」（卷二七三，頁三〇七三）	化用
			「一聲橫玉吹流雲」	崔魯	〈華清宮〉：「橫玉叫雲天似水，滿空霜逐一聲飛。」（卷五六七，頁六五六八）	化用
			「清尊不負黃花約」	牟融	〈樓城敘別〉：「清樽不負花前約」（卷四六七，頁五三一四）	增損化用
171	水調歌頭	彼美吳姝媚	「黑自死心降」	杜牧	寄唐州李玭尚書：「奚胡聞道死心降」（卷五二四，頁五九九五）	增損

目次	詞調	起句	詞句	唐詩人	詩題、詩句及故實	借鑒技巧
172	山花子	曲磴斜闌出翠微	「綠樹隔巢黃鳥並」	杜甫	〈絕句六首〉之四：「隔巢黃鳥並」（卷二二八，頁二四八七）	增損
173	江南曲（踏莎行）	鴉軋齊橈	「莫愁應自有愁時」	李商隱	莫愁：「莫愁還自有愁時」（卷五三九，頁六一八一）	增損
174	江南曲（踏莎行）	小苑浴蘭	「紫簫閒捻度新聲，有人偷倚闌干掐。」	唐玄宗	元稹〈連昌宮詞〉載明皇、李謨事	引故實
175	樓下柳（天香）	滿馬京塵	同上	趙嘏	〈華州座中獻盧給事〉：「滿面煙霜滿馬塵」（卷五五〇，頁六三六九）	鎔鑄
176	吳門柳（漁家傲）	窈窕盤門西轉路	「最是長楊攀折苦」	王之渙 白居易	〈送別〉：「近來攀折苦」（卷二五三，頁二八四九） 〈楊柳枝〉：「小樹不禁攀折苦」（卷四五四，頁五一四九）	截取
177	游仙詠（漁家傲）	嘯度萬松千步嶺	「鏡屏百曲新磨瑩」		「鏡屏」見題韓偓《迷樓記》載上官時事	引故實

178	雁後歸（臨江仙）	巧翦合歡羅勝子	「堪乘輿」	高適	〈送田少府貶蒼梧〉：「江山到處堪乘輿」（卷二一三，頁二二二一）	截取
179	想娉婷（臨江仙）	鴉背夕陽山映斷	同上	溫庭筠	〈春日野行〉：「鴉背夕陽多」（卷五七七，頁六七一三）	化用
				韓偓	〈秋郊閒望有感〉：「鴉閃夕陽金背光」（卷六八一，頁七八〇〇）	
180	採蓮回（臨江仙）	翡翠樓高簾幕薄	「羞從面色起，嬌逐語聲來。」	王維	〈扶南曲歌詞五首〉之一第三、四句（卷一二五，頁一二三五）	襲用
			「門外木蘭花艇子，垂楊風掃纖埃。平湖一鏡綠萍開。緩歌輕調笑，薄暮採蓮回。」	白居易	〈池上二絕〉之二：「小娃撐小艇，偷採白蓮回；不解藏蹤跡，浮萍一道開。」（卷四五五，頁五一五九）	檃括

目次	詞調	起句	詞句	唐詩人	詩題、詩句及故實	借鑒技巧
181	鴛鴦夢（臨江仙）	醒自晚	「午醉厭厭醒自晚。鴛鴦春夢初驚。閒花深院聽啼鶯。斜陽如有意，偏傍小窗明。」	方棫	〈佚題〉：「午醉醒來晚，無人夢自驚；夕陽如有意，長傍小窗明。」（卷七七五，頁八七八三）	括
182	念彩雲（夜游宮）	流水蒼山帶郭	「紫燕西飛書漫託」	顧況	〈悲歌六首〉之二：「紫燕西飛欲寄書」（卷二六五，頁二九四二）	化用
			「碧城中」	李商隱	〈碧城三首〉之一：「碧城十二曲闌干」（卷五三九，頁六一六九）	截取
183	燭影搖紅	波影翻簾	「半窗斜月」	元稹	〈晚秋〉：「斜月透窗明」（卷四〇九，頁四五四三至四五四四）	化用
184	小重山	花院深疑無路通	「碧紗窗下，玉芙蓉」	王建	〈宮詞一百首〉之九十一：「仙人掌上玉芙蓉」（卷三〇二，頁三四四五）	截取
			「當時偏恨	王建	〈宮詞一百首〉之九十：「錯教人恨五更	化用

			五更鐘」		風」（卷三〇二，頁三四四五）	
			「畫橋臨水鳳城東」	杜　甫	〈夜〉：「銀漢遙應接鳳城」（卷二三〇，頁二五二七）	截　取
185	綠頭鴨（多麗）	玉人家	「銀牋封淚，舞鞋從此生塵。……記取明年，薔薇謝後，佳期應未誤行雲。」	杜　牧	〈留贈〉：「舞靴應任閒人看，笑臉還須待我開；不用鏡前空有淚，薔薇花謝即歸來。」（卷五二四，頁五九九四） 「銀牋封淚」見《麗情集》載灼灼與裴質事	化　用 引故實
			「鳳城遠」	杜　甫	〈夜〉：「銀漢遙應接鳳城」（卷二三〇，頁二五二七）	截　取
186	浣溪沙	三扇屏山匝象床	同上	王　琚	〈美女篇〉：「屈曲屏風繞象床」（卷九八，頁一〇六一）	化　用
187	浣溪沙	鼓動城頭啼暮鴉	「弄影西廂侵戶月，分香東畔拂牆花。」	崔鶯鶯	元稹《鶯鶯傳》載鶯鶯答張生詩：「待月西廂下，……拂牆花影動。」（卷八〇〇，頁九〇〇二）	化　用

目次	詞調	起句	詞句	唐詩人	詩題、詩句及故實	借鑒技巧
			「此時相望抵天涯」	李商隱	〈無題二首〉之二（聞道閶門萼綠華）：「昔年相望抵天涯」（卷五三九，頁六一六三）	化用
188	浣溪沙	煙柳春梢蘸暈黃	「望處定無千里眼，斷來能有幾回腸。」	柳宗元	〈登柳州城樓寄漳汀封連四州〉：「嶺樹重遮千里目，江流曲似九回腸。」（卷三五一，頁三九三五）	化用
189	浣溪沙	夢想西池輦路邊	「春風十里鬥嬋娟」	杜牧	〈贈別〉：「春風十里揚州路」（卷五二三，頁五九八八）	截取
				李商隱	〈霜月〉：「月中霜裏鬥嬋娟」（卷五三九，頁六一四六）	化用
			「落花中酒寂寥天」	杜牧	〈睦州四韻〉：「中酒落花前」（卷五二二，頁五九六八）	化用
190	浣溪沙	鸚鵡無言理翠襟	「杏花零落晝陰陰」	盧肇	〈綠陰亭〉：「亭邊古木晝陰陰」（卷五五一，頁六三八七）	截取
			「繡床終日罷拈針」	張籍	〈吳楚歌詞〉：「今朝社日停針線。」（卷二九，頁四一九）	引故實化用

191	浣溪沙	鸚鵡驚人促下簾	同上		事見唐・蔣防《霍小玉傳》	引故實
			「烏鵲橋邊河絡角」	宋之問	〈明河〉：「烏鵲橋邊一雁飛」（卷五一，頁六二七）	截取
				羅隱	〈七夕〉：「絡角星河菡萏天」（卷六五六，頁七五三九）	鎔鑄
192	浣溪沙	宮錦袍熏水麝香	「春風十里斷人腸」	杜牧	〈贈別〉：「春風十里揚州路」（卷五二三，頁五九八八）	化用
193	浣溪沙	青翰舟中祓禊筵	「酒闌飛去作非煙」	杜正倫	〈玄武門侍宴〉：「雲閣聚非煙」（卷三三，頁四五〇至四五一）	截取
			「雨荷風蓼夕陽天」	薛能	〈折楊柳十首〉之二：「水蒲風絮夕陽天」（卷五六一，頁六五一八）	化用 截取
194	浣溪沙	浮動花釵影鬢煙	同上	裴虔餘	〈柳枝詞詠篙水濺妓衣〉：「翠翹浮動玉釵垂」（卷五九七，頁六九一二）	化用
			「酒醺檀點語憑肩」	杜甫	〈留別賈嚴二閣老兩院補闕〉：「愁多任酒醺」（卷二二五，頁二四〇七）	截取
				伊夢昌	〈黃蜀葵〉：「檀點佳人噴異香」（卷八六二，頁九七五三）	
					「語憑肩」事見陳鴻《長恨歌傳》	引故實

目次	詞調	起句	詞句	唐詩人	詩題、詩句及故實	借鑒技巧
			「舊曾行處失金蓮」	劉禹錫	〈懷妓四首〉之三：「但曾行處偏尋看」（卷三六一，頁四〇八〇）	化用
				元稹	〈西歸絕句十二首〉之六：「舊曾行處便傷心」（卷四一四，頁四五八三）	
			「碧雲芳草恨年年」	韋莊	〈殘花〉：「碧雲芳草兩依依」（卷七〇〇，頁八〇四八）	化用
195	浣溪沙	兩點春山一寸波	同上	韋莊	〈秦婦吟〉：「一寸橫波剪秋水」（見陳尚君輯校《全唐詩補編》上冊，頁三六）	鎔鑄
			「金井露寒風下葉」	張籍	〈楚妃怨〉：「梧桐葉下黃金井」（卷三八二，頁四二九〇）	化用
196	浣溪沙	清淺陂塘藕葉乾	「行雲可是渡江難」	李涉	〈京口送朱晝之淮南〉：「爲傳風水渡江難」（卷四七七，頁五四二九）	化用
197	琴調相思引	團扇單衣楊柳陌	「半醉客、留醒客」	李商隱	〈杜工部蜀中離席〉：「座中醉客延醒客」（卷五三九，頁六一六一）	化用
198	天門謠	牛渚天門險	「塞管輕吹新阿濫」	唐玄宗	「阿濫」，笛曲，唐玄宗所製，見《中朝故事》載。	引故實

199	獻金杯	風軟香遲	「捲帳蠟燈紅，鴛枕畔，密寫烏絲一段。」		事見唐・蔣防《霍小玉傳》	引故實
200	山花子	湖上秋深藕葉黃	「洲嘴嫩沙斜照暖，睡鴛鴦。」	杜甫	〈絕句二首〉之一：「沙暖睡鴛鴦」（卷二二八，頁二四七五）	化用
201	山花子	雙鳳簫聲隔彩霞	同上	郎士元	〈聽鄰家吹笙〉：「鳳吹聲如隔綵霞」（卷二四八，頁二七八六）	化用
			「謝娘家」		「謝娘」用指歌妓，始於唐人，如白居易〈代謝好答崔員外〉詩：「青娥小謝娘」（卷四四二，頁四九四七）；又李賀〈惱公〉詩：「鶯囀謝娘慵」（卷三九一，頁四四一〇）	引故實
			「飲罷西廂簾影下，玉蟾斜。」	崔鶯鶯	元稹《鶯鶯傳》載鶯鶯答張生詩：「待月西廂下」（卷八〇〇，頁九〇〇二）	化用 引故實

目次	詞調	詞起句	詞句	唐詩人	詩題、詩句及故實	借鑒技巧
202	思越人（鷓鴣天）	紫府東風夜放時	同上		「紫府」本謂仙居，然唐人已有用指京都者，如張祜〈題泗州劉中丞郡中新樓〉：「紫府須黃霸」（見陳尙君輯校《全唐詩補編》上冊，頁二〇六）	引故實
			「步蓮穠李伴人歸」	蘇味道	〈正月十五日夜〉：「游妓皆穠李」（卷六五，頁七五三）	截取
			「鳳凰城闕知何處」	杜甫	〈夜〉：「銀漢遙應接鳳城」（卷二三〇，頁二五二七）	鎔鑄化用
203	思越人（鷓鴣天）	惆悵離亭斷綵襟	「幾行書尾情何限」	羅隱	〈送秦州從事〉：「試批書尾話梁州」（卷六五八，頁七五五九）	截取
204	鶴沖天	鼕鼕鼓動	同上	韋應物	〈曉坐西齋〉：「鼕鼕城鼓動」（卷一九三，頁一九八九）	增損
205	小重山	飄徑梅英雪未融	「不語坐書空」	杜甫	〈對雪〉：「愁坐正書空」（卷二二四，頁二四〇三）	化用
206	六州歌頭	少年俠氣	「白羽摘雕弓」	賈至	〈詠馮昭儀當熊〉：「白羽插雕弓」（卷二三五，頁二五九六）	增損

			「似黃粱」		「黃粱夢」見唐·沈既濟《枕中記》	引故實
			「辭丹鳳」	沈佺期	〈獨不見〉:「丹鳳城南秋夜長」(卷九六,頁一〇四三)	截取
				東方虬	〈昭君怨三首〉之二:「揜淚辭丹鳳」(卷一〇〇,頁一〇七五)	
			「落塵籠」	武三思	〈秋日於天中寺尋復禮上人〉:「長冀釋塵籠」(卷八〇,頁八六七)	截取
			「供驪用」		《東坡談錄》引唐張燕公云:「愧無通材,供國驪使」	引故實 鎔鑄
			「繫取天驕種」	鄭錫	〈出塞曲〉:「會當繫取天驕入」(卷二六二,頁二九一三)	化用
207	浣溪沙	翠轂參差拂水風	「暖雲如絮撲低空」	杜牧	〈長安雜題長句六首〉之二:「晴雲似絮惹低空」(卷五二一,頁五九五一)	增損
			「纓掛寶釵初促席」	李白	〈白紵辭三首〉之三:「玉釵掛纓君莫違」(卷一六三,頁一六九六)	化用
208	浣溪沙	雲母窗前歇繡針	同上	張籍	〈吳楚歌詞〉:「今朝社日停針線」(卷三八六,頁四三六〇)	引故實 化用

目次	詞調	起句詞句	唐詩人	詩題、詩句及故實	借鑒技巧
		「玉纖纖按十三金」	杜牧	〈詠美人擲骰〉:「無因得見玉纖纖」(卷七九二，頁八九一六)	截取
			溫庭筠	〈偶題〉:「箏語玉纖纖」(卷五八一，頁六七四二)	
209	浣溪沙	疊鼓新歌百樣嬌	「香輪軋軋馬蕭蕭」	唐玄宗	〈初入秦川路逢寒食〉:「暫拂香輪歸去來」(卷三，頁二九)	截取
				許渾	〈旅懷〉:「征車何軋軋」(卷五二九，頁六〇五四)	
210	江城子	麝熏微度繡芙蓉	同上	李商隱	〈無題〉(來是空言去絕蹤)之第六句(卷五三九，頁六一六三)	襲用
			「坐疑行聽竹窗風，出簾櫳，杳無蹤。」	李益	〈竹窗聞風寄苗發司空曙〉:「開門復動竹，疑是故人來。」(卷二八三，頁三二一四)	化用
211	木蘭花	佩環聲認腰枝軟	同上	李商隱	〈天水閒話舊事〉:「已聞珮響知腰細」(卷五四〇，頁六一八六)	化用

			「酒闌歌罷欲黃昏」	姚合	〈惜別〉：「酒闌歌罷更遲留」（卷四九六，頁五六三三）	化用
212	蝶戀花	小院朱扉開一扇	「朵雲冠子偏宜面」	劉禹錫	〈和樂天春詞〉：「新妝面面下朱樓」（卷三六五，頁四一二二）	化用
213	石州引	薄雨初寒	「遠客一枝先折」	獨孤及	〈官渡柳歌送李員外承恩往揚州覲省〉：「遠客折楊柳。」（卷二四七，頁二七六九）	化用
			「紅淚情歌」	溫庭筠	〈達摩支曲〉：「紅淚文姬洛水春」（卷五七六，頁六七〇三）	截取
			「芭蕉不展丁香結」	李商隱	〈代贈〉詩第三句（卷五三九，頁六一八一）	襲用
214	減字木蘭花	簪花照鏡	「風香月影，信是瑤臺清夜永。」	李白	〈清平調三首〉之一：「會向瑤臺月下逢」（卷一六四，頁一七〇三）。又見唐．李濬《松窗雜錄》載李白故實	化用 引故實
			「牽絆劉郎別後魂」		「劉郎」用劉禹錫、劉晨事	引故實

目次	詞調	起句	詞句	唐詩人	詩題、詩句及故實	借鑒技巧
215	鳳棲梧（蝶戀花）	爲問宛溪橋畔柳	「拂水倡條，幾贈行人手」	韓翃	〈寄柳氏〉：「縱使長條似舊垂，也應攀折他人手」（卷二四五，頁二七五九）	化用
			「唱斷青青」	王維	〈送元二使安西〉：「客舍青青柳色新」，引用「青青」指王維此詩，即陽關曲、渭城曲也。（卷一二八，頁一三〇七）	引故實
216	南柯子	斗酒才供淚	「此生休」	李商隱	〈馬嵬詩二首〉之二：「他生未卜此生休」（卷五三九，頁六一七七）	截取
217	望湘人	厭鶯聲到枕	「履約非煙游伴」		「非煙」乃唐武公業之妾，姓步氏，事見唐·皇甫枚撰《非煙傳》	引故實
			「曲終人遠」	錢起	〈省試湘靈鼓瑟〉：「曲終人不見」（卷二三八，頁二六五一）	化用
218	烏啼月（烏夜啼）	牛女相望處	「重牆未抵蓬山遠」	李商隱	〈無題〉（來是空言去絕蹤）：「劉郎已恨蓬山遠」（卷五三九，頁六一六三）	化用
			「凝釭長照單棲」	李商隱	〈因書〉：「別夜對凝釭」（卷五四〇，頁六二一五）	截取

			「城烏可是知人意，偏向月明啼。」	聶夷中	〈烏夜啼〉：「還應知妾恨，故向綠窗啼。」（卷六三六，頁七三〇〇）	化用
219	簇水近	一笛清風弄袖	同上	杜牧	〈題宣州開元寺水閣閣下宛溪夾溪居人〉：「落日樓臺一笛風」（卷五二二，頁五九六四）	鎔鑄
			「正喜九陌消塵土」	李正封	〈洛陽清明日雨霽〉：「九陌無塵土」（卷三四七，頁三八八一）	增損
220	小梅花（將進酒）	思前別	「思前別。記時節。美人顏色如花發。美人歸。天一涯，娟娟姮娥，三五滿還虧。翠眉蟬鬢生離訣。遙望青樓心欲	盧仝	〈有所思〉：「當時我醉美人家，美人顏色嬌如花；今日美人棄我去，青樓朱箔天之涯。娟娟姮娥月，三五二八盈又缺。翠眉蟬鬢生別離，一望不見心斷絕；心斷絕，幾千里，夢中醉臥巫山雲，覺來淚滴湘江水。湘江兩岸花木深，美人不見愁人心；含愁更奏綠綺琴，調高絃絕無知音。美人兮美人，不知爲暮雨兮爲朝雲；相思一夜梅花發，忽到窗前疑是君。」（卷三八八，	檃括

目次	詞調	起句	詞句	唐詩人	詩題、詩句及故實	借鑒技巧
			絕。夢中尋。臥巫雲。覺來珠淚，滴向湘水深。　愁無已。奏綠綺。歷歷高山與流水。妙通神。絕知音。不知暮雨朝雲何山岑。相思無計堪相比。珠箔雕闌幾千里。漏將分。月窗明，一夜梅花忽開，疑是君。」		頁四三七八）	
221	試周郎（訴	喬家深閉	同上	沈佺期	〈獨不見〉：「盧家少婦鬱金堂」（卷九六，	化用

	衷情）	鬱金堂			頁一〇四三）	
222	新念別（夜遊宮）	湖上蘭舟暮發	「揚州夢斷燈明滅」	杜　牧	〈遺懷〉：「十年一覺揚州夢」（卷五二四，頁五九九八）	化　用
			「玉纖纖」	杜　牧	〈詠美人擲骰〉：「無因得見玉纖纖」（卷七九二，頁八九一六）	截　取
				溫庭筠	〈偶題〉：「箏語玉纖纖」（卷五八一，頁六七四二）	
223	減字木蘭花	冷香浮動	「愁見凝酥暖漸融」	元　稹	〈離思〉：「一朵紅蘇旋欲融」（卷四二二，頁四六四三）	化　用
			「寂寞牆東」	李商隱	〈天水閒話舊事〉：「王昌且在牆東住」（卷五四〇，頁六一八六）	截　取 引故實
				韓　偓	〈晝寢〉：「王昌只在此牆東」（卷六八三，頁七八三七）	
224	山花子	錦韉朱絃瑟瑟徽	同上	白居易	〈聽彈湘妃怨〉：「玉軫朱絃瑟瑟徽」（卷四四二，頁四九四八）	增　損
			「玉纖新擬鳳雙飛」	杜　牧	〈詠美人擲骰〉：「無因見得玉纖纖」（卷七九二，頁八九一六）	鎔　鑄
				蘇　頲	〈侍宴安樂公主山莊應制〉：「和鳴雙鳳喜	化　用

目次	詞調	起句	詞句	唐詩人	詩題、詩句及故實	借鑒技巧
					來儀」（卷七三，頁八〇四）	
225	佚調	長廊碧瓦	「長廊碧瓦，夢雨時飄灑」	李商隱	〈重過聖女祠〉：「一春夢雨常飄瓦」（卷五三九，頁六一四五）	化用
226	百寶裝	楓葉初舟	「共醉倒、同消萬古愁」	李白	〈將進酒〉：「與爾同消萬古愁」（卷一六二，頁一六八三）	增損
			「常愛短李家聲」	李紳	「短李」指李紳，事見《舊唐書》卷173，《新唐書卷》181	引故實
			「才高沈謝何劉」	杜甫	〈蘇端薛復筵簡薛華醉歌〉：「何劉沈謝力未工」（卷二一七，頁二二七〇）	化用
			「歌吹是揚州」	杜牧	〈題揚州禪智寺〉：「歌吹是揚州」（卷五二二，頁五九六四）	襲用
			「恨未能、相從爛熳遊」	韋莊	〈庭前桃〉：「曾向桃源爛漫遊」（卷六九九，頁八〇四〇）	截取

表列既明，可見作品爲賀鑄借鑒入詞之唐詩人，凡百十六人（含佚名一人）。茲更依序臚列

《東山詞》作品見引達五次以上之唐詩人如次：杜牧五十九次、李商隱四十九次、杜甫與白居易各三十一次、李白二十四次、元稹十六次、顧況與韓偓各十三次、李賀與劉禹錫各十二次、溫庭筠十次、韓愈九次、韋應物、王維、崔鶯鶯與韋莊各七次，王建、張籍、許渾五人作品各六次，孟浩然、李益、韓翃三人作品各五次。是知賀鑄最喜借鑒之唐詩人爲杜牧，李商隱居次，而李賀、溫庭筠兩人，遠不及杜甫、白居易、李白三人，亦稍遜元稹、顧況。而賀鑄之自稱與張炎之評論，專指向晚唐溫、李，豈以其時詩風婉麗，適合詞之體性，並以爲婉約乃詞之正宗，故捨李、杜、白，以及兼有疏朗詩風之杜牧，以就其觀點耶？雖然，經科學之統計分析，終較印象式之言論、詞話式之批評，爲能得事實之真相，筆者於此又可得一證也。

參、結　語

兩宋詞人借鑒唐詩之現象，發展至北宋晚期，已極成熟；此中賀鑄、周邦彥堪稱箇中雙璧。本文既已歸納《東山詞》借鑒唐詩之技巧，以及了解其所借鑒唐詩人分布之情形，爰作結論如次：

其一，賀鑄借鑒唐詩之技巧凡八，比照兩宋詞人借鑒唐詩之技巧，亦可以四大類賅之：

一曰字面之借鑒：

㈠截取唐詩字面

1.自一詩句中截取兩字面
2.自兩詩句中截取兩字面
3.自一詩句中截取一字面
(二)鎔鑄唐詩字面
二曰句意之借鑒：
(一)增損唐詩字句
1.就唐詩句增字
2.就唐詩句減字
3.改易唐詩字句
(二)化用唐詩句意
1.襲其意而易其語
2.引伸唐詩句意
3.反用唐詩句意
(三)襲用唐詩成句
三曰詩篇之借鑒
(一)局部檃括唐詩
(二)全闋檃括唐詩
四曰其他

㈠援引唐詩人故實

㈡綜合運用各技巧

而進一步比對兩宋詞人借鑒唐詩之技巧，可發現賀鑄借鑒唐詩之技巧中，唯「合集唐詩成句」一項，未見採用，餘皆有兩宋詞人之縮影。此中「截取」三字及「截取」方言、俗語之現象，最爲特殊；甚而賀鑄別立新名之詞調，亦有三十闋係「截取」或「化用」唐詩。而將唐詩全首襲用，間夾自鑄詞句之檃括技巧，亦別見異彩；唯此等借鑒技巧，好奇太過，實不足爲法。

其二，筆者曾就《東山詞》二百八十七闋，全面統計，發現此中二百二十六闋，均曾運用上述技巧借鑒唐詩，比例幾達五分之四。前人謂賀鑄好「掇拾人所遺棄，少加檃括，皆爲新奇」；又謂「賀方回遍讀唐人遺集，取其意以爲詩詞」，今以所塡詞篇觀之，洵不我欺。至於賀鑄自稱，以及張炎評論，以爲《東山詞》多借鑒晚唐之溫庭筠、李商隱、韓偓，甚或稍早之李賀，則未盡貼切；以盛、中唐之李白、杜甫、韓愈、白居易、元稹、劉禹錫等人之作品，借鑒入《東山詞》中，其總數實與晚唐不相上下。而爲賀鑄驅使最夥之唐詩人，尤非溫、韓、二李，乃處晚唐而兼有疏朗詩風之杜牧。斯可證讀賀鑄作品，不可僅強調其婉麗之作，如〈青玉案〉（淩波不過橫塘路）；亦當知尚有〈小梅花〉（城下路）、又（縛虎手）等豪邁疏朗之作，方能得其全貌。而經本文分析，自賀鑄借鑒唐詩人，兼取盛、中唐及晚唐，即可推知《東山詞》詞風之所向矣！

下篇　藉唐詩繫年、校注宋詞

本篇係鑒於兩宋詞人好借鑒唐詩，乃不爭之事實，因之若能就所借鑒之唐詩，運用於宋詞之研究，當是此領域在研究方法上之一大突破。首先係運用唐詩以繫年宋詞，計有三章論述，足以印證此方法之可行：晏殊〈浣溪沙〉（三月和風滿上林）詞探微，係以晏殊此詞與錢起〈贈闕下裴舍人〉詩，無論寫作之時間、指涉之地點、韻腳之使用，以及寫作之懷抱，幾乎全同。因藉錢詩繫年晏殊寫此詞之時間，宜在宋仁宗皇祐五年癸巳（西元一〇五三）春三月；時晏殊年六十三，刻出知永興軍，乃藉詠牡丹，以道早日返朝之心願也。至若〈蘇軾集句詞探微〉、〈汪元量〈憶王孫〉集句詞探微〉兩章，則先逐闋求得每句之來歷，而後針對猶未編年或已編年而未妥之集句詞，依據其所集唐詩所涉之地點，配合蘇、汪兩人之行徑，分別予以繫年，而得以下結論：蘇軾〈南鄉子〉之一（寒玉細凝膚）、之二（悵望送春杯）兩詞，係作於宋神宗元豐八年（西元一〇八五）四月；〈南鄉子〉之三（何處倚闌干）詞，則作於同年九月。此乃至今編年箋注蘇詞者，未曾論及也。至論蘇軾集句詞，而考其形式，旨在印證集句詞未必盡集前人成句；亦可以「化用」、「截取」等技巧，合集前人、時人，甚或個人作品以入詞。「師學考」則在印證王安石集唐詩入詞之影響力，雖蘇軾亦不免師學之。其次，關於汪元量〈憶王孫〉九闋集句詞，孔凡禮雖推論「當作於南歸之初」。然經筆者運用同樣方法，亦即以詞中所集唐詩所涉之地點、時令，配合汪氏行實；考知此九闋詞洵非聯章詞，其寫作時間，最早在元世祖至元十三年（西元一二七六）春，最遲在至元二十六年（西元一二八九）秋，非全然作於至元二十五年汪元量以黃冠南歸之後也。

本篇後兩章，屬於「校注」範圍：〈唐詩校勘《全宋詞》〉一章，主要在運用宋詞所借鑒之唐詩，校勘宋詞。首先取一九九九年一月，北京中華書局改版重印、增補詞人二百四十餘家、詞作一千四百餘首，乃目前所見最完善之《全宋詞》爲底本，且以所錄北宋詞爲例，進行校勘。計得前後期十四位詞家，三十四闋作品，三十九例，可藉此方法校正其字句。而似此以兩文體相互校勘之方法，誠信已爲宋詞之校勘另闢蹊徑；所得結果，亦足肯定此方法之可行。至於〈鄧廣銘《稼軒詞編年箋注》正補〉一章，則係取宋詞箋注之佼佼者，亦爲截至目前爲止，唯一發行、備受肯定之鄧注本《稼軒詞》，就其中與唐詩有關者，運用先進之電子檢索，分「失題與失引一句」、「詩題、內容或作者出入」、「誤注、漏注或失注」三節，予以正補：前兩節爲該書體例問題，雖屬一般性整理工夫，然已揭露不少疏謬，計有「失題」十例、「失引一句」七十八例、「詩題出入」四十二例、「內容出入」十五例、「作者出入」十四例；末節則爲筆者多年考索所得，計糾正「誤注」之例凡六、「漏注」之例凡十八、「失注」之例凡二十五。而稼軒詞凡六百二十九闋，所運用之語典、事典，遍及經、史、子、集，借鑒之技巧復極其繁富。學者苟能因拙作之「拋磚」，善用電子檢索進行研究，則較鄧注本完備之《稼軒詞編年箋注》，必指日可期。

晏殊〈浣溪沙〉(三月和風滿上林)詞探微

——藉唐詩繫年宋詞之一

壹、前　言：錢起〈贈闕下裴舍人〉詩與晏殊〈浣溪沙〉詞之關係

晏殊《珠玉詞》詞中，有〈浣溪沙〉(三月和風滿上林)一詞，與唐錢起〈贈闕下裴舍人〉[1]七律詩殊深關係，且可藉錢詩繫年晏詞。茲先錄錢詩及晏詞如次：

二月黃鶯飛上林，春城紫禁曉陰陰；長樂鐘聲花外盡，龍池柳色雨中深。陽和不散窮途恨，霄漢長懷捧日心；獻賦十年猶未遇，羞將白髮對華簪。[2]錢起〈贈闕下裴舍人〉

---

1 有關此詩之詩題，阮廷瑜《錢起詩集校注》云：「《全唐詩》注云：『一作闕下贈裴舍人』，《中興閒氣集》、《才調集》俱作『闕下贈閣舍人』。《唐百家詩選》、《唐詩鼓吹》俱作『贈閣下閣舍人』」。(臺北：新文豐出版公司印行，一九九六年二月初版，下冊，卷第九，頁七二五至七二六。)

2 見康熙敕撰《全唐詩》，(臺北：盤庚出版社，一九七九年二月第一版，卷二三九，頁二六七四至二六七五。)此中字句之出入，《全唐詩》均予附注，今統整如次：「黃鶯之『鶯』，一作『鸝』；紫禁之『禁』，一作『陌』；『陰

三月和風滿上林。牡丹妖豔直千金。惱人天氣又春陰。　為我轉回紅臉面，向誰分付紫檀心。有情須殢酒杯深。[3]晏殊〈浣溪沙〉

粗較此一詩一詞，可知其寫作之時間、地點，及詩詞之押韻、寄意，真有相同之處：其一，錢詩寫於二月，晏詞寫於三月，乃皆春陰之時也。其二，錢詩所指之上林，即漢武帝據秦舊苑擴建之上林苑，在今陝西西安市西，與晏詞所稱之上林，乃同一地；或亦可泛指長安宮苑（詳貳之二）。其三，錢詩押韻爲「林」、「陰」、「深」、「心」、「簪」五字，晏詞押韻爲「林」、「金」、「陰」、「心」、「深」五字，僅一字之差，然均屬「侵」韻之字，晏詞於錢詩，頗有和韻之意。

陰』兩字，一作『沈沈』；一本更將此詩首二句倒用；長懷之『懷』，一作『懸』。」而今人王定璋《錢起詩集校注》（杭州：浙江古籍出版，一九九二年八月第一版，卷八，頁二七九至二八〇）、阮廷瑜《錢起詩集校注》（同前注，頁七二五至七二八），對字句之出入，亦曾予以核校；阮書後出，尤詳於王書。茲更據阮書，整理其出入較大者如次：「曉陰陰之『曉』字，別本或作『晚』字；『陽和』二字，別本或作『和陽』；長懷之「長」字，別本或作『常』；白髮之『白』字，別本或作『短』；對華簪之『對』字，別本或作『載』，或作『到』。」

3 見唐圭璋編《全宋詞》，臺北：世界書局，一九七六年十月初版，冊一，頁八八。此中字句之出入，唐圭璋於「紫檀」下案云：「『檀』原作『臺』，改從《唐宋名賢百家詞》。」然唐氏所據明．吳訥《百家詞》乃傳鈔本，而臺北：廣文書局出版之排印本《百家詞．珠玉詞》（一九七一年五月初版，冊一，頁一），載此詞此句，仍作「紫臺心」，不知其理何在？而《詞林集珍》胡士明校點本《珠玉詞》，於此詞「紅臉」之「臉」字下注云：「一作『粉』」；「紫臺」之「臺」字下注云：「一作『檀』」（上海：上海古籍出版社，一九八九年二月第一版，頁一至二），蓋據《元獻遺文》（《景印文淵閣四庫全書》本，冊一〇八七，頁三六）而校注。然筆者所見，若明．毛晉汲古閣《宋六十名家詞》（臺灣商務印書館「國學基本叢書」本）、《景印文淵閣四庫全書》所據毛氏本，以及四部備要排印《宋六十名家詞》本，於此二句，均作「紅臉面」、「紫臺心」；即胡氏之校點，亦以此爲正，而附注其他異文。

其四，錢詩、晏詞皆寫於春日，宜見陽和而陽和不見，但見春陰，是真別有懷抱也。其五，錢詩云「捧日心」，日指朝廷，蓋對朝廷有所期待；而晏詞「紫檀心」一詞，或又作「紫臺心」（參註3），紫臺乃帝王之居，可泛指朝廷，而此心乃無所分付，蓋借寫「望闕」之情也。

錢詩及晏詞既有如此關係，筆者乃企圖進一步知其所以，因就三方向：一、〈贈闕下裴舍人〉詩探析；二、〈浣溪沙〉詞寫作之地點與時間；三、〈浣溪沙〉詞探析，深入考證發微，終亦可作為藉唐詩繫年宋詞之一證也。

貳、本文

一、〈贈闕下裴舍人〉詩探析

錢起，字仲文，唐吳興人。[4]於唐代詩壇，乃屬「大曆十才子」[5]之一；並有「前有沈、宋，

---

4 錢起之隸籍，或云吳興人，或云長城人，或云長興人。據謝海平〈錢起事蹟及其詩繫年考述〉一文云：「所以說錢起吳興人，是稱郡望；說他是長城、長興人，則是就屬縣而言。」（〈中華學苑〉第三十四期，一九八六年十二月刊行，頁八五）。

5 《新唐書》卷二〇三〈列傳一二八・文藝下・盧綸傳〉載：「綸與吉中孚、韓翃、錢起、司空曙、苗發、崔峒、耿湋、夏侯審、李端，皆能詩齊名，號『大曆十才子』。」（臺北：鼎文書局，一九七九年十一月，冊七，頁五七八五。）唐・姚合《極玄集》卷上載，與此相同。（臺北：臺灣商務印書館《景印文淵閣四庫全書》本，一九八七年八月，冊一三三二，頁一五一，「李端」下附注）然大曆之「曆」，或作「歷」；而十才子中，或亦去韓翃、

後有錢、郎」[6]之譽；後世論詩者，又恒與劉長卿並提，合稱「錢、劉」。[7]是知錢起於當代及後世詩壇，均頗受推崇。至論其所作，係以〈贈闕下裴舍人〉、〈省試湘靈鼓瑟〉、〈歸雁〉三詩，最受選評[8]，茲專論其未中第前寫於長安之〈贈闕下裴舍人〉詩。

此詩前四句，著力描寫長安宮苑之春景：仲春二月，上林苑（詳參下節說明）中，黃鶯飛鳴；紫禁城[9]內，春意滿布；唯早色未開，一片陰翳。此時長樂宮[10]之鐘聲，迢遞花外，聲聲

崔峒、夏侯審，而易以郎士元、李益、李嘉祐三人，見清・王士禎《分甘餘話》引《江鄰幾雜誌》。

6 唐・高仲武《中興閒氣集》卷上載：「士林語曰：前有沈、宋，後有錢、郎。」（見同前注《極玄集》，冊一三三二，頁一二八，「錢起」下附注。）按：「沈、宋」，指沈佺期、宋之問；「錢、郎」，指錢起、郎士元。

7 唐・范攄《雲溪友議》卷上〈四背篇〉載：「劉長卿郎中因人謂前有沈、宋、王、杜，後有錢、郎、劉、李。乃曰：『李嘉祐、郎士元焉得與予齊稱耶？』每題詩不言其姓，但書長卿而已，以海內合知之，然士林或之譏也。」（見同前注，一九八六年八月，冊一〇三五，頁五七三。）明王世貞《藝苑巵言》卷四載：「錢、劉並稱故耳，錢似不及劉。錢意揚，劉意沈；錢調輕，劉調重。」（臺北：藝文印書館印行《續歷代詩話》本，下冊，一九七四年四月三版，頁一一七四。）清翁方綱《石洲詩話》卷二亦載：「元和間，權、武二相，並清超，可接錢、劉。」（臺北：廣文書局，一九七一年九月初版，頁六八。）

8 可參陳伯海主編《唐詩彙品》（杭州：浙江教育出版社，一九九六年五月第三次印刷，中冊，頁一二九五至一二九六，頁一二九八至一二九九、頁一三〇一至一三〇二）、阮廷瑜《錢起詩集校注》（同注2，下冊，卷第七，頁四六七至四七六、卷第九，頁七二五至七三一、卷第十，頁七七三至七七六。）

9 《增補六臣注文選》卷五七謝莊〈宋孝武宣貴妃誄〉載：「收華紫禁」李善注云：「王者之宮，以象紫微，故謂宮中爲紫禁。」呂延濟注云：「紫禁，即紫宮，天子所居也。」（臺北：華正書局，一九七九年五月初版，頁一〇六三。）

10 唐・李吉甫《元和郡縣志》卷一載：「漢長樂宮在長安縣西北十四里。」（同注6，一九八五年二月，冊四六八，頁一三七。）《三輔黃圖》卷二〈漢宮〉載：「長樂宮本秦之興樂宮也，高皇帝始居櫟陽。七年，長樂宮成，徙

入耳；龍池[11]之茂柳，枝枝洗雨，青翠欲滴。而此等景致，唯置身宮中之裴舍人得以見之也。

此詩下四句，轉而抒情，自寫當時之處境：「陽和」句寫縱有春陽普照，終難遣自身之落魄，況逢陰雨之時耶？雖然，作者仍時時仰天望「日」（「日」喻當朝皇上），願爲朝廷效犬馬之勞，所謂「霄漢長懷捧日心」是也。無奈十年以還，雖不斷向朝廷獻賦自薦，參與科考，惜終未遇知音賞識。而今白髮催人，面對插華簪、位顯貴之裴舍人，真覺慚愧之至。至此，此詩之主旨乃豁然浮現，錢起蓋借寫此詩，冀裴舍人爲之援引也。

而裴舍人究爲何人？王定璋《錢起詩集校注》[12]、阮廷瑜《錢起詩集校注》[13]，均不詳其人。筆者遍查《舊唐書》及《新唐書》，裴其姓而曾於開元、天寶間爲中書舍人者，厥爲裴寬[14]，疑錢起所謂裴舍人，當指此人。別本又或題作「闕下贈閣舍人」（詳參注1），查新、舊唐書，開

居長安。」（可參何清谷校注本，陝西：三秦出版社，一九九五年十月第一版，頁一〇一。）

11 唐・張九齡等撰、李林甫等注《唐六典》卷七載：「興慶宮在皇城之東南，距外郭城東垣。」原注云：「今上（玄宗）潛龍舊宅也。」又於「北曰新射殿」下注云：「初，上居此第，其里名協聖，諱所居。宅之東有舊井，忽涌小池，周袤才數尺，常有雲氣，或見黃龍出其中。至景龍中，潛復出水，其沼浸廣時，即連合爲一。未半歲而里中人悉移居，遂瀰洞爲龍池焉，蓺符命之先也。」（同注5，一九八五年，冊五九五，頁七七至七八。）

12 同注2，卷八，頁二七九。

13 同注1，卷第九，頁七二五至七二六。

14 《舊唐書》卷一〇〇〈列傳第五〇・裴漼附從祖弟寬傳〉載：「寬歷中書舍人、御史中丞、兵部侍郎。」（臺北：鼎文書局，一九七九年十一月，冊四，頁三至三〇。）至若《新唐書》卷一三〇〈列傳第五十五・裴漼傳〉僅載：「（天寶）三載，用安祿山守范陽，召寬爲戶部尚書、兼御史大夫。」（同注5，冊六，頁四四八九。），並未提「中書舍人」之職，僅錄供參考。

元、天寶間實無其人，故本文未採此題。復依錢起題詩慣例，於唐代舍人，必題其所屬，如〈太子李舍人城東別業〉[15]、〈太子李舍人城東別業與二三文友逃暑〉[16]，即知此乃東宮官屬之舍人也。而〈中書王舍人輞川舊居〉[17]、〈奉和中書常舍人晚秋集賢院即事寄徐、薛二侍御〉[18]，即知此乃隸屬中書省之舍人也。另有〈過王舍人宅〉[19]詩，則不題所屬，然自詩中末句云：「承恩金殿宿，應薦馬相如。」可知此舍人具有薦引之責，自非中書舍人莫屬。準此言之，錢起〈贈闕下裴舍人〉詩，亦頗有自薦冀引之意，當亦指中書舍人也。《舊唐書》卷四十三〈職官二・中書省〉載：

> 中書舍人六員。……舍人掌侍奉進奏，參議表章。凡詔旨敕制，及璽書冊命，皆按典故起草進畫；既下，則署而行之。其禁有四：一曰漏泄，二曰稽緩，三曰違失，四曰忘誤；所以重王命也。制敕既行，有誤則奏而正之。凡大朝會，諸方起居，則受其表狀而奏之。國有大事，若大克捷及大祥瑞，百僚表賀，亦如之。凡冊命大臣于朝，則使持節讀冊命之。凡將帥有功及有大賓客，皆使勞問之。凡察天下冤滯，與給事中及御史三司鞫其事。

15 同注2，卷二三六，頁二六一四。題下附注云：「一作〈李祭酒別業，俯視川林前帶雷岫〉。」
16 同注2，卷二三八，頁二六六四。
17 同前注，頁二六六五。
18 同前注，頁二六六六。
19 同注2，卷二三八，頁二六六〇。

凡百司奏議，文武考課，皆預裁焉。」[20]

此乃唐代中書舍人之職掌。而此等隨侍皇帝左右，得以過問機密大事，甚而「文武考課，皆預裁焉」之顯貴，自成士子請託冀望之對象。況自錢起詩集中，吾人可見其言及失意考場、少年落拓之詩篇，實不在少數，如〈長安旅宿〉、〈落第劉拾遺相送東歸〉、〈下第題長安客舍〉、〈長安落第作〉、〈長安落第〉……等，即道考場失意之作；而〈行路難〉、〈冬夜題旅館〉、〈南中春意〉、〈海畔愁思〉、〈海上臥病寄王臨〉……等，即道落拓之處境，蓋亦功名未就使然也。茲舉三首，以見一斑：

九秋旅夜長，萬感何時歇；蕙花漸寒暮，心事猶楚越。直躬邅世道，咫步隔天闕；每聞長樂鐘，載泣靈臺月。明旦北門外，歸途堪白髮。〈長安旅宿〉[21]

花繁柳暗九門深，對飲悲歌淚滿襟；數日鶯花皆落羽，一回春至一傷心。〈長安落第〉[22]

退飛憶林藪，樂業羨黎庶；四海盡窮途，一枝無宿處。嚴冬北風急，中夜哀鴻去；孤燭思何深，寒窗坐難曙。勞歌待明發，惆悵盈百慮。〈冬夜題旅館〉[23]

自此三首詩，可知錢起「咫步隔天闕」之企盼。而唐代省試係於前一年冬天舉行，於次年春天始知結果；今乃「一回春至一傷心」，則知其數次落第矣！復據謝海平〈錢起事蹟及其詩繫年考

---

[20] 同注14，冊三，頁一八五〇。
[21] 同注2，卷二三六，頁二六〇八。
[22] 同注2，卷二三九，頁二六八九。
[23] 同注21，頁二六〇九。

述〉一文所載，錢起「嘗屢應禮部考，均落第。下第後，或東歸吳興，客居南海；或遊關中，西及隴右。」[24]，則詩中所謂「四海盡窮途，一枝無宿處。」實非虛語也。

雖然，錢起終未死心；苟有一絲機會，絕不放棄。據《資治通鑑》卷二〇三〈唐紀十九・則天后垂拱二年〉載：

> 三月，戊申，太后命鑄銅為匭：其東曰「延恩」，獻賦頌，求仕進者投之；南曰「招諫」，言朝政得失者投之；西曰「伸冤」，有冤抑者投之；北曰「通玄」，言天象災變及軍機祕計者投之。命正諫、補闕、拾遺一人掌之，先責識官，乃聽投表疏。[25]

此中明言求仕進者，可獻賦頌，投入「延恩」匭；然必先責「識官」（猶今之保薦者），方得聽投表疏。此項措施，至玄宗時，仍然存在，此處且舉與錢起同時之杜甫爲例。據《杜甫年譜》載：

> 公元七五〇年（天寶九載，庚寅），三十九歲。春，自東京復至長安。……在交遊中，遇翰林學士張垍。垍為故宰相張說之少子，與兄均同在翰院，皆有文名。垍尚寧親公主，頗得恩寵，許於禁中置宅，侍左右佐酒賦詩，兼分掌制誥。杜甫與之有舊，因以詩贈之，望其汲引。……秋，投「延恩」匭，進〈鵰賦〉，……，表進，不報。[26]

是知投匭獻賦，尋人保薦之制度，玄宗時期猶存。杜甫蓋藉張垍等人之保薦，而有獻賦之機會，

---

24 同注4，頁九一。
25 臺北：明倫出版社，一九七五年三月初版，冊九，頁六四三七至六四三八。
26 見題王寶甫撰《杜甫年譜》，台北：西南書局，一九七八年九月一日初版，頁四七至四八。

惜首次未能成功耳。然翌年，杜甫復循此道，終得玄宗之青睞。《杜甫年譜》又載：

> 公元七五一年（天寶十載，辛卯），四十歲。在長安，因去歲獻〈鵰賦〉不報，貧無以為活，乃賣藥於市；不足，則時寄食於朋友以度日。值玄宗舉行郊廟之禮，故仍投「延恩」匭，獻〈三大禮賦〉……賦上，玄宗奇之，命待制集賢院。[27]

對於朝廷此項措施，錢起必曾熱衷參與，故其詩亦曾言之。所謂：

> 蟋蟀已秋思，蕙蘭仍碧滋；蹉跎獻賦客，歎息此良時。日夕雲臺下，商歌空自悲。〈秋館言懷〉[28]

> 始願今如此，前途復若何；無媒獻詞賦，生事日蹉跎。……〈長安落第作〉[29]

詩中自稱「獻賦客」，可證錢起確曾向當道獻賦。今觀《全唐文》卷三七九所輯錢起賦，如〈千秋節勤政樓下觀舞馬賦〉、〈朝元閣賦〉、〈西海雙白龍見賦〉、〈蓋地圖賦〉、〈泰階六符賦〉、〈圖畫功臣賦〉、〈象環賦〉等[30]，或有因獻賦之特殊動機而作者。然或因錢起屢投不中，以致無人持續保薦，故未得藉此進身，致有「無媒獻詞賦」、「名宦無媒自古遲」〈送鄔三落第還鄉〉[31]之嘆。

---

27 同前注，頁四八至四九。

28 同注22，頁二六七六。

29 同注19，頁二六五三。

30 《全唐文》爲清．董誥等人所纂輯，筆者所見，爲光緒辛丑歲（即二十七年），廣雅書局刊行，所收錢起賦凡十三篇，見於冊七六，卷三七九，頁七至十四。

31 同注23，頁二六〇四。

明乎錢起屢次落第及獻賦無著，以致四處漂泊之處境，則知此次於「闕下」得識「裴舍人」，乃何等期待與欣喜！而「霄漢長懷捧日心」、「獻賦十年猶未遇」云云，終亦可知其個中三昧矣！後世評論者，對於此詩，固極激賞其「長樂鐘聲花外盡，龍池柳色雨中深」一聯[32]，然能揭其微旨者，所在多有，茲錄三則供參考：

元郝天挺《唐詩鼓吹箋註》卷五廖文炳解云：

此贈舍人，亦嘆己之未遇也。言當二月鶯飛上林之時，而見春城紫禁晚色陰陰已。其時，長樂之鐘聲悠揚花外，龍池之柳色搖蕩雨中，此皆自禁中景物言之。蓋以舍人得遊上林，故其所見如此也。以下見自嘆意，言雖有陽和之春，不到窮達之士，而幽恨難消；空瞻霄漢之上，常懸捧日之心，而有懷莫遂。只今獻賦十年，未能一遇，駸駸髮白如絲已，縱或有見知之日，其何以對此華簪哉！[33]

明周珽《唐詩選脈箋釋會通評林》云：

前四句詠裴公闕下之興，後四句傷己未遇之情。鐘聲出自長樂，以隔花而婉轉；柳色垂

---

32 如唐．高仲武《中興閒氣集》卷上「錢起」下附注云：「員外詩體格新奇，理致清贍，……如『鳥道掛疏雨，人家殘夕陽。』……又：『長樂鐘聲花外盡，龍池柳色雨中深』，皆特出意表，標雅古今。」（見同注6）次如宋．胡仔《苕溪漁隱叢話．後集》卷一七〈唐人雜記〉下載：「錢起考功詩，世所藏本皆不同，宋次道舊有五卷，王仲至續爲八卷，號爲最完善。然如『牛羊下山小，煙火隔雲深』。……『長樂鐘聲花外盡，龍池柳色雨中深』等，皆當時相傳爲警絕。」（版本同注8，一九八八年二月，冊一四八〇，頁四八七。）又如宋．魏慶之《詩人玉屑》卷三〈唐人句法．宮掖〉項，亦引此兩句爲範例之一。（見同上，冊一四八一，頁六九。）

33 臺北：新文豐出版公司，一九七九年十月初版，頁三一三。

拂龍池，以著雨而深沉，二語曲于寫景。窮途之恨不散，澤不及己也；捧日之心常懸，志切慕君也。此仲文未第而欲舍人引薦，故贈以詩。先敘禁中之景，以起流落之懷，繼述裴謝之羞，以足莫知之歎也。[34]

清王堯衢《古唐詩合解》卷下云：

此及時之鳥，而入上苑芳菲之地，少年新貴，何以異此？春曉而禁中林木從外望之，蒼翠無盡。鐘室在長樂宮中，比曉而鐘聲已盡，花外聞矣。柳得雨而其色自深，比舍人近君而得承恩澤也。春氣陽和，如天子之布澤。此時錢起未第，未沐君恩，故不散窮途之恨也。霄漢雖高，心懸捧日，而惜乎君之未知也。夫十年不遇，髮安得不白！未遇者徒留白髮，已仕者俱戴簪華，不對則不覺也，相對殊為可羞。前解寫舍人承恩闕下，後解自傷不遇，所以諷裴之引薦也。[35]

二、〈浣溪沙〉詞寫作之地點與時間

欲知晏殊〈浣溪沙〉詞寫作之地點，自詞中「上林」一詞，即可知其所在。然「上林」除可泛指帝王之苑囿外，在北宋以前，實有三處：其一，爲秦舊苑，漢初荒廢，至漢武帝時重新擴建，故址在今西安市西及周至（古作「盩厔」）、戶縣界。據《三輔黃圖》卷四〈苑囿〉載：

---

34 見阮廷瑜《錢起詩集校注》下冊，卷第九引（同注1，頁七二九）

35 臺北：文化圖書公司，一九七四年二月再版，頁五九。按：此段文字，乃王氏逐句解釋之綜合，末二句始爲其總評。

漢上林苑，即秦之舊苑也。《漢書》云：「武帝建元三年，開上林苑，東南至藍田、宜春、鼎湖、御宿、昆吾，旁南山而西，至長楊、五柞，北繞黃山，瀕渭水而東，周袤三百里。」離宮七十所，皆容千乘萬騎。[36]

其二，爲東漢光武帝時建造，故址在今河南洛陽市東，漢魏洛陽故城西。此乃《漢語大詞典》之說解[37]，然今查《後漢書》卷一〈光武帝紀第一〉[38]，並未見載。而卷二〈顯宗孝明帝紀第二〉確載：

永平十五年冬，車騎校獵上林苑。[39]

卷七〈孝桓帝紀第七〉亦載：[40]

永興二年冬十一月甲辰，校獵上林苑，遂至函谷關，賜所過道傍年九十以上錢，各有差。

延熹元年冬十月，校獵廣成，遂幸上林苑。[41]

延熹六年冬十月丙辰，校獵廣成，遂幸函谷關、上林苑。[42]

36 同注10，何淸谷校注本，頁二一六。
37 上海：漢語大詞典出版社，一九九三年八月第三次印刷，冊一，頁二七五。
38 見臺北：鼎文書局版二十五史，同注5，冊一，頁一至八七。
39 同前注，頁二九。
40 同前注，頁三〇〇。
41 同前注，頁三〇四。
42 同前注，頁三一二。

卷八〈孝靈帝紀第八〉復載：

> 光和五年冬，校獵上林苑，歷函谷關，遂巡狩于廣成苑。[43]

自上述節錄可知，東漢定都洛陽之際，確有上林苑，且與隸屬河南尹平陰之函谷關及新城之廣成苑[44]相近，故亦成帝王常去之地。

其三，爲南朝宋武帝大明三年建造，故址在今江蘇南京市玄武湖北。《宋書》卷六〈孝武帝紀〉載：

> 大明三年九月壬辰，於玄武湖北，立上林苑。[45]

由於錢起詩明言「闕下」，復證諸謝海平考述之事蹟，知該詩中之「上林」，必指位於長安（即今西安市）之上林。至若晏殊詞中之「上林」，究指何地，則需了解其當時之行實。茲以夏承燾〈二晏年譜〉[46]爲主，而以　先師鄭騫先生著〈夏著二晏年譜補正〉[47]爲輔，簡要臚列晏殊行實如次（按：凡　先師補正各條，均附注「鄭師補正」四字；須特別說明者，則另加按語）：

宋太宗淳化二年辛卯（九九一）一歲。

按：晏殊，字同叔，撫州臨川（今江西臨川縣）人。

---

43 同前注，頁三四七。
44 同注38，冊五，頁三三八九至三三九〇。
45 見臺北：鼎文書局版二十五史，同注5，冊一，頁一二四。
46 收入《唐宋詞人年譜》，上海：上海古籍出版社，一九七九年五月新一版，頁一九七至二七〇。
47 收入《景午叢編》下集，臺北：臺灣中華書局，一九七二年一月初版，頁一六八至一九九。

宋真宗景德二年乙巳（一〇〇五）十五歲。三月，廷試，賜同進士出身，擢祕書省正字。

天禧二年戊午（一〇一八）二十八歲。二月，爲昇王府（即位後為仁宗皇帝）記室參軍，再遷左正言，擢史館。八月，以戶部員外郎，充太子舍人，知制誥，判集賢院。

天禧四年庚申（一〇二〇）三十歲。六月，被誤宣入禁中，命草拜除大臣制書，辭以不敢越職，並恐洩漏天機，遂宿於學士院。七月，又誤被召命。

按：六、七月事，見鄭騫先生補正，並云：「然似亦可見真宗於同叔眷顧之隆，故不久即拜翰林學士。」

宋仁宗天聖三年乙丑（一〇二五）三十五歲。十二月，上疏論張耆不可爲樞密使，由是忤章獻太后旨。

天聖五年丁卯（一〇二七）三十七歲。正月庚申，罷樞密副使、刑部侍郎，出知宣州（今安徽宣城縣）；數日，改知應天府（今河南商丘縣）。（鄭師補正）

按：鄭師補正引《續資治通鑑長編》卷一〇五〈天聖五年正月〉載：「庚申，降樞密副使、刑部侍郎晏殊知宣州。先是太后召張耆爲樞密使。殊言：『樞密與中書兩府同任天下大事，就令乏賢，亦宜使中材處之。耆無他勳勞，徒以恩幸寵榮，天下已有私徇非材之議，奈何復用爲樞密使也。』太后不悅。於是從幸玉清昭應宮，從者持笏後至，殊怒，撞以笏，折其齒。監察御史曹修古、王沿等劾奏：『殊身任輔弼，百僚所法，而忿躁無大臣體。古者三公不按吏，先朝陳恕於中書榜人，即時罷黜。請正典刑，以允公議。』殊坐是免，尋改知應天府。」

天聖六年戊辰（一〇二八）三十八歲。八月乙酉，自知應天府內召，拜御史中丞，令班翰林學士上。（鄭師補正）

明道二年癸酉（一〇三三）四十三歲。三月甲午，章獻太后崩。四月己未，罷參知政事，以禮部尚書知江寧府（今江蘇南京市），尋改知亳州（今安徽亳縣）。（鄭師補正）

按：此次罷參知政事，據夏譜引〈龍川別志〉上卷載：「章懿之崩，李淑護葬，晏殊撰志文，只言生女一人早卒，無子。仁宗恨之。及親政，出志文以示宰相曰：『先后誕育朕躬，殊爲侍從，安得不知？乃言生一公主又不育，此何意也！』呂文靖（夷簡）曰：『殊固有罪。然宮省事祕，臣備位宰相，是時雖略知之，而不得其詳。殊之不審，理容有之。然方章獻臨御，若明言先后實生聖躬，事得安否？』上默然良久，出殊守金陵，明日以爲遠，改守南都。」

景祐二年乙亥（一〇三五）四十五歲。二月，自亳州徙知陳州（今河南淮陽縣）。

寶元元年戊寅（一〇三八）四十八歲。四月乙亥，自陳州召還，爲御史中丞，充理檢使。（鄭師補正）十二月甲戌，復爲三司使。（鄭師補正）

康定元年庚辰（一〇四〇）五十歲。三月戊寅，自三司使刑部尚書除知樞密院。庚辰，請命參知政事同議邊事。（鄭師補正）

慶曆三年癸未（一〇四三）五十三歲。三月戊子，自樞密使、檢校太尉，授依前刑部尚書、同中書門下平章事、兼樞密使、集賢殿大學士。（鄭師補正）

慶曆四年甲申（一〇四四）五十四歲。九月庚午，爲孫甫、蔡襄所論，罷相，以工部尙書知潁州（今安徽阜陽市）。

按：此次罷相，據夏承燾年譜引《宋史》本傳云：「及爲相，益務進賢材，而仲淹與韓琦、富弼皆進用。至於臺閣，多一時之賢。帝亦奮然有意，欲因群材以更治；而小人權倖皆不便。殊出歐陽脩爲河北都轉運，諫官奏留不許。孫甫、蔡襄上言：『宸妃生聖躬爲天下主，而殊嘗被詔誌宸妃墓，沒而不言。』又奏論殊役官兵治僦舍以規利。坐是，降工部尙書知潁州。然殊以章獻太后方臨朝，故誌不敢斥言，而所役兵乃輔臣例宣借者，時以謂非殊罪。」[48]而鄭師補正引《續資治通鑑長編》卷一五二〈慶曆四年九月〉載：「庚午，刑部尙書、平章事、兼樞密使晏殊，罷爲工部尙書知潁州。殊初入相，擢歐陽脩等爲諫官，既而苦其論事煩數，或面折之。及脩出爲河北都轉運使，諫官奏留脩不許。孫甫、蔡襄遂言：『章懿誕生聖躬，爲天下主，而殊嘗被詔誌章懿墓，沒而不言。』又奏論殊役官兵治僦舍以規利。殊坐是黜。然殊以章獻方臨朝，故誌不敢斥言；而所役兵乃輔臣例宣借者，又役使自其甥楊文仲，時以謂非殊之罪云。」

慶曆五年乙酉（一〇四五）五十五歲。在潁州，改禮部尙書。（鄭師補正）

慶曆八年戊子（一〇四八）五十八歲。春，自潁移陳州。（今河南淮陽縣）

---

48 見臺北：鼎文書局版二十五史，同注5，冊一三，卷三一一，頁一〇一九七。

皇祐元年己丑（一〇四九）五十九歲。七月癸卯，改刑部尚書。八月，自陳州徙知許州。（今河南許昌縣）

皇祐二年庚寅（一〇五〇）六十歲。秋，遷戶部尚書，以觀文殿大學士知永興軍（今陝西西安市）。

皇祐五年癸巳（一〇五三）六十三歲。秋，自永興軍徙知河南，兼西京（今河南洛陽市）留守，遷兵部尚書。

至和元年甲午（一〇五四）六十四歲。六月，以疾歸京師。八月，疾少間，侍講邇英殿。

至和二年乙未（一〇五五）六十五歲。正月丁亥，卒。謚元獻。

自上述行實觀之，晏殊一生爲官，曾三度因故貶離汴京朝廷：首次係於仁宗天聖五年，先赴宣州，再赴應天府；而此兩處並未設「上林」苑囿，其〈浣溪沙〉詞自非作於此時。其次係於仁宗明道二年，出知江寧，尋改亳州。此中江寧府於南朝宋孝武帝時，確建有「上林苑」，然晏殊此次出知江寧係於「四月」，其〈浣溪沙〉詞首句則云「三月和風滿上林」，顯係作於「三月」，其時晏殊仍在汴京，時機不稱，故亦不可能作於此時。第三次，則於仁宗慶曆四年（一〇四四）九月至仁宗至和元年（一〇五四），長達十一年，未回朝廷。其中慶曆四年至慶曆八年（一〇四八）春，係在潁州；而後即移知陳州，至皇祐元年八月（一〇四九）復徙知許州。而潁州、陳州、許州，並無上林苑，其〈浣溪沙〉詞自亦不可能作於此時及此三處。洎乎仁宗皇祐二年（一〇五〇）秋，遷知永興軍（即長安，亦即今西安市），至皇祐五年（一〇五三）秋，徙知河南，兼西京（今河南洛陽市）留守，遷兵部尚書。則晏殊顯然曾抵長安及洛陽，而此兩處均有「上林」苑囿，其〈浣溪沙〉詞究作於何時何地？筆者以爲當作於皇祐五年三月，其理由如次：

晏殊三次貶離開汴京朝廷，自慶曆四年（一〇四四）起，至至和元年（一〇五四）止，凡九年又九月，此乃晏殊一生遭貶最久之一次，且已為晚年（卒前一年），對於錢起在唐代已頗負盛名之〈闕下贈裴舍人〉詩（參注32），必深有體會。所謂：「十年獻賦猶未遇，羞將白髮對華簪」，久貶之人，面對相同之地點、季節以及均懷「望闕」之心境，戚然之情、淪落之感必油然而生。乃就「長安」喻朝廷之慣例，以及長安三月牡丹花開之盛況（詳參下節），藉物以寓志焉。至若時間之計數，或謂晏殊至至和元年，始近十載之數，而是年暮春，人在洛陽，洛陽既有「上林苑」，所產牡丹在宋代復有「天下第一」[49]之稱，焉知非作於其時？筆者亦有說焉：其一，依傳統年歲之計數，凡人生出之當年，不論月份，即可視為一歲；過一新年，即稱兩歲。[50]準此度之，晏殊至和元年春三月在洛陽之際，實已十一年；皇祐五年春三月在長安，則恰可視為十

49 宋．歐陽脩《洛陽牡丹記．花品敘第一》載：「牡丹出丹州、延州，東出青洲，南亦出越州。而出洛陽者，今為天下第一。」（見引於陳夢雷編《古今圖書集成．博物彙編．草木典卷二八七．牡丹部》，臺灣：鼎文書局，一九八五年四月再版，冊五四，頁二六六〇。）

50 如蘇軾生於宋仁宗景祐三年丙子（西元一〇三六）十二月十九日，卒於宋徽宗建中靖國元年辛巳（西元一一〇一）七月二十八日，實際年齡為六十四歲又六月十八日。以西人計數，稱六十五歲，以中國人計數則為六十六歲。又：丙子年十二月十九日，換算西曆，已為一〇三七年一月八日，則以西人計數，或但云六十四歲而已。（參　先師鄭騫先生《宋人生卒考示例》，臺北：華世出版社，一九七七年一月初版，頁一一五。）又如陸游，係生於北宋徽宗宣和七年乙巳（西元一一二五）十月十七日，卒於南宋寧宗嘉定二年己巳（西元一二〇九）十二月二十九日，實際年齡為八十四歲又兩閱月十二日，西人計數，仍稱八十四歲。中國人計數，則有八十五歲及八十六歲之異：主前說者，以為陸游卒時，「是月小盡，二十九即除夕日」，未及新年，自宜稱八十五歲；主後說者，以為冬至日既過，「鄉俗謂吃冬至飯即添一歲」，故稱年八十六。（同前揭書，頁九四至九五。）

年。其二，晏殊自皇祐五年秋起，「徙知河南，兼西京留守，遷兵部尚書」，實乃升遷，且已接近朝廷，當不宜更有過深之怨望，所謂「向誰分付紫臺心」是也。其三，晏殊在長安，更有〈山亭柳〉一詞，係藉「贈歌者」，以道其處境；正足與〈浣溪沙〉詞並觀（詳參下節）。筆者因謂：此〈浣溪沙〉詞係作於仁宗皇祐五年三月，時晏殊年六十三，刻知永興軍。

三、〈浣溪沙〉詞探析

了解晏殊之行實，及〈浣溪沙〉寫作之地點、時間，甚至背景之後，本節擬進一步探析此詞寫作之「真諦」，俾探知晏殊塡詞之用心也。

先論此詞上闋：首句係寫長安三月，春風吹拂，上林苑中尤見春意。此時，花中之王——牡丹，倍覺妖冶豔麗，格外迷人。而「直千金」云云，就長安之牡丹而言，自唐即有如此身價，晏詞用之，絲毫不誇張。據李肇《唐國史補》卷中載：

> 京城貴遊尚牡丹三十餘年矣。每春暮，車馬若狂，以不耽玩為恥。執金吾鋪官圍外寺觀，種以求利，一本有直數萬者。[51]

「一本有數萬者」，其價可知。因之，唐代詩人每有道及此事者，如白居易〈秦中吟〉第十首〈買花〉云：

> 帝城春欲暮，喧喧車馬度；共道牡丹時，相隨買花去。

[51] 同注5，冊一〇三五，頁四三七至四三八。

貴賤無常價，酬直看花數；灼灼百朵紅，戔戔五束素。
上張幄幕庇，旁織笆籬護；水灑復泥封，移來色如故。
家家習為俗，人人迷不悟。有一田舍翁，偶來買花處，
低頭獨長嘆，此嘆無人喻；一叢深色花，十戶中人賦。[52]

此詩對於當時長安貴游不惜高價購買牡丹、呵植牡丹之情形，形容曲盡。至「田舍翁」以下六句，始道出諷諭之意；而「一叢深色花，十戶中人賦」，亦可見牡丹昂貴之一斑。明乎此，則晏詞「牡丹妖豔直千金」一句，蓋其來有自；至宋代，此風尚或猶未易，故晏詞乃如是云。至若「惱人天氣又春陰」，蓋謂適值可以遊賞牡丹之時，偏逢春陰不開，真惱人也。

若謂此詞上闋三句係寫景，則下闋三句，顯然係抒情。然所抒之情爲何？依筆者解讀，可自三角度觀之：其一，仍將其單純視爲詠牡丹，則此下闋無疑係將牡丹擬人化。所謂「爲我轉回紅臉面」，係指睹此妖豔之牡丹，恰似女子驀然回首，妖冶嬌羞，對我情有獨鍾。下句「向誰分付紫臺心」，《全宋詞》依吳訥《唐宋名賢百家詞》，改此句「紫臺心」三字爲「紫檀心」（參注3）；而蔡茂雄《珠玉詞校注》採其說，因注云：「紫檀，即檀香。古代婦女有藏香之習，如今女性之噴灑香水，故此紫檀心借喻美人心。」[53]。然此注不知所據爲何？恐係望文生義。而牡丹確有「紫檀心」者，歐陽脩《洛陽牡丹記・花品敘第一》即載曾謁錢思公，思公告之：「此

[52] 同注2，卷四二五，頁四六七六。
[53] 臺北：文津出版社，一九七五年七月出版，頁七四。

是牡丹花·凡九十餘種，……然余所經見而今人多稱者，才三十許種。」[54]並爲之定次第，其中即有「倒暈檀心」一種，該書〈花釋名第二〉即介紹云：

> 倒暈檀心者，多葉紅花。凡花近萼色深，至其末漸淺。此花自外深色，近萼反淺白而深，檀點其心，此尤可愛。[55]

而鄞江周氏〈洛陽牡丹記·各種牡丹〉，更將有無檀心之牡丹品種，以及檀心色澤，仔細記存，茲簡略歸納如次；其無任何涉及者，不計焉：

> 有深紫檀心者：姚黃、勝姚黃（靳黃）、甘草黃（檀心色微淺於姚黃）、丹州黃（檀心色淺於靳而深於甘草黃）。
>
> 有紫檀心者：狀元紅、岳山紅。
>
> 有紅檀心者：一捻紅。
>
> 有白檀心者：彤雲紅。
>
> 有皂檀心者：潛溪緋。
>
> 無檀心者：閔黃、劉師閣、玉千葉。[56]

以上二書所記，雖屬洛陽牡丹品種，然其品種實來自各地，由於長安牡丹之品種，筆者猶未見專書記之，故據此以證明晏殊〈浣溪沙〉詠牡丹之內容，而某些刻本用「紫檀心」三字，蓋亦

---

54 同注49，頁二六六一。
55 同前注。
56 同注49，頁二六六二至二六六四。

以爲此乃牡丹花色之一種，故易之也。苟若如是，則此句自可解作：此牡丹花究欲將其芳心交付與誰？於焉下句乃云：若係對我晏殊獨有深情，則我亦寧爲之飲酒爛醉（殢酒，病酒也），盡情盡興，所謂「日日花前常病酒」（馮延巳〈鵲踏枝〉詞句）是也。而如此解說，特見晏殊當時，亦不過如一般貴游，趁此暮春，共賞盛開之牡丹而已。

其二，將此牡丹喻指女子，尤有可能者，係指晏殊在永興軍任內所納之侍兒。據舊題宋王暐《道山清話》載：

> 晏文（按：「文」宜作「元」）獻公為京兆，辟張先為通判。新納侍兒，公甚屬意。先字子野，能為詩詞，公雅重之。每張來，即令侍兒出侑觴，往往歌子野所為之詞。其後王夫人寖不容，公即出之。一日，子野至，公與之飲，子野作〈碧牡丹〉詞，令營妓歌之，有云：「望極藍橋，但暮雲千里。幾重山，幾重水」之句，公聞之，憮然曰：「人生行樂耳，何自苦如此。」亟命於宅庫支錢若干，復取前所出侍兒。既來，夫人亦不復誰何也。」[57]

有關張先所作之〈碧牡丹〉（晏同叔出姬）詞，據譚瑩〈論詞絕句〉云：「歌詞餘技豈知音，三影名聲擅古今；〈碧牡丹〉才歌一曲，頓令同叔也情深。」陳廷焯《詞則・閒情集》卷一云：「深情綿邈，晏公聞之，能無動心耶？」[58]可見該詞確乎動人。茲轉錄如次：

> 步帳搖紅綺。曉月墮，沈煙砌。緩板香檀，唱徹伊家新製。怨入眉頭，斂黛峰橫翠。芭

---

57 同注7，冊一〇三七，頁六五五六。按：此書作者，據《四庫提要》云：「乃暐之祖，非暐也。」

58 以上兩段引評，並見吳熊和、沈松勤合著《張先集編年校注》，杭州：浙江古籍出版社，一九九六年一月第一版，頁一五，注2。

蕉寒，雨聲碎。　鏡華翳。閒照孤鸞戲。思量去時容易。鈿盒瑤釵，至今冷落輕棄。望極藍橋，但暮雲千里。幾重山，幾重水。[59]

張先塡詞，調寄〈碧牡丹〉，而晏殊塡〈浣溪沙〉，詠牡丹乃以人擬之，筆者頗疑此絕非巧合。而牡丹之顏色，據高濂《遵生八牋・牡丹花譜》載，有黃色、大紅、桃紅、粉紅、紫類、白類、間色（即雜各種顏色）等[60]，唯未盛開之牡丹，始見碧色。鄞江周氏〈洛陽牡丹記・各種牡丹〉即有如此記載：

一捻紅，千葉粉紅花也。有檀心花葉，葉之杪各有深紅一點，如美人以胭脂手捻之，故謂之一捻紅。然開頭差小，可七八寸許，初開時多青，拆開時乃變成紅耳。九蕚紅，千葉粉紅花也。莖葉極高大，其苞有青趺九重。苞未拆時，特異於衆花，花開必先青，拆數日然後色變紅。[61]

是知〈碧牡丹〉云者，特指一捻紅、九蕚紅等品種之牡丹未全開之時也。用以狀小家碧玉之侍兒，正見其用心；而細讀張先全詞，端在寫人，其意真在詞牌之外也。依據吳熊和、沈松勤合著《張先集編年校注》所附〈張先年表〉得知，張先受晏殊辟爲永興軍通判，係在皇祐二年庚寅至皇祐四年壬辰（西元一〇五〇至一〇五二，年六十一至六十三）[62]，此〈碧牡丹〉詞，自

---

59 同注3，冊一，頁八四。
60 同注49，頁二六七五至二六八〇。
61 同注56，頁二六六三。
62 同注58，頁二九五至二九六。按：此年表係根據夏承燾〈張子野年譜〉一文（見同注46，頁一六九至一九六），

當作於此三年間。復據該年譜得知，張先去永興軍通判，距晏殊罷知永興軍，徙知河南，尚早數月[63]。而本文既考訂晏殊〈浣溪沙〉係作於皇祐五年癸巳（一〇五三）春三月，則此時新納侍兒已重回晏殊身邊。準此，若謂此詞通闋，端爲侍兒而作，亦無不可。而上闋「惱人天氣又春陰」云云，蓋指今日仍略有陰霾，又不得王夫人歡心也；下闋則道侍兒與晏殊相處之嬌羞多情，並狀飲酒歡樂之況也。

其三，此〈浣溪沙〉詞乃晏殊寫對朝廷之怨望，而藉物以寄意也。此關鍵，尤在於「向誰分付紫臺心」一句。而此句，除前述《全宋詞》據吳訥《唐宋名賢百家詞》以及《元獻遺文》作「紫檀心」外，餘本皆以「紫臺心」爲正，而附注「紫檀心」（參註3）。而「紫臺」在前人詩文之中，每作爲代指帝王所居之地。《增補六臣註文選》卷一六載江淹〈恨賦〉云：

若夫明妃去時，仰天嘆息，紫臺稍遠，關山無極。搖風忽起，白日西匿；隴雁少飛，代雲寡色。望君王兮何期，終蕪絕兮異域。[64]

李善注云：「紫臺，猶紫宮也。」呂延濟注曰：「紫臺，宮也，天子所居處。」[65]而卷二一左思

---

[63] 同前注，頁二九六。予以簡編修正而來。又：此詞寫作時間，吳、沈合著之校注，編至皇祐五年（見同注58，頁一五），與年表異，茲從年表。

[64] 同注9，頁三〇三。

[65] 同前注。

〈詠史〉之五云：「列宅紫宮裏，飛宇若雲浮」，李周翰注亦云：「紫宮，天子所居處。」[66]而唐人詩中，引此典最著者，莫如杜甫〈詠懷古跡五首〉之三，詠明妃云：

群山萬壑赴荊門，生長明妃尚有村；一去紫臺連朔漠，獨留青冢向黃昏。畫圖省識春風面，環佩空歸月夜魂；千載琵琶作胡語，分明怨恨曲中論。[67]

高步瀛《唐宋詩舉要》卷五於〈詠懷古跡五首〉前總評載：「楊（倫）曰：此五章乃借古跡以詠懷也。……詠明妃爲高才不遇寄慨。」又載：「吳（北江）曰：五章皆自賦也，特假古人言之以寄慨耳。」[68]至詠明妃詩後，又引吳（北江）曰：「庾信、宋玉皆詞人之雄，作者所以自負。至於明妃，若不倫矣。而其身世流離之恨固與己同也。篇末歸重琵琶，尤其微旨所寄，若曰雖千載已上之胡曲，苟有知音者聆之，則怨恨分明若面論也。此自喻其寂寥千載之感也。是三章者（按：指詠庾信、宋玉與明妃三詩）固一意所貫矣！」[69]次如李商隱〈淚〉詩：

永巷長年怨綺羅，離情終日思風波；湘江竹上痕無限，峴首碑前灑幾多。人去紫臺秋入塞，兵殘楚帳夜聞歌；朝來灞水橋邊問，未抵青袍送玉珂。[70]

---

66 同注9，頁三八六。

67 同注2，卷二三〇，頁二五一一。

68 臺北：學海出版社，一九七三年二月初版，頁五九二。

69 同前注，頁五九四至五九五。

70 同注2，卷五四〇，頁六一九六。

此詩，馮浩《玉溪生詩集詳注》，以爲係大中二年（西元八四八）冬李商隱爲李德裕遭貶而作[71]，然亦有持不同見解者。如趙臣瑗《山滿樓箋注唐人七言律》即論云：

一、二先虛寫，一是宮娥，二是思婦。此兩種人，最善於淚，故用此發端。中二聯，皆淚之典故，然各有不同：三、四為人而淚者；五六是為己而淚者；送終感恩，悲窮嘆遇，盡於此矣！……[72]

以此觀之，此詩「人去紫臺」兩句，亦如杜詩，乃爲「悲窮嘆遇」而作，今人王思宇賞析此詩亦云：「這是一首自傷身世的律詩，詩的具體寫作年份難以確指。……李商隱早年就有「欲回天地」的遠大政治抱負，然而終其一生，都是爲人幕僚。側身貴官之列，迎送應酬，精神上極其痛苦，這首詩就是詩人感傷身世的血淚的結晶。」[73]

明乎「紫臺」之意，及前人引此典故之寄意後，則知晏殊〈浣溪沙〉詞，絕非單純詠牡丹，或僅寫與侍兒閒居飲酒之樂。且該句所以被改作「紫檀心」，即因未能就晏殊之行實及此詞寫作之時、地先作探討，致謂「紫臺心」費解而妄改、妄解之也。蓋此詞上片，文字表面，乃真詠

71　清·馮浩《玉溪生詩集詳注》卷二注此詩云：「初疑義山抑塞終身、窮途抱痛之作，然繩之以理，末句之可傷，何反勝於上六事歟？況以自慨，復何用問諸水濱，此必李衛國（即李德裕）疊貶時作也。」（臺北：華正書局，一九七七年八月初版，頁三〇七。）

72　見劉學鍇、余恕誠著《李商隱詩歌集解》引。臺北：洪葉文化事業有限公司，一九九二年十月初版，下冊，頁一六三九。

73　見蕭滌非等撰《唐詩鑑賞集成》，臺北：五南圖書出版公司，一九九〇年十月初版，下冊，頁一四五八至一四五九。

上林牡丹；而牡丹素有「花王」之譽，據歐陽脩《洛陽牡丹記．花釋名第二》載：

牡丹之名，或以民，或以州，或以地，或以色，或旌其所異者而志之。……姚黃者，千葉黃花，出於民姚氏家。……魏花者，千葉肉紅花，出於魏相仁溥家。始，樵者於壽安山中見之，斲以賣魏氏。……錢思公嘗曰：「人謂牡丹花王，今姚黃真可為王，而魏花乃后也。」[74]

自此段記載可知，在當時一般觀念中，牡丹非但爲花王；且其品種中自亦有「王」與「后」之品評。而筆者以爲此乃晏殊起「興」之所在。觀夫前節所列晏殊行實，可知其一生凡三次因故見黜：首次係於仁宗天聖五年，因與當時垂簾決事之章獻太后意見相左，而出知宣州及應天府，然僅年餘，即返朝。二度見黜，係於仁宗明道二年，此次所涉及者，與「王」、「后」均有關，此乃當時宮闈祕事，而晏殊不幸牽涉其中。茲據《宋史》卷二四二〈列傳第一．后妃列傳上〉所載，整理概述如次：

章獻明肅劉皇后，乃真宗后；而李宸妃，原為章獻后侍兒，莊重寡言，真宗以為司寢。後有娠，誕生一子，即為仁宗。而章獻后引為己子，與楊淑妃撫視甚周。且自天禧四年（一〇二〇），真宗久疾宮中後，朝事多決於章獻后，故宮中人均諱言此事。洎乎真宗崩，仁宗即位，「帝位左，太后位右，垂簾決事」，李宸妃則僅能默處先朝嬪御中，未嘗自異。由於人畏太后言，亦無敢言者，故終太后世，仁宗不自知為宸妃所出；而太后護仁宗既

74 同注49，頁二六六一。

盡力，仁宗所以奉太后亦甚備，故終太后之世，兩人亦無毫髮之間隙焉。洎乎章獻太后崩，燕王始為仁宗言：「陛下乃李宸妃所生，妃死以非命。」仁宗號慟頓毀，不視朝累日，下哀痛之詔自責，並尊宸妃為皇太后，謚莊懿；慶曆中，改謚章懿。[75]

由於李宸妃（亦即章懿太后）係先章獻太后一年而崩，其墓志文，爲晏殊所撰，鑒於章獻太后仍在之事實，故但言章懿太后「生女一人早卒，無子。」仁宗既知真相後，對晏殊殊不諒解，致有二度被貶之事，凡五年，始復返朝。然從此晏殊與宋室之「王」、「后」，終難脫干係。至若三度見黜之原因，依前節行實觀之，慶曆新政失敗[76]，一也；爲章懿太后撰志文不實，二也；役官兵治僦舍以規利，三也。後二者，史家雖謂非晏殊之罪，然晏殊因撰文而致莫名之牽連，想必「如人飲水，冷暖自知也。」

因此背景，故當晏殊以宰相之尊，遭貶去京，復轉知各州，眨眼十年有餘，年事既長，而君王之怒，是否已消，不敢自必。乃深深體悟錢起〈贈闕下裴舍人〉詩，見其坎壈不遇，「望闕」情深，自不能無戚戚之情，遂有〈浣溪沙〉詞之塡作。明乎此，則知此詞以上林牡丹起興，實寓寫君王朝廷；而疑陰霾仍在，正見詞人深婉之意。於焉謂此詞專詠牡丹，或專詠侍兒，不過掩人耳目，晏殊之意，誠在言外也。至下片，轉而寫人，其情緒乃轉而激動。「爲我」句，蓋期君王能止其盛怒，回心轉意；而「向誰」句，則藉文人運用「紫臺」典故之慣例，道其漂泊羈

75 同注5，冊一一，頁八六一二至八六一七。
76 有關晏珠與慶曆新政之關係，可參鍾陵〈晏殊略論〉一文，收入《中國首屆唐宋詩詞國際學術論討會論文集》，南京：江蘇教育出版社，一九九四年八月第一版，頁四〇八至四二四。

旅、年老望歸之企盼，然究能向誰「分付」此悃悃之心？多情如我，誠不知君王思想若何？故唯藉酒澆愁而已！由此亦可知此句或作「紫檀心」者，蓋端視爲詠牡丹而然（甚或不知可能為侍兒而作也）；今既知其行實與心志，復知此詞與錢起〈贈闕下裴舍人〉詩之關係，益見作「紫臺心」，方能得晏殊之真情，故爲筆者所主張。

再則晏殊《珠玉詞》，素見評爲「閒雅有情思」[77]、「溫潤秀潔」[78]，然若〈玉樓春〉（燕鴻過後鶯歸去）、（池塘水綠風微軟）等詞，由於詞情較激切，或亦疑爲慶曆新政失敗，三度被貶之後所作[79]，筆者暫不置可否，然其〈山亭柳〉（贈歌者）一詞，則確爲出永興軍時，藉寫歌者以道其心志也。茲錄供參照：

> 家住西秦。賭博藝隨身。花柳上、鬥尖新。偶學念奴聲調，有時遏行雲。蜀錦纏頭無數，不負辛勤。
> 數年來往咸京道，殘杯冷炙謾消魂。衷腸事、託何人。若有知音見採，不辭徧唱陽春。一曲當筵落淚，重掩羅巾。[80]

先師鄭騫先生《詞選》評云：「同叔罷相後，歷知潁州、陳州、許州、永興軍。永興即今陝西長

---

77 宋史晏殊本傳云：「（殊）文章贍麗，應用不窮，尤工詩，閒雅有情思，晚歲篤學不倦。」（見同注48），而「閒雅有情思」一語，亦恆見詞論家引以評其詞。

78 宋・王灼《碧雞漫志》卷二云：「晏元獻公、歐陽文忠公，風流蘊藉，一時莫及，而溫潤秀潔，亦無其比。」此評見錄於唐圭璋編《詞話叢編》，臺北：新文豐出版公司，一九八八年二月初版，冊一，頁八三。

79 如陳祥耀賞析〈木蘭花〉（燕鴻過後鶯歸去）一詞，即如此主張。見唐圭璋等撰《唐宋詞鑑賞集成》，臺北：五南圖書出版公司，一九九一年六月初版，上冊，頁四九三至四九五。

80 同注3，頁一〇六。

安，此詞云『西秦』、『咸京』，當是知永興時作。時同叔年逾六十，去國已久，難免抑鬱；此詞慷慨激越，所謂借他人酒杯澆胸中塊壘者也。」[81]是知〈浣溪沙〉一詞，絕非晏殊永興任內，唯一藉物寫情之作。所異者，〈山亭柳〉整闋鋪寫歌者，而意在言外。〈浣溪沙〉則上闋詠物，下闋抒情，脈絡似不相連貫，致少受人青睞；然既知晏殊行實，則見此詞脈絡，似斷實連，耐人品味，端賴讀者用心體會。後世詞人，以此技巧寫作而成名篇者，實不乏其例，茲錄蘇、辛作品，以供參照：

缺月掛疏桐，漏斷人初靜。惟見幽人獨往來，縹緲孤鴻影。　驚起卻回頭，有恨無人省。揀盡寒枝不肯棲，寂寞沙洲冷。　蘇軾〈卜算子・黃州定惠院寓居作〉[82]

東風夜放花千樹。更吹落、星如雨。寶馬雕車香滿路。鳳簫聲動，玉壺光轉，一夜魚龍舞。　蛾兒雪柳黃金縷。笑語盈盈暗香去。眾裏尋他千百度。驀然回首，那人卻在燈火闌珊處。　辛棄疾〈青玉案・元夕〉[83]

以上兩詞，蘇詞上闋寫人，下闋全寫雁；辛詞上闋寫元夕盛況，下闋專寫伊人，而均流露「傷

---

81 臺北：中國文化大學出版部，一九八六年十二月新二版，頁二九。

82 同注3，冊一，頁二九五。按：此詞詞題，係從《傅幹注坡詞》，一般刻本亦如此。《全宋詞》則無此題，僅附黃魯直跋語於其下，特此說明。

83 同注3，冊三，頁一八八四。按：此詞末句上兩字，《全宋詞》原空缺，僅案云：「元刊本作『燈火』」，茲據以補實。

心人別有懷抱」[84]，脈絡似斷實連，與晏殊〈浣溪沙〉詞，真有異曲同工之妙也。

參、結語

綜上論析探微，可知晏殊〈浣溪沙〉（三月和風滿上林）詞之寫作，實因深體錢起〈闕下贈裴舍人〉詩意，有感而發，遂依其情境、寄意與寫作技巧，由詩而塡作詞篇，痕跡皦然；而此乃晏殊塡詞慣用之技倆也。論其寫作時間，係於宋仁宗皇祐五年癸巳（一〇五三）春三月；論其寫作地點，則係出知永興軍時（今陝西西安市）；論其年齡，則爲六十三歲，乃晏殊卒前兩年；論其內容，則係藉詠牡丹，而寓寫十年漂泊，以及「望闕」之情懷；並企盼君王心回意轉，俾得早日返朝，以釋前嫌也。而讀者斷不可因其詞意費解，而妄改其字詞，妄釋其詞意，以致作者之用心，全見扭曲。必也考其行實，知其寫作技巧；尤須深知兩宋詞人善藉唐詩以寫詞情之事實，方足了解個中三昧，進而探得其詞心。

而筆者於兩宋詞人借鑒唐詩之現象，素極重視。曾撰《晏殊〈珠玉詞〉借鑒唐詩之探析——兩宋詞人大量借鑒唐詩之先驅》（見收於本書上篇）一文，然該文寫成之際，於〈浣溪沙〉借鑒

---

84 梁令嫻《藝蘅館詞選．丙卷．南宋詞》，引其家大人（即梁啓超也）評辛棄疾〈青玉案．元夕〉詞云：「自憐幽獨，傷心人別有懷抱。」（臺北：臺灣中華書局，一九七〇年十月臺一版，頁八八。）

錢起〈贈闕下裴舍人〉詩，猶未留意及之。而發表《試論唐詩對箋校宋詞之重要性》一文[85]，論及藉唐詩繫年宋詞，亦未能將此詞列入。而此文之撰，即企盼此一研究方向與方式，能普獲肯定；本書後兩章——「蘇軾集句詞探微」與「汪元量〈憶王孫〉集句詞探微」，亦同系列作品，則見藉唐詩繫年宋詞，誠可行也。

---

85 收入《第四屆中國詩學會議論文集——唐代詩學》，臺灣：國立彰化師範大學國文系編印，一九九八年五月，頁四九五至五二四。此文經修正後，收入《林炯陽先生六秩壽慶論文集》，臺灣：洪葉文化事業公司印行，一九九九年二月，頁六三五至六六二。

蘇軾集句詞探微

——藉唐詩繫年宋詞之二

壹、前　言：蘇軾集句詞相關問題概述

蘇軾《東坡樂府》中，計有五闋集句詞；一闋調寄〈定風波〉，一闋調寄〈阮郎歸〉[1]，三闋調寄〈南鄉子〉。或因集句詞恆被視爲游戲之作，或因此五闋詞在《東坡樂府》中並非上乘之作，故向來無人提出探討或考辨。而與此五闋集句詞有關之問題，依筆者歸納凡四：其一，此五闋集句詞中，〈定風波〉一詞，蘇軾自題云：「集古句作墨竹詞」，故南宋以來之箋註者，即頗

1 此詞，明．毛晉《宋六十名家詞．東坡詞》（臺北：臺灣商務印書館，一九六八年九月臺一版），題作「集句梅花」（頁一六），故本文亦視爲集句詞。

有予以考原者，然均未能得其全貌；洎乎今人劉尙榮校證《傅幹注坡詞》[2]，始大白其出處。而〈阮郎歸〉一詞，劉尙榮幾已注出，然仍有一句未明所出，一句索原有誤；而此誤注，薛瑞生《東坡詞編年箋證》則已正確索得出處，唯同有一句未明所出。[3]至若〈南鄉子〉三闋，蘇軾雖自註出處，然由於此中有誤記而後人不察者，故始終無人能箋註完整，殊覺遺憾。其二，集句之形式，在當時與後世之見解，似未盡相符，眞相如何？實可依考原之結果，參以其他作者相同之體製，獲得肯定之答案。其三，此五闋集句詞中，〈定風波〉一闋，蘇軾雖自註寫作時間，乃有元豐五年與六年之說，何者爲是？〈阮郎歸〉，經薛瑞生《東坡詞編年箋證》考證，以爲係作於宋哲宗紹聖元年。[4]而〈南鄉子〉三闋，至今猶無人予以編年，豈眞無法確定其作年？其四，此五闋集句詞之寫作時間，果能予以確定，則王安石對蘇軾塡詞之影響，即可獲得明確之證據。因之，本章之撰寫，對蘇軾《東坡樂府》之編年，以及詞壇相關問題之解決，固有些許之裨益也。

至若本章所引詞篇，全依唐圭璋編《全宋詞》[5]；所引詩篇，全依康熙敕撰《全唐詩》[6]；卷數及頁碼，亦以所舉版本爲主，除非必要，否則不一一附註，以省篇幅。

2 成都：巴蜀書杜，一九九三年七月一版。
3 薛瑞生《東坡詞編年箋證》（西安：三秦出版社，一九九八年九月第一版），卷三，頁六三八。
4 同前注。
5 臺北：世界書局，一九七六年十月初版。
6 臺北：盤庚出版杜，一九七九年二月第一版。

貳、主　文

一、出處考

有鑒於南宋迄今，箋註《東坡樂府》者，均未能全面而正確考出蘇軾此五闋集句詞之出處，故本節先錄其全詞，而後逐句註明其出處如次：

(一)〈定風波〉

雨洗娟娟嫩葉光。風吹細細綠筠香。秀色亂侵書帙晚。簾捲。清陰微過酒尊涼。　人畫竹身肥擁腫。何用。先生落筆勝蕭郎。記得小軒岑寂夜。廊下。月和疏影上東牆。（冊一，頁二八九）

1.雨洗娟娟嫩葉光……清陰微過酒尊涼：

出自杜甫〈嚴鄭公宅同詠竹，得「香」字〉五律詩，其中間兩聯云：「色侵書帙晚，陰過酒樽涼；雨洗娟娟淨，風吹細細香。」（卷二八八，頁二四八五）比較杜詩與蘇詞，可見詞中「風吹」、「秀色」、「清陰」三句，係就原五言詩，各增兩字而成；唯起首「雨洗」一句，係更動原詩一字，而化成七字句。嚴格言之，蘇詞實係「檃括」杜詩詞意，固不止集句而已。

2.人畫竹身肥擁腫，何用，先生落筆勝蕭郎：

出自白居易〈畫竹歌〉：「蕭郎下筆獨逼真，丹青以來惟一人；人畫竹身肥擁腫，蕭畫莖瘦節節竦。」（卷四三五，頁四八一六）比較白詩與蘇詞，可見詞中「人畫」句，係襲用白詩成句；「先生」句，則係翻用白詩詩意而自鑄新詞也。

3. 記得小軒岑寂夜，廊下，月和疏影上東牆：

據《東坡題跋》卷三〈書曹希蘊詩〉載：「近世有婦人曹希蘊者，頗能詩，雖格韻不高，然時有巧語。嘗作（墨竹）詩云：『記得小軒岑寂夜，月移疏影上東牆。』此語甚工。」[7]是知蘇軾此詞「記得」、「月和」兩句，係集曹希蘊（墨竹）詩句，特易「月移疏影」爲「月和疏影」耳。而曹詩下句恐亦化自王安石〈夜值〉詩之詩句：「月移花影上欄杆」。然歷來箋註東坡詞者，除傅幹《注坡詞》誤註該句爲蘇軾詩外，餘均缺如；至今人劉尙榮校證傅註，始知其所出（參注2）

(二)〈阮郎歸〉

暗香浮動月黃昏。堂前一樹春。東風何事入西鄰。兒家常閉門。　雪肌冷，玉容眞。香腮粉未勻。折花欲寄嶺頭人。江南日暮雲。（冊一，頁二九八）

1. 暗香浮動月黃昏……兒家常閉門：

蔣維翰〈春女怨〉[8]七絕：「白玉堂前一樹梅，今朝忽見數枝開；兒家門戶尋常閉，春色因何入得來。」[9]（卷一四五，頁一四六七）比較蔣詩與蘇詞，可見詞中「堂前」一句，係就原

---

7 臺北：臺灣商務印書館《叢書集成簡編》本，一九六五年十二月臺一版，頁四九。
8 此詩作者，一作「薛維翰」。
9 此詩次句「數枝」兩字，一作「數花」；三句「尋常」兩字，一作「重重」；末句「因何入得來」五字，一作「何緣得入來」。

詩減去「白玉」兩字，以集入詞中；「東風」兩句，則係「化用」原詩後兩句。至若詩中之「一樹梅」，蘇詞則藉「暗香浮動月黃昏」一句，予以點明；蓋此句係集自林逋〈山園小梅二首〉七律之一：「疏影橫斜水清淺，暗香浮動月黃昏。」[10]而此兩句，已成梅花之語典，故蘇詞用以指「一樹梅」。因之，此詞上片，顯檃括自蔣詩也。

2. 雪肌冷：

《莊子．逍遙遊》載：「藐姑射之山，有神人居焉；肌膚若冰雪，綽約若處子。……」[11]蘇詞此句，顯自「肌膚」一句「化用」而來。

3. 玉容真：

「玉容」用指女子容貌，詩中常見。劉尚榮校證《傅幹注坡詞》[12]以為此句係化自白居易〈長恨歌〉：「梨花一枝春帶雨，玉容寂寞淚闌干。」（卷四三五，頁四八一九），姑錄俟考。

4. 香腮粉未勻：

此句不知所出。蘇軾〈再和楊公濟梅花十絕〉之七起首云：「洗出鉛華見雪肌，要將真色鬥生枝。」[13]與此詞「雪肌冷，玉容真，香腮粉未勻」三句，正有異曲同工之妙。筆者頗疑「玉容真」與本句，恐係蘇軾自鑄詞，以集入詞中，此亦宋詞人集句常見之現象（參後附論），

---

10 收錄於《全宋詩》（北京：北京大學出版社，一九九五年十一月）冊二，卷一〇六，頁一二一八。
11 見清．郭慶藩《莊子集釋》（臺北：河洛圖書出版社，一九七四年三月臺影印一版），卷一上，頁二八。
12 同注2，卷六，頁一五九。
13 同注10，冊一四，卷八一六，頁九四三八。

不足怪也。

5.折花欲寄嶺頭人：

南朝宋陸凱〈贈范曄〉[14]詩云：「折梅逢驛使，寄與隴頭人；江南無所有，聊寄一枝春。」[15]，蘇詞此句，顯自陸詩前兩句「化用」而來。

6.江南日暮雲：

杜甫〈春日憶李白〉五律云：「渭北春天樹，江東日暮雲。」（卷二二四，頁二三九五）蘇詞此句，顯自杜詩下句「化用」而來。所以易「東」爲「南」者，端欲呼應上舉陸凱「江南折梅寄友」詩意，以道思念故人之情；恰似杜甫春日憶李白也。

(三)〈南鄉子〉之一

寒玉細凝膚。清歌一曲倒金壺。冶葉倡條徧相識，爭如。豆蔻花梢二月初。　年少即須臾。芳時偷得醉工夫。羅帳細垂銀燭背。歡娛。豁得平生俊氣無。（冊一，頁二九二）

1.寒玉細凝膚：

出自吳融〈即席十韻〉詩：「暖金輕鑄骨，寒玉細凝膚。」（卷六八五，頁七八七〇）

---

14 明．楊慎《升庵詩話》（臺北：藝文印書館《續歷代詩話》本下冊，一九七四年四月）卷九〈寄梅事〉條云：「寄梅事始見於《說苑》，越使諸發云：豈有一枝梅可寄國君者乎？又詩話載南北朝范曄與陸凱相善，凱在江南寄梅花一枝詣長安與曄，且贈一詩云云。按：曄爲江南人，陸凱字智君，代北人，當是范寄陸耳，凱在長安，安得梅花寄曄乎？」（頁九六九至九七〇）楊氏質疑，不無道理，姑錄此供參考。

15 此詩見錄於逯欽立編《先秦漢魏晉南北朝詩》（臺北：學海出版社，一九八四年五月）中冊，頁一二〇四。

2.清歌一曲倒金壺：

出自鄭谷〈席上貽歌者〉七絕詩：「花月樓臺近九衢，清歌一曲倒金壺。」（卷六七五，頁七七二九）

3.治葉倡條徧相識：

出自李商隱〈燕臺四首．春〉：「蜜房羽客類芳心，治葉倡條徧相識。」（卷五四一，頁六二三三）又：此句傅幹《注坡詞》作「杏葉菖條徧相識」，與他本不同，附錄參照。

4.豆蔻花梢二月初：

出自杜牧〈贈別二首〉七絕之一：「娉娉裊裊十三餘，豆蔻梢頭二月初。」（卷五二三，頁五九八八）蘇詞特易「梢頭」爲「花梢」耳。

5、年少即須臾：

目前箋註東坡詞最詳贍者，厥爲石聲淮、唐玲玲合撰之《東坡樂府編年箋註》，該書註此句[16]，以爲係出自白居易〈東南行一百韻……〉：「歲華何倏忽，年少不須臾。」（卷四三九，頁四八七七）然此詞下云：「芳時偷得醉工夫」，顯係勸人趁年少及時飲酒行樂之意，而〈東南行一百韻……〉詩意，並未道及此，因之筆者以爲蘇軾係化用白居易〈短歌行〉末節詩意，而後集之入詞，此乃蘇軾及時人常見之集句技巧（詳參下節），不足怪也。其歌云：「勸君且強笑一面，勸君且（一作「復」）強飲一杯；人生不得長歡樂，年少須臾老到來。」（卷四三五，頁四八一〇）即以

[16] 臺北：華正書局，一九九三年八月初版，頁四三一。

措辭論之，詞中「年少即須臾」，與此歌末句，結構、意思較相同；與「年少不須臾」，終屬違拗也。

6.芳時偷得醉工夫：

此句，所有版本均註明「白居易」，當是蘇軾原註。然歷來箋註本，均未得其解；即前舉石、唐兩人之註本，亦僅註「缺」字。筆者細查《全唐詩》，赫然發現，此句係出自鄭遨〈招友人遊春〉七絕詩：「難把長繩繫日烏，芳時偷取醉工夫。」（卷八五五，頁九六七一）[17] 蘇詞特易「取」字爲「得」字，而蘇軾又誤記爲白居易詩，致成箋註懸案。

7.羅帳細垂銀燭背：

出自韓偓〈聞雨〉七絕詩：「羅帳四垂紅（一作「花」）燭背，玉釵敲著枕函聲。」（卷六八三，頁七八三一）蘇詞特易「四垂」爲「細垂」，易「紅燭」爲「銀燭」，略有不同。

8.豁得平生俊氣無：

出自杜牧〈寄杜子二首〉七絕之一：「狂風烈焰雖千尺，豁得平生俊氣無。」（卷五二四，頁六〇〇六）

(四)〈南鄉子〉之二

悵望送春杯。漸老逢春能幾回。花滿楚城愁遠別，傷懷。何況清絲急管催。 吟斷望

17 此詩又題杜光庭作，見《全唐詩》（同注3）冊一二，卷八五四，頁九六六七。然佟培基編撰《全唐詩重出誤收考》（西安：陝西人民教育出版杜，一九九六年第一版，頁六四五）考訂，作鄭遨詩爲是，茲從之。

鄉臺。萬里歸心獨上來。景物登臨閒始見。徘徊。一寸相思一寸灰。（冊一，頁二九二）

1.悵望送春杯：

出自杜牧〈惜春〉仄韻五律詩之頸聯：「悵望送春杯，殷勤掃花箒。」（卷五二〇，頁五九四五）劉尚榮校證傅幹《注坡詞》，依趙尊嶽珍重閣鈔本，將「杯」字改為「歸」字，恐誤；蓋杜牧原詩即作「杯」字也。

2.漸老逢春能幾回：

出自杜甫〈絕句漫興九首〉之四：「二月已破三月來，漸老逢春能幾迴。」（卷二二七，頁二四五一）

3.花滿楚城愁遠別：

出自許渾〈竹林寺別友人〉（一作「與德玄別」，一作「李玄」）七律之頷聯：「花滿楚（一作「謝」）城傷遠（一作「共」）別，蟬鳴蕭寺喜同遊。」（卷五三六，頁六一一六）蘇詞特易「傷」字為「愁」字耳。

4.何況清絲急管催：

出自劉禹錫〈洛中送韓七中丞之吳興口號五首〉七絕之四：「今朝無意訴離杯，何況清弦急管催。」（卷三六五，頁四一一四）蘇詞特易「弦」字為「絲」字耳。

5.吟斷望鄉臺：

出自李商隱〈晉昌晚歸馬上贈〉五律尾聯：「征南予更遠，吟斷望鄉臺。」（卷五四一，頁六二五三）

6.萬里歸心獨上來：

出自許渾〈冬日登越王臺懷歸〉七律之首聯：「月沈高岫宿雲開，萬里歸心獨上來。」（卷五三三，頁六〇八五）

7.景物登臨閒始見：

出自杜牧〈八月十二日得替後，移居霅溪館，因題長句四韻〉七律之尾聯：「景物登臨閒始見，願爲閒客此閒行。」（卷五二二，頁五九七一）

8.一寸相思一寸灰：

出自李商隱〈無題四首〉七律之二尾聯：「春心莫共花爭發，一寸相思一寸灰。」（卷五三九，頁六一六三）

(五)〈南鄉子〉之三

何處倚闌干。弦管高樓月正圓。胡蝶夢中家萬里，依然。老去愁來強自寬。　明鏡借紅顏。須著人間比夢間。蠟燭半籠金翡翠。更闌。繡被焚香獨自眠。（冊一，頁二九二）

1.何處倚闌干：

出自杜牧〈初春有感寄歙州邢員外〉五律之尾聯：「聞君亦多感，何處倚闌干。」（卷五二三，頁五九八一）。

2.弦管高樓月正圓：

出自杜牧〈懷鍾陵舊遊四首〉七律之一頷聯：「歌謠千里春長暖，絲管高臺月正圓。」（卷五二三，頁五九七七）蘇詞特易「絲管高臺」爲「弦管高樓」，略有不同。

3.胡蝶夢中家萬里：

出自崔塗〈春夕〉（一本下有「旅懷」二字）七律之頷聯：「胡蝶夢中家萬里，子規（一作「杜鵑」）枝上月三更。」（卷六七九，頁七七八三）

4.老去愁來強自寬：

出自杜甫〈九日藍田崔氏莊〉七律之起句：「老去悲秋強自寬，興來今（一作「終」）日盡君歡。（卷二二四，頁二四〇三）而此句，其他版本均作「愁來」，惟傅幹《注坡詞》作「悲秋」，符合杜詩原句。

5.明鏡借紅顏：

出自李商隱〈戲贈張書記〉五言排律：「危絃傷遠道，明鏡惜紅顏。」（卷五四一，頁六二二三）此句所有版本均作「借紅顏」，而李詩原作「惜紅顏」；雖蘇詞時有更易原詩之現象，然筆者頗疑「借」係「惜」之誤，否則便覺此句意澀。

6.須著人間比夢間：

出自韓愈〈遊城南十六首〉之十六〈遣興〉（一作〈遠興〉）七絕詩：「莫憂世事兼身事，須著人間比夢間。」（卷三四三，頁三八五二）

7.蠟燭半籠金翡翠：

出自李商隱〈無題四首〉七律之一頸聯：「蠟照半籠金翡翠，麝熏微度繡芙蓉。」（卷五三九，頁六一六三）蘇詞特易「蠟照」為「蠟燭」耳。

8.繡被焚香獨自眠：

出自李商隱〈碧城三首〉七律之二尾聯：「鄂君悵望舟中夜，繡被焚香獨自眠。」（卷五三九，頁六一六九）

二、形式考

何謂「集句詞」？其要求如何？並未見前人定義。然對於集句詩及其要求，則頗見言之者。宋沈括《夢溪筆談．藝文一》云：「荊公始為集句詩，多者至百韻，皆集合前人之詩句。」[18]明徐師曾《文體明辨．集句詩》云：「按：集句詩者，雜集古句以成詩也。自晉以來有之，至宋王安石尤長於此。蓋必博學強識，融會貫通，如出一手，然後為工。若牽合傅會，意不相貫，則不足以語此矣。」[19]今人裴普賢《集句詩研究．何謂集句詩》據前人所言而引伸云：「所謂集句詩，是完全採前人的詩句或文句，以另行組合成一詩的作品，不許有任何一句自創之作摻雜其中，甚至更動前人句子一字，也不被容許（簡縮一、二字，已屬例外），與一般的創作完全不同，而形成一種特殊的詩體者。」[20]以此標準檢視北宋甫發展之集句詞，誠然未盡如此。

即以前節考原蘇軾五闋集句詞為例，在四十一句中（不含兩字短句八句），未更動原詩句者，凡十七句；更動一字者，凡八句（「月和疏影上東牆」、「江南日暮雲」、「豆蔻花梢二月初」、「芳時偷得醉工夫」、「花滿楚城愁遠別」、「何況清絲急管催」、「明鏡借紅顏」、「蠟燭半籠金翡翠」）；更動兩字者，凡三句（「羅

18　臺北：臺灣商務印書館《影印文淵閣四庫全書》本，冊八六二，一九八六年三月，頁七九一。
19　可參考《文體明辨序說》，臺北：長安出版社，一九七八年十二月，頁一一一。
20　臺北：臺灣學生書局，一九七五年十一月初版，頁一。

帳細垂銀燭背」、「弦管高樓月正圓」、「老去愁來強自寬」）；化用五言詩句爲七言詩句者，凡四句（「雨洗娟娟嫩葉光」、「風吹細細綠筠香」、「秀色亂侵書帙晚」、「清陰微過酒尊涼」）；化用七言詩句爲五言詩句者二句（「堂前一樹春」、「年少即須臾」）；自鑄詞及其他凡七句（「東風何事入西鄰」、「兒家常閉門」、「雪肌冷」、「玉容真」、「香腮粉未勻」、「折花欲寄嶺頭人」、「先生落筆勝蕭郎」）。

而此現象，又不只蘇軾一人。在蘇軾之前，以集句入詞者，詞壇或推王安石啓其端[21]。然依筆者所見，宋祁之〈鷓鴣天〉，實有可能早於王安石之作。蓋宋祁係生於真宗咸平元年（九九八），卒於仁宗嘉祐六年（一〇六一）；王安石則生於真宗天禧五年（一〇二一），卒於哲宗元祐元年（一〇八六）[22]兩人相差二十三年。復檢視宋人詩話，恆謂王安石「晚年」喜爲集句；甚謂「元豐」間益工於此[23]。以此準度，元豐元年（一〇六八）王安石退隱金陵之際，宋祁已然

21 主張「集句詩始於王安石者，如宋．沈括《夢溪筆談》即是（參注18）；主張「集句詞」始於王安石者，如謝章鋌《賭棋山莊詞話》卷一二云：「塡詞有即集詞句者，且有通闋只集一人句者。……第考之《臨川集》，荊公已啓其端。」（見唐圭璋編《詞話叢編》冊四，臺北：新文豐出版公司，一九八八年月臺一版，頁三四六七。

22 王安石卒年，諸書無異辭。壽六十六，《宋史》本傳（臺北：鼎文書局新校標點本二十四史，一九七九年十一月，冊一三，卷三二七，頁一〇五五〇）誤爲六十八，故或以爲生於天禧三年己未者，如清顧棟高編輯《王荊國文公年譜》（收入《王安石年譜三種》，北京：中華書局，一九九四年一月一版）即是。清蔡上翔撰《王荊國文公年譜考略》（同上）、 先師鄭騫先生撰《宋人生卒考示例》（臺北：華世出版杜，一九七七年一月初版），彙輯相關資料，予以考訂，正爲「天禧五年辛酉」，茲從之。

23 宋．陳師道《後山詩話》云：「荊公暮年喜爲集句。」《蔡寬夫詩話》亦云：「荊公晚多喜取前人詩句爲集句詩。」蔡絛《西清詩話》則云：「集句國初有之，未盛也。……至元豐間，王荊公益工於此。人言起自荊公，非也。」（以上均可見宋．胡仔《苕溪漁隱叢話．前集》卷三五引，同注18，冊一四八〇，一九八七年二月，頁二三

辭世，以此推知，其所塡〈鷓鴣天〉集句詞，實早於王安石也。其詞曰：

畫轂彫鞍狹路逢。一聲腸斷繡簾中。身無彩鳳雙飛翼，心有靈犀一點通。　金作屋，玉為籠。車如流水馬游龍。劉郎已恨蓬山遠，更隔蓬山幾萬重。（冊一，頁一一七）

此詞唯前兩句待考，餘七句出處如次：「身無」兩句，出自李商隱〈無題二首〉（卷五三九，頁六一六三）之一，「昨夜星辰昨夜風」七律之頷聯。「車如」一句，爲蘇頲〈夜宴安樂公主新宅〉（卷七四，頁八一五）七絕之首句，特易「馬如龍」爲「馬游龍」耳；而其原典爲「車如流水，馬如游龍」，見《後漢書》卷一〇〈馬皇后紀〉[24]。至如「劉郎」兩字，出自李商隱〈無題四首〉七律（卷五三九，頁六一六三）之一尾聯，特易「一」字爲「幾」字耳。另：「金作屋」兩句，蓋自韓偓〈無題〉（小檻移燈灺）五言古詩（卷六八三，頁七八四四）中兩句：「繡屏金作屋，絲幰玉爲輪」，截取、化用而來。要之，此詞已知七集句中，唯「身無」、「心有」、「劉郎」三句，未更動原詩；餘四句中，「車如」、「更隔」兩句，係更動一字；「金作屋」兩句，則係截取、化用唐詩也。

九）。

24 《後漢書・皇后紀上》載：「明德馬皇后諱某，伏波將軍援之小女也。……顯宗即位，以后爲貴人。……永平三年春，有司奏立長秋宮，帝未有所言。皇太后曰：『馬貴人德冠後宮，即其人也。』遂立爲皇后。及帝崩，肅宗即位，尊后曰皇太后。……建初元年，欲封爵諸舅，太后不聽。明年夏，大旱，言事者以爲不封外戚之故，有司因此上奏，宜依舊典。太后詔曰：『……前過濯龍門上，見外家問起居者，車如流水，馬如游龍，倉頭衣綠褠，領袖正白，顧視御者，不及遠矣。……』固不許。」（同注22，冊一，卷一〇，頁四〇七至四一一）。

至如備受推崇之王安石，其集句詞凡七闋，論其形式，亦變化多端[25]，茲舉其〈浣溪沙〉爲例：

> 百畝中庭半是苔。門前白道水縈迴。愛閒能有幾人來。　小院回廊春寂寂，山桃溪杏兩三栽。為誰零落為誰開。（冊一，頁二０六）

爲清楚比對，觀其集句形式，茲先逐句註明此詞各句出處如次：

1.百畝中庭半是苔：

出自劉禹錫〈再遊玄都觀〉七絕詩：「百畝庭中半是苔，桃花淨（一作「開」，一作「落」）盡菜花開。」（卷三六五，頁四一一六）王詞特將「庭中」易作「中庭」耳。

2.門前白道水縈迴：

出自王安石〈法喜寺〉七律首聯：「門前白道自縈迴，門下青莎間綠苔。」[26]詞中特易詩中之「自」字爲「水」字耳。而王氏此句，或又化用李商隱〈無題〉（一云「陽城」）七絕之首句：「白道縈迴入暮霞」（卷五三九，頁六一五七）

3.愛閒能有幾人來：

張籍〈閒居〉五律之頷聯云：「盡說無多事，能閒有幾人。」（卷三八四，頁四三一五）王安石蓋化用此詩意而集入詞中也。

---

25 可參本書〈王安石《臨川先生歌曲》借鑒唐詩之探析——兩宋「集唐詩入詞」風氣之開啓〉一章。

26 同注10，冊一〇，卷五六〇，頁六六五三。

4.小院回廊春寂寂：

出自杜甫〈涪城縣香積寺官閣〉七律之頸聯：「小院回廊春（一作「清」，一作「深」）寂寂，浴鳧飛鷺晚悠悠。」（卷二二七，頁二四六三）

5.山桃溪杏兩三栽：

出自雍陶〈過舊宅看花〉七絕詩：「山桃野杏兩三栽，樹樹繁花去復開。」（卷五一八，頁五九二五）王詞特易「野杏」爲「溪杏」耳。

6.爲誰零落爲誰開：

出自嚴惲〈落花〉七絕詩：「盡日問花花不語，爲誰零落爲誰開。」（卷五四六，頁六三〇八）

要之，王安石此集句詞，僅「小院」、「爲誰」兩句，未更動原詩，餘四句均有所變易。此中，「百畝」一句，係更動一詞；「愛閒」一句，係化用唐人詩意而自鑄新句，「山桃」一句，係更動一句；「門前」句，則集入己作，真不拘一格也。

再如後於蘇軾之向子諲，亦有一闋集句〈浣溪沙〉：

爆竹聲中一歲除。東風送暖入屠蘇。瞳瞳曉色上林廬。　老去怕看新曆日，退歸擬學舊桃符。青春不染白髭鬚。（冊二，頁九六〇）

而此詞向子諲自題云：「荊公〈除日〉詩云：『爆竹聲中一歲除，東風送暖入屠蘇；千門萬戶曈曈日，爭插新桃換舊符。』東坡詩云：『老去怕看新曆日，退歸擬學舊桃符。』古今絕唱也。呂居仁詩有『畫角聲中一歲除，平明更飲屠蘇酒』之句，政用以爲故事耳。薌林退居之十年，戲集兩公詩，輒以鄙意足成〈浣溪沙〉，因書以遺靈照。」是知向子諲〈浣溪沙〉係集王、蘇兩人之詩句而作，然仍雜入化用王詩而自鑄之詞句：「曈曈曉色上林廬」。至於末句，筆者亦疑其係化自歐陽脩〈聖無憂〉（世路風波險）詞：「好酒能消光景，春風不染髭鬚。」（冊一，頁一四一）

綜合上舉宋祁、王安石、蘇軾、向子諲四位詞家之集句作品，足證宋代之集句詞，其形式與後世之定義，誠然有異，蓋可包含：一、集前人成句；二、就前人成句更動其字詞而後集之；三、化用前人詩意，另鑄新詞以集之；四、截取前人詩句以集之；五、集入作者個人之作品。因之，蘇軾集句詞，或更動、或化用前人詩句；或依前人詩句另鑄新詞，實乃當時風氣使然，不足爲怪也。至若此現象之產生，或緣集句入詞，風氣始開，形式未嚴；或緣宋人所讀唐詩版本與後人所見有異；或緣作者記憶有誤；或緣作者刻意更新其意以就所需；或緣詩詞規矩有別，爲押韻及平仄等原故，不得不然也。

三、作年考

蘇軾五闋集句詞中，〈定風波〉原已自註時間，依《全宋詞》所載，其自題云：「元豐六年七月六日，王文甫家飲釀白酒，大醉，集古句作墨竹詞。」按：元葉曾校刻延祐本《東坡樂府》[27]、明吳訥輯《唐宋名賢百家詞》[28]、《東坡先生二妙集》[29]、明毛晉刻《宋六十名家詞》[30]等，

27 臺北：世界書局，一九七〇年五月再版。
28 臺北：廣文書局，一九七一年五月初版。
29 見劉尚榮《傅幹注坡詞》卷第四該詞「校勘記（一）」引，同注2，頁一〇五。
30 見同注1。

亦均題作「元豐六年」，此蓋為《全宋詞》所本也。至清王文誥撰《蘇文忠公詩編註集成總案》，其卷二二仍將此詞列入元豐六年，而云：「七月……六日，渡劉郎洑，飲於王齊愈達軒[31]，醉後畫墨竹，作〈定風波〉詞。」[32]

然依宋人王宗稷編撰《東坡先生年譜・元豐五年壬戌》云：「又按：長短句有飲王文甫家，集古句作墨竹〈定風波〉。」[33]；又宋人傅藻編撰《東坡紀年錄・元豐五年壬戌》云：「七月六日，與文甫飲家釀白酒，集古人句，作墨竹詞，為〈定風波〉。」[34]是知宋人年譜，均載蘇軾作〈定風波〉詞，係於「元豐五年」；而傅藻謂「與文甫飲家釀白酒」一句，亦與《全宋詞》略有出入。復查宋人傅幹《注坡詞》（同注2），亦作「元豐五年」。由於兩種持論均無其他旁證，本文基於時代先後之考量，以為宜從宋人之載錄為妥。其次，〈阮郎歸〉一詞，薛瑞生《東坡詞編年箋證》已考訂作於宋哲宗紹聖元年（見注4），茲從之。

至若〈南鄉子〉三闋集句詞，則未見年譜或箋註者予編年。然此三闋詞之寫作時間，實有脈絡可尋；而觀其形式，均逐句註明詩句作者，與〈定風波〉泛稱「集古句作墨竹詞」，顯有不同；且各版本均將此三闋相次排列，故筆者頗疑三詞係一時之作也。再查蘇軾此三闋集句詞中，

31 清・王文誥《蘇文忠公詩編注集成》卷二〇載：「犍為王齊愈、齊萬兄弟寓居武昌」，王文誥案云：「王齊愈，齊萬之兄，為齊雄。」（臺北：學生書局，一九六七年五月初版，冊二，頁七九七。）而齊愈之字，即文甫也。

32 同前注，冊二，頁八八六。

33 收入王水照編《宋人所撰三蘇年譜彙刊》，上海古籍出版杜，一九八九年十一月第一版，頁三四六。

34 同前注，頁四二三。

有兩闋所集之原詩，乃涉及相同之地點，且與蘇軾之行實，密切相關，益令筆者堅信「一時之作」之判斷。如〈南鄉子〉之二（原詞已見「出處考」，茲不贅，下同），引許渾〈竹林寺別友人〉之「花滿楚城傷遠別」詩句，明顯點出「楚州城」。而其〈南鄉子〉之三，係引崔塗〈春夕〉之「胡蝶夢中家萬里」詩句，而其原詩爲七言律詩，前四句云：

> 水流花謝兩無情，送盡東風過楚城；胡蝶夢中家萬里，子規枝上月三更。

此詩復提及「楚城」其地，蘇軾顯然切所在之地，而集前人詩句以入詞也。至若〈南鄉子〉之一，雖未指明「楚州」，然細考之，亦與楚地有關。蓋此詞引吳融〈即席十韻〉之「寒玉細凝膚」詩句，而此詩係五言排律，其前八句云：

> 住處方窺宋，平生未嫁盧；暖金輕鑄骨，寒玉細凝膚。妒蝶長成伴，傷鸞耐得孤；城堪迷下蔡，臺合上姑蘇。

詩中「城堪迷下蔡」一句，係「堪迷下蔡城」之倒裝，典出宋玉〈登徒子好色賦〉：「東家之子，……嫣然一笑，惑陽城，迷下蔡。」[35]而陽城、下蔡，乃戰國楚地所在，恆用以切「楚州」。如蘇軾「贈楚守田待問小鬟」〈浣溪沙〉即云：「學畫鴉兒正妙年，陽城下蔡困嫣然。」[36]例證皦然。因之，以吳融所寫有關「楚州」之詩句，集入「楚州」所填之詞，正見蘇軾之工夫，此亦宋代大家所作集句詞，迥非後人所能企及之處，固非泛泛戲作而已。

---

35 見梁．蕭統編《文選》卷一九，臺北：藝文印書館，一九七二年九月六版，頁二七四。
36 同注5，冊一，頁三一八。「田待制」三字，或又作「田待問」。

而綜考蘇軾一生，曾五度適楚州，其初次係於仁宗嘉祐四年冬日。據王宗稷《東坡先生年譜‧嘉祐四年己亥》載：「是歲，先生年二十四，服除。十二月，侍老蘇舟行適楚。」[37]此時，蘇軾尚無正式之詞作可考，且時在冬季，與三闋集句詞所涉春末、仲秋之時間不符，三詞自不可能作於此年。

二度至楚州，係於神宗熙寧四年十月，自京城赴任杭州通判之際。據施宿《東坡先生年譜‧熙寧四年辛亥》載：「是年六月，先生乞補外，上批示出與知州差遣，中書不可，擬通判潁州；上又批出改通判杭州。……十月，始渡淮，經行濠、楚、揚、潤諸郡。」[38]此年，蘇軾三十六歲，此前，縱有〈華清引〉之創製[39]，然可考者亦僅此一闋，無他首可證；且抵楚州之時間，亦與三集句詞所涉者不符，故亦不可能作於此時。

三度至楚州，係於神宗元豐七年冬至日，自黃州量移汝州之際。據施宿《東坡先生年譜‧元豐七年甲子》載：「八月，至京口，渡淮已歲晚矣。先生初欲求田金陵，及淮上，故盤桓久之，然竟不遂。」[40]而王文誥《蘇文忠公詩編註集成總案》卷二四亦載：「元豐七年甲子；冬至日，抵山陽，……與王旃遇於淮上，并和田待問贈詩。待問席上贈小鬟，作〈浣溪沙〉詞；與秦觀

37　同注33，頁三二一八。
38　同注33，頁一六二至一六三。
39　據石聲淮、唐玲玲合撰《東坡樂府編年箋注》考訂，蘇軾於英宗治平元年，已有〈華清引〉之創製。（同注16，頁三。）
40　同注33，頁二〇六。

淮上飲別，作〈虞美人〉詞。」[41]所謂「淮上」，即楚州也。此年，蘇軾四十九歲，所作〈浣溪沙〉自題云：「席上贈楚守田待問小鬟」，似可與〈南鄉子〉之一，所謂「寒玉細凝膚，清歌一曲倒金壺」，相提並論，同係寫歌妓之曼妙；然一云「芳時偷得醉工夫」，一云「霜庭按舞月娟娟」（原詞見同注36），時令顯然有別，自非一時之作也。

四度、五度至楚州，均於神宗元豐八年，由於關係三闋集句詞寫作之確切時間，茲依王文誥《蘇文忠公詩編註集成總案》卷二三至卷二六爲主，間參酌諸家所編年譜、紀年等資料，節略蘇軾元豐七、八年間有關之行實及作品如次：

元豐七年甲子三月，告下，特授檢校尙書水部員外郎，汝州團練副使，本州安置，不得簽書公事。

四月，自黃州移汝州。

七月，抵金陵，往見王安石於蔣山。

八月，數見王安石於蔣山。

十月，至揚州；十九日，上表乞常州居住。[42]

冬至日，至淮上，即楚州也。楚守田待問席上，贈小鬟，作〈浣溪沙〉詞。

---

41 同注32，冊二，頁九二二至九二三。

42 關於蘇軾上表乞常州居住之時間，宋・施宿編《東坡先生年譜》、宋・王宗稷編《東坡先生年譜》，均載於元豐七年十二月抵泗州之後（同注33，頁二〇六、三五二），與王文誥之編年略有不同，附錄供對照。

十二月一日，抵泗州。

元豐八年乙丑正月四日，發泗州，再上乞常州居住表；上元，至宿州，塡〈南鄉子〉(千騎試春遊）宿州上元詞。[43]

二月，至南都（今河南商丘）；告下，仍以檢校尙書水部員外郎，汝州團練副使，不得簽書公事，常州居住。

三月一日，宣仁皇后高氏垂簾聽政，立哲宗爲皇太子；五日，神宗崩，哲宗即位。六日，在南都，聞神宗皇遺詔，尋自南都還常州。[44]

四月，過楚州，田叔通席贈舞鬟，作〈南鄉子〉(繡鞅玉鐶游）詞。

五月一日，過揚州，遊竹西寺；二十二日，至常州。

六月，告下，復朝奉郎，起知登州軍州事。[45]

七月，自常州赴登州。[46]

---

43 〈南鄉子〉(千騎試春遊）一詞，清·王文誥《蘇文忠公詩編注集成總案》未予編年。清·朱祖謀《東坡樂府》注，於此詞後案云：「本集〈泗岸喜題〉云：『謫居黃州五年，今日離泗州北行，岸上聞騾馱鐸聲空籠，意亦欣然，元豐八年正月四日書。』據此，則上元至宿州，情事適合，編乙丑。」(臺北：廣文書局，一九七二年九月初版，卷二，頁七四）亦即元豐八年乙丑也，茲從之。

44 三月六日，在南都聞神宗皇帝遺詔事，清·王文誥《蘇文忠公編注集成總案》未載，茲據宋·施宿編《東坡先生年譜》(同注33，頁二〇九）補入。

45 蘇軾復朝奉郎之時間，宋·傅藻《東坡紀年錄》，列入元豐八年乙丑七月，並云：「八月十七日，得旨除知登州。」(同注33，頁四二七）與他書所載略有不同，附錄供對照。

八月，過揚州。

九月一日，抵楚州。

十月，過海州；十五日，抵登州任。二十日，告下，以禮部郎中召還。

十二月，抵京師，至禮部郎中任；尋告下，遷起居舍人。

由上列行實可知，元豐八年，蘇軾兩度經楚州，一在四月，由南都還常州之際；並依正月上元所塡〈南鄉子・宿州上元〉之韻腳，再塡一闋，贈田叔通舞鬟，其詞曰：

> 繡鞅玉鐶遊。鐙晃簾疏笑卻收。久立香車催欲上，還留。更且檀唇點杏油。　花遍六么球。面旋迴風帶雪流。春入腰肢金縷細。輕柔。種柳應須柳柳州。

比較〈南鄉子〉之一所寫內容，亦屬贈歌者之作，均爲酒宴間歡樂之敘寫也。而所謂「芳時偷得醉工夫」，亦可切春季之時。復比較〈南鄉子〉之二上片云：「悵望送春杯。漸老逢春能幾回。花滿楚城愁遠別，傷懷。何況淸絲急管催。」則可見暮春四月之時間，餞別酒宴之場所，益確切相符；蓋蘇軾此刻，正由南都還常州途中，且過楚州後，即住過揚州，故有傷別之語。而〈南鄉子〉之一，集杜牧〈贈別二首〉詩句云——豆蔻梢頭二月初——入詞，一則讚許歌者之容貌出眾，一則正切離別之依依；尤高明者，該詩末兩句云：「春風十里揚州路，捲盡珠簾總不如。」正告示別後將抵達之地點——揚州，蘇軾洵非泛泛落筆也。

至若〈南鄉子〉之三，則當作於元豐八年之九月，其時，蘇軾因獲「復朝奉郎，起知登州

---

46 蘇軾於元豐八年七月，自常州赴登州，見載於宋・施宿編《東坡先生年譜》（同注33，頁二〇九）。

軍州事」之命，故七月自常州起程，擬赴登州；而於九月，再抵楚州。此詞起首兩句云：「何處倚闌干。弦管高樓月正圓」，正道出値此秋月團圓之際，原宜在常州與家人團聚，孰料此度依然風塵僕僕，隻身獨赴登州，故云：「胡蝶夢中家萬里，依然。老去愁來強自寬。」又云：「須著人間比夢間，……繡被焚香獨自眠。」頗有身不由己之嘆。而「老去」一句，出自杜甫〈九日藍田崔氏莊〉，乃重九之作，正切秋季；況此句傅幹《注坡詞》，正作「老去悲秋強自寬」，乃杜詩原句，證諸蘇軾「九月一日抵楚州」之行實，正相契合。

綜上論述，可知蘇軾此三闋集句詞，實可明確編年：〈南鄉子〉之一、之二，係作於元豐八年四月；〈南鄉子〉之三，則作於元豐八年九月。歷來編年箋註者，或緣未細讀其內容，或緣楚州僅蘇軾過境之地，未予特別留意，致輕忽遺漏，殊可惜也。

四、師學考

素來評論王安石《臨川先生歌曲》者，恆道及王安石對蘇軾詞風之影響。此中，以「史」之觀點評論者，首推鄭振鐸《中國文學史》，其第三十五章（北宋詞人）第一期後即如是云：

> 以他（指王安石）這樣的一位用世的名臣，宜乎氣格與別的詞人們不同。他的詞脫盡了《花間》的習氣，推翻盡了溫、韋的格調，另有一種桀傲不群的氣韻，足為蘇、辛作先驅。[47]

---

47 北京：人民文學出版社，一九五七年十二月，頁四八四；書名全稱爲《插圖本中國文學史》。

而後探討王安石《臨川先生歌曲》之專門性論文，如羅忼烈〈王安石詞雜論〉[48]、高克勤〈王安石詞簡論〉[49]、熊大權〈略論王安石在詞史上的地位〉[50]等，則有更具體之指陳，要而言之，渠等以爲王安石爲詞壇開風氣，甚而影響蘇軾者，凡五端：其一，藉詞寫出具體之懷古詞；其二，藉詞寫出退隱之情趣；其三，藉詞談佛說道；其四，集句入詞；其五，因詩入詞。誠然，蘇軾以前，能如此全面「破舊立新」者，非王安石莫屬。然若上舉各項分別探討，則五代鹿虔扆〈臨江仙〉（金鎖重門荒苑靜）、李珣〈巫山一段雲〉（有客經巫峽）及（古廟依青嶂）兩詞、歐陽炯〈江城子〉（晚日金陵岸草平）等[51]，亦已有思古之幽情；晚近出現之《敦煌曲子詞》，尤不乏談佛說道之詞；前舉宋祁〈鷓鴣天〉（畫轂彫鞍狹路逢），亦具備集句之形式；而大量「以詩入詞」之詞人，筆者已爲文指出，始推晏殊[52]。因之，若謂上舉五項內容均「始」於王安石，恐有不妥；謂其全面影響蘇軾，恐亦不切實際。

雖然，王安石之影響蘇軾，實亦不可否認。以序齒論，王安石係生於宋真宗天禧五年（一

---

48 此文最早見載於《抖擻》第四卷第四期（一九七四年七月）頁一至五；後收入羅氏《詞曲論稿》（香港：中華書局，一九七七年八月），頁一至三一；此書並於一九八二年六月，由木鐸出版社在臺灣發行。

49 此文見載於《爭鳴》，一九八六年二期，頁一一一至一一四。

50 此文見載於《江西社會科學》，一九八七年一期，頁一〇一至一〇五。

51 鹿虔扆〈臨江仙〉，見錄於張璋、黃畬編《全唐五代詞》（臺北：文史哲出版社，一九八六年十月臺一版）卷六，頁七二九；李珣〈巫山一段雲〉兩詞，見同上，卷五，頁六四〇至六四一；歐陽炯〈江城子〉詞，見同上，卷六，頁七七〇。

52 見本書〈晏殊《珠玉詞》借鑒唐詩之探析——兩宋詞人大量借鑒唐詩之先驅〉一章。

○二一），蘇軾則生於仁宗景祐三年（一○三六），兩人相差十五年，王安石屬蘇軾之師長輩，固毋庸置疑。而證諸兩人生平、著作，除政治主張各有立場外，蘇軾對王安石之學行文章，曾多方推崇與激賞。蔡絛《西清詩話》載：

> 元祐間，東坡奉祠太一宮，見公（指王安石）舊詩云：「楊柳鳴蜩綠暗，荷花落日紅酣；三十六陂春水，白頭想見江南。」注目久之，曰：「此老野狐精也。」[53]

而「此老野狐精也」一語，蘇軾亦曾用以稱道其詞。楊湜《古今詞話》載：

> 金陵懷古，諸公寄詞於〈桂枝香〉，凡三十餘首，獨介甫最為絕唱。東坡見之，不覺嘆息曰：「此老乃野狐精也。」[54]

而蘇軾撰〈王安石贈太傅〉制辭云：

> 使其名高一時，學貫千載。智足以達其道，辯足以行其言；瑰瑋之文，足以藻飾萬物；卓絕之行，足以風動四方，用能於期歲之間，靡然變天下之俗。具官王安石，少學孔孟，晚師瞿聃；網羅六藝之遺文，斷以己意；糠粃百家之陳跡，作新斯人。[55]

是知自詩詞之激賞，至學行文章之稱揚，蘇軾對王安石誠然欽服之至！洎乎元豐七年七月，蘇軾自黃州量移汝州，過金陵謁王安石，兩人曾有月餘時間，過從甚密。是時，王安石罷相歸隱蔣山已近七年，蘇軾亦甫自「烏臺詩案」之陰影中走出，擺脫政治之紛擾，王安石曾勸蘇軾即

---

53 見宋．胡仔《苕溪漁隱叢話．前集》卷三五引，同注18，冊一四八○，一九八八年二月，頁二三七。

54 見唐圭璋編《詞話叢編》（同注21）冊一，頁二二。

55 見《東坡全集》卷一○六，同注18，冊一一○八，一九八七年二月，頁六六九至六七○。

就金陵買田置宅，以相伴終老。事雖不遂，而蘇軾去後，仍修〈上荊公書〉致謝云：

近者經由，屢獲請見，存撫教誨，恩意甚厚。軾始欲買田金陵，庶幾得陪杖履，老於鍾山之下。[56]

又作〈次荊公韻四絕〉，其三云

騎驢渺渺入荒陂，想見先生未病時；勸我試求三畝宅，從公已覺十年遲。[57]

所謂「陪杖履，老於鍾山之下」，所謂「從公已覺十年遲」，蘇軾直欲入王安石之門，追隨終老矣！如此關係，而謂王安石未嘗影響蘇軾，自不可能。

而論及王安石影響蘇軾，較明確有證，厥為集句之作。溯夫集句之權輿，可推晉代傅咸之〈七經詩〉，該組詩係連綴經語而成，每篇專集一經，共七篇。今已佚一首。此中，唯〈毛詩〉與後世集句體相近，其他諸詩則不然[58]，一則所集皆非詩句，再則所集並非全句也。唐宋以還，集句詩迭有發展[59]，其在宋代，早於王安石從事於斯而卓有聲譽者，首推石曼卿，其所作〈下

56 同前注，卷七五，頁二一一〇。

57 同注10，冊一四，卷八〇七，頁九三四五。

58 茲錄傅咸所作〈聿修〉集毛詩為例，並逐句注明其出處如次：「聿修厥德《大雅・文王》，令終有俶《大雅・既醉》。勉爾遯思《小雅・白駒》，我言維服《大雅・板》。盜言孔丹《小雅・巧言》，其何能淑《大雅・桑柔》。讒人罔極《小雅・青蠅》，有靦面目《小雅・何人斯》。」（見載於明・張溥編《漢魏六朝百三家集》卷四六，同注18，冊一四一三，頁三四一。）

59 有關集句詩之發展，可參裴普賢《集句詩研究》（同注20），頁三九至一七六，以及《集句詩研究續集》（同上，一九七九年二月初版），頁二四四至二七一。

第偶成詩〉，七言兩首，一律一絕，體式形貌，已告完備[60]。次則胡歸仁，自號「安定八體」[61]。惟兩人從事集句雖早於王安石，然用意不深，成就不高，並未蔚成風氣。洎乎王安石以一代碩儒宰臣而戮力於此，質量可觀，石、胡所作，已難同日而語；當代詩話、筆記，或誤以王安石爲此體之祖者，蓋緣此故也[62]。

値此集句風行之際，蘇、黃兩大家，已然留意及之，並提出批評。蘇軾元豐六年初春所作之〈次韻孔毅父集古人句見贈五首〉詩[63]，最能見其意見，其一云：

> 羡君戲集他人詩，指呼市人如使兒；天邊鴻鵠不見得，便令作對隨家雞。退之驚笑子美泣，問君久假何時歸；世間好句世人共，明月自滿千家墀。[64]

所謂「隨家雞」云云，誠爲譏刺時人集句之意。其次首云：「紫駝之峰人莫識，雜以雞豚真可惜」；

---

60 石曼卿所作七律如下：「一生不得文章力，欲上青雲未有因；聖主不勞千里召，姮娥何惜一枝春。鳳凰詔下雖霑命，豺虎叢中也立身；啼得血流無用處，著朱騎馬是何人。」七絕如下：「年去年來來去忙，爲他人作嫁衣裳；仰天大笑出門去，獨對春風舞一場。」兩詩均見《苕溪漁隱叢話・前集》卷三五引《西清詩話》之載（同注53，頁二三九。）

61 《苕溪漁隱叢話・前集》卷三五引《蔡寬夫詩話》云：「荆公晚多喜取前人詩句爲集句詩，世皆言此體自公始。予家有至和中成都人胡歸仁詩，已有此作，自號「安定八體」，……亦自精密，但所取多唐末五代人詩，無復佳語耳，不知公嘗見與否也。」（同注53，頁二三九至二四〇）又：「八體」之解說，並參注65。

62 沈括《夢溪筆談・文藝一》（同注18）、《王直方詩話》（同注53，頁二三九）等，均有「荆公始爲集句」之記載；而蔡條《西清詩話》（參注23）、《蔡寬夫詩話》（參前注）均已引證論此說之非。

63 此詩編年，見王文誥撰《蘇文忠公詩編注集成總案》卷二二，同注31，冊二，頁八七七。

64 同注57，卷八〇五，頁九三二五。

三首云：「天下幾人學杜甫，誰得其皮與其骨」；四首云：「詩人雕刻閑草木，搜抉肝腎神應哭」；五首云：「千章萬句卒非我，急走捉君應已遲。」可見蘇軾對時人之集句風尚，極其反對。故再三致意；彼以爲「世間好句世人共」（五首之一），「用之如何在我耳」（之二），因之「不如默誦千萬首，左抽右取談笑足。」（之四）至於黃庭堅（字魯直，自號山谷道人），據陳師道《後山詩話》載：

王荊公暮年喜為集句，唐人號為「四體」；黃魯直謂：「正堪一笑爾。」[65]

又據惠洪《冷齋夜話》載：

集句詩，其法貴速巧，如前輩曰：「晴湖勝碧境，衰柳似金黃。」人以為巧，然疲費精力，日月而後成，不足道也。山谷以集句詩，名曰「百家衣」；百家衣，今小兒文褓也。[66]

所謂「正堪一笑」、「小兒文褓」，乃對集句詩負面之評價，而此亦爲北宋首見指名批評王安石集句爲詩者。

雖然，黃庭堅非但自作一首五古百字十韻集句詩，題爲〈銅官縣望五松山集句〉[67]，其〈菩

---

65 弘道文化事業有限公司《詩話叢刊》本上冊，一九七一年三月初版，頁八七。文中所謂「四體」，裴普賢《集句詩研究續集・歷代集句詩發展總論之(三)》云：「由此可知，唐時已流行七絕四句遊戲性集句詩，號爲四體；至宋初，除四體繼續流行外，又增七律遊戲性之集句，號爲八體。蓋唐時詩歌，已有以一人爲一體者，例如李賀詩稱長吉體。今集四人詩句爲一首，則爲四體，集八人詩句爲一首，則應稱爲八體。」（同注59，頁二五〇）

66 同前注，《詩話叢刊》本下冊，頁一六三五。

67 此詩見錄於《山谷詩注・外集》卷一四，茲移錄如下：「北風無時休（退之），崩浪聒天響（陶）；蛟鼉好爲祟（老杜），此物俱神王（老杜）。我來五松下（太白），白髮三千丈（太白）；松門點青苔（太白），惜哉不得往（退之）。今日天氣嘉（陶），清絕心有向（老杜）；子雲性嗜酒（陶），況乃氣清爽（老杜）。此人已成灰（太

薩蠻〉（半煙半雨溪橋畔）詞，亦爲仿效王安石集句而作，其自題即云：

> 王荊新築草堂於半山，引八功德水作小港，其上壘石作橋，為集句云：「數間茅屋閒臨水。窄衫短帽垂楊裏。花是去年紅。吹開一夜風。　梢梢新月偃，午醉醒來晚。何物最關情。黃鸝三兩聲。」戲效荊公作。[68]

顯然，黃庭堅已然留意及王安石之集句詩、詞，且已效之而有集句詞之作，其受王安石之影響，固不待言。

至若蘇軾，遍查其全集，確未見集句詩，然乃有五闋集句詞。一調寄〈定風波〉，作於宋神宗元豐五年；三調寄〈南鄉子〉，本文考訂作於元豐八年；一調寄〈阮郎歸〉，作於宋哲宗紹聖元年。依此結論及以下原因，筆者肯定蘇軾之有集句詞，蓋亦師學王安石：

其一，據王安石《臨川文集》卷三六及三七所載[69]，王安石計有集句詩六十七首，古近體詩兼備；近體詩五七律、五七絕兼有之，古詩則更有四古及樂府詩之作。另有集句詞七闋，率爲令詞[70]。由於此等集句詩詞，量既夥，質亦佳，故引起時人及後世極大之關注，亦具深遠之

白），懷賢盈夢想（太白）；衣食當須紀（陶），吾得終疏放（老杜）。弱女雖非男（陶），出處同世網（老杜）；播背牧雞豚（太白），相見得無恙（退之）。」（臺北：臺灣商務印書館《國學基本叢書》本，冊二九五，一九六八年九月臺一版，頁三三一至三三二）今觀其所集，李、杜各六句，陶潛五句，韓愈三句；而此四人正黃庭堅所崇拜者，詩人習尚所在，可見一斑。其效王安石填集句詞，蓋同此理也。

68 見《全宋詞》（同注5）冊一，頁三九九。

69 同注18，冊一一〇五，一九八七年二月。

70 王安石集句詞凡七闋，包含：〈甘露歌〉三闋、〈菩薩蠻〉（數家茅屋閒臨水）及〈海棠亂發皆臨水〉兩闋、〈浣

影響[71]。而如前所述，蘇軾、黃庭堅均曾對當時之集句風尚，提出批評，即可證均已留意及之；黃庭堅則更有〈菩薩蠻〉一詞，明確指出係仿效王安石而作，其師學自可概見。其次，王安石之集句詞，一般均以爲「晚年」所作，「元豐間益工於此」（參注23）。然此並不意味王安石之集句詩均作於晚年，即以（離昇州作）集句五絕爲例，筆者細查清顧棟高編輯《王荆國文公年譜》，以及清蔡上翔撰《王荆公年譜考略》兩書[72]，得知王安石一生，曾三度離昇州，即江寧府所在，亦即金陵也。首度離昇州，在宋仁宗慶曆元年（一〇四一），年二十一，爲赴京師就禮部試；二度離昇州，在宋英宗治平四年（一〇六七），年四十七，自知江寧府召爲翰林學士；三度離昇州，在宋神宗熙寧八年（一〇七五），年五十五，其時王安石已初次去相，而以觀文殿大學士知江寧府，復起爲同平章事。姑不論此集句五絕係作於何次，然至遲不晚於熙寧八年。自非王安石晚年。蓋常人認定之晚年，以王安石行實及生年考之，宜在宋神宗元豐元年（一〇七八），罷使相，爲會靈觀使，居江寧蔣山起，至宋哲宗元祐元年（一〇八六），王安石薨於江寧止，亦即五十八歲至六十六歲，此八年之間。是以「元豐間益工於此」云云，實意味王安石稍早已染指集句之道，晚年則益投入心力也。即以熙寧八年論之，亦早於蘇軾元豐五年（一〇八二）所作之〈定

溪沙〉（百畝中庭半是苔）一闋、〈南鄉子〉（自古帝王州）一闋。

71 王安石集句之作，所引起之反應與影響，可參宋・胡仔《苕溪漁隱叢話・前集》卷三五引當時詩話、筆記之評論（同注53），以及裴普賢《集句詩研究・集句詩的發展》（同上）、《集句詩研究續集・歷代集句詩發展總論之（四）》（同注59）

72 兩書並收入《王安石年譜三種》，北京：中華書局，一九九四年一月第一版。

風波〉。復據王文誥撰《蘇文忠公詩編註集成總案》卷二二所載，蘇軾〈次韻孔毅父集古人句見贈五首〉，係作於元豐六年（參注63），其時王安石集句所造成之風尚，蓋已形成，故蘇軾乃作五首聯章詩批評之；而或如黃庭堅般，亦好奇逞才，不願王安石專美於前，遂亦效之而有五闋集句詞之作也。

其二，王安石另有一闋〈南鄉子〉集句詞，多數研究學者，均以為係〈桂枝香〉同時之作[73]，以其題旨皆「金陵懷古」也。為便於對照，茲並錄如次：

登臨縱目。正故國晚秋，天氣初肅。千里澄江似練，翠峰如簇。歸帆去棹殘陽裏，背西風、酒旗斜矗。綵舟雲淡，星河鷺起，畫圖難足。　念往昔、繁華競逐。歎門外樓頭，悲恨相續。千古憑高，對此謾嗟榮辱。六朝舊事隨流水，但寒煙、芳草凝綠。至今商女，時時猶唱，後庭遺曲。〈桂枝香〉（冊一，頁二〇四）

自古帝王州。鬱鬱蔥蔥佳氣浮。四百年來成一夢，堪愁。晉代衣冠成古丘。　繞水恣行游。上盡層樓更上樓。往事悠悠君莫問，回頭。檻外長江空自流。〈南鄉子〉（冊一，頁二〇七）

而有關〈桂枝香〉寫作之時間，凡有四說：其一，英宗治平三年（一〇六六），為張志烈所主張

---

73 於所撰論文中，曾推斷〈南鄉子〉與〈桂枝香〉作於同一時期者，有張志烈、高克勤、彭海及張宏梁等人，唯寫作之時間，則各有主張。至於熊大權，則以為〈桂枝香〉係作於「熙寧變法」前夕，〈南鄉子〉則作於再度罷相之後。（並參注74至77）

[74]；其二，英宗治平四年（一〇六七），爲朱東潤、高克勤、熊大權、陳如江、程千凡、吳新雷等人所主張[75]，爲數最夥；其三，神宗熙寧七年（一〇七四）或九年（一〇七六），爲羅忼烈所主張[76]；其四，晚年閒居金陵時所作，爲　先師鄭騫先生、彭海及張宏梁等人所主張[77]。此中唯張志烈之主張，見於所撰〈王安石《桂枝香・金陵懷古》作年考〉一文（參注74），係屬專論，且就王安石行實、與時人劉攽（貢父）及王晳（微之）唱和等事實做論斷[78]，最具說服力。若依張氏主張，則早在蘇軾於神宗熙寧八年（一〇七五），作〈江城子・密州出獵〉（老夫聊發少

74 張志烈之主張，見於所撰〈王安石《桂枝香・金陵懷古》作年考〉，《四川大學學報叢刊》第二一輯（唐宋文學論叢），一九八三年十一月，頁二二二至二四轉頁七三。

75 朱東潤之主張，見所編《中國歷代文學作品選》中編，冊二，頁二二一；高克勤之主張，見所撰〈王安石詞簡論〉一文（同注**49**）熊大權之主張，見所撰〈略論王安石在詞史上的地位〉一文（同注**50**）；陳如江之主張，見所撰〈一洗五代舊習——談王安石詞〉一文，《國文天地》五卷九期，一九九〇年二月，頁八二至八四；程千凡、吳新雷之主張，見兩人合著《兩宋文學史》，此書原由上海古籍出版社出版，後授權臺灣高雄麗文文化股份有限公司在臺灣發行，一九九三年十月，頁一二〇至一二一。

76 羅忼烈之主張，見所撰〈王安石詞雜論〉一文，同注48。

77 先師鄭騫先生之主張，見所編注《詞選》，臺北：中國文化大學出版部，一九八二年四月新一版，頁二〇三；彭海、張宏梁之主張，見兩人合撰〈王安石的集句詩詞〉一文，《古典文學知識》，一九八七年五期，頁一〇一至一〇六。）

78 見注**74**所揭文，唯該文云：「王安石一生有三段較長的時間居住在這裏（指江寧，亦即金陵）。……第二次是嘉祐八年（一〇六三）八月，他父親逝世，歸葬江寧。」（頁二三）此中「父親逝世」宜改作「母親逝世」，方符其行實，此蓋排版時嚴重誤植也。

年狂）一詞，欲與柳永風味相抗，自許「自是一家」[79]之前，王安石此闋「雍容奇特」[80]、「清空中有意趣」[81]之〈桂枝香〉，早已完成，且造成風動；即蘇軾亦以「此老乃野狐精也」稱之（參注54），或因此啓發，蘇軾遂有爲詞壇別立一家之企圖心。復據前揭張文論定：「他（指王安石）的那些以在金陵覽勝懷古爲內容的的詩詞，如有名的〈金陵懷古〉七律四首、〈次韻舍弟賞心亭即事二首〉、〈自金陵至丹陽道中有感〉、〈辱井〉及〈南鄉子〉（自古帝王州）都作於這一時期。」[82]，所謂「這一時期」，係指仁宗嘉祐八年（一〇六三）八月，王安石奉母歸葬江寧，至英宗治平四年（一〇六七）九月，王安石由江寧知府召爲翰林學士止，凡五年之間。而〈南鄉子〉（自古帝王州）係一闋集句詞[83]，參照蘇軾對王安石此期作品之重視，以及於元豐八年（一〇八五），同以〈南鄉子〉一調，塡三闋集句詞之事實，則其師學王安石塡集句詞，豈非皦然可證乎？特蘇軾不若黃庭堅肯明白道出耳。

至若其他主張，或見於所著詞選、文學史，或見於綜論王安石詞風之單篇論文；此中，除

---

79 蘇軾〈與鮮于子駿書〉云：「所索拙詩，豈敢措手；然不可不作，特未暇耳。近作小詞，雖無柳七郎風味，亦自是一家，呵呵！數日前，獵於郊外，所獲頗多；作得一闋（即〈江城子・密州出獵〉詞），令東州壯士抵掌頓足而歌之，吹笛擊鼓以爲節，頗壯觀也。寫呈取笑。」（同注55，卷七九，頁二七九）

80 宋・王灼《碧雞漫志》卷二云：「王荊公長短句不多，合繩墨處，自雍容奇特。」（同注21，冊一，頁八三）

81 宋・張炎《詞源・意趣》云：「詞以意趣爲主，要不蹈襲前人語意。如東坡中秋〈水調〉歌……王荊公金陵懷古〈桂枝香〉……此數詞皆清空中有意趣，無筆力者未易到。」（同注21，冊一，頁二六〇）

82 同注74，頁二二三。

83 〈南鄉子〉所集各句之出處，筆者曾予以考原，參注25所揭拙作。

羅忼烈〈王安石詞雜論〉一文（參注76）稍作推斷，餘均單純主張，未作論證。雖然，即以「晚年」論斷，王安石係於哲宗元祐元年（一〇八六）四月薨於江寧，距蘇軾元豐八年（一〇八五）四月寫作〈南鄉子〉，僅差一年，恐王氏集句詩詞諸作，不致晚成如此。其餘主張，則均甚早於蘇軾寫作集句詞之時間，由於不明所據，故不贅辨。再者，自王安石以〈菩薩蠻〉一調集句後，黃庭堅固起而仿效；而筆者尋檢《全宋詞》，赫然發現，兩宋詞人所作之迴文詞，計二十五闋[84]，乃全用此調，而由蘇軾啓其端，斯又可見蘇軾奇峰突出、別開蹊徑之企圖。雖然，集句、迴文等詞作，究屬遊戲逞才之體，王安石誠有以啓之也。

要之，依王、蘇兩人之序齒、交往，與夫蘇軾對王安石學行之推服，及留意王安石集句入詩、入詞所造成之風尚，甚而以兩人現存集句詞寫作之時間判斷，蘇軾之師學王安石，洵非空穴來風。尤以〈南鄉子〉一詞之集句，王安石既作之於前，蘇軾亦以同調集之於後；並以王安石用以集句之〈菩薩蠻〉調，擴而行之，因填作迴文詞。凡此，均可證兩人亟欲突破詞體「言情」、「守律」、「應歌」之藩籬，轉而「言志」、「以詩爲詞」而不受音律束縛，而王安石又爲此風尚之先導者，終亦促成蘇、辛一派之興起，爲詞壇別添絢爛之異彩也。

---

84 含蘇軾七闋、劉燾八闋、曹勛三闋、朱熹二闋、張孝祥四闋、程垓一闋，凡二十五闋。

參、結　語

本文既自出處、形式、作年、師學四方向，考辨蘇軾五闋集句詞，爰於文末依序總結如次：

就出處言，蘇軾〈定風波〉集句詞雖未明出處，然除「記得小軒岑寂夜」與「月和疏影上東牆」兩句，其餘各句（不含兩字短句）自南宋傅幹《注坡詞》以來之箋註本，均已知其所本；而上舉兩句，經今人劉尙榮校證傅幹《注坡詞》，始知爲蘇軾同時婦人曹希蘊〈墨竹〉詩之詩句，於焉此詞各句之出處始大白於世。至若〈南鄉子〉三闋，蘇軾雖自註出處，然〈寒玉細凝膚〉一詞中，「芳時偷得醉工夫」句，蘇軾原註係出自白居易詩，而向來箋註者，或未予以考原，或逕註「缺」字，經筆者細查《全唐詩》，始知係出自鄭遨〈招友人遊春〉七絕詩，蘇軾蓋誤記也。另：此詞「年少即須臾」句，石聲淮、唐玲玲合撰之《東坡樂府編年箋註》（參注16），以爲係化集白居易〈東南行一百韻……〉五言排律之詩句，而筆者細味其詞意，以爲應係化自白居易〈短歌行〉末節之詩意，而後集之入詞，此乃蘇軾及時人常見之集句技巧，不足怪也。其餘兩闋，其各句出處，均確如蘇軾所自註。後世索原者，亦無異註。

就形式言，自宋以還，定義「集句詩」者，均言：「係雜集古句以成詩也。」以之審度蘇軾「集句詞」，實未必盡然。蓋此五闋四十一句集句詞中，蘇軾未更動原詩句者，僅十七句；更動一字者，凡八句；更動兩字者，凡三句；化用五言詩句爲七言詩句者，凡四句；化用七言詩句爲五言詩句者，凡二句；自鑄詞及其他凡七句。復取當時宋祁、王安石、向子諲等之作品證之，宋代之集句詞，論其形式，實可包括下列五端：一、集前人成句；二、就前人成句更動其字詞而後集之；三、化用前人詩意，另鑄新詞以集之；四、截取前人成句以集之；五、集入作者個人之作品。然則蘇軾集句詞，未盡「雜集古句」，實乃一時風尚，洵非特例也。

就作年言，蘇詞五闋集句詞中，〈定風波〉一詞，原已自註時間，然乃有「元豐六年七月六日」與「元豐五年七月六日」之異。主前說者，率見於元以後所刻之別集、總集，而為後世絕多數編註東坡詩詞，以及編輯年譜之學者所依據。然筆者依宋人王宗稷編撰《東坡先生年譜》、傅藻編撰《東坡紀年錄》，以及宋人傅幹《注坡詞》證之，該詞在宋代相關資料中，均註明係「元豐五年」。由於兩種持論均無其他旁證，本文基於時代先後之考量，以為應從宋人之載錄為妥。而〈阮郎歸〉一詞，筆者從薛瑞生考證，以為係作於宋哲宗紹聖元年。至於〈南鄉子〉三闋，蘇軾原未註明寫作時間，後世編註東坡詞者，亦從未考年。筆者先據詞中「花滿楚城傷遠別」一句，斷知必為蘇軾在「楚州城」時所作；復觀其所集崔塗〈春夕〉詩與吳融〈即席十韻〉詩，均與「楚州城」有關，益堅信個人之判斷。而後檢視蘇軾相關年譜，知其平生曾五度適楚州；經按其行實及作品所顯現之季節與內容，輔以其他詞作為旁證，終考定〈南鄉子〉之一、之二，係作於元豐八年四月；〈南鄉子〉之三，則作於同年九月。此亦本文最見發明之論點。

就師學言，素來評論王安石《臨川先生歌曲》者，恆道及王安石對蘇軾詞風之影響。本文先據序齒及兩人交往之關係，以及蘇軾推服王安石詩詞、學行等種種言論，肯定此論點。而後就詞論詞，以為較明確有證者，厥為集句之作。蓋自王安石從事集句之後，由於質量可觀，終造成一代風氣。蘇軾、黃庭堅對此趨勢，均已留意及之，且提出負面批評之言論。雖然，黃庭堅仍有集句詩與集句詞之創作；其〈菩薩蠻〉集句詞，甚而明白指出係仿效王安石，師學可知。至若蘇軾，雖無集句詩，乃有五闋集句詞；雖未明言其師學，而本文自其集句詞寫作之時間，以及用以集句之詞調，證明蓋亦師學王安石也。考蘇軾五闋集句詞中，因神宗元豐五年（一〇八二）所作之〈定風波〉最早。而王安石集句詞之可考者，〈南鄉子〉（自古帝王州）一詞，向來認定係與〈桂枝香〉（登臨縱目）同時之作，而該詞寫作之時間，最早可推至英宗治平三年（一〇六六），至遲則在神宗熙寧九年（一〇七六），均較蘇軾作〈定風波〉之時間爲早。次如王安石〈離昇州〉集句詩之寫作時間，至遲亦不晚於熙寧八年（一〇七五）。如此推算，早在蘇軾集句之前六年至十六年間，王安石已然以集句方式寫作詩詞，至「元豐間益工於此」，且已造成風氣，故能引起蘇、黃之批評。其次，王安石既以〈南鄉子〉一調集句，蘇軾或亦奇之，遂以同調填三闋以效之，恰如黃庭堅仿之而有集句〈菩薩蠻〉一般，故蘇軾雖未明言，而其師學之跡，蓋顯而有據也。而筆者尋檢《全宋詞》，赫然發現，兩宋詞人所作之迴文詞，計二十五闋（參注84），乃全用王安石用以集句之〈菩薩蠻〉一調，且由蘇軾啓其端，斯又可見蘇軾奇峰突出，不教王安石專美於前，要皆爲詞之「詩化」，付出心力，爲詞壇別開蹊徑，綻放異彩也。

汪元量〈憶王孫〉集句詞探微

——藉唐詩繫年宋詞之三

壹、前　言：汪元量集句詞研究方法概述

就宋詞集句而論，本書於〈臨川先生歌曲借鑒唐詩之探析〉一章中指出，目前所見，實以宋祁〈鷓鴣天〉（畫轂雕鞍狹路逢）一詞，爲最早具有集句形式之詞篇。然論開啓風氣、影響後世較深遠者，當推王安石。而王安石〈臨川先生歌曲〉二十九闋詞中，集句之作凡七闋，其質量在兩宋詞人中已備受肯定，詳參前揭拙作，茲不贅述。至論兩宋詞人所塡集句詞，數量最夥者，允推宋末汪元量（字大有，號水雲、楚狂，詳細事跡參「正文二、作年考」）；其所塡集句詞凡九闋，均調寄〈憶王孫〉，劉辰翁曾批云：「甚婉娩，情至可觀。」[1]足證其「品質」，亦有可觀者焉。惜乎至今猶未有人予以索原，遑論探其微旨，此即本文所欲考證者一也。其次，本書〈蘇軾集句

---

1 見孔凡禮輯校《增訂湖山類稿》（北京：中華書局，一九八四年六月第一版），卷五，頁一七八。

詞探微〉一章，其中「作年考」一項，係藉蘇軾詞中集唐詩所涉之地點及內容，考知其寫作之時間。今詳探汪元量〈憶王孫〉九闋集句詞，實亦可秉此方法予以繫年，爰撰成此章，而為之二考也。

再者，本章所引汪元量〈憶王孫〉九闋集句詞，係見載於唐圭璋編《全宋詞》[2]第五冊，頁三三四二，下文不再附註。所引汪元量詩編，則以孔凡禮輯校《增訂湖山類稿》為依據[3]，為免重複標注，乃於行文中逕寫卷數與頁碼。至若所集之詩句，悉依康熙敕撰《全唐詩》[4]予以索原；冊數、卷數與頁碼，亦以之為主，除非必要，否則不一一附註，以省篇幅。

貳、正　文

一、出處考

汪元量〈憶王孫〉九闋詞，所集唐詩，率屬絕句與律詩，僅一、二首為古詩。由於詩中所涉及之內容與地名，關係其「作年」，本節於絕句、律詩乃全部抄錄，於古詩則予節錄，俾便下節比對。

2　臺北：世界書局，一九七六年十月初版。
3　所據版本，見同注2。
4　臺北：盤庚出版社，一九七九年二月第一版。

(一)〈憶王孫〉之一

漢家宮闕動高秋。人自傷心水自流。今日晴明獨上樓。恨悠悠。白盡梨園子弟頭。

Δ漢家宮闕動高秋：

此句出自趙嘏〈長安晚秋〉[5]七律之次句，原詩如次：「雲物悽涼拂曙流[6]，漢家宮闕動高秋；殘星幾點雁橫塞，長笛一聲人倚樓。紫艷半開籬菊靜，紅衣落盡渚蓮愁；鱸魚正美不歸去，空戴南冠學楚囚。」（卷五四九，頁六三四七）

Δ人自傷心水自流：

此句出自劉長卿〈重送裴郎中貶吉州〉七絕之次句，原詩如次：「猿啼客散暮江頭，人自傷心水自流；同作逐臣君更遠，青山萬里一孤舟。」（卷一五〇，頁一五五六）

Δ今日晴明獨上樓：

此句出自盧綸〈春日登樓有懷〉七絕之末句，原詩如次：「花正濃時人正愁，逢花卻欲替花羞；年來笑伴皆歸去，今日晴明獨上樓[7]。」（卷二七九，頁三一七二）

Δ恨悠悠：

《全唐詩》中，「恨悠悠」一詞，僅見於白居易〈長相思〉詞，原詞如次：「汴水流。泗水流。流到瓜洲古渡頭。吳山點點愁。　思悠悠。恨悠悠。恨到歸時方始休。月明人倚樓。」（卷

---

5 此詩詩題，一作〈秋望〉，一作〈秋夕〉。
6 此句「涼」字，一作「淸」字。
7 此句「晴明」兩字，一作「春風」。

八九〇，頁一〇〇五七）

△白盡梨園子弟頭：

此句出自趙嘏〈冷日過驪山〉[8]七絕之末句，原詩如次：「冷日微煙渭水愁，翠華宮樹不勝秋；霓裳一曲千門鎖，白盡梨園弟子頭。」（卷五五〇，頁六三六八）此中「弟子」二字，《彊村叢書》[9]、《全宋詞》等所錄汪元量〈憶王孫〉詞，均作「子弟」；唯鮑廷博所刻汪元量《湖山類稿》[10]卷之五，作「弟子」，切合所見《全唐詩》原句。

(二)〈憶王孫〉之二

吳王此地有樓臺。風雨誰知長綠苔。半醉閒吟獨自來。小徘徊。惟見江流去不回。

△吳王此地有樓臺：

此句出自劉滄〈長洲懷古〉七律之次句，原詩如次：「野燒原空盡荻灰，吳王此地有樓臺；千年事往人何在，半夜月明潮自來。白鳥影從江樹沒，淸猿聲入楚雲哀；停車日晚荐蘋藻，風靜寒塘花正開。」（卷五八六，頁六七八七）

△風雨誰知長綠苔：

8 此詩作者，一題作「孟遲」。佟培基編撰《全唐詩重出誤收考》（西安：陝西人民教育出版社，一九九六年八月第一版），據《萬首唐人絕句》、《唐詩紀事》兩書所載，以爲作「孟遲」爲是；疑係「洪邁誤作趙嘏」（見佟書頁四二四至四二五），錄此供參考。

9 見朱祖校輯《彊村叢書》（臺北：廣文書局，一九七〇年三月初版），冊一四，頁四五七八。

10 見同注1。

此句出自李遠〈聽話叢臺〉七律之末句，原詩如次：「有客新從趙地回，自言曾上古叢臺；雲遮襄國天邊去[11]，樹繞漳河地裏來[12]。弦管變成山鳥弄，綺羅留作野花開；金輿玉輦無行跡[13]，風雨誰知長綠苔[14]。」（卷五一九，頁五九三二至五九三三）

△半醉閒吟獨自來：

此句出自高駢〈訪隱者不遇〉七絕之次句，原詩如次：「落花流水認天臺，半醉閒吟獨自來；惆悵仙翁何處去，滿庭紅杏碧桃開。」（卷五九八，頁六九二二）

△小徘徊：

《全唐詩》中，「小徘徊」一詞，僅見於李商隱詠〈蝶〉五絕，原詩如次：「孤蝶小徘徊，翩翾粉翅開；併應傷皎潔，頻近雪中來。」（卷五四〇，頁六二一四）汪元量蓋就詩中首句，截取入詞；此亦宋人集句入詞之一道[15]，下文不一一說明。

△惟見江流去不回：

此句出自竇鞏〈南游感興〉七絕之次句，原詩如次：「傷心欲問前朝事，惟見江流去不回；日暮東風春草綠，鷓鴣飛上越王臺。」（卷二七一，頁三〇五三）

---

11 此句「去」字，一作「盡」字。

12 此句「地裏」兩字，一作「掌上」。

13 此句「行跡」兩字，一作「消息」。

14 此句「誰」字，一作「惟」字；而本句，或又作「風雨年年長綠苔」。

15 參拙作〈兩宋集句詞形式考——兼論兩宋集句詞未必盡集前人成句〉一文，見載於《宋代文學研究叢刊》第五期，高雄：麗文文化事業公司，一九九九年十二月，頁三六三至三九八。

(三)〈憶王孫〉之三

長安不見使人愁。物換星移幾度秋。一自佳人墜玉樓。莫淹留。遠別秦城萬里游。

Δ長安不見使人愁：

此句出自李白〈登金陵鳳凰臺〉七律之末句，原詩如次：「鳳凰臺上鳳凰遊，鳳去臺空江自流；吳宮花草埋幽徑，晉代衣冠成古丘。三山半落青天外，二水中分白鷺洲；總爲浮雲能蔽日，長安不見使人愁。」（卷一八〇，頁一八三六）

Δ物換星移幾度秋：

此句出自王勃〈滕王閣〉七律之第六句，原詩如次：「滕王高閣臨江渚，珮玉鳴鸞罷歌舞；畫棟朝飛南浦雲，珠簾暮捲西山雨。閒雲潭影日悠悠，物換星移幾度秋；閣中帝子今何在，檻外長江空自流。」（卷五五，頁六七二）

Δ一自佳人墜玉樓：

此句出自胡曾〈詠史詩．金谷園〉七絕之首句，原詩如次：「一自佳人墜玉樓，繁華東逐洛河流；唯餘金谷園中樹，殘日蟬聲送客愁。」（卷六四七，頁七四二〇）

Δ莫淹留：

《全唐詩》中，「莫淹留」三字凡三見。由於此詞首有「長安不見使人愁」之句，筆者以爲汪元量蓋截取自李郢〈送人之嶺南〉七律之末句，原詩如次：「關山迢遞古交州，歲晏憐君走馬遊；謝氏海邊逢素女[16]，越王潭上見青牛。嵩臺月照啼猿曙[17]，石室煙含古桂秋；迴望長安五千里，刺桐花下莫淹留。」（卷五九〇，頁六八四九）此詩末兩句，正足呼應汪詞首句，其出處由此可明。

△遠別秦城萬里游：

此句出自李涉〈再宿武關〉[18]七絕之首句，原詩如次：「遠別秦城萬里游，亂山高下出商州；關門不鎖寒溪水，一夜潺湲送客愁[19]。」（卷四七七，頁五四三四）

(四)〈憶王孫〉之四

陣前金甲受降時。園客爭偷御果枝。白髮宮娃不解悲。理征衣。一片春帆帶雨飛。

△陣前金甲受降時：

此句出自李郢〈上裴晉公〉七律之第四句，原詩如次：「四朝憂國鬢如絲，龍馬精神海鶴姿；天上玉書傳詔夜，陣前金甲受降時。曾經庾亮三秋月，下盡羊曇兩路棋[20]；惆悵舊堂扃綠野，夕陽無限鳥飛遲。」（卷五九〇，頁六八五〇）

△園客爭偷御果枝：

---

16 此句「素」字，一作「妊」。
17 此句「曙」字，一作「樹」。
18 此詩詩題，一作〈從秦城回再題武關〉。
19 此句「潺湲」兩字，一作「潺潺」。
20 此句「兩路」兩字，一作「一局」。

此句出自劉禹錫〈題于家公主舊宅〉七律之第四句，原詩如次：「樹繞荒臺葉滿池，簫聲一絕草蟲悲；鄰家猶學宮人髻，園客爭偷御果枝。馬埒蓬蒿藏狡兔，鳳樓煙雨嘯愁鴟；何郎獨在無恩澤，不似當初傅粉時。」（卷三六〇，頁四〇六七）

Δ白髮宮娃不解悲：

此句出自劉得仁〈悲老宮人〉七絕之首句，原詩如次：「白髮宮娃不解悲，滿頭猶自插花枝；曾緣玉貌君王寵[21]，準擬人看似舊時。」（卷五四五，頁六三〇三）

Δ理征衣：

《全唐詩》中，「理征衣」一詞，僅見於楊巨源〈方城驛逢孟侍御〉七絕，原詩如次：「走馬溫湯直隼飛，相逢矍鑠理征衣；軍中得力兒男事，入驛從客見落暉。」（卷三三三，頁三七三九）汪元量蓋就詩中次句，截取入詞。

Δ一片春帆帶雨飛：

此句出自法振〈送友人之上都〉七絕之末句，原詩如次：「玉帛徵賢楚客稀，猿啼相送武陵歸；湖頭望入桃花去，一片春帆帶雨飛。」（卷八一一，頁九一四三）

(五)〈憶王孫〉之五

鷓鴣飛上越王臺。燒接黃雲慘不開。有客新從趙地回。轉堪哀。巖畔古碑空綠苔。

Δ鷓鴣飛上越王臺：

---

21 此句「寵」字，一作「愛」。

此句出自竇鞏〈南游感興〉七絕之末句，原詩已見〈憶王孫〉之二，「惟見江流去不回」句下摘錄。

Δ燒接黃雲慘不開：

此句出自吳融〈彭門用兵後經汴路〉七律三首之一第六句，原詩如次：「長亭一望一徘徊[22]，千里關河百戰來；細柳舊營猶鎖月，祁連新塚已封苔。霜凋綠野愁無際，燒接黃雲慘不開；若比江南更牢落，子山詞賦莫興哀。」（卷六八四，頁七八五九）

Δ有客新從趙地回：

此句出自李遠〈聽話叢臺〉七律之首句，原詩已見〈憶王孫〉之二，「風雨誰知長綠苔」句下摘錄。

Δ轉堪哀：

《全唐詩》中，未見「轉堪哀」之詩句；而汪元量〈燕山九日〉七律詩有「人隔關河歸未得，客逢時節轉堪哀。」[23]之句，不知汪氏是否取自作詩入詞？而此亦宋詞人集句入詞時有之現象[24]，不足為怪也。

Δ巖畔古碑空綠苔：

---

22 此句「長亭」兩字，一作「長門」。
23 見同注1，卷三，頁六九至七〇。
24 見同注15。

此句出自許渾〈淩歊臺〉[25]七律之末句，原詩如次：「宋祖淩高樂未回[26]，三千歌舞宿層臺；湘潭雲盡暮山出，巴蜀雪消春水來。行殿有基荒薺合，寢園無主野棠開；百年便作萬年計[27]，巖畔古碑空綠苔[28]。」（卷五三三，頁六〇八四）

(六)〈憶王孫〉之六

離宮別苑草萋萋。對此如何不淚垂。滿檻山川漾落暉。昔人非。唯有年年秋雁飛。

Δ離宮別苑草萋萋：

《全唐詩》中，未見此句；而「草萋萋」三字，則數見於詩句中。茲較其所涉內容，姑錄韓偓〈故都〉七律，以供參考：「故都遙想草萋萋，上帝深疑亦自迷；塞雁已侵池籞宿，宮鴉猶戀女牆啼。天涯烈士空垂涕，地下強魂必噬臍；掩鼻計成終不覺，馮驩無路學鳴雞。」（卷六八〇，頁七七九七）

Δ對此如何不淚垂：

此句出自白居易〈長恨歌〉，茲節錄相關段落如次：「……歸來池苑皆依舊，太液芙蓉未央柳；芙蓉如面柳如眉，對此如何不淚垂。……」（卷四三五，頁四八一九）

---

25 此詩題下，《全唐詩》原附註云：「臺在當塗縣北，宋高祖所築。」按：此所謂「宋高祖」，係指南朝宋武帝劉裕也。

26 此句「淩高」兩字，一作「功高」，一作「淩歊」，一作「高臺」。

27 此句「便」字，一作「應」字。

28 此句「巖畔古碑」四字，一作「巖上石碑」。

△滿檻山川漾落暉：

此句出自羅隱〈廣陵開元寺閣上作〉七律首句，原詩如次：「滿檻山川漾落暉，檻前前事去如飛；雲中雞犬劉安過，月裡笙歌煬帝歸。江蹙海門帆散去，地吞淮口樹相依；紅樓翠幕知多少，長向東風有是非。」（卷六五六，頁七五四二）

△昔人非：

《全唐詩》中，亦未見此三字連用。而蘇軾有〈陌上花〉絕句三首，其一云：「陌上花開胡蝶飛，江山猶是昔人非；遺民幾度垂垂老，遊女長歌緩緩歸。」[29] 辛棄疾有〈憶王孫〉（秋江送別・集古句）詞云：「登山臨水送將歸。悲莫悲兮生別離。不用登臨怨落暉。昔人非。唯有年年秋雁飛。」鄧廣銘箋注「昔人非」之出處，亦以為出自蘇軾〈陌上花〉詩[30]。今觀汪元量此詞所集後兩句，正與辛詞相同，調名亦同，汪作或受辛詞之啓發。而蘇軾〈陌上花〉詩中，復有「遺民幾度垂垂老」之句，尤切合汪元量身分，汪作截取蘇詩入詞，益可信也。

△唯有年年秋雁飛：

此句出自李嶠〈汾陰行〉七言古詩，玆節錄相關段落如次：「君不見昔日西京全盛時，汾陰

---

29 見《全宋詩》（北京：北京大學出版社，一九九三年九月第一版），冊一四，頁九一八四。詩中「垂垂」兩字，一作「年年」。此詩題下附引云：「遊九仙山，聞里中兒歌《陌上花》。父老云：吳越王妃每歲春必歸臨安，王以書遺妃曰：『陌上花開，可緩緩歸矣。』吳人用其語為歌，含思婉轉，聽之淒然，而其詞鄙野，為之易云。」

30 見鄧廣銘《增訂本稼軒詞編年箋注》（臺北：華正書局，一九八六年八月初版），卷五，頁五一四。

后土親祭祠。……路逢故老長嘆息[31]，世事回環不可測[32]；昔時青樓對歌舞，今日黃埃聚荊棘。山川滿目淚沾衣，富貴榮華能幾時；不見祇今汾水上[33]，唯有年年秋雁飛。」[34]（卷五七，頁六九〇）

(七)〈憶王孫〉之七

上陽宮裡斷腸時。春半如秋意轉迷。獨坐紗窗刺繡遲。淚沾衣。不見人歸見燕歸。

Δ上陽宮裡斷腸時：

此句出自顧況〈葉上題詩從苑中流出〉七絕之次句，原詩如次：「花落深宮鶯亦悲[35]，上陽宮女斷腸時；君恩不閉東流水，葉上題詩寄與誰[36]。」（卷二六七，二九七〇）此中「宮女」一詞，汪詞作「宮裡」，爲稍異耳。

Δ春半如秋意轉迷：

此句出自柳宗元〈柳州二月榕葉落盡偶題〉七絕之次句，原詩如次：「宦情羈思共悽悽，春

---

31 此句「故」字，一作「古」。
32 此句「環」字，一作「還」。
33 此句「祇」字，一作「即」。
34 此詩詩末，《全唐詩》原附注云：「《明皇傳信記》云：『上將幸蜀，登花萼樓，使樓前善歌〈水調〉者登而歌。至「山川滿目」云云，上顧侍者曰：「誰爲此？」曰：「宰相李嶠詞也。」因淒然涕下，遽起曰：「嶠，真才子也。」不待曲終而去。』」
35 此句一作「愁見鶯啼柳絮飛」。
36 此句「寄與」兩字，一本作「欲寄」。

半如秋意轉迷；山城過雨百花盡，榕葉滿庭鶯亂啼。」（卷三五二，頁三九三七）

△獨坐紗窗刺繡遲：

此句出自朱絳〈春女怨〉七絕首句，原詩如次：「獨坐紗窗刺繡遲，紫荊花下囀黃鸝；欲知無限傷春意，盡在停針不語時。」（卷七六九，頁八七三二）

△淚沾衣：

此句《全唐詩》中數見，筆者以爲應自李嶠〈汾陰行〉：「山川滿目淚沾衣」句，截而集之，以其所述與汪元量所處情境相類；而該詩「唯有年年秋雁飛」句，亦爲汪元量集入〈憶王孫〉之六，顯見汪氏於此詩誠有深刻感受也。

△不見人歸見燕歸：

此句出自崔櫓〈華清宮三首〉七絕之二末句，原詩如次：「障掩金雞蓄禍機，翠華西拂蜀雲飛；珠簾一閉朝元閣，不見人歸見燕歸。」（卷五六七，頁六五六八）

(八)〈憶王孫〉之八

華清宮樹不勝秋。雲物淒涼拂曙流。七夕何人望斗牛。一登樓。水遠山長步步愁。

△華清宮樹不勝秋：

此句出自趙嘏〈冷日過驪山〉七絕末句，原詩已見〈憶王孫〉之一，「白盡梨園子弟頭」句下摘錄；唯「翠華」二字，汪詞作「華清」，爲稍異耳。

△雲物淒涼拂曙流：

此句出自趙嘏〈長安晚秋〉七律之首句，原詩已見〈憶王孫〉之一，「漢家宮闕動高秋」句下摘錄。

Δ七夕何人望斗牛：

此句出自李嘉祐〈早秋京口旋泊章侍御寄書相問因以贈之時七夕〉七律詩之第六句，原詩如次：「移家避寇逐行舟，厭見南徐江水流；吳越征徭非舊日[37]，秣陵凋弊不宜秋。千家閉戶無砧杵，七夕何人望斗牛；祇有同時驄馬客，偏宜尺牘問窮愁[38]。」（卷二〇七，頁二一六四）

Δ一登樓：

《全唐詩》中，「一登樓」三字，僅見於李端〈宿淮浦憶司空文明〉七律之末句，原詩如次：「愁心一倍長離憂，夜思千重戀舊遊；秦地故人成遠夢，楚天涼雨在孤舟。諸溪近海潮皆應，獨樹邊淮葉盡流；別恨轉深何處寫[39]，前程唯有一登樓。」（卷二八六，頁三二六九）

Δ水遠山長步步愁：

此句出自許渾〈將爲南行陪尚書崔公宴海榴堂〉七律之末句，原詩如次：「朝讌華堂暮未休，幾人偏得謝公留；風傳鼓角霜侵戟，雲捲笙歌月上樓。賓館盡開徐穉榻[40]，客帆空戀李膺舟[41]；謾誇書劍無知己[42]，水遠山長步步愁[43]。」（卷五三五，頁六一〇三）

---

37 此句「越」字，一本作「地」。
38 此句「宜」字，一本作「題」。
39 此句「轉」字，一本作「最」。
40 此句「穉」字，一本作「孺」。
41 此句「戀」字，一本作「望」。

(九)〈憶王孫〉之九

五陵無樹起秋風。千里黃雲與斷蓬。人物蕭條市井空。思無窮。唯有青山似洛中。

Δ五陵無樹起秋風：

此句出自杜牧〈登樂遊原〉七絕末句，原詩如次：「長空澹澹孤鳥沒，萬古銷沉向此中；看取漢家何事業[44]，五陵無樹起秋風。」（卷五二一，頁五九五四）

Δ千里黃雲與斷蓬：

此句出自楊憑〈雨中怨秋〉七絕次句，原詩如次：「辭家遠客愴秋風，千里寒雲與斷蓬；日暮隔山投古寺，鐘聲何處雨濛濛。」（卷二八九，頁三二九五）此中「寒雲」一詞，汪詞作「黃雲」，蓋爲切合所見之景而易之也。

Δ人物蕭條市井空：

此句出自張泌〈邊上〉七律之第六句，原詩如次：「戍樓吹角起征鴻，獵獵寒旌背晚風；千里暮煙愁不盡，一川秋草恨無窮。山河慘澹關城閉，人物蕭條市井空；只此旅魂招未得，更堪回首夕陽中。」（卷七四二，頁八四五〇）

Δ思無窮：

此三字，《全唐詩》中凡數見。筆者比較前此所集詩句，及其所涉內容，均道及邊寇或塞外

---

42 此句「知己」兩字，一本作「歸處」。

43 此句「長」字，一本作「遙」。

44 此句「事」字，一本作「似」。

之情景，因以爲此三字，蓋自潘咸〈登明戍堡〉[45]五律之次句截取而來，原詩如次：「來經古城上，極目思無窮；寇盡煙蘿外，人歸蔓草中。峰巒當闕古，堞壘對雲空；不見昔名將，徒稱有戰功。」（卷五四二，頁六二六三）

△唯有青山似洛中：

此句出自許渾〈金陵懷古〉七律之末句，原詩如次：「玉樹歌殘王氣終[46]，景陽兵合戍樓空[47]；松楸遠近千官塚[48]，禾黍高低六代宮。石燕拂雲晴亦雨，江豚吹浪夜還風；英雄一去豪華盡，唯有青山似洛中。」（卷五三三，頁六〇八四）

綜上考原，可知汪元量〈憶王孫〉九闋集句詞，凡四十五句，其中七字句凡三十六，又有三十五句，明顯集自唐人詩；且僅「白盡梨園子弟頭」、「上陽宮裡斷腸時」、「華清宮樹不勝秋」、「千里黃雲與斷蓬」四句，有一、二字之異，餘均同今所見原詩。另有「離宮別苑草萋萋」，則係化用唐詩而用集之，此亦宋人集句恒見之技巧，不足怪也。至若三字句凡九，此中除「恨悠悠」一句，取自白居易〈長相思〉詞，且爲獨立之句式外，餘八句，均由七字詩截取而來，此亦宋人集句恒見之技巧（並參注15）。而八句中，唯「昔人非」集自宋蘇軾詩，「轉堪哀」集自作詩，餘六句亦均截集自唐人詩，則見汪元量於唐詩洵熟稔也。雖然，汪元量北行之後，曾至

---

45 此詩作者「潘咸」，一作「潘成」，又作「潘誠」。
46 此句「殘」字，一作「愁」，一作「翻」。
47 此句「戍」字，一作「畫」；而此句，一本又作「景陽鐘動曙樓空」。
48 此句「松楸」兩字，一本作「楸梧」。

因所見文天祥，天祥因集杜甫詩句成〈胡笳十八拍〉，乃與汪元量共商略之（詳參下文所附「事跡」）。而孔凡禮輯校《增訂湖山類稿》卷三，亦載有汪元量〈草地寒甚氈帳中讀杜詩〉詩，其起首四句云：「少年讀杜詩，頗厭其枯槁；斯時熟讀之，始知句句好。」（頁八六），足見汪氏於杜詩，實極酷好，亦曾與文天祥討論其集杜之作。今查其所作集句詞九闋四十五句中，乃無一句出自杜詩，顯未受文天祥影響，亦未反映其平日習尚，真可怪也。

二、作年考

汪元量〈憶王孫〉九闋詞之寫作時間，唯見孔凡禮輯校《增訂湖山類稿》卷五爲之編年，其言云：「〈憶王孫〉詞九首，中有『有客新從趙地回』之句，當作於南歸之初。」（頁一八〇）然果盡如是乎？本節擬自其集句所涉之地點與內容，查考其行跡，以明其作年。茲先據孔凡禮輯校《增訂湖山類稿》附錄〈汪元量事跡紀年〉（頁二三五至二九六），節略相關行實如次；其有不足或須加說明者，則以按語附於行實之下，俾便對照。

宋理宗淳祐元年辛丑（西元一二四一）

元量出生，[49] 隸籍錢塘（今浙江杭州市）[50]。

---

[49] 關於汪元量之生年，依筆者所見，尚有二說：一爲生於宋理宗紹定三年（一二三〇），見杜耀東撰〈略談汪元量的生年〉，《揚州師院學報社科版》，一九九〇年第二期，頁五二。一爲生於宋理宗淳祐六年至十年（一二四六至一二五〇），見楊樹增撰〈汪元量祖籍、生卒、行實考辨〉，《中華文史論叢》，一九八三年第四輯（總二八輯），頁二〇九。

景定元年庚申（一二六〇）　年二十。入宮給事，當爲此前後數歲間事。

度宗咸淳三年丁卯（一二六七）　年二十七。以琴事謝太后、王昭儀。

宋恭帝德祐二年丙子（一二七六）　年三十六。

元世祖至元十三年丙子（一二七六）　正月甲申（十八日），元兵至皋亭山。遣監察御史楊應奎上傳國璽。**三月丁丑**，宋恭帝趙㬎、全太后、福王趙與芮、隆國夫人王昭儀離杭赴大都（今北京）。宋太皇太后謝氏旋亦離杭赴大都，元量隨謝后北行。秋初，抵大都。

按：汪元量北上經行之地，依《增訂湖山類稿》卷二所載詩篇（頁二一八至六四），舉其要者，知爲：吳江、蘇州（蘇臺、虎丘）、常州、京口、揚州、淮安、邳州、徐州、東平、通州、幽州（即大都）。

至元十六年己卯（一二七九）　年三十九。二月，張弘範攻崖山，宋兵大潰，陸秀夫負宋帝蹈海死，張世傑自溺死，宋亡。

十月初一日，文天祥至燕；越五日，入獄。

至元十七年庚辰（一二八〇）　年四〇。

中秋日，慰文天祥於囚所，援琴作〈胡笳十八拍〉，索天祥賦胡笳詩，天祥倉促中未能成就。

---

50 關於汪元量之隸籍，亦有眾說。孔凡禮〈汪元量事跡紀年〉，於「汪元量，字大有，錢塘人」後按云：「各文或謂元量爲杭人、吳人、錢塘人，名稱不同，實無出入。清．曾廷枚《西江詩話》謂元量爲江西浮梁人。查各種江西方志，並無元量其人。考元量一生，與江西籍人來往密切，其祖籍或在江西。」（見《增訂湖山類稿》附錄二，頁二三五至二三六。）

十月，復慰文天祥於囚所。天祥因集老杜句成〈胡笳十八拍〉，與元量共商略之。

至元十九年壬午（一二八二）　年四十二。

十二月初九日，宋丞相文天祥就義。同日，遣瀛國公趙㬎居上都；平原郡公趙與芮、全太后疑亦在遣中，從行者有王昭儀及元量。

至元二十年癸未（一二八三）　年四十三。

出居庸關，至上都（上都在大都之北，今內蒙古正藍旗東閃電河北岸）。

至元二十一年甲申（一二八四）　年四十四。

二月，遷故宋宗室及其大臣之仕者於內地。元量亦隨至居延、天山。天山，乃祁連山，以匈奴呼天為祁連也。在今甘肅省張掖縣。居延在今內蒙古之西，天山距居延較近。

至元二十二年乙酉（一二八五）　年四十五。

與王昭儀等回大都，疑趙㬎亦回大都。

至元二十三年丙戌（一二八六）　年四十六。

正月壬午，元世祖遣使代祀嶽瀆東海，元量被命為使者。行前，元世祖嘗召見。

按：元量此次所祀，有北嶽恒山、西嶽華山、中嶽嵩山、南嶽衡山、東嶽泰山及青城山、濟瀆、孔子廟等，行程凡一萬五千里。其奉使所到之處，孰先孰後，尚難盡知，然據《增訂湖山類稿》卷三所載（頁六五至一一〇），實含：北嶽、太華峰、商山、孟津、少室山、天壇山、阿房故基、洛陽橋、馬嵬坡、北邙山、天津橋、華清池、終南山館、函谷關、潼關、秦嶺、藍田、嵩山、鳳州、蜀道、劍門、草堂、玉局壇、永康軍、青城山、麻姑仙壇、南嶽、汴都、夷山、黃河、濟瀆、孔子舊宅、泰山，而後降香回燕。

至元二十五年戊子（一二八八）年四十八。

元量三上書元世祖，得以黃冠南歸。遂別大都，宋舊宮人及燕趙諸公子均與之餞別。秋初，自大都啓行，出薊門、經涿州、真定、趙州、衛州、封丘、汴京至揚州。轉向金陵，沿江西上，經采石、太平州、烏江、魯港至星子驛。轉而向南，經豫章驛、臨川水驛，歲暮至信州。

按：元量原隨宋太皇太后謝氏北上，然太皇太后卒於至元二十三年，元量奉使代祀嶽瀆東海期間，王昭儀旋亦辭世；翌年，宋故福王與芮駕崩。元量或有鑒於所從宋室帝后皆已不在人世，乃有南歸之請。至若南歸之時間，筆者依《增訂湖山類稿》卷四所載，其〈涿州〉詩云：「瀘溝橋下水泠泠，落木無邊秋正清」（頁一一三）、〈金陵〉詩云：「風雲舊日龍南渡，宇宙新秋雁北來」（頁一一五），知其必在初秋。又：本年十月，瀛國公趙㬎奉命往吐蕃學佛法，全太后爲尼於正智寺，當亦爲同時事[51]。趙㬎有詩云：「寄語林和靖，梅花幾度開；黃金臺下客，

51 瀛國公趙㬎奉命往吐蕃學佛法之時間，吳則禮以爲係在汪元量南歸之前，所謂：「由於忠宋立場之堅定，故於謝后去世，少主(即趙㬎)西行，全后爲尼之後，即黃冠南歸，地老天荒，抱恨於無窮，蕭然於雲水之間，以明心跡於天下。」(見同前注，頁二六七至二六八)而其〈汪元量事跡紀年〉，於至元二十五年欄內，亦將瀛國公學佛法之事，記於南歸之前。(見同前注，頁二六七至二六八)然考諸汪元量南歸所作之詩篇，均明顯在初秋，此間時間差，吳書均未提及，爰於此予以拈出，以俟考。至若楊樹增〈汪元量祖籍、生卒、行實考辨〉一文，

客，應是不歸來。」（見前揭書頁二七六引）真可謂一語成讖矣！[52]

至元二十六年己丑（一二八九）年四十九。春，經衢州、釣臺回錢塘。

至元二十七年庚寅（一二九〇）年五十。本年自春季始，即前往樂平、分寧、金谿、東湖、吉水（文江）；甚或至廬陵訪故友。皆在今江西。

秋季前，曾回杭州，時元量將有瀟湘之行；至秋，遂赴湘。

至元二十八年辛卯（一二九一）年五十一。在湘，秋，離湘赴蜀。

至元三十年癸巳（一二九三）年五十三。秋，出夔門，回杭州。

至元三十一年甲午（一二九四）年五十四。元量於錢塘豐樂橋外作小樓五間，以為湖山隱處。

---

52 則謂：「元量記述了他與幼主在前往甘州道中的困苦情狀：『窮荒六月天，地有一尺雪；孤兒可憐人，哀哀淚流血。書生不忍啼，尸坐愁欲絕。』送罷幼主，元量返大都回報，並乞黃冠南歸，元主應允，他作〈幽州會飲〉等詩，抒寫自己解脫了心中一部分悲苦的感受。」（見同注49，頁二一三）此間時間之交代，與汪元量所作詩篇之描述，全然契合，特與《元史・世祖紀》至元二十五年十月丙子紀事：「瀛國公學佛法於土蕃」之時間不符，豈《元史》有誤耶？又：文中所引詩，吳則係列於至元二十年，瀛國公被遣赴上都之時，與楊氏之認定，顯然有異，亦待盡一步考證。

此詩寫作之時間，陶宗儀《輟耕錄》以為係瀛國公「於京都(即大都)所作」，時為元世祖至元二十五年，赴吐蕃學佛法之前也。明初釋恕中無慍《山庵雜錄》，則以為「瀛國公為僧後，至英宗朝」，適興所吟之詩。至若瞿佑《歸田詩話》、田汝成《西湖遊覽》，則謂此詩乃瀛國公送元量南歸之作。吳則禮《增訂湖山類稿》以為「四說中，《輟耕錄》為得其實。此詩非送元量，乃自況。」（參該書〈附錄〉二，頁二七六至二七七）吳說誠是，本文從之。

元仁宗延祐四年丁巳（一三一七） 年七十七。 元量卒於隱所，當在此後不久。

以上乃汪元量一生之簡歷，茲據此簡歷，配合其詩篇，以及〈憶王孫〉集句詞中所涉及之地點、內容，依次考證其作年如次（原詞及每句出處，已見前節，本節不再贅引）：

〈憶王孫〉之一：

此詞首句：「漢家宮闕動高秋」，係集自趙嘏〈長安晚秋〉詩，汪元量顯藉以點明寫作之地點與時間——作於長安深秋之際。此詞次句，集自劉長卿〈重送裴郎中貶吉州〉，雖涉及「吉州」（今江西廬陵），然與首句「長安」其地，並無矛盾。蓋「長安」係寫當時所在之地，而「吉州」則藉指登樓南望之故國，於焉方有「人自傷心水自流」之慨嘆。其下兩句，寫秋晴如春之時節，登樓遠望，想見吳山（可泛指三國吳故地之山，或江南群山）故國所在之地，不勝黍離之感，於焉滋生。至若末句亦集自趙嘏〈冷日過驪山〉詩，益可證其地在長安（「驪山」位陝西臨潼縣東南，屬長安所轄），而該詩次句云：「翠華宮樹不勝秋」，亦即深秋之時，與此詞首句之「高秋」，正可相呼應。據前列汪元量事跡簡表可知，元世祖至元二十三年正月起，汪元量曾奉命祀嶽瀆東海。而該年秋日，至陝西祀西嶽華山之後，必曾於秋際至長安。今《增訂湖山類稿》卷三，載有〈潼關〉、〈秦嶺〉、〈藍田〉諸詩（參頁九四～九五），中有云：「桃林塞外秋風起」（〈潼關〉）、「黃茅白葦漢家陵」（〈秦嶺〉）、「十分秋思兩峰前」（〈藍田〉），可以爲證。因之，〈憶王孫〉之一集句詞，亦必作於元世祖至元二十三年秋。

〈憶王孫〉之二：

此詞首句，係集自劉滄〈長洲懷古〉，而「長洲」位在今江蘇吳縣西南；相傳吳王曾於此地築有茂苑[53]，故此詩首句乃云：「吳王此地有樓臺」，汪元量集用之，正道出地點所在。又：此詞次句，係集自李遠〈聽話叢臺〉詩，「叢臺」位在河北邯鄲縣城東北，相傳係戰國趙王所築[54]；而該詩有「有客新從趙地回」之句，正道出汪元量甫自北南歸（按：〈憶王孫〉之五，即集有此句）。查前列汪元量事跡，其南歸在元世祖二十五年，則此詞宜作於此後。再者，此詞末句「唯見江流去不回」，係集自竇鞏〈南遊感興〉詩，該詩有「鷓鴣飛上越王臺」之句，而「越王臺」在今浙江紹興種山，正足作為汪元量此詞作於南歸之後之佐證。今查《增訂湖山類稿》卷四，載有〈九月九日賞紅葉〉詩兩首，其一首句云：「天平山木似花開」，其二首句云：「鳳凰山上少人家」（頁一二六、一二七）據王象之《輿地紀勝》卷五〈平江府・景物下〉載：「天平山，在吳縣西二十里，巍然特高，群峰拱揖，郡之鎮也。」又載：「鳳凰山，在吳縣西南七十里。又，長洲

---

53 《文選》卷五載晉・左思〈吳都賦〉云：「造姑蘇之高臺，臨四遠而特建；帶朝夕之濬池，配長洲之茂苑。」（臺北：藝文印書館，一九七二年九月六版，頁八九）唐・李善注曰：「《越絕書》曰：『吳王夫差起姑胥之臺，五年乃成，高見三百里。』……姑胥即姑蘇也。」是知夫差之時，已然造有姑蘇之臺與長洲之茂苑，故劉滄〈長洲懷古〉詩乃云：「吳王此地有樓臺」

54 「叢臺」有二，一為戰國趙築，一為戰國楚築。趙國所築者，在河北邯鄲城東北，以數臺相連，故名。《漢書》卷五一〈鄒陽傳〉載：「鄒陽，齊人也。漢興，諸侯王皆自治民聘賢。……久之，吳王以太子事怨望，稱疾不朝，陰有邪謀，陽奏書諫。為其事尚隱，惡指斥言，故先引秦為諭，因道胡、越、齊、趙、淮南之難，然後乃致其意。其辭曰：『……臣聞鷙鳥累百，不如一鶚。夫全趙之時，武力鼎士袨服叢臺之下者一旦成市，而不能止幽王之湛患。』」（臺北：鼎文書局，一九七九年十一月，冊三，頁二三三八至二三四二）唐・顏師古注曰：「叢臺，趙王之臺，在邯鄲。……幽王，謂趙幽王友也。湛讀曰沈，沈患，言幽王為呂后所幽死。」

縣西北，於北山掘得石鳳。」[55] 是知此二詩亦作於吳縣、長洲，孔凡禮將之列於汪元量南歸後赴湘前（頁一二七），頗能切合汪元量「有客新從趙地回」之行實；而筆者尤以爲應作秋季，方符詩題「九月九日」之時間。而考諸汪元量南歸後赴湘前之行實，僅元世祖至元二十六年秋，亦即汪元量南歸後第一年之秋季，最爲可能。蓋至元二十七年春，汪元量即赴江西；同年秋，並已赴湘，轉入蜀，至至元三十年秋始返杭州。其時自北南歸，已經五年，斷不能云：「新從趙地回」矣！因之，〈憶王孫〉之二集句詞，亦當作於元世祖至元二十六年秋。

〈憶王孫〉之三：

此詞所集詩句，均涉及地名，查核汪元量行實，蓋爲交代其南歸之行徑也。首句集自李白〈登金陵鳳凰臺〉詩，點出金陵其地。今查《增訂湖山類稿》卷四，載有〈金陵〉、〈鳳凰臺〉兩詩，其〈鳳凰臺〉詩末結云：「玉簫聲斷悲風起，不見長安李白愁」（頁一一五），亦藉李白身處「金陵」，不見長安之愁慨，以道其黍離之悲也。次句集自王勃〈滕王閣〉詩，而該閣位在今江西南昌市贛江濱。查汪元量於元世祖至元二十五年，南歸至揚州後，曾「轉向金陵，沿江西上，經采石、太平州、烏江、魯港至星子驛；轉而向南，經豫章驛、臨水川驛，歲暮抵信州。」（詳參前列事跡）《增訂湖山類稿》卷四，載有〈豫章驛〉詩，其起首云：「豫章門外盡青原，高閣臨江喜尚存」（頁一一七），詩中所指之「閣」，即滕王閣也。然則此詞前兩句所集，與汪元量南歸之行實，正相符也。雖然，此詞第三句係集自胡曾〈詠史詩・金谷園〉，而金谷園位在河

55 臺北：文海出版社，上冊，頁六〇至六一。

南洛陽西北，與汪元量至豫章驛後之行實，殊難契合。至其末句，係集自李涉〈再宿武關〉詩，武關位在陝西商縣東一百八十五里，爲秦之南關，則其地離豫章驛、臨水川驛或信州益遠，困惑尤甚。然細查此詞寫作之技巧，自「一自佳人墜玉樓」以下，係採回憶寫法。亦即汪元量至豫章驛時，有感於「物換星移幾度秋」之處境，遂憶起前此一年，爲祀嶽瀆東海，曾於祭祀少室山（即中嶽嵩山）後，經洛陽，入陝西；而後又別「秦城」（李涉原詩之「秦城」，在陝西隴縣境，或亦藉指長安），「宿武關」，入蜀地，而後北返大都，馬不停蹄，未曾淹留；終奉准南歸至此，真「萬里游」也。如此，詞意既可連貫，各地名之關係，亦可了然。然則〈憶王孫〉之三集句詞，蓋作於元世祖至元二十五年冬南歸之際。

〈憶王孫〉之四：

此詞首句云：「陣前金甲受降時」，顯指出寫作之時間；而第三句云：「白髮宮娃不解悲」，顯指出所欲寫者，乃當時「宮娃」之處境也。《增訂湖山類稿》卷二，載有〈湖州歌九十八首〉，其八十二云：「金屋粧成物色新，三宮日用御廚珍；其餘宮女千餘箇，分嫁幽州老斲輪」（頁五五）。據孔凡禮編年，以爲此組組詩，『其六十九』至『其九十八』寫抵燕後之情況。詩非作於一時，至燕後集其成。此組組詩作於至元十三年（公元一二七六）」（頁五八）同書同卷又載有〈亡宋宮人分嫁北匠〉五言古詩一首，詩云：「皎皎千嬋娟，盈盈翠紅圍；輦來路迢遞，梳鬢理征衣。復采鴛鴦花，綴之連理枝；憂愁忽已失，歡樂當自茲。君王不重色，安肯留金閨；再令出宮掖，相看淚交垂。分配老斲輪，強顏相追隨；舊恩棄如土，新寵豈所宜。誰謂事當爾，苦樂心自知；含情理金徽，煩聲亂朱絲。一彈丹鳳離，再彈黃鵠飛；已恨聽者少，更傷知音稀。吞聲不忍哭，寄曲宣餘悲；可憐薄命身，萬里榮華衰。江南天一涯，流落將安歸；向來承恩地，月落烏夜啼。」（頁六三）讀此詩，則知當日宮女北上後，曾被迫再嫁北匠；個中心酸，歷歷可見可聞。再讀〈憶王孫〉之四集句詞，則知其所述，亦爲宋亡後，御園殘亂，宮女被迫再嫁之景況。而詞之末句係集自法振〈送友人之上都〉詩句，上都，唐時係指京城長安；至元代，亦置有上都，即開平府，元帝時往駐之，其地原在察哈爾之多倫縣西南，今則屬內蒙古正藍旗東閃電河北岸。汪元量特以地名相同，而用唐「上都」其名，藉指元之上都；其中「一片春帆帶雨飛」云云，真能寫出階下宮女被迫分嫁之匆促與無奈。由此亦可知，〈憶王孫〉之四集句詞，應作於元世祖至元十三年春三月，汪元量北行之初也。

〈憶王孫〉之五：

此詞首句集自竇鞏〈南游感興〉詩，點出「越王臺」其地。查「越王臺」，在今浙江紹興種山，相傳爲春秋時代越王句踐登臨作臺之處[56]。此詞第三句復云：「有客新從趙地回」，則可知當作於汪元量南歸之時。今按汪元量事跡，可知元世祖至元二十六年春，汪元量始「經衢州、釣臺」，回浙江錢塘。《增訂湖山類稿》卷四，載有汪元量所作〈釣臺〉詩云：「灘沙疊疊是湖痕，古木蒼然叫斷猿；此老不甘天子貴，故人方訝布衣尊。雨甜春水魚龍動，風暖寒林鳥雀喧；我

56「越王臺」有二：一在今浙江紹興種山，相傳爲春秋時越王句踐所築；一在今廣東廣州越秀山，爲漢時南越王趙佗所築。竇鞏〈南游感興〉詩所涉之「越王臺」係指前者。南朝梁．任昉《述異記》卷上載：「吳既滅越，棲句踐於會稽之上，地方千里。句踐得范蠡之謀，乃示民以耕桑，延四方之士，作臺於外而館賢士。」(臺北：藝文印書館，一九六八年版，頁七)後世遂稱此臺爲「越王臺」。

恰扁舟臺下過，桐花香處月黃昏。」（頁一一九）此詩題爲〈釣臺〉，自三、四兩句讀之，可知即東漢光武帝時嚴子陵垂釣處，地當浙江桐廬縣西，元時屬建德路，乃自衢州回錢塘必經之地；而「雨甜春水」云云，則可知其時爲春季也。至若汪元量此詞，首句係集自竇鞏〈南游感興〉之詩句，而此詩第三句云：「日暮東風春草綠」，亦可切春季其時；筆者尤以爲當作於抵錢塘之後，方符有客新從趙地「回」之行實，以汪元量乃錢塘人也。至若此詞次句，係集自吳融〈彭門用兵後經汴路〉詩，而「汴路」即至元二十五年十月以後，汪元量南歸曾經之地，《增訂湖山類稿》卷四載其〈封丘〉詩云：「今夜宿封丘，明朝過汴州；雲橫遮遠塞，水落見長洲……」（頁一一四），「汴州」既點明其地，「水落」亦點出其時。是知汪元量集吳融詩入詞，即在記其南歸曾經之地也。又：此詞末句，係集自許渾〈凌歊臺〉詩，而〈凌歊臺〉在今安徽當塗縣，亦汪元量南歸曾經之地，《增訂湖山類稿》卷四亦載有其〈凌歊臺〉詩云：「百尺凌歊事已非，古碑巖畔上苔衣。……海北天高鵬得運，江南春盡雁知歸。……」（頁一一六），詩中「海北天高」，指元兵之得勢；「江南春盡」，指南宋之覆亡；而「雁南歸」，必在秋冬之時。凡此，均切合汪元量南歸所行之地與時，真非泛泛取材也。因之，此詞所集詩句，雖涉三、四地名，然彼此之間，均有關聯，絕無牴觸。且不論〈封丘〉、〈凌歊臺〉、〈越王臺〉，凡汪元量所經之地，盡是殘山剩水，古碑荒臺；對比今昔，真「轉堪哀」也。要之，〈憶王孫〉之五集句詞，係作於元世祖至元二十六年春季，汪元量回錢塘之後也。

〈憶王孫〉之六：

此詞首句云：「離宮別苑草萋萋」，顯示汪元量寫此詞所在之地，必曾爲「離宮別苑」，亦即正宮之外供帝王出巡時居住之宮室；而此宮室必已今非昔比，所謂「草萋萋」是也。然此句實不見於《全唐詩》，筆者以爲係汪元量化自韓偓〈故都〉詩者，以此詩原寫唐末朱溫亂唐，迫昭宗由長安遷都洛陽，終遭弒害；後雖立哀帝，遂亦廢帝自立，唐朝就此滅亡。詩人於遷都前一年被朱溫逐出朝廷，漂泊南下；後聞遷都消息，經由遙想故都之衰敗，寄寓家國將亡之哀痛，淒切動人。[57] 今汪元量所見之「離宮別苑」，已等同韓偓筆下之「長安」故都，故藉韓詩以寫其一片衰敗之現象。而此「離宮別苑」究指何地？查此詞第三句係集自羅隱〈廣陵開元寺閣上作〉詩，可知乃「廣陵」也。廣陵，在今江蘇江都縣東北。隋置揚州，又改曰江都郡；唐復置揚州，改爲廣陵郡，又改曰揚州；至宋則稱揚州廣陵郡。而此地曾爲隋末煬帝避難築行宮，終乃爲被宇文化及刺死之所[58]，自屬「離宮別苑」。元世祖至元二十五年，汪元量南歸之際，曾經揚州，《增訂湖山類稿》卷四，即載有其所作〈揚州〉詩云：「重到揚州十載餘，畫橋雨過月模糊；后皇廟裡花何在，煬帝隄邊柳亦枯。陂麥青青嘶亂馬，城蕪冉冉落群烏；人生聚散愁無盡，且小停鞭向酒壚。」（頁一一五） 此詩首句，係寫自至元十三年赴燕，經揚州至今，已歷十

---

57 有關此詩寫作之背景及寄寓，可參今人陳伯海之賞析。見於蕭滌非等撰《唐詩鑑賞集成》（臺北：五南圖書出版公司，一九九〇年九月初版），下冊，頁一五九八至一五九九。

58 《隋書》卷四〈煬帝紀〉下載：「（大業）十三年夏四月己丑，賊帥孟讓，夜入東都（洛陽）外郭，燒豐都市而去。癸巳，李密陷迴洛東倉。……五月甲子，唐公起義師於太原。……十一月丙辰，唐公入京師。辛酉，遙尊帝爲太上皇，立代王侑爲帝，改元義寧。上起宮丹陽，將遜於江左。」（版本同注54，冊一，頁九二至九三）又同書卷五〈恭帝紀〉載：「（義寧）二年三月丙辰，右屯衛將軍宇文化及殺太上皇（即煬帝）於江都宮，右禦衛將軍獨孤盛死之。」（見同上，頁一〇一）

餘載。而「后皇」兩句，正為隋末歷史之回顧；「城蕪冉冉」云云，亦是印證「離宮別苑草萋萋」之情景也。至若詞中集自白居易〈長恨歌〉詩，而有「歸來」之句；集蘇軾〈陌上花〉絕句，而有「遺民」之語，足證此詞寫作時間，必與汪元量〈揚州〉詩相同。又查汪元量事跡，得知其南歸抵「揚州」、「金陵」，正值秋季，今集句詞末句云：「唯有年年秋雁飛」，且出自李嶠〈汾陰行〉；汾陰，以汾水南流所過之地，故稱之，今山西榮河縣北九里，汾陰故城是也。然則此句豈非汪元量自道南歸所從來，及其時間耶？與〈金陵〉詩所謂「宇宙新秋雁北來」（已見事跡簡表至元二十五年欄引），正相契合。至論全句命意，自在寫揚州城今日之淒涼，黍離之悲，隱露其中矣！要之，〈憶王孫〉之六集句詞，係作於元世祖至元二十五年秋，汪元量南歸途經揚州之時也。

〈憶王孫〉之七：

此詞所集詩句，涉及之地名凡四：首句「上陽宮」，在今河南洛陽縣治；次句集自柳宗元〈柳州二月榕葉落盡偶題〉，「柳州」，在今廣西柳城縣西南；四句集自李嶠〈汾陰行〉，「汾陰」，在今山西榮河縣北九里；末句集自崔櫓〈華清宮〉詩，「華清宮」，在今陝西臨潼縣南。然查汪元量事跡，實未嘗至柳州，則此詞所指地名，未免疑惑。復細嚼此詞，其首句，顧況原詩作「上陽宮女」，顯係詠宮女而作，今汪元量雖易作「上陽宮裡」，實亦詠宮女之處境；尤以「獨坐紗窗刺繡遲」云云，益可證也。而南宋宮女斷不在洛陽或臨潼，因之，筆者以為此乃汪元量藉唐人詠宮女詩，以詠其返杭後所見之南宋宮女也。此寫作技巧，亦可見於其詩篇。《增訂湖山類稿》卷四，錄有〈舊內曲水池〉一詩，孔凡禮編年以為「曲江池不在唐大內之內，且長安自安史之亂後至此五百餘年，歷經變亂，曲江池未必有『金船上下』（按：指原詩「兩兩金船上下馳」之句）。

意者元量熟悉宋宮瑣細，或借此以興感，今仍繫此詩於南歸之初。」（頁一二六）今讀汪元量此集句詞，益證孔氏推論爲可信也。又查汪元量於至元二十六年春回錢塘後，確曾與杭州宮女相見。《增訂湖山類稿》卷四載有〈宮人爲尼〉一詩，可以爲證。詩曰：「白髮今如此，無依實可憐；聖恩空舊想，佛相又新圓。鏡曉容顏別，鐘昏夢寐懸；百年心上事，懷古淚漣漣。」（頁一二二）此詩寫宮女於宋亡後，無依可憐，而年華老去，遂皈依佛門。集句詞則寫宮女獨坐刺繡之景況，然「不見人歸見燕歸」，一切等待，均屬落空；一旦見得南歸之汪元量，能不「淚沾衣」乎？而此詞次句云：「春半如秋意轉迷」，印證汪元量回錢塘之時，亦相吻合。因之，〈憶王孫〉之七集句詞，係作於元世祖至元二十六年春。

〈憶王孫〉之八：

此詞除末句外，均涉地名：前兩句，一集自趙嘏〈冷日過驪山〉詩，一集自趙嘏〈長安晚秋〉詩，其地顯在陝西長安。第三句集自李嘉祐〈早秋京口旋泊章侍御寄書相問因以贈之時七夕〉詩，京口，在今江蘇丹徒縣；第四句集自李端〈宿淮浦憶司空文明〉詩，淮浦，在今江蘇漣水縣西。可知三、四兩句，均涉江蘇其地。查汪元量事跡，得知其於元世祖至元二十三年，奉派祀嶽瀆東海時，曾至長安，則前兩句真記其行實。至若江蘇京口、淮浦，則曾兩次行經：一在元世祖至元十三年赴燕之際，今查《增訂湖山類稿》卷二，猶載有其〈北征〉、〈吳江〉……〈京口野望〉、〈揚州〉……〈徐州〉……等詩（頁二八至三四），自可略知其行徑。一在至元二十五年自大都南歸之際，今《增訂湖山類稿》卷四，載有〈幽州會餞〉……〈涿州〉……〈揚州〉、〈金陵〉……〈采石〉……〈豫章驛〉……〈錢塘〉等詩（頁一一一至一一九），亦可略知其途徑。而此詞末句，係集自許渾〈將爲南行陪尙書崔公宴海榴堂〉詩，筆者因以爲汪元量此詞所經江蘇京口，當爲南歸之時，故取許渾〈將爲南行……〉詩，以切其行徑；蓋揚州以下，金陵、采石、豫章、錢塘，即其南歸棲止之地也。而〈金陵〉詩有句云：「風雲舊日龍南渡，宇宙新秋雁北來。」（頁一一五），正切合詞中所謂「七夕何人望斗牛」之時節，益可印證筆者之論定。雖然此詞首兩句，明指陝西長安其地，又如何與南歸所經之江蘇，一氣連貫？筆者以爲「七夕」當爲此中關鍵。查汪元量於祀嶽瀆東海之時，其經行次第蓋爲：北嶽、西嶽、中嶽、南嶽，而後又北向汴都，再渡黃河，往祀東嶽、孔廟等，始北返大都。當其渡黃河之際，適值七夕，故曾作〈七月初七夜渡黃河〉一詩（頁一〇四）。今南歸復值此夕，因之心有所感，乃藉北望故國，嘆江山未復，問何人願同「望斗牛」，關心此山河？前舉〈七月初七夜渡黃河〉詩有云：「……此行適逢七月夕，妖氛散作空中煙。……狂來把劍斫河水，欲與祖逖爭雄鞭。……平生此懷其已久，到此欲說空回旋。嗟予不曉神靈意，咫尺雷雨心茫然。」正足印證此心志。而北上之後，曾至獄中探望不願屈降之文天祥，甚而賦詩互傾心曲，亦足爲其關心故國之佐證也。然則，此詞首兩句，蓋指其南歸之際，猶時時北望「不勝秋」及「淒涼」之淪亡故國，以致一步三回顧，而有「水遠山長步步愁」之悲慨！如此，〈憶王孫〉之八集句詞，作於元世祖至元二十五年秋夕，蓋可推知也。

〈憶王孫〉之九：

此詞首句，已明確點明「五陵」其地；而此句係集自杜牧〈登樂遊原〉詩，樂遊原在陝西長安縣南，則此詞必爲汪元量在長安時所作。次句「千里黃雲與斷蓬」，可分兩層讀之：一爲「千里黃雲」，用以指眼前所見黃埃散漫、黃沙飛揚之景，而此乃塞外（指長城以外地區，或泛指我國北方邊區）常見之景象，汪元量置身陝西長安，自可貼切寫之。此句第二層命意爲「千里斷蓬」，用以指自身之處境，蓋汪元量爲錢塘人，爲宋室子民，今乃隨宋宮室北上大都，淪爲異族之階下囚；復輾轉至陝西長安，置身塞外，寧不似「千里斷蓬」耶？三句集自張泌〈邊上〉詩，而云：「人物蕭條市井空」，則見其所經邊塞各地，自元兵鐵蹄入侵後，一片淒涼景況；不僅文明如此，人物文化亦如此。於焉，乃思緒無窮，遂有「唯有青山似洛中」之感嘆；亦即山河空在，人物全非，最斷人腸也。而末句係集自許渾〈金陵懷古〉詩，則見汪元量身在北地，心存南國之志，真意在言外。末查汪元量事跡，其至陝西長安，係於元世祖至元二十三年，被命爲使者代祀嶽瀆東海之時，則此〈憶王孫〉之九集句詞，蓋亦作於是年也。

綜上考證，可知汪元量〈憶王孫〉九闋集句詞，並非盡如孔凡禮所云：「當作於南歸之初」，亦非一組聯章詞。論其所作時間，最早係於元世祖至元十三年春，最晚則爲元世祖至元二十六秋。此中，作於至元十三年者，一闋；作於至元二十三年者，二闋；作於至元二十五年者，三闋；作於至元二十六年者，三闋。以汪元量南歸之時論，則作於南歸之前者，凡三闋；作於南歸之際者，凡六闋。而此九闋集句詞若爲汪氏原編，亦宜云：「此〈憶王孫〉九闋集句詞，非作於一時，而係汪元量南歸後，集其成者。」爲更知其先後，茲將此九闋集句詞，重新排列如次：

一、至元十三年春作

(一)陣前金甲受降時。園客爭偷御果枝。白髮宮娃不解悲。理征衣。一片春帆帶雨飛。原〈憶王孫〉之四

二、至元二十三年秋作

(二)五陵無樹起秋風。千里黃雲與斷蓬。人物蕭條市井空。思無窮。唯有青山似洛中。原〈憶王孫〉之九

(三)漢家宮闕動高秋。人自傷心水自流。今日晴明獨上樓。恨悠悠。白盡梨園子弟頭。原〈憶王孫〉之一

三、至元二十五年秋作

(四)離宮別苑草萋萋。對此如何不淚垂。滿檻山川漾落暉。昔人非。唯有年年秋雁飛。原〈憶王孫〉之六

(五)華清宮樹不勝秋。雲物凄涼拂曙流。七夕何人望斗牛。一登樓。水遠山長步步愁。原〈憶王孫〉之八

四、至元二十五年冬作

(六)長安不見使人愁。物換星移幾度秋。一自佳人墜玉樓。莫淹留。遠別秦城萬里游。原〈憶王孫〉之三

五、至元二十六年春作

(七)鷓鴣飛上越王臺。燒接黃雲慘不開。有客新從趙地回。轉堪哀。巖畔古碑空綠苔。原〈憶王孫〉之五

(八)上陽宮裡斷腸時。春半如秋意轉迷。獨坐紗窗刺繡遲。淚沾衣。不見人歸見燕歸。原〈憶王孫〉之七

六、至元二十六年秋作

(九)吳王此地有樓臺。風雨誰知長綠苔。半醉閒吟獨自來。小徘徊。惟見江流去不回。原〈憶王孫〉之二

參、結　語

綜合正文就汪元量〈憶王孫〉九闋集句詞，有關「出處」與「作年」之考辨，爰作結語如次：

其一，就出處而言，汪元量〈憶王孫〉九闋四十五句集句詞中，計有四十一句，可由《全唐詩》中尋得。此中，全引原句者，凡三十一句；更動一、二字者，凡四句；截取者，凡六句，均屬三字句。另有「離宮別苑草萋萋」句，經筆者細考其內容，得知亦係化用唐詩而來。餘三句：「恨悠悠」，係集自白居易〈長相思〉詞；「昔人非」，係截取蘇軾〈陌上花〉詩句；「轉堪哀」，則或截自汪元量〈燕山九日〉自作詩也。

其二，就作年而言，大陸學者孔凡禮以爲汪元量〈憶王孫〉九闋集句詞，「當作於南歸之初」。然經筆者依據汪元量之行實及其所作詩篇，考知此九闋集句詞，並非一組聯章詞，其作年最早者，在元世祖至元十三年春；最晚者，在元世祖至元二十六年秋。此中，有三闋作於汪元量南歸之前（此中「陣前金甲受降時」，且作於汪元量北行之初），六闋作於南歸之際，並非一時之作也。縱九闋詞爲汪元量原編，亦宜云：「此〈憶王孫〉九闋集句詞，非作於一時，而係汪元量南歸後集

其成者。」方稱允當。

其三，由本文考辨，亦可印證宋代之集句詞，誠可化用、截取前人詩句入詞，未盡雜集古人成句也（參注15）。同時，亦可證明，筆者運用詞中集句所涉之地點及內容，配合詞人之行實，真可將作品予以繫年。然則此研究方法，對於宋詞之研究，自有些許裨益也。

唐詩校勘《全宋詞》

——以北宋詞為例

壹、前　言：《全宋詞》修纂概述

一九九九年一月，北京中華書局發行改版之《全宋詞》，凡五冊。其封面署名爲「唐圭璋編纂　王仲聞參訂　孔凡禮補輯」，亦即在舊版僅署「唐圭璋編纂」之外，更加署王、孔二氏對此書之貢獻。而孔凡禮之《全宋詞補輯》，成書於唐編《全宋詞》之後，兩岸早有單行本發行[1]，今將之納入正編，方便查閱，自不待言。至於王國維次子王仲聞曾參與《全宋詞》之校訂工作，則經此次重印之後，真相始大白於世，誠屬功德一件。

據此次〈改版重印說明〉宣稱，其主要工作之前兩項爲：「一、把原書附錄的《訂補附記》、《訂補續記》中有關排印錯誤、標點錯誤、底本錯誤、失注出處及增補小傳與新詞等項的修訂內容，納入正編相應的位置。二、編輯部暨孔凡禮等先生閱讀中發現的若干問題，經審核後，

1 孔凡禮：《全宋詞補輯》（臺北：源流出版社，一九八二年十一月初版）

據以諟正有關的訛誤。」[2]又據該書局一九六四年五月之〈編訂說明〉稱：「重編訂補後，不論在材料上或體例上，較舊版都有一定的提高：以某些較好的底本代替了從前的底本；增補詞人二百四十餘家，詞作一千四百餘首（不計殘篇）；刪去可以考得的唐五代、金元明詞人和作品；重新考定詞人行實和改寫小傳；調整原來的編排方式；增加了若干附錄。」[3]是知北京中華書局此次改版重印之《全宋詞》，較諸舊版，無論質與量，均有顯著之改善；其有助於詞壇，實毋庸置疑。唯似此修訂、出版之工作，欲求十全十美，真戛戛其難！因之，該書局於〈編訂說明〉末，乃復云：「我們的見聞有限，看到的書不夠多，沒有收入的詞必定還有不少；即使已經用過的書，也難保沒有遺漏。……在考訂編排工作上，還有三百人左右迄今不知行實；就是寫出小傳的，有的過嫌簡略，有的還可能有錯誤。又，宋代同姓名的人很多，稍一忽略，就很容易張冠李戴，現在的《全宋詞》裡，很可能也有這類錯誤。」[4]此雖書商出版之際，常見之客套語，然證諸此次新版之《全宋詞》，亦確有不少訛誤仍然存在。

筆者忝爲詞學之研究工作者，平日閱讀寫作，依賴《全宋詞》綦深。同時，有鑒於「兩宋詞人塡詞，往往用唐人詩句。」[5]因以爲若能探知兩宋詞人所用唐人詩句，對於宋詞中若干字

2　唐圭璋編纂、王仲聞參訂、孔凡禮補輯《全宋詞・改版重印說明》（北京：中華書局，一九九九年一月新一版），頁二。
3　同前注，《全宋詞・編訂說明》，頁一。
4　同前注，頁五至六。
5　清・況周頤《蕙風詞話》卷一云：「兩宋人塡詞，往往用唐人詩句；金元人製曲，往往用宋人詞句。」（收入唐

句之出入，必能據以校勘其訛誤。基於此認知，筆者於二〇〇〇年三月，赴上海參加第一屆「宋代文學國際研討會」時，曾向大會提交〈唐詩校勘宋詞示例——以北宋詞爲例〉一文；同年五月，於東吳大學中國文學系主辦「唐代文化學術研討會」中，又將該文擴寫，易名爲〈唐詩校勘北宋詞示例〉[6]。此文主要係針對所見各刻本中，有關宋詞之異文，予以舉出，並運用唐詩予以校勘；此方法真足爲宋詞之校勘，另闢蹊徑。今見北京中華書局改版發行之《全宋詞》，既經詞學大師及同好者，費心修訂，自屬個中最佳之版本。筆者乃願忝附驥尾，以所見字句待斟酌者，同樣運用唐詩予以校勘，以就教於方家。再者，本章之校勘僅限於北宋詞，因題曰：「唐詩校勘《全宋詞》——以北宋詞爲例」。

爲便於檢索及簡省篇幅，本章所列詞人及作品之先後，即以北京中華書局改版重印本爲主，並一律改用繁體字；所引唐詩，則依康熙敕撰《全唐詩》[7]，卷數及頁碼，亦以所舉版本爲主，逕標於該詩、詞之後，除非必要，不再一一附註。又爲行文方便，僅依先師　鄭騫先生《詞選》，將北宋詞分爲前、後兩期，而以蘇軾爲斷。[8]

主璋編：《詞話叢編》，臺北：新文豐出版公司，一九八八年二月臺一版，冊五，頁四四一九）

6 收入《唐代文化學術研討會論文集》（臺北：東吳大學中國文學系發行，二〇〇〇年七月初版），頁二二七至二七一。至若第一屆「宋代文學國際研討會」之論文，則收入《新宋學》第一輯（上海：上海辭書出版社，二〇〇一年十月第一版），頁二〇九至二二三。

7 臺北：盤庚出版社，一九七九年二月第一版。

8 見鄭騫《詞選．目錄》，臺北：中國文化大學出版部，一九八二年四月新一版。

貳、主文

一、北宋前期作品

(一)柳永

詞例：〈永遇樂〉

天閣英游，內朝密侍，當世榮遇。漢守分麾，堯庭請瑞，方面憑心膂。風馳千騎，雲擁雙旌，向曉洞開嚴署。擁朱轓、喜色歡聲，處處競歌來暮。吳王舊國，今古江山秀異，人煙繁富。甘雨車行，仁風扇動，雅稱安黎庶。棠郊成政，槐府登賢，非久定須歸去。且乘閒、孫閣長開，融尊盛舉。（冊一，頁三三）

校勘：此詞末結，「孫閣」兩字，毛晉《宋六十名家詞．樂章集》作「暖閣」[9]，《詞譜》卷三十二作「弘閣」[10]。按：柳永〈永遇樂〉詞凡兩闋，本詞而外，其另一闋末結云：「祝堯齡、北極齊尊，南山共久。」（見同上），可見此調末結，柳永以三字領句後，即以對句出之。經查「暖閣」、「孫閣」、「弘閣」三詞，唯「弘閣」方足與「融尊」爲對。蓋「弘閣」云云，係指西漢武帝時，

---

9 明．毛晉《宋六十名家詞》（臺北：臺灣商務印書館，一九六八年九月臺一版，冊一，頁一五）。

10 清．康熙帝敕撰《詞譜》（臺北：洪氏出版社，一九八〇年十一月出版）冊四，頁二二九六。

公孫弘累遷至丞相，「於是起客館，開東閣以延賢人，與參謀議。」[11]後世遂以公孫弘開東閣之事，喻官吏招賢之舉，見之於唐詩，如駱賓王〈帝京篇〉云：「汲黯薪逾積，孫弘閣未開」（卷七七，頁八三五），即是一例；或亦逕省作「弘閣」，如段成式、鄭符、張希復〈小小寫真聯句〉，段成式云：「庾樓吹笛裂，弘閣賞歌新」（卷七九二，頁八九二一），即是一例。而柳永此詞，一般均以爲係投獻詞[12]，末結兩句，正用以稱頌投獻對象，能開閣延賢士，企及乎孔融「座上客恒滿，尊中酒不空」[13]之境地，真賢良官吏也。於焉公孫弘開閣延士，省稱「弘閣」；孔融置酒待客，括稱「融尊」，方足取其名而成的對。是於「暖閣」既無所據，「孫閣」亦欠允當，必作「弘閣」爲是。然柳永投獻之對象若能推定爲「孫沔」（參注12），則爲切人而改用「孫閣」，自有其可能，亦讀者所宜明辨也。

(二)晏殊

例一：〈浣溪沙〉

三月和風滿上林。牡丹妖豔直千金。惱人天氣又春陰。　為我轉回紅臉面，向誰分付紫檀心。有情須殢酒杯深。（冊一，頁一一二）

---

11 見《漢書．公孫弘傳》（臺北：鼎文書局新校本，一九八六年三月三版）冊三，卷五八，頁二六二一。

12 據姚學賢、龍建國《柳永詞詳註及集評》（鄭州：中州古籍出版社，一九九一年二月）、薛瑞生《樂章集校注》（北京：中華書局，一九九四年十二月）、考證，均以爲此詞爲投獻詞，唯姚氏、龍氏以爲投獻之對象爲孫沔，薛氏則以爲係滕宗諒，兩書見解有異，特附注供參考。

13 見《後漢書．孔融傳》，版本同注11，冊四，卷七〇，頁二二七七。

校勘：此詞下片首兩句，字句頗有出入。唐圭璋於「紫檀」下案云：「『檀』原作『臺』，改從《唐宋名賢百家詞》。」然唐氏所據之吳訥《百家詞》乃傳鈔本，而臺北：廣文書局出版之排印本《唐宋元明百家詞．珠玉詞》[14]，載此詞此句，仍作「紫臺心」，不知其理安在？而《詞林集珍》胡士明校點本《珠玉詞》，於此詞「紅臉」之「臉」字下注云：「一作『粉』」；「紫臺」之「臺」字下注云：「一作『檀』」[15]，蓋據《元獻遺文》[16]而校注。然筆者所見，若毛晉《宋六十名家詞》、《景印文淵閣四庫全書》所據毛氏本《珠玉詞》，以及四部備要排印之《宋六十名家詞》本，於此二句，均作「紅臉面」、「紫臺心」[17]；即胡氏之校點，亦以此爲正，而附註其他異文。筆者有鑒於此，復據唐人運用「紫臺心」之寄意，以及此詞與唐錢起〈贈闕下裴舍人〉詩，頗有借鑒之跡，因曾撰寫〈晏殊《浣溪沙》（三月和風滿上林）詞探微——藉唐詩繫年宋詞之一〉一文，證明作「紫臺心」爲確，讀者可參考本書所錄該文，茲不贅述。

例二：〈浣溪沙〉

楊柳陰中駐彩旌。芰荷香裏勸金觥。小詞流入管絃聲。　只有醉吟寬別恨，不須朝暮

---

14 明．吳訥：《唐宋元明百家詞》，臺北：廣文書局，一九七一年五月初版，冊一，頁一。

15 《詞林集珍》，上海：上海古籍出版社，一九八九年二月第一版，頁一至二。

16 《元獻遺文》，臺北：臺灣商務印書館《景印文淵閣四庫全書》本，一九八七年二月，冊一〇八七，頁三六。

17 明．毛晉：《宋六十名家詞．珠玉詞》（臺北：臺灣商務印書館，一九六八年九月臺一版，冊一）。《景印文淵閣四庫全書．珠玉詞》，版本同前注，一九八八年二月，冊一四八七，頁三。

促歸程。雨條煙葉繫人情。（冊一，頁一一四）

校勘：此詞末句，作「雨條煙葉繫人情」，然「雨條煙葉」一詞，終覺費解。白居易〈楊柳枝二十韻〉云：「小妓攜桃葉，新聲踏楊枝。……身輕委迴雪，羅薄透凝脂。……小才與妍詞。便想人如樹，先將髮比絲。風條搖兩帶，煙葉貼雙眉。……曲罷那能別，情多不自持；纏頭無別物，一首斷腸詩。」（卷四五五，頁五一五六）詩中以「風條」、「煙葉」喻女子之姿容，晏殊此詞蓋截取用之，以喻女子之牽繫人情，若作「雨條」則不通矣！雖然，晏幾道〈浪淘沙〉（麗曲醉思仙）詞亦云：「多少雨條煙葉恨，紅淚離筵。」（冊一，頁三一五）不知晏氏父子是否以爲「風條」終不足狀女子姿容之美，而改爲「雨條」；抑小晏獨喜乃父「雨條煙葉」一詞，而襲用之耶？要之，欲知此句命意，必先了解白詩之意，則無可疑也。

例三：〈連理枝〉

玉字秋風至。簾幕生涼氣。朱槿猶開，紅蓮上拆，芙蓉含蕊。送歸巢歸燕拂高檐，見梧桐葉墜。　嘉宴凌晨啟，金鴨飄香細。鳳竹鸞絲，清歌妙舞，盡呈游藝。願百千遐壽比神仙，有年年歲歲。（冊一，頁一三七）

校勘：關於此詞，中華本《全宋詞》於「檐」字下案云：「『檐』原作『簾』，從吳訥本《珠玉詞》」又於「盡」字下案云：「『盡』原誤作『畫』，從吳訥本《珠玉詞》」，此即以版本互校之例也。然起首「玉字」兩字，意實難解；而毛晉《宋六十名家詞・珠玉詞》所錄，此兩字作「玉宇」[18]，始知《全宋詞》「字」字，乃因形近「宇」字而誤植也。蓋「玉宇」，指華麗之宮殿，六朝以降，即見使用。南朝宋劉鑠〈擬古・擬「明月何皎皎」〉詩云：「玉宇來清風，羅帳延秋月。」[19]即是一例。而唐趙休〈侍宴〉殘句：「金莖來白露，玉宇起清風。」（卷七九五，頁八九五三）比對晏殊亦爲「嘉宴」而塡詞，一派富貴氣氛，足證「玉宇」爲是也。

㈢滕宗諒

詞例：〈臨江仙〉

湖水連天天連水，秋來分外澄清。君山自是小蓬瀛。氣蒸雲夢澤，波撼岳陽城。　帝子有靈能鼓瑟，淒然依舊傷情。微聞蘭芝動芳馨。曲終人不見，江上數峰青。（冊一，頁一四一）

校勘：此詞下片「微聞」句，其平仄格律爲：「平平平平仄平平」，顯然有誤。《全宋詞》此詞後附載係錄自吳曾《能改齋漫錄》卷十六，經筆者查該書，始知該句原作「微聞蘭芷動芳馨」[20]，《全宋詞》顯將「蘭芷」誤刻作「蘭芝」，以致平仄全失。而此詞下片，係括自錢起〈省試湘靈鼓瑟〉詩，原詩云：「善鼓雲和瑟，常聞帝子靈。……苦調淒金石，……白芷動芳馨。……曲終人不見，江上數峰青。」（卷二三八，頁二六五一）詩詞比對，益可

18 版本同注17，冊一，《珠玉詞》，頁一八。
19 見南朝陳・徐陵著、吳兆宜箋注《箋注玉臺新詠》（臺北：廣文書局，一九六七年五月初版），卷三，頁一七。
20 臺北：廣文書局，一九七〇年十二月初版，下冊，卷十六，頁十一。

證「芝」爲「芷」之誤也。

㈣歐陽脩

詞例：〈漁家傲〉

別恨長長歡計短，疏鐘促漏真堪怨。此會此情都未半。星初轉。鸞琴鳳樂匆匆卷。　河鼓無言西北盼。香蛾有恨東南遠。脈脈橫波珠淚滿。歸心亂。離腸便逐星橋斷。（冊一，頁一六六）

校勘：此詞下片首句，「河鼓」兩字，陳元靚《歲時廣記》卷二十六作「河漢」；「香蛾」兩字，作「星娥」。[21]而「西北盼」三字，毛晉《宋六十名家詞・六一詞》作「西北眄」。[22]按：「河鼓」作「河漢」，「西北盼」作「西北眄」，意皆可通，律、韻亦皆不誤，無妨。然「香蛾」與「星娥」，則必辨之。查「香蛾」一詞，唐人每用指「美人」，而無用指「織女」者，如戎昱〈送零陵妓〉詩：「寶鈿香蛾翡翠群，裝成掩泣欲行雲。」[23]（卷二七○，頁三○二二）即是一例。而此詞係詠「七夕」之聯章詞，其前兩闋起句，一云：「喜鵲填河仙浪淺」，一云「乞巧樓頭雲幔卷」，皆可爲證。故此下片前兩句，實亦應景而設，所謂「河鼓」，即牽牛星，又名「天鼓」、「黃姑」、「三將軍」，位於牛宿西北，居銀漢之南，與河北織星相對。至若織女星，則位於牽牛星之東南方，其異稱之見於詩文者，或謂「天孫」，

---

21 臺北：新文豐出版公司《叢書集成新編》本，一九八六年元月臺一版，冊四三，頁二九四。

22 同注17，冊一，頁一○。

23 此詩詩題，一作「送妓赴于公召」。

或謂「星娥」，而無「香蛾」之名。如李商隱〈聖女祠〉詩云：「星娥一去後，月姊更來無。」（卷五四〇，頁六一九七）；又〈海客〉詩云：「海客乘槎上紫氛，星娥罷織一相聞。」（同上，頁六一九八）即是其例。故此詞下片次句，宜作「星娥有恨東南遠」爲是。

㈤王安石

例一：〈甘露歌〉之三

天寒日暮山谷裏。的皪愁成水。池上漸多枝上稀。唯有故人知。（冊一，頁二六四）

校勘：唐圭璋於此詞後按云：「甘露歌原不分段，茲從《花草粹編》卷一作三首」[24]，經查《花草粹編》卷一載錄此詞，其第三句「池上」兩字，係作「地上」[25]，《全宋詞》顯係誤刻。而此闋乃集句詞，此句係出自張籍〈讌客詞〉詩：「請君看取園中花，地上漸多枝上稀。」（卷三八二，頁四二八二），益見《全宋詞》之誤也。

例二：〈浣溪沙〉

百畝中庭半是苔。門前白道水縈迴。愛閒能有幾人來。　小院回廊春寂寂，山桃溪杏兩三栽。為誰零落為誰開。（冊一，頁二六五）

校勘：此詞亦見《花草粹編》卷三載錄，唯上片「中庭」兩字作「庭中」，下片「溪杏」兩字作

---

24 關於〈甘露歌〉分段之問題，可參本書所錄「《臨川先生歌曲》借鑒唐詩之探析」一章。

25 明·陳耀文編：《花草粹編》，版本同注16，一九八八年二月，冊一四九〇，頁一一八。

「野杏」，有兩字之異。[26]按：此亦集句詞，「百畝」句出自劉禹錫〈再遊玄都觀〉詩：「百畝庭中半是苔，桃花淨盡菜花開。」[27]（卷三六五，頁四一一六）詩詞互校，顯然「庭中」爲是。至若「山桃」句，則出自雍陶〈過舊宅看花〉詩：「山桃野杏兩三栽，樹樹繁花去後開。」（卷五一八，頁五九二五）詩詞對校，顯作「野杏」爲是。復查《臨川文集》卷三十七載錄此詞，雖亦作「溪杏」，然同集卷三十六載錄王安石〈招葉致遠〉集句詩，引此句正作「野杏」[28]，自不宜以意可通或版本有別，而予以通融。

例三：〈南鄉子〉

自古帝王州。鬱鬱蔥蔥佳氣浮。四百年來成一夢，堪愁。晉代衣冠成古丘。　繞水恣行游。上盡層城更上樓。往事悠悠君莫問，回頭。檻外長江空自流。（冊一，頁二六六）

校勘：此闋亦屬集句詞，下片次句出自李商隱〈夕陽樓〉詩：「花明柳暗繞天愁，上盡重城更上樓。」[29]（卷五四〇，頁六一八八）詩詞互校，顯有「重城」與「層城」之異。而此二詞，意、律皆同，亦時見文士運用於詩文中。且宋人集句，就原詩更動字句之現象，亦所在多有[30]；所見唐詩版本，或未必盡同於今人，故此句原毋需論其正誤。然查《臨川文集》

26 同前注，頁一六八。
27 此詩「淨」字，一本作「開」，一本作「落」。
28 版本同注16，一九八七年二月，冊一一〇五，卷三七，頁二七三；卷三六，頁二六六。
29 此詩詩題下，原注云：「(樓)在滎陽，是所知今遂寧蕭侍郎牧滎陽日作矣。」蕭侍郎，蕭澣也。
30 見拙作〈兩宋集句詞形式考——兼論兩宋集句詞未必盡集前人成句〉一文，《宋代文學研究叢刊》第五期（高

卷三十六，載錄王安石〈金陵懷古〉集句詩，引此句正作「重城」[31]，顯見更動字句及版本之問題，應不存在，疑作「重城」爲是。

㈥晏幾道

例一：〈阮郎歸〉

晚妝長趁景陽鐘。雙蛾著意濃。舞腰浮動綠雲濃。櫻桃半點紅。　憐美景，惜芳容。沉思暗記中。春寒簾幕幾重重。楊花盡日風。（冊一，頁三〇七）

校勘：此詞起兩字，毛晉《宋六十名家詞・小山詞》作「曉妝」；「綠雲濃」之「濃」，作「穠」。[32]以押韻不重出之原則論，「濃」字自宜正作「穠」。至若「晚妝」亦宜正作「曉妝」。據《南齊書・武穆裴皇后傳》載：「上（按：指南朝齊武帝）數游幸諸苑囿，載宮人從後車。宮內深隱，不聞端門鼓漏聲，置鐘於景陽樓上，宮人聞鐘聲，早起裝飾。至今此鐘惟應五鼓及三鼓也。」[33]可證「景陽鐘」專爲宮人聞鐘早起裝飾而設，自是「曉妝」，唐詩人亦如是用之。如李賀〈追賦畫江潭苑四首〉之四云：「今朝畫早眉，不待景陽鐘。」（卷三九二，頁四四一五）即是一例。即以小山詞論，必作「曉妝」，方可「長趁」景陽鐘，且足見美景而惜之，終能覺楊花「盡日」風也。

雄：麗文文化事業公司，一九九九年十二月，頁三六三至三九八）。

31 同注28，頁二六七。

32 版本同注17，冊二，《小山詞》，頁一八。

33 見《南齊書》（臺北：鼎文書局，一九八三年十一月）冊一，卷二〇，頁三九〇。

例二：〈浪淘沙〉

麗曲醉思仙。十二哀絃。穠蛾疊柳臉紅蓮。多少雨條煙葉恨，紅淚離筵。　行子惜流年。鷁缺枝邊。吳堤春水艤蘭船。南去北來今漸老，難負尊前。（冊一，頁三一五）

校勘：此中「多少雨條煙葉恨」之「雨條」，宜正作「風條」，見本章晏殊〈浣溪沙〉（楊柳陰中駐彩旌）詞校勘。

例三：〈訴衷情〉

都人離恨滿歌筵。清唱倚危絃。星屏別後千里，重見是何年。　驄騎穩，繡衣鮮。欲朝天。北人歡笑，南國悲涼，迎送金鞭。（冊一，頁三一七）

校勘：此詞「星屏」兩字，朱祖謀《彊村叢書・小山詞》校記以為「星屏」兩字誤倒[34]，《全宋詞》並未據以改正，他版本亦然，實則朱祖謀校記誠是也。據《後漢書・輿服上》，唐章懷太子李賢注引〈謝承書〉云：「州別駕從事前車舊有屏星，如刺史車曲翳儀式。……《說文》曰：『車當謂之屏星』」[35]，而「車當」即車上竹席以障塵者，唐詩人恆用以借指「車輛」。如錢起〈送符別駕還郡〉詩云：「驥足駸駸吳越關，屏星復與紫書還。」（卷二三九，頁二六八九）；皎然〈因游支硎寺寄邢端公〉詩：「始馭屏星乘，旋陰蔽芾棠。」（卷八一六，頁九一八九）皆是其例。小山此詞，承唐人習慣，亦用「屏星」代指離人之「車駕」，若

---

34 見《彊村叢書》（臺北：廣文書局，一九七〇年三月初版）冊二，頁五九三。

35 見《後漢書》（同注33）冊五，志第二十九，頁三六四八。而《後漢書》「志」之原注者，或謂係南朝梁劉昭，並此說明。

作「星屏」，萬萬不可通矣！由此可證朱氏校記之正確，然以其未明說，致後人未能據以正訛，殊覺可惜！

例四：〈點絳脣〉

碧水東流，漫題涼葉津頭寄。謝娘春意。臨水顰雙翠。　日日驪歌，空費行人淚。成何計。未如濃醉。閑掩紅樓睡。（冊一，頁三一八）

校勘：此詞「涼葉」兩字，毛晉《宋六十名家詞・小山詞》作「涼華」[36]，顯然誤刻，以平仄不符也。然光緒乙酉晏端書晏氏家刻本，此兩字作「桐葉」，則應從之。蓋自唐以降，凡寫思念傳情，期憑媒介者，多用「紅葉題詩」典[37]，小山亦不例外。如其〈少年遊〉上片云：「雕梁燕去，裁詩寄遠，庭院舊風流。黃花醉了，碧梧題罷，閑臥對高秋。」（冊一，頁三二〇）〈虞美人〉（閑敲玉鐙隋堤路）末結云：「一聲長笛倚樓時，應恨不題紅葉、寄相思。」（見同上）皆是其例；而〈少年遊〉所以稱「碧梧題罷」，實因「紅葉題詩」流傳之故實中，有一則記載，即謂題於梧葉也（參注32）。另有「桐葉題詩」典，則出於杜牧〈題桐葉〉詩：「去年桐落故溪上，把葉因題歸燕詩，江樓今日送歸燕，正是去年題葉時。葉落燕歸真可惜，東流玄髮且無期；笑筵歌席反惆悵，明月清風愴別離。……」（卷五二

---

36 版本同注17，冊二《小山詞》，頁二四。

37 關於「紅葉題詩」典，出處凡四：一見唐・范攄《雲溪友議》卷一〇，爲唐宣宗時舍人盧渥與宮人事；一見唐孟棨《本事詩》，爲唐玄宗時顧況事，唯況所得之詩，係寫於梧葉，非紅葉，稍異他本；一見宋劉斧《青瑣高議・流紅記》，爲唐僖宗時于祐與韓氏宮女事；一見宋王銍《補侍兒小名錄》，爲唐德宗時賈全虛與鳳兒事。

一，頁五九五八）此段文字，係寫燕去燕歸，歲月東流，人漸老去而依然別離之惆悵。比照小山此詞，寫謝娘面對春去春來，依然「日日驪歌」，了無音塵之情境，真相似也。因以爲小山此詞，必如晏氏家藏本所刻，作「漫題桐葉」，方具語典之意涵；若作「漫題涼葉」，終覺詞意生澀，難作解人！

二、北宋後期作品

(一)蘇　軾

例一：〈雨中花〉

今歲花時深院，盡日東風，蕩颺茶煙。但有綠苔芳草，柳絮榆錢。聞道城西，長廊古寺，甲第名園。有國豔帶酒，天香染袂，為我留連。

清明過了，殘紅無處，對此淚灑尊前。秋向晚、一枝何事，向我依然。高會聊追短景，清商不暇餘妍。不如留取，十分春態，付與明年。（冊一，頁三六三）

校勘：此詞上片「蕩颺」兩字，南宋傅幹《注坡詞》（以下簡稱「傅本」）及朱祖謀校輯《彊村叢書・蘇軾東坡樂府》（以下簡稱「朱本」），均作「輕颺」[38]；毛晉《宋六十名家詞・東坡詞》

---

38 宋・傅幹《注坡詞》，今有劉尚榮校勘本（成都：巴蜀書社，一九九三年七月一版），所引見卷一一，頁三一〇。朱祖謀校輯《蘇軾東坡樂府》，則收於《彊村叢書》（臺北：廣文書局，一九七〇年三月初版），所引見冊三，卷一，頁六八五。

（以下簡稱「毛本」），則作「蕩漾」[39]，《全宋詞》顯從毛本，特改「漾」爲「颺」字。下片「不暇」兩字，毛本及吳訥《唐宋元明百家詞‧東坡詞》（以下簡稱「吳訥鈔本」）均作「不假」。[40]筆者推敲其文意，所謂「清商不假餘妍」，係以「清商」喻指秋風，謂秋風不令牡丹餘妍長久開放，自宜作「不假」爲是。此中，「蕩漾」與「輕颺」之異，亦可予以論定。按：「蕩漾」以狀水波，乃一般認知；用以狀茶煙，殊覺過重。而「輕颺」一詞，含意有二：其一，謂舟船輕快蕩漾前進，陶潛〈歸去來辭〉云：「舟遙遙以輕颺，風飄飄而吹衣」[41]是也。其二，謂輕輕飄揚，杜牧〈題禪院〉詩云：「今日鬢絲禪榻畔，茶煙輕颺落花風。」[42]（卷五二二，頁五九七四）是也。至「颺」之讀音，則可平可仄，讀平聲之際通作「輕揚」；讀仄聲之際，義通「輕揚」與「輕漾」，較爲活用。查蘇軾此句，「颺」字宜讀仄聲中之去聲，義則作「輕揚」解；且「輕颺茶煙」乃杜詩成句，蘇軾特截取用之。若仔細推敲，則此詞前三句亦頗有化用杜詩之意，以寫無心觀花，唯閒坐而已，故筆者以爲作「輕颺」爲是。

例二：〈南鄉子〉

---

39 同注17，冊一，頁四六。
40 毛本同前注；吳訥鈔本，同注14，冊二，卷上，頁五。
41 南朝宋‧蕭統：《文選》（臺北：華正書局《增補六臣注文選》本，一九七四年十月臺一版），卷四五，頁八四九。
42 此詩詩題，一作「醉後題僧院」；詩中「輕颺」兩字，一作「悠颺」。

寒玉細凝膚（吳融）。清歌一曲倒金壺（鄭谷）。冶葉倡條遍相識（李商隱），爭如。荳蔻花梢二月初（杜牧）。　年少即須臾（白居易）。芳時偷得醉工夫。（白居易）。羅帳細垂銀燭背（韓偓），歡娛。豁得平生俊氣無（杜牧）。（冊一，頁三七六）

校勘：此闋係集句詞，每句之下，蘇軾均已注明出處，然「芳時」一句，歷來索原箋註者，均莫得其詳。經筆者細查《全唐詩》，始知此句係集自鄭遨〈招友人遊春〉詩：「難把長繩繫日烏，芳時偷取醉工夫。」（卷八五五，頁九六七一）蘇軾顯然誤記作「白居易」，致成箋註懸案；且將原詩「取」字易爲「得」字，爲稍異耳。

例三：〈南鄉子〉

何處倚闌干（杜牧）。絃管高樓月正圓（杜牧）。胡蝶夢中家萬里（崔塗），依然。老去愁來強自寬（杜甫）。　明鏡借紅顏（李商隱）。須著人間比夢間（韓愈）。蠟燭半籠金翡翠（李商隱），更闌。繡被焚香獨自眠（許渾）。（冊一，頁三七六）

校勘：此詞上片末句，「愁來」兩字，傅幹《注坡詞》卷四作「悲秋」。[43]按：傅本是也，以此句係集自杜甫〈九日藍田崔氏莊〉詩：「老去悲秋強自寬，興來今日盡君歡。」[44]（卷二二四，頁二四〇三）而詩中「悲秋」兩字，並未見異本，自當以「悲秋」爲是。其次，下片首句，各本均作「明鏡借紅顏」，然句意甚不通，以「借」字故也。今查此句係集自李商

43 傅本同注38，卷四，頁一二四。

44 詩中「今日」兩字，一作「終日」。

隱〈戲贈張書記〉詩：「危絃傷遠道，明鏡惜紅顏」（卷五四一，頁六二二三）是知李詩原作「惜」字，各本蓋將「惜」誤刻爲「借」字也。

例四：〈三部樂〉（情景）：

美人如月。乍見掩暮雲，更增妍絕。算應無恨，安用陰晴圓缺。嬌甚空只成愁，待下床又懶，未語先咽。數日不來，落盡一庭紅葉。　今朝置酒強起，問為誰減動，一分香雪。何事散花卻病，維摩無疾。卻低眉、慘然不答。唱金縷、一聲怨切。堪折便折。且惜取、少年花發。（冊一，頁三八四）

校勘：此詞上片「落盡」兩字，傅本作「落成」[45]，顯誤。其一，此句平仄，《詞譜》別錄周邦彥、方千里、吳文英之作，均作「仄仄平平平仄」[46]，此中唯第三字「平」可作「仄」，第二字則斷不可作「平」，故云「落成」顯誤。其二，「數日不來」兩句，頗有借用杜牧〈悵詩〉：「狂風落盡深紅色，綠葉成陰子滿枝。」（卷五二七，頁六〇三三）之詩意，謂美人已病數日，且數日不見人來，自宜作「落盡」爲是。其次，此詞下片「少年」二字，傅本作「年少」，朱本同之。[47]今查此詞下片「唱金縷」以下，顯係化自無名氏〈雜詩〉：「勸君莫惜金縷衣，勸君惜取少年時；有花堪折直須折，莫待無花空折枝。」[48]（卷七八五，

---

45 同注38，卷五，頁一二九。
46 清康熙帝敕撰：《詞譜》（臺北：洪氏出版杜，一九八〇年十一月出版）冊三，卷二六，頁一八四八至一八五二。
47 傅本，同注38，卷五，頁一三〇；朱本，亦同注38，卷三，頁七八九。
48 此詩一般唐詩選，均題〈金縷衣〉，杜秋娘作，或亦題李錡作，蓋緣杜牧〈杜秋娘詩〉而誤也。詩云：「京江水

頁八八六二）此中「花開」一詞，蘇軾爲押韻故，已易作「花發」，則原詩「少年」之易作「年少」，自不無可能。況《詞譜》所錄周邦彥、方千里、吳文英之作，此句均爲「上三下四」句式，下四字之平仄，且均爲「平仄平仄」（同注46），則蘇軾此詞末結若作「且惜取、年少花發」，亦較符規矩也。

例五：〈殢人嬌〉（贈朝雲）：

白髮蒼顏，正是維摩境界。空方丈、散花何礙。朱脣筯點，更髻鬟生彩。這些箇，千生萬生只在。　好事心腸，著人情態。閒窗下、斂雲凝黛。明朝端午，待學紉蘭為佩。尋一首好詩，要書裙帶。（冊一，頁三九七）

校勘：此詞上片「彩」字，各本或作「彩」，或作「采」；唯傅本作「菜」。按：作「菜」爲是，以其係化自白居易〈箇箇吟〉詩：「玲瓏雲髻生菜樣，飄颻風袖薔薇香。」（卷四三五，頁四八二二），蓋以「生菜樣」狀雲髻之形，故蘇軾亦取以爲喻，若作「生采」或「生彩」，則難見髻鬟之狀矣！

例六：〈訴衷情〉（送述古迓元素）：

清滑，生女白如脂，其間杜秋娘，不勞朱粉施。老濞即山鑄，後庭千蛾眉，秋持玉斝醉，與唱〈金縷衣〉。……」〈金縷衣〉下並注云：「勸君莫惜金縷衣，勸君惜取少年時；花開堪折直須折，莫待無花空折枝。李錡長唱此辭。」（並見冊八，頁五九三八）讀此，可知此詩之意，僅謂「遣杜秋娘唱〈金縷衣〉」，非謂〈金縷衣〉即杜秋娘作；而注亦僅稱「李錡長唱此辭」，亦非謂李錡作〈金縷衣〉也。故本文僅依《全唐詩》，題作「無名氏〈雜詩〉」。又：《全唐詩》卷二八亦著錄此詩，題作〈金縷衣〉（頁四〇六）。

錢塘風景古來奇。太守例能詩。先驅負弩何在，心已誓江西。　花盡後，葉飛時。雨淒淒。若為情緒，更問新官，向舊官啼。(冊一，頁三九八)

校勘：此詞上片「來」字，傳本作「今」，而「古來奇」三字並作「今古奇」，當是排版之誤；「誓」字，傳本作「逝」；龍沐勛《東坡樂府箋》則作「浙」。[49]按：「今」字作「來」字，意皆可通，無妨。然「誓江西」，意斷難通，「逝江西」，亦難符實情，宜從傳本作「浙江西」為是。查此詞作於神宗熙寧七年七月，時杭州(錢塘)太守陳襄(述古)任滿，楊繪(元素)自應天(河南商丘)前來接任。[50]蘇軾於焉化用劉禹錫〈白舍人曹長寄新詩，有遊宴之盛，因以戲酬〉詩之前兩句：「蘇州刺史例能詩，西掖今來替左司。」(卷三六〇，頁四〇六〇)以稱頌陳、楊兩位「錢塘」太守，亦皆能詩之雅士也。復查劉禹錫原詩，係作於唐敬宗寶曆元年，白居易自西東來，出任蘇州刺史之際；由於白居易曾為中書舍人，而中書省素有「西掖」之稱，故以之代指白居易。至於「左司」，則指韋應物，以其曾任左司郎中故也。而韋氏之出任蘇州刺史，較白居易為早，亦屬能詩之士，故劉禹錫此詩，既能切

49 傳本同注38，卷八，頁二二九；龍沐勛校箋《東坡樂府》，則由臺北華正書局於一九八〇年二月初版，所引見卷一，頁二二。龍氏並按云：「傳本、元本，『浙』並誤作『誓』，從毛本；毛本『今』作『來』。」龍氏此按，與筆者所見劉尚榮校箋傳幹《注坡詞》之文字，頗有出入，特錄供參考。

50 清・王文誥：《蘇文忠公詩編注集成總案》(臺北：學生書局，一九六七年五月初版)卷一一載：「熙寧七年甲寅，楊繪自應天來代，作〈訴衷情〉。」

合白、韋之宦情，亦能切合其才情。[51]蘇軾有鑒於此，乃援此詩之意，以稱陳襄、楊繪先後守杭之事實與才華，殊堪媲美唐代之韋、白；並以「錢塘」易「蘇州」，以切合實情，以用典之技巧而言，真高妙也。而其〈菩薩蠻〉（玉童西迓浮丘伯）詞，題云：「杭妓往蘇迓新守」（冊一，頁三九一），所謂「新守」，即楊繪[52]；可見楊氏之來杭，係由應天先赴蘇州，再由蘇州至杭州。而蘇軾時於杭州任通判，故逕以「浙江西」概括楊繪之行蹤。如作「暫江西」，不但意不可通；即以「江西」論之，並「逝江西」，亦不合楊繪之行蹤，蓋「隋唐以前，習慣上稱長江下游北岸淮水以南地區爲江西；有時又泛稱長江以北包括中原地區在內爲江西。」[53]不論「江西」之範圍屬前者或後者，均不包括「蘇州」，亦可證「江西」之爲非也。要之，必先了解蘇軾化用劉禹錫詩之作用，以及楊繪守杭之行徑，方足審悉此詞上闋之意蘊與「浙江西」之爲是也。

例七：〈浣溪沙〉：

醉夢醺醺曉未蘇，門前轣轆使君車。扶頭一琖怎生無。　廢圃寒蔬挑翠羽，小槽春酒凍真珠。清香細細嚼梅鬚。（冊一，頁四〇五）

---

51 欲了解劉禹錫此詩之內容與命意，可參考蔣維崧等撰《劉禹錫詩集編年箋注》（濟南：山東大學出版社，一九九七年九月第一版）卷中，頁三三九至三四〇。

52 欲了解蘇軾此詩之內容與命意，可參考石聲淮、唐玲玲撰《東坡樂府編年箋注》（臺北：華正書局，一九九三年八月初版）卷一，頁三四至三六。

53 此說解參《漢語大詞典》（上海：漢語大詞典出版社，一九九〇年十二月第一版），冊五，頁九一七。

校勘：此詞上片首句，「醺醺」兩字，毛本、朱本均作「昏昏」。[54]按：當以「昏昏」爲是，蓋「醺醺」特狀醉酒，此詞既云「醉夢」，係喻指人昏昏沉沉，如醉如夢，非真謂醉酒；否則其下不宜再道：「扶頭一琖怎生無」。因之，此句宜作「醉夢昏昏曉未蘇」，其語典則出自李涉〈題鶴林寺僧舍〉詩：「終日昏昏醉夢間，忽聞春盡強登山。」（卷四七七，頁五四二九）其次，下片次句，「凍真珠」三字，傳本及朱本均作「滴真珠」。[55]按：當以「滴真珠」爲是，蓋其下句既云：「清香細細」，則此春酒必有滴流；況既以「真珠」狀之，必是涓滴使然。而此句係化自李賀〈將進酒〉：「琉璃鍾，琥珀濃，小槽酒滴真珠紅。」（卷一七，頁一七〇）若作「凍真珠」，則味道全失矣！秦觀〈江城子〉（南來飛燕北歸鴻）詞云：「小槽春酒滴珠紅，莫匆匆，滿金鍾。」（冊一，頁五九〇）亦化用李詩，而所謂「滴珠紅」，正狀春酒之滴流，正足與蘇詞並讀。

例八：〈浣溪沙〉（自適）：

傾蓋相逢勝白頭。故山空復夢松楸。此心安處是菟裘。　賣劍買牛吾欲老，乞漿得酒更何求。願為辭社宴春秋。（冊一，頁四一〇）

校勘：此詞末句，「辭社」兩字，傳本、龍本作「同社」；朱本作「同舍」。又：「春秋」兩字，

---

54 毛本同注17，冊一，頁三；朱本同注38，冊三，卷一，頁七一四。

55 傳本同注38，卷十，頁二七一；朱本同前注。

傳本作「清秋」。[56]按：韓愈〈南溪始泛〉詩三首之二云：「願爲同社人，雞豚燕春秋。」（卷三四二，頁三八三八）蘇軾此詞，顯係化用韓詩，以告知故人：願與之同居一村，於春秋祭神之日共同宴聚也。故末句應作「願爲同社宴春秋」（韓詩之「燕」字，解同「宴」字，均為宴聚之意）爲是，若作「辭社」、「同舍」，意皆不可通。蘇軾有〈次韻曹九章見贈〉詩云：「蘧瑗知非我所師，流年已似手中蓍；正平獨肯從文舉，中散何曾靳孝尼。賣劍買牛真欲老，得錢沽酒更無疑。雞豚異日爲同社，應有千篇唱和詩。」[57]此詩後四句，命意與此詞同，亦同化用韓詩，益可證「同社」爲是。至若「春秋」兩字，或作「清秋」，亦誤；蓋「同社」之「社」，係指「春社」與「秋社」，亦即春、秋祭神之日，斷不可作「清秋」。況此詞據薛瑞生考證，係作於神宗熙寧七年甲寅春三月（一〇七四）[58]，益可證「清秋」之非。至若前舉蘇詩係作於神宗元豐七年甲子（一〇八四）（參注52），爲寫與曹九章（即曹光州演甫也）者；而此詞之塡製較詩早十年，爲寄陳襄（述古）之作（參注53），十年之間，蘇軾求田問舍之志，仍不稍減，其宦途之不順，亦可知矣！

例九：〈荷華媚〉（荷花）

霞苞電荷碧。天然地、別是風流標格。重重青蓋下，千嬌照水，好紅紅白白。　每悵望、明月清風夜，甚低迷不語，妖邪無力。終須放、船兒去，清香深處住，看伊顏色。（冊

---

56 傳本同注38，卷十一，頁三〇五；龍本同注49，卷三，頁三二七；朱本同注38，冊三，卷三，頁八一二。

57 同注50，冊五，卷二二，頁二六〇七。

58 薛瑞生：《東坡詞編年箋證》（西安：三秦出版社，一九九八年九月第一版）卷一，頁六七。

一，頁四一二）

校勘：此詞下片「妖邪」兩字，《全宋詞》蓋從傅本、吳訥鈔本。而毛本、朱本，皆作「夭邪」。[59]今查萬樹《詞律》卷九〈荷華媚〉後附云：「『妖』，應作『夭』，音歪，出白〈長慶詩〉自注。」[60]李調元《雨村詞話》卷一〈夭邪〉條載：「東坡〈荷花媚〉詞有云：『夭邪無力』按：『妖』應作『夭』，音「歪」，出白樂天〈長慶集詩〉自註。今俱作『妖』，刻誤也。」[61]按：萬、李二氏之說是也。蓋「夭」字用以狀物之「嫵媚多姿」時，真可通「妖」字，如唐陳至〈賦得芙蓉出水〉詩云：「菡萏迎秋吐，夭搖映水濱。」（卷四八四，頁五五〇〇）施肩吾〈杜鵑花詞〉：「杜鵑花時夭艷然，所恨帝城人不識。」（卷四九四，頁五五九二）此中「夭搖」、「夭艷」，即通「妖搖」、「妖艷」。然「夭」字讀作「歪」時，則斷不可通「妖」字，且僅有「夭邪」一詞。段玉裁《說文解字注》十四篇上〈錗〉字下注云：「錗，即今歪字，唐人曰夭邪。」[62]而唐人「夭邪」一詞之「夭」字，可見讀音為白居易《和春深二十首》之二十：「杭州蘇小小，人道最夭斜。」[63]（卷四四九，頁五〇六五）「夭」字

---

59 傅本同注38，卷十二，頁三五一；吳訥鈔本同注14，冊二，卷下，頁三七；毛本同注16，冊一，頁三三；朱本同注38，冊三，卷三，頁八四〇。

60 清・萬樹：《詞律》（臺北：廣文書局《索引本詞律》，一九七一年九月初版，頁一六九。）

61 清・李調元：《雨村詞話》（收入唐圭璋編《詞話叢編》，臺北：新文豐出版公司，一九八八年二月臺一版，冊二，頁一三九三。）

62 清・段玉裁：《說文解字注》（臺北：藝文印書館，一九七〇年六月大一版），頁七二二。

63 此詩，《全唐詩》並未注明異文。然查《佩文韻府》（臺北：臺灣商務印書館，一九三七年三月初版，一九七八

下白氏自注云：「伊耶反」。而「夭斜」一詞，既出於白詩，杜文瀾校注萬樹《詞律・荷華媚》乃按云：「香山詩：『錢塘蘇小小，人道最夭斜』，如『妖』作『夭』，則『邪』應作『斜』。」（同注60）此說較各注本嚴謹，然「邪」字解作「歪斜」時，音義皆同「斜」字，實不必拘泥也。至於「夭邪」之音義，亦值斟酌。翟灝《通俗篇》卷三四〈夭斜〉條云：「《丹鉛錄》：『唐詩：錢唐蘇小小，人道最夭斜。又：長安女兒雙髻鴉，隨風趁蝶學夭斜。夭與夭不同，讀若歪，俗以婦人身容不正曰夭斜。』按：……夭斜之夭，《香山集》自注云：『伊耶切』，則當在六麻，……《玉篇》有『宋宋』，讀若『鴉茶』，訓憨癡貌。《集韻》亦謂『宋宋』爲不正，此乃與香山所云『夭斜』通耳。」[64]據此，則「夭斜」之音，宜讀作「鴉茶」，而非「歪斜」。至若其義，楊慎《丹鉛總錄》（翟氏所引漏一「總」字）以「婦人身容不正」[65]釋之，恐難稱所引兩詩原意，而辭書如《中文大辭典》，乃多有引之者，甚可怪也。（參注63）翟灝《通俗篇》按語，以「憨癡貌」解之，用於所引兩

年七月臺八版）卷二一〈六麻・夭斜〉下引白此詩首句作「錢唐（應作『塘』）蘇小小」（頁九四一），後世辭書，如《中文大辭典・大部・夭斜》（臺北：中國文化大學出版部，一九七三年十月初版，冊二，頁一六二四）引此詩即從之。而《漢語大詞典・大部・夭斜》（同注53，冊二，頁一四六〇）引此詩，乃作「揚州蘇小小」，「揚」字顯誤，以蘇小小實錢塘（即杭州）人也。石聲淮、唐玲玲注《東坡樂府》，未察此失，亦引作「揚州」（同注52，卷三，頁五一六），難免盲從之失。

64 明・翟灝：《通俗篇》（臺北：廣文書局，一九六九年五月初版，一九八〇年十月再版）冊四，卷三四，頁三至四。引文中，錢唐之「唐」，宜正作「塘」；「長安」兩句，出自宋陳與義〈清明〉詩。

65 今查明・楊慎《丹鉛總錄》卷二一〈詩話・夭邪〉條所載，並無「俗以婦人身容不正曰夭斜」之句（臺北：臺灣商務印書館《景印文淵閣四庫全書》本，一九八六年二月，冊八五五，頁五九五。）恐係翟灝贅引。

詩，自然可解，然用於蘇軾此詞，恐又不通。《漢語大詞典》將此詞分爲兩義，一解作「裊娜多姿」，一解作「歪斜貌」（參注63）。前者之解，既可用之於《丹鉛總錄》所引兩詩，亦可用於蘇詞；亦即以擬人化技巧，狀荷花之裊娜無力也。故此解最爲筆者所主張。

其次，此詞首句「霞苞電荷碧」之「電」字，吳訥鈔本、朱本均同。傳本存目闕詞，毛本「電」字作「霓」字（參注59）。今查《詞律》卷九所錄〈荷華媚〉詞，亦採「霓」字，然調後萬樹按云：「『霓』字，必『蜺』字，乃入聲；然此句難解，恐有誤。」杜文瀾於此後校注復云：「王氏校本『霓』作『露』」（並同注60）唯所引王氏校本，不知所據爲何？筆者以爲當作「霓」字爲是。《廣韻・上平聲齊第十二》云：「霓，雌虹」[66]朱駿聲《說文通訓定聲・解部第十一》云：「霓，雨與日相薄而成光，有雌雄，鮮者爲雄虹，闇者爲雌霓。」[67]趙令時《侯鯖錄》卷四云：「天弓，即虹也，又謂帝弓，明者爲虹，暗者爲蜺。」[68]是知「霓」爲虹之闇者，字通「蜺」字，萬樹於《詞律》所論誠是。蘇軾此處以鮮明之「霞」與暗淡之「霓」對舉，以未開之「苞」與已開之「荷」對舉，顯屬前後互文；亦即泛指已開、未開，顏色鮮、暗錯落之荷苞與荷花也。故此句宜解作「絢麗多彩的荷苞與荷花，嫣然生長在一片碧綠之中」；此下乃云：「重重青蓋下，千嬌照水，好紅紅白白。」如此讀之，詞意即前後一貫矣。李白〈古風〉第二十六首云：「碧荷生幽泉，朝日豔且鮮；秋花冒綠水，密葉羅青煙。秀色空絕世，馨香竟誰傳……」（卷一六一，頁

---

66 宋・陳彭年等撰：《校正宋本廣韻（附索引）》（臺北：藝文印書館，一九七〇年九月校正三版），頁八九。
67 清・朱駿聲：《說文通訓定聲》（臺北：世界書局，一九六八年十一月三版），冊下，頁四六三。
68 宋・趙令時：《侯鯖錄》（同注21，冊八六，卷四，頁六〇五）。

一六七四）可與此詞參讀。

再則，此句末結，《全宋詞》從萬樹《詞律》及龍本，作「清香深處住，看伊顏色」。杜文瀾校注萬樹《詞律》則云：「萬氏以『住』字爲句，王氏（疑為王鵬運）云：『『住』應作「任」，屬下句。』甚當，蓋前結亦五字句，應照改。」（同注60）《詞譜》從此意見，且云：「此詞兩結句，俱上一下四句法，塡者宜遵之。」[69]以上眾說，可斟酌者二：其一，杜文瀾氏、《詞譜》等主張，「住」應作「任」，特爲推測之詞；查諸傳本或明代刊刻本，並無作「任」者，自宜保留。其二，《詞譜》又主張此詞兩結句，應作「上一下四句法」，亦不可從。蓋此詞上下片結構，本不相同，必以此拘之，恐不切實際。況以格律論，凡上下片結構對稱之詞牌，其平仄格律，大抵亦相同；反之，則平仄亦異。今查此詞上片結句「好紅紅白白」，平仄爲「仄平平仄仄」；至於下片結句，若作「住看伊顏色」，或「任看伊顏色」，則平仄爲「仄仄平平仄」（「看」字若讀平聲，則為「仄平平平仄」），格律全不相同，顯然上、下片結構，原不相同，又何必強主張此詞兩結句必作「上一下四句法」。因之，筆者以爲，末結仍宜作「終須放、船兒去，清香深處住，看伊顏色。」

㈡黃庭堅

例一：〈浣溪沙〉：

新婦灘頭眉黛愁。女兒浦口眼波秋。驚魚錯認月沉鉤。　青箬笠前無限事，綠蓑衣底

[69] 同注46，冊二，卷一三，頁九一二。

一時休。斜風吹雨轉船頭。（冊一，頁五一四）

校勘：此詞首句，「新婦灘頭」四字，《宋六十名家詞・山谷詞》作「新婦磯頭」。[70]按：作「新婦磯頭」爲是，蓋此詞前兩句係對仗句，而以「新婦磯」對「女兒浦」，始於顧況〈漁父詞〉：「新婦磯邊月明，女兒浦口潮平。」（卷二六七，二九七二）宋人詩話每道及此事，如吳聿《觀林詩話》載：「樂天云：『眉月晚生神女浦，臉波春傍窕娘堤。』涪翁用此意作〈漁父詞〉云：『新婦磯邊眉黛愁，女兒浦口眼波秋。』然『新婦磯』、『女兒浦』，顧況六言已作對矣！」[71]雖然，吳氏所引黃庭堅詞，乃作「新婦磯邊」，猶有一字之異，特錄供參考。

例二：〈鷓鴣天〉（重九日集句）：

塞雁初來秋影寒。霜林風過夜聲乾。龍山落帽千年事，我對西風猶整冠。蘭委佩，菊堪餐。人情時事半悲歡。但將酩酊酬佳節，更把茱萸仔細看。（冊一，頁五二八）

校勘：此詞《全宋詞》雖題云「重九日集句」，然細查諸書，僅下列各句具備「集句」之要求（參注30）：

△蘭委佩：出自《楚辭・離騷》：「扈江蘺與辟芷兮，紉秋蘭以爲佩。」

---

70 同注17，冊二，頁二八。

71 見《續歷代詩話》收錄，臺北：藝文印書館，一九七四年四月，上冊，頁一三〇。又：宋・曾季貍《艇齋詩話》亦有類似記載，見同書，頁三六五。

△菊堪餐：出自《楚辭・離騷》：「朝飲木蘭之墜露兮，夕餐秋菊之落英。」[72]

△但將酩酊酬佳節：出自杜牧〈九日齊安登高〉詩：「但將酩酊酬佳節，不用登臨歎落暉。」（卷五二二，頁五九六六）

△更把茱萸仔細看：出自杜甫〈九日藍田崔氏莊〉詩：「明年此會知誰健，醉把茱萸仔細看。」（卷二二四，頁二四〇三）

復查《全宋詞》之編排，此詞下，亦同爲〈鷓鴣天〉詞，原詞如下：

無閒事，即芳期。菊花須插滿頭歸。宜將酩酊酬佳節，不用登臨送落暉。

節去蜂愁蝶不知。曉庭環繞折殘枝。自然今日人心別，未必秋香一夜衰。

而細查此詞，除「無閒事，即芳期」三字句外，其餘各句，分別集自唐鄭谷〈十日菊〉詩：「節去蜂愁蝶不知，曉庭環繞折殘枝；自緣今日人心別，未必秋香一夜衰。」[73]（卷六七五，頁七七三〇），以及杜牧〈九日齊安登高〉詩：「江涵秋影雁初飛，與客攜壺上翠微；塵世難逢開口笑，菊花須插滿頭歸。但將酩酊酬佳節，不用登臨歎落暉；古往今來只如此，牛山何必淚沾衣。」[74]（卷五二二，頁五九六六）詩詞相互比較，雖有「自然」與「自緣」、「但將」與「宜將」、「送落暉」與「歎落暉」之異，然整體言之，此詞屬「集句詞」，則斷無可議；蓋宋人集句素有更動前人成句之例，未必盡用原句也（同注30）。因之，《全宋詞》所標「重九日集句」諸字，宜改題於此詞，

72 同注41，卷三三二，頁六〇二二、六〇四四。

73 此詩詩題，一作〈十月菊〉；詩中「蜂」字，一作「風」；「庭」字，一作「來」。

74 此詩詩題，一作〈九日齊山登高〉；詩中「歎落暉」之「歎」字，一作「恨」；「淚沾衣」之「淚」字，一作「獨」。

方屬正確。

(三)秦　觀

詞例：〈調笑令〉：

回顧。漢宮路。捍撥檀槽鸞對舞。玉容寂寞花無主。顧影偷彈玉箸。未央宮殿知何處。目送征鴻南去。(冊一，頁五九八)

校勘：此詞第三句，「桿撥」兩字，《宋六十名家詞．淮海詞》作「捍撥」。[75]按：作「捍撥」為是，以其在琵琶面上當弦，或鑲以象牙，或以金塗為飾，所以捍護其撥也。而此術語，唐詩人每用之，如張籍〈宮詞〉：「黃金捍撥紫檀槽，弦索初張調更高。」(卷三八六，頁四三五七)李賀〈春懷引〉詩：「蟾蜍碾玉掛明弓，捍撥裝金打仙鳳。」(卷三九四，頁四四三九)是知秦觀用詞，亦有所承，自宜作「捍撥」為是。

(四)賀　鑄

例一：〈望西飛〉(即〈清商怨〉三首之二)[76]

十分持酒每□□。□□□□□。□計留春，春隨人去遠。　東流□□□□。□□□、

75　同注17，冊二，頁二。

76　賀鑄《東山詞》之調名，論其定稱，可歸納為六類：(一)採用一般名稱者；(二)採用樂府詩題而原有詞調者；(三)化用樂府詩題而原有調名者；(四)自擬樂府詩題而原有調名者；(五)取自樂府以外之唐詩而原有調名者；(六)自度新腔調。(詳參本書所採〈賀鑄《東山詞》借鑒唐詩之探析〉，以及該文注15)。《全宋詞》為便於比對，乃以括弧注明常用詞調名稱，本節悉從之。

好憑雙燕。望斷西風，高樓簾暮捲。（冊一，頁六六二）

校勘：此詞「西風」兩字，《景宋本東山詞》作「西飛」。[77]按：賀鑄塡詞，好取詞中用語以命調（參注76），而此詞既名爲〈望西飛〉，自以「望斷西飛」爲是。其次，「好憑雙燕」以下文字，實化自唐顧況〈悲歌〉之二：「紫燕西飛欲寄書，白雲何處逢來客。」[78]（卷二六五，頁二九四二）而此詩句意，賀鑄《東山詞》實屢用之，如〈九回腸〉（即〈好女兒〉四首之二，起句：削玉銷香）下片：「賴有雕梁新燕，試尋訪、五陵狂。小華牋、付與西飛去，印一雙愁黛，……」（冊一，頁六六一）；〈點絳脣〉（一幅霜綃）末結：「綠楊歸路，燕子西飛去。」（冊一，頁六八〇）；〈念彩雲〉（即〈夜游宮〉，起句：流水蒼山帶郭）末結：「紫燕西飛書漫託。碧城中，幾青樓，垂畫幕。」（冊一，頁六八七），皆是其例。

例二：〈擁鼻吟〉（即〈吳音子〉）：

別酒初銷，憮然弭棹蒹葭浦。回首不見高城，青樓更何許。大艑軻峨，越商巴賈。萬恨龍鍾，篷下對語。　指征路。山缺處。孤煙起，歷歷聞津鼓。江豚吹浪，晚來風轉夜深雨。擁鼻微吟，斷腸新句。粉碧羅牋，封淚寄與。（冊一，頁六七七）

校勘：此詞上片末結，「萬恨龍鍾」之「萬恨」兩字，應是「葛服」兩字之誤。查唐李端〈荊門

---

77 吳昌綬、陶湘輯：《景刊宋金元明本詞》，上海：上海古籍出版社，一九八九年九月第一版，頁五二三。

78 此詩詩題，一作〈短歌行〉；詩中「逢來客」三字，一作「蓬萊客」。

歌送兄歸夔州〉詩云：「船門相對多商估，葛服龍鍾篷下語。」[79]（卷二八四，頁三二四一）詩詞相較，則知賀詞「大編」以下四句，顯化自李詩；所謂「葛服龍鍾」，意謂穿著葛衣（用葛布製成之夏衣）之年長者，此處用指飽經歷練之「越商巴賈」也。若作「萬恨龍鍾」，則不曉賀鑄何以得知龍鍾之「越商巴賈」，懷有萬般心恨？其不通可知矣！

例三：〈木蘭花〉：

羅襟粉汗和香浥。纖指留痕紅一捻。離亭再卜合歡期，尋見石榴雙翠葉。　危樓遇上危腸怯。縱得鸞膠難寸接。西風燕子會來時，好付小箋封淚帖。（冊一，頁六八一）

校勘：此詞下片「西風」兩字，鍾振振校箋《東山詞》云：「『西風』，八千卷樓本、四印齋本作『西飛』，是。」[80]此亦據唐顧況〈悲歌〉之二予以校定者，詳參本節例一。

例四：〈采蓮回〉（即〈臨江仙〉）：

翡翠樓高簾幕薄，溫家小玉妝臺。畫眉難稱怯人催。羞從面色起，嬌逐語聲來。　門外木蘭花艇子，垂楊風掃纖埃。平湖一鏡綠萍開。緩歌輕調笑，薄暮採蓮回。（冊一，頁六八七）

校勘：此詞下片「一鏡」兩字，鍾振振校箋《東山詞》云：「『一鏡』，知不足齋本作『一徑』，八千卷樓本作『一經』，『經』顯係『徑』形訛。後出諸本以『徑』爲『鏡』音訛，故改。」

79 此詩詩題，一作〈荆門雨歌送兄赴夔州〉。
80 鍾振振校注：《東山詞》，上海：上海古籍出版社，一九八九年十二月第一版，卷三，頁三三〇至三三一。

按：原本不誤，唐薛能〈戲舸〉詩：『遠舸沖開一路萍。』白居易〈池上二絕〉其二：『小娃撐小艇，偷採白蓮回；不解藏蹤跡，浮萍一道開。』……賀詞『一徑』，猶薛詩『一路』、白詩『一道』也。若作『鏡』則不可通；湖面既有『蓮』、『萍』等水生植物覆蓋，安得稱『鏡』哉？」[81]鍾氏推論極爲合理，而此亦以唐詩校勘宋詞之例，特並錄供參考。

㈤晁補之

例一：〈洞仙歌〉（塡盧仝詩）：

當時我醉，美人顏色，如花堪悅。今日美人去，恨天涯離別。青樓朱箔，嬋娟蟾桂，三五初圓，傷二八、還又缺。空佇立，一望一見心絕。心絕。頓成淒涼，千里音塵，一夢歡娛，推枕驚巫山遠，灑淚對湘江闊。美人不見，愁人看花，心亂含愁，奏綠綺、弦清切。何處有知音，此恨難說。怨歌未闋。恐暮雨收、行雲歇。窗梅發，乍似睹、芳容冰潔。（冊一，頁七一九）

校勘：此詞題云：「塡盧仝詩」，意即檃括盧仝詩以入詞；經查即盧詩〈有所思〉也。茲先錄全詩如次：「當時我醉美人家，美人顏色嬌如花；今日美人棄我去，青樓珠箔天之涯。天涯娟娟姮娥月，三五二八盈又缺；翠眉蟬鬢生別離，一望不見心斷絕。心斷絕，幾千里；夢中醉臥巫山雲，覺來淚滴湘江水。湘江兩岸花木深，美人不見愁人心；含愁更奏綠綺琴，調高弦絕無知音。美人兮美人，不知爲暮雨兮爲朝雲。相思一夜梅花發，忽到窗前

81 同前注，卷三，頁三七六。

疑是君。」[82](卷三八八，頁四三七八)詩詞對照，則知詞中「一望一見」，宜正作「一望不見」爲是。即以意思論，既能「一望一見」，何來「心絕」？必也「一望不見」，心始絕也；故知「一見」之「一」，顯爲「不」之訛。

例二：〈水龍吟〉(寄留守無愧丈)：

滿湖高柳搖風，坐看驟雨來湖面。跳珠濺玉，圓荷翻倒，輕鷗驚散。堂上涼生，檻前暑退，羅裾凌亂。想東山謝守，綸巾羽扇，高歌下、青天半。　應記狂吟司馬，去年時、黃花高宴。竹枝苦怨，琵琶多淚，新年鬢換。常恐歸時，眼中物是，日邊人遠。望隋河一帶，傷心霧靄，遣離魂斷。(冊一，頁七三五)

校勘：此詞「羅裾」兩字，劉乃昌、楊慶存校注《晁氏琴趣外編・晁叔用詞》云：「羅裾，據丁本、詩餘、龍校本改。龍校云：『「裙」，原作「裾」，毛本同。此用唐詩『荷葉羅裙一色裁』，據改。』」[83]此亦以唐詩校勘宋詞之例，龍沐勛所引詩句，係出自王昌齡〈采蓮曲二首〉之二：「荷葉羅裙一色裁，芙蓉向臉兩邊開；亂入池中看不見，聞歌始覺有人來。」(卷一四三，頁一四四四)乍讀之下，實難見出詩詞之間有何關係。然「羅裾」之「裾」，係指衣服之前後襟，予人「長」形之印象，用以狀「圓」形荷葉，確乎唐突，固不如「羅裙」之恰當；況「羅裙」狀圓荷，乃唐詩用詞，龍氏據以校勘，亦較典實，故並錄爲一

---

82 詩中「天涯娟娟姮娥月」句，一本無「天涯」兩字；又：「三五二八盈又缺」句，一本無「二八」兩字。

83 見劉乃昌、楊慶存校注：《晁氏琴趣外編・晁叔用詞》(上海：上海古籍出版社，一九九一年二月第一版)，卷四，頁一五九。

例。

(六)周邦彥

詞例：〈應天長〉：

條風布暖，霏霧弄晴，池塘遍滿春色。正是夜堂無月，沉沉暗寒食。梁間燕，前社客。似笑我、閉門愁寂。亂花過，隔院芸香，滿地狼籍。　長記那回時，邂逅相逢，郊外駐油壁。又見漢宮傳燭，飛煙五侯宅。青青草，迷路陌。強帶酒、細尋前跡。市橋遠，柳下人家，猶自相識。（冊二，頁七六八）

校勘：此詞第四句，「夜堂」兩字，《詞譜》作「夜臺」[84]，應從之。蓋此句若作「夜堂」，詞意實不可解，以起首既云「條風布暖」，分明白日之景；而「夜堂」若轉寫夜間，則其下又如何見「梁間燕」及「亂花」？故宜作「夜臺」為是。「夜臺」，即墳墓，亦可借指陰間；語出南朝梁沈約〈傷美人〉賦：「曾未申其巧笑，忽淪軀於夜臺。」[85]周邦彥此詞，既寫寒食，則祭掃陰間故人之時，自易起傷逝悼亡之情；如此亦無日夜錯倒之失。李白〈哭宣城善釀紀叟〉詩云：「紀叟黃泉裡，還應釀老春。夜臺無曉日，沽酒與何人。」[86]（卷一八四，頁一八八六）比較詩詞，則見周詞該句，亦頗有化用李詩「夜臺無曉日」之意，

84 見《詞譜》（版本同注46），冊一，卷八，頁五二九。

85 見明張溥編《漢魏六朝百三家集・沈隱侯集》卷一，臺北：新興書局，一九六三年二月初版，冊七四，頁二八九七。

86 此詩詩題，一作〈題戴老酒店〉；詩云：「戴老黃泉下，還應釀大春；夜臺無李白，沽酒與何人。」

故作「夜臺」爲是。

(七)毛　滂

詞例：〈散餘霞〉：

牆頭花口寒猶噤。放繡簾晝静。簾外時有蜂兒，趁楊花不定。　闌干又還獨憑。念翠低眉暈。春夢枉惱人腸，更厭厭酒病。（冊二，頁八九一）

校勘：此詞起首第四字，《全宋詞》作空圍，《彊村叢書・東堂詞》作「口」，《御選歷代詩餘》卷十一作「蕊」。[87]按：此處作「口」爲是，白居易〈酬南洛陽早春見贈〉詩云：「寒縋柳腰收未得，暖熏花口噤初開。」（卷四五九，頁五二三〇）毛詞首句，顯化自白詩而反用之，以道牆頭花因冷寒而仍閉口未開也。故空圍宜正作「口」字。

(八)鄭少微

詞例：〈思越人〉：

欲把長繩繫日難。紛紛從此見花殘。休將世事兼身事，須看人間比夢間。　紅燭繼，豔歌闌。等閒留客卻成歡。勸君更盡一杯酒，贏得浮生半日閒。（冊二，頁八九九）

校勘：此係集句詞，上片第三句，集自韓愈〈遣興〉詩：「斷送一生惟有酒，尋思百事不如閒；莫憂世事兼身事，須著人間比夢間。」（卷三四三，頁三八五二）詩詞對照，則知《全宋詞》

---

87 見《彊村叢書・東堂詞》（版本同注34），冊四，頁一〇四三；《御選歷代詩餘》（臺北：廣文書局，一九七二年五月初版），冊二，卷一一，頁二二一。

「須看」之「看」字，應正作「著」字；「須著」，猶言「須把」也。而此句宋人集之入詞，尚有歐陽脩〈減字木蘭花〉（傷懷離抱）：「細想前歡，須著人間比夢間。」（冊一，頁一五八），以及蘇軾〈南鄉子〉（何處倚欄干），已見本文「蘇軾」欄下例三引錄，茲不贅。查諸引用此句者，均作「須著」，益證此詞「看」字之誤。

參、結　語

本章既以平日閱讀《全宋詞》所見北宋詞，舉其中可運用唐詩校勘之作品，凡十四人，三十四闋，三十九例（含前期六人，十三闋，十四例；後期八人，二十一闋，二十五例），詳細予以分析。爲便檢覽對照，爰就所勘正之字詞、詞題等，作一統整如次：

一、北宋前期

(一)柳　永

詞例：〈永遇樂〉（天閣英游）：「且乘閒、孫閣長開」（冊，頁三三），此中「孫閣」之「孫」字，宜正作「弘」。

(二)晏　殊

例一：〈浣溪沙〉（三月和風滿上林）：「向誰分付紫檀心」（冊一，頁一一二），此中「紫檀心」之「檀」字，宜正作「臺」。

例二：〈浣溪沙〉（楊柳陰中駐彩旌）：「雨條煙葉繫人情」（冊一，頁一一四），此中「雨條」之「雨」字，宜正作「風」。

例三：〈連理枝〉起首：「玉字秋風至」（冊一，頁一三七），此中「玉字」之「字」，宜正作「宇」。

(三)滕宗諒

詞例：〈臨江仙〉（湖水連天天連水）：「微聞蘭芝動芳馨」（冊一，頁一四一），此中「蘭芝」之「芝」字，宜正作「芷」。

(四)歐陽脩

詞例：〈漁家傲〉（別恨長長歡計短）：「香蛾有恨東南遠」（冊一，頁一六六），此中「香蛾」兩字，宜正作「星娥」。

(五)王安石

例一：〈甘露歌〉之三（天寒日暮山谷裏）：「池上漸多枝上稀」（冊一，頁二六四），此中「池上」之「池」字，宜正作「地」。

例二：〈浣溪沙〉起句：「百畝中庭半是苔」（冊一，頁二六五），此中「中庭」兩字，宜正作「庭中」；而「山桃溪杏兩三栽」句中之「溪」字，宜正作「野」。

例三：〈南鄉子〉（自古帝王州）：「上盡層城更上樓」（冊一，頁二六六），此中「層城」之「層」字，宜正作「重」。

(六)晏幾道

例一：〈阮郎歸〉起首：「晚妝長趁景陽鐘」（冊一，頁三〇七），此中「晚妝」之「晚」字，宜正作「曉」。

例二：〈浪淘沙〉（麗曲醉思仙）：「多少雨條煙葉恨」（冊一，頁三一五），此中「雨條」之「雨」，宜正作「風」。

例三：〈訴衷情〉（都人離恨滿歌筵）：「星屏別後千里」（冊一，頁三一七），此中「星屏」兩字，宜正作「屏星」。

例四：〈點絳脣〉（碧水東流）：「漫題涼葉津頭寄」（冊一，頁三一八），此中「涼葉」之「涼」，宜正作「桐」。

二、北宋後期

(一)蘇　軾

例一：〈雨中花〉（今歲花時深院）：「蕩颺茶煙」（冊一，頁三六三），此中「蕩颺」之「蕩」字，宜正作「輕」；而「清商不暇餘妍」之「暇」字，宜正作「假」。

例二：〈南鄉子〉（寒玉細凝膚）：「芳時偷得醉工夫（白居易）」（冊一，頁三七六），此中「白居易」三字，宜正作「鄭遨」。

例三：〈南鄉子〉（何處倚闌干）：「老去愁來強自寬」（冊一，頁三七六），此中「愁來」兩字，宜正作「悲秋」；而「明鏡借紅顏」之「借」字，宜正作「惜」。

例四：〈三部樂〉（美人如月）：「且惜取、少年花發」（冊一，頁三八四），此中「少年」兩字，宜正作「年少」。

例五：〈殢人嬌〉（白髮蒼顏）：「更髻鬟生彩」（冊一，頁三九七），此中「生彩」之「彩」字，宜正作「菜」。

例六：〈訴衷情〉（錢塘風景古來奇）：「心已誓江西」（冊一，頁三九八），此中「誓」字，宜正作「浙」。

例七：〈浣溪沙〉起句：「醉夢醺醺曉未蘇」（冊一，頁四〇五），此中「醺醺」兩字，宜正作「昏昏」；而「小槽春酒凍真珠」之「凍」字，宜正作「滴」。

例八：〈浣溪沙〉（傾蓋相逢勝白頭）：「願爲辭社宴春秋」（冊一，頁四一〇），此中「辭社」之「辭」字，宜正作「同」。

例九：〈荷華媚〉起句：「霞苞電荷碧」（冊一，頁四一二），此中「電荷」之「電」字，宜正作「霓」；而「妖邪無力」之「妖」字，宜正作「夭」，「夭邪」兩字並宜讀若「鴉茶」。

(二)黃庭堅

例一：〈浣溪沙〉起句：「新婦灘頭眉黛愁」（冊一，頁五一四），此中「灘頭」之「灘」字，宜正作「磯」。

例二：〈鷓鴣天〉（塞雁初來秋影寒）之詞題「重九日集句」（冊一，頁五二八）五字，宜挪至下闋；亦即作爲同調「節去蜂愁蝶不知」闋之詞題。

(三)秦　觀

詞例：〈調笑令〉（回顧）：「桿撥檀槽鸞對舞」（冊一，頁五九八），此中「桿撥」之「桿」字，宜正作「捍」。

㈣賀　鑄

例一：〈望西飛〉（十分持酒每□□）：「望斷西風」（冊一，頁六六二），此中「西風」之「風」字，宜正作「飛」。

例二：〈擁鼻吟〉（別酒初銷）：「萬恨龍鍾，篷下對語。」（冊一，頁六七七），此中「萬恨」兩字，宜正作「葛服」。

例三：〈木蘭花〉（羅襟粉汗和香浥）：「西風燕子會來時」（冊一，頁六八一），此中「西風」之「風」字，宜正作「飛」。

例四：〈采蓮回〉（翡翠樓高簾幕薄）：「平湖一鏡綠萍開」（冊一，頁六八七），此中「一鏡」之「鏡」字，宜正作「徑」。

㈤晁補之

例一：〈洞仙歌〉（當時我醉）：「一望一見心絕」（冊一，頁七一九），此中「一見」之「一」字，宜正作「不」。

例二：〈水龍吟〉（滿湖高柳搖風）：「羅裾凌亂」（冊一，頁七三五），此中「羅裾」之「裾」字，宜正作「裙」。

㈥周邦彥

詞例：〈應天長〉（條風布暖）：「正是夜堂無月」（冊二，頁七六八），此中「夜堂」之「堂」字，宜正作「臺」。

(七)毛　滂

詞例：〈散餘霞〉起首「牆頭花□寒猶噤」（冊二，頁八九一），此中空圍，宜正作「口」字。

(八)鄭少微

詞例：〈思越人〉（欲把長繩繫日難）：「須看人間比夢間」（冊二，頁八九九），此中「須看」之「看」字，宜正作「著」。

鄧廣銘《稼軒詞編年箋注》正補

——以引用唐詩為例

壹、前　言：《稼軒詞》編年箋注概述

宋、劉克莊《後村題跋》卷二〈劉叔安感秋八詞跋〉云：「近歲放翁、稼軒一掃纖艷，不事斧鑿，高則高矣，但時時掉書袋，要是一癖」[1]；清、吳衡照《蓮子居詞話》卷一云：「辛稼軒別開天地，橫絕古今，《論》、《孟》、《詩》小序、《左氏春秋》、《南華》、《離騷》、《史》、《漢》、

[1] 本段文字時見詞家引用，皆謂出自《後村詩話》，然筆者遍翻該詩話之前集、後集、續集、新集，均未見載，而係見載於《後村題跋》卷二，收錄於金啓華、張惠民等編《唐宋詞集序跋匯編》（臺北：臺灣商務印書館，一九九三年二月臺灣初版），頁二五三。

《世說》、選學、李杜詩，拉雜運用，彌見其筆力之峭」。[2]此兩段評論，均強調辛棄疾（原字坦夫，後改字幼安，中年後別號稼軒居士）塡詞，用典極其繁富；甚且拉雜運用，變化多端，因之欲探得真相，難度可見。況《稼軒詞》近六百三十闋[3]，數量居兩宋之冠，欲逐闋箋注，洵非易事也。而鄧廣銘先生，自一九三七年至一九三九年間，費時兩年有餘，乃能將之編年箋注[4]，且爲目前所見，最詳盡、周備之唯一著作（以下簡稱「鄧注本」），其有功於詞壇，有助學者之閱讀、研究，自不待贅言。

然憑一人之力，欲將典繁量夥之《稼軒詞》，箋注完備，體例劃一，以今日各種電子檢索銳出、工具書與資料影印稱便之時代，尚覺戛戛其難；況乎六十餘年前，全憑人工搜尋、抄錄，欲求完美無缺，勢有不能。而後人既無可與鄧注本並駕之著作印行[5]，鄧注本亦確乎存在不少

---

2 收錄於唐圭璋主編《詞話叢編》（臺北：新文豐出版公司，一九八八年二月臺一版），冊三，頁二四〇八。

3 據鄧廣銘增訂本《稼軒詞編年箋注．增訂三版題記》（上海：上海古籍出版社，一九九三年十月第一版，一九九八年十二月第3次印刷）統計，稼軒詞凡六百二十九闋（頁一二）；如扣去〈西江月〉（堂上謀臣帷幄）、〈清平樂〉（新來塞北）兩闋存疑詞，餘計六百二十七闋。

4 鄧廣銘箋注《稼軒詞》之時間，見於鄧氏一九五六年十一月十八日所作之〈題記〉中；該〈題記〉係應《稼軒詞編年箋注》第一次出版而作，時爲一九五七年十一月。本文所採之底本，則爲一九九三年十月增訂三版；發行書局參注3。

5 箋注《稼軒詞》之著作，早於鄧廣銘者，有梁啓勳《稼軒詞疏證》（臺北：廣文書局，一九七七年一月初版），此書偏重於文字之校勘，人名、地名之考索，以及作品之編年。而與鄧先生同時進行箋注者，則有先師鄭騫先生，書名《稼軒詞校注》，時當一九四〇年，先師任教燕京大學中文系之際；唯此書雖攜帶來台，終未付梓，目前亦不知其下落，殊覺遺憾！

問題，因之予以補正之單篇論文，乃不斷出現；即鄧氏本人亦於該書再版時，自我補正不少。[6]此中，吳小如、吳企明、陶今雁等人，對於鄧注本之內容或體例，均曾提供不少建議。[7]而筆者近年來既著力於宋詞與唐詩之對應研究，發現辛詞借鑒唐詩之處，亦俯拾皆是。乃就鄧注本中，涉及唐詩者，逐一檢索；並針對失題、詩題出入、引詩單、雙句不一等體例問題，以及失注、漏注、誤注與引詩內容有異等問題，歸納草成本文，以就教於同行方家，並期鄧注本再度重版發行時，能有些許裨益。

為省篇幅，凡引鄧注本之頁碼，逕隨例證標出；所引唐詩，則依康熙敕撰《全唐詩》[8]，

---

6 鄧廣銘箋注《稼軒詞》及其出版之情形，謹依鄧先生諸〈題記〉及黃文吉《詞學研究書目》（臺北：文津出版社，一九九三年四月初版）、林玫儀《詞學論著總目》（臺北：中央研究院中國文哲研究所籌備處，一九九五年六月初版）著錄，概述如次：一九三七至一九三九年間，鄧先生著手箋注《稼軒詞》，一九五七年十一月付梓，由上海：上海古典文學出版社印行。一九六二年十月，鄧先生首度修訂再版，由上海：中華書局印行；一九七八年一月二度修訂付梓，由上海：上海古籍出版社印行（按：據吳小如〈鄧廣銘《稼軒詞編年箋注》（卷一）摭遺〉後記稱：「恭三先生復以一九七八年四月之重訂本見惠」，恭三為鄧廣銘字號，出處見注7。據此則出版時間宜在四月，與黃、林著錄略有出入）；一九九三年十月，三度修訂出版，仍由上海古籍出版社印行。

7 吳小如論文，名曰〈鄧廣銘《稼軒詞編年箋注》（卷一）摭遺〉，收入所著《讀書叢札》（香港：中華書局，一九八二年一月初版），頁五五九至六三四。吳企明論文，名曰〈《稼軒詞補注》釋例〉，見載於《江蘇師院學報》，一九八二年一期，頁七0至七六。陶今雁論文，名曰〈稼軒詞脫化前人詩詞補遺——鄧廣銘《稼軒詞編年箋注》讀后〉，原載於《江西師範大學學報・哲社版》，一九八五年二月，頁八九至九六；見收於《中國古代近代文學研究》，一九八五年十一期，頁一一八至一二五。至於直接寫信給鄧廣銘先生，提出增補資料者，據鄧先生〈題記〉所稱，尚有劉永溍、李伯勉等人。見同注3，頁五。

8 臺北：盤庚出版社，一九七九年二月第一版。

卷數、頁碼，亦以所舉版本爲主，逕標於該詩之後，除非必要，不再一一附註。

貳、正　文

如前所述，鄧注本在體例與內容兩方面，均存在不少問題，本文爰舉此中與唐詩有關者，分：一、失題與失引一句；二、詩題、內容或作者出入；三、誤注、漏注或失注，凡三部分，逐一正補如次：

一、失題與失引一句

鄧注本在〈例言〉中曾謂：「茲編之注釋，唯以徵舉典實爲重。其在詞藻方面，則融經鑄史、驅遣自如，原爲辛詞勝場之一，故凡其確爲脫意前人或神化古句者，亦皆爲之尋根抉原，注明出典」[9]，而觀夫鄧氏「注明」之原則，係先臚列作者、書名（或篇名）、卷數，而後再直引或節錄原文；此中，引詩又以引兩句爲常見。雖然，鄧注本初、二版時，「失題」之處仍多，三版則

[9] 同注3，頁四六。

幾乎補全；且凡補題者，引詩均爲兩句，其欲統一體例之用心可見。然原已標題而僅引一句者，三版時仍未補引；而三版新補之資料，體例猶未精審，以致「失引一句」之現象仍夥。茲先歸納「失題」之例如次：

1.頁二四行一二，「管弦句」，引唐・鄭處誨《明皇雜錄》錄王維詩，題作〈菩提寺禁裴迪來相看說逆賊等凝碧池上作音樂供奉人等舉聲便一時淚下私成口號誦示裴迪〉（卷一二八，頁一三〇八）；此中「秋槐零落深宮裏」一句，《全唐詩》作「秋槐葉落空宮裏」，有兩字之異，可加按語說明之。

2.頁一六四行五，「蘸甲」，引宋・朱翌《猗覺寮雜記》錄杜牧詩，題作〈後池泛舟送王十〉（卷五二四，頁六〇〇一），所引兩句爲：「爲君蘸甲十分飲，應見離心一倍多。」可加按語說明之。

3.頁二〇九行一四，「記取二句」，引宋・王直方《王直方詩話》錄韋應物詩，題作〈示全真元常〉（卷一八八，頁一九二二）；此中「寧知風雨夜」之「雨」字，《全唐詩》作「雪」，可加按語說明之。

4.頁二六七行一六，「罨畫樓」，引宋・高似孫《緯略》錄秦韜玉詩，題作〈送友人罷舉授南陵令〉（卷六七〇，頁七六六〇），可加按語說明之。[10]

5.頁二八一行三，「卻笑句」，引唐・范攄《雲溪友議》錄靈徹詩，題作〈東林寺酬韋丹刺史〉

---

[10] 鄧注引高似孫《緯略》，並錄盧贊元詩。按：盧贊元，乃宋・盧襄，「花外」兩句爲其殘句，見收於《全宋詩》冊二四（北京：北京大學出版社，一九九五年十一月第一版），卷一四〇八，頁一六二二一。

（卷八一〇，頁九一三三）。此中「相逢盡道休官去」之「去」字，《全唐詩》作「好」；作者「靈徹」之「徹」，《全唐詩》作「澈」，可加按語說明之。

6.頁四四〇行四，「最憐二句」，引杜牧詩，宜補題〈赤壁〉（卷五二三，頁五九八〇）。而此首一作李商隱詩，見《全唐詩》卷五四一，頁六二五四。

7.頁四五三行一一，「問丹桂」，引馮道詩，宜補題〈贈竇十〉（卷七三七，頁八四〇五）。

8.頁四五三行一五，「看取二句」，引宋．計有功《唐詩紀事》錄孟郊詩，題爲〈登科後〉（卷三七四，頁四二〇五）。此詩第二句，「今朝放蕩思無涯」之「放蕩」，一作「曠蕩」，而此句本又作「今日坦然未可涯」；鄧注本「思」字錯排爲「恩」，宜正之。此詩第三句「春風得意馬蹄疾」之「春風」，一作「青春」。而此詩又見頁二九七行一六引，宜並補題。

9.頁五五八行一四，「只緣句」，引《唐詩紀事》錄孟浩然詩，題作〈歲暮歸南山〉（卷一六〇，頁一六五一）；一作〈歸故園作〉，一作〈歸終南山〉，均可加按語說明之。

10.頁五七六行一二，「香噴二句」，引羅隱詩，宜補題〈寄前宣州竇常侍〉（卷六六三，頁七五九八）；此中「常侍」二字，一作「尚書」。

以上十例中，6.7.10.三例，均爲鄧注本引唐詩而「失題」，固宜補之；其他七例，雖屬間接錄自雜記、詩話之屬，本無詩題，而注者苟能加按語說明之，益便讀者檢索。茲更舉作者、詩題已具，而「失引一句」之例如次：

1.頁六行八，「彩雲」，引李白〈鳳凰曲〉，宜補足兩句：「影滅彩雲斷，遺聲落西秦」（卷一六五，頁一七一〇）。

2.頁八行三，「要挽二句」，引李白〈永王東巡歌〉，宜補足兩句：「但用東山謝安石，爲君誤笑靜胡沙」（卷一六七，頁一七二五）；此中「靜胡沙」之「靜」，鄧注本作「淨」。而此詩凡十一首，所引詩句見第二首；詩題下並附云：「永王璘，明皇子也。天寶十五年，安祿山反，詔璘領山南、嶺南、黔中、江南四道節度使。十一月，璘至江陵，募士得數萬，歲有窺江左意；十二月，引舟師東巡。」

3.頁一二行一〇，「長日句」，引張固《幽閒鼓吹》錄李遠詩，乃其殘句，原作：「青山不厭三杯酒，長日惟消一局棋。」（卷五一九，頁五九三六）並注明錄自《唐語林》[1]，宜加說明；而「惟消」兩字，鄧注本作「唯銷」。

4.頁一五行四，「冰壺」，引許渾〈天竺寺題葛洪井〉詩，宜補足兩句：「雲朗鏡開匣，月寒冰在壺」（卷五三〇，頁六〇六〇）。

5.頁一五行七，「雲液」，引白居易〈對酒閒吟贈老者〉詩，宜補足兩句：「雲液灑六腑，陽和生四肢」（卷四五九，頁五二二二）；而詩題亦漏一「同」字，宜正作〈對酒閒吟贈同老者〉。

6.頁一八行一四，「冷浸句」，引李賀〈江南弄〉，宜補足兩句：「吳歈越吟未終曲，江上團團帖寒玉」（卷二一，頁二七六），唯鄧注本「帖」字作「貼」。

7.頁一八行一六，「難邈」，引韓愈「楸樹」詩，宜補足兩句：「不得畫師來貌取，定知難見一生

---

[1]《唐語林》，爲宋・王讜撰，凡八卷，列入《四庫全書》子部小說家類。另有《裴子語林》，乃晉・裴啓撰，而鄧注本頁七一行一三，誤作「裴秀」，宜正之。

中」(卷三四三，頁三八五二)，此中「貌」字下注云「音邈」。至若此詩詩題問題，參下節例2.。

8.頁二六行三，「愁腸殢酒」，引韓偓〈有憶〉詩，宜補足兩句：「愁腸殢酒人千里，淚眼倚樓天四垂」(卷六八三，頁七八四二)；此中「殢酒」之「殢」，一作「泥」。

9.頁三四行三，「斫去二句」，引韓愈〈月蝕詩效玉川子作〉詩，宜補足兩句：「依前使兔操杵臼，玉階桂樹閒婆娑」(卷三四〇，頁三八一九)；題下並附云：「憲宗元和五年，時爲河南令。」

10.頁三四行一二，「玉簪句」，引韓愈〈送桂州嚴大夫〉詩，宜補足兩句：「江作青羅帶，山如碧玉簪」(卷三四四，頁三八六四)；而詩題亦宜正作〈送桂州嚴大夫同用南字〉，題下並附云：「嚴謨也，題下或有「赴任」二字。」

11.頁三四行一三，「落日句」，引杜甫〈越王樓歌〉，宜補足兩句：「樓下長江百丈清，山頭落日半輪明」(卷二二〇，頁二三一四)；此中「山頭」兩字，鄧注本作「樓頭」，蓋依清·楊倫《杜詩鏡銓》本。[12]而詩題並附云：「太宗子越王貞爲綿州刺史，作臺於州城西北，樓在臺上。」

12.頁三八行九，「三十六宮」，引駱賓王〈帝京篇〉詩，宜補足兩句：「秦塞重關一百二，漢家離宮三十六」(卷七七，頁八三四)。

13.頁四二行八，「西北句」，引杜甫〈小寒食舟中〉詩，宜補足兩句：「雲白山青萬餘里，愁看直北是長安」(卷二三三，頁二五七七)；此中「直北」之「直」，一作「西」。

14.頁四五行四，「上界句」，引韓愈〈酬盧給事〉詩，宜補足兩句：「上界真人足官府，豈如散仙

---

[12] 見清·楊倫《杜詩鏡銓》(臺北：華正書局，一九八一年五月初版)，卷九，頁四〇九。

鞭笞鸞鳳終日相追陪」（卷三四二，頁三八三三）。而此詩又見鄧注本頁一四一行三引，正引兩句，唯詩題作〈酬盧給事曲江荷花行見寄詩〉，詳略有別；經筆者查《全唐詩》，始知原題爲〈奉酬盧給事雲夫四兄曲江荷花行見寄并呈上錢七兄（徽）閣老張十八助教〉，鄧先生既爲之節略，則兩處宜求一致。而此詩「鞭笞鸞鳳」一語，又見稼軒〈山鬼謠〉（問何年、此山來此）引用，見頁一七六行一二。

15.頁五五行五，「山無句」，引劉禹錫〈金陵懷古〉詩，宜補足兩句：「山圍故國周遭在，潮打空城寂寞回」；而詩題亦宜改作〈金陵五題・石頭城〉（卷三六五，頁四一一七），以劉禹錫尚有一首〈金陵懷古〉詩[13]，萬不可混淆。

16.頁五七行一三，「悵絕代句」，引杜甫〈佳人〉詩，宜補足兩句：「絕代有佳人，幽居在空谷」（卷二一八，頁二二八七）；此中「空谷」之「空」，一作「山」。

17.頁五八行二，「高欲臥二句」，引杜甫〈游龍門奉先寺〉詩，宜補足兩句：「天闕象緯逼，雲臥衣裳冷」（卷二一六，頁二二五三）；此中「天闕」兩字，或作「天闊」、「天閱」、「天闚」、「天開」。題下並附云：「龍門即伊闕，一名闕口，在河南府北四十里。」

18.頁七七行一五，「千山綠」，引李賀〈河南府試十二月樂詞〉，宜補足兩句：「曉涼暮涼樹如蓋，千山濃綠生雲外」（卷三九〇，頁四三九七）；而此兩句係見於「四月」詩中，故宜題作〈河南府試十二月樂詞・四月〉。

13 劉禹錫〈金陵懷古〉詩，見於《全唐詩》冊六，卷三五七，頁四〇一七。

19. 頁八六行一二，「天顏有喜」，引杜甫〈紫宸殿退朝〉詩，宜補足兩句：「晝漏希聞高閣報，天顏有喜近臣知」（卷二二五，頁二四〇九）；此中「希聞」兩字，一作「聲聞」，詩題原作〈紫宸殿退朝口號〉。

20. 頁九七行四，「寶釵分」，引元稹〈會真詩〉，宜補足兩句：「寶釵行彩鳳，羅帔掩丹虹」（卷四二二，頁四六四四）；詩題亦宜改作〈會真詩三十韻〉。

21. 頁九九行八，「紅雨」，引李賀〈將進酒〉，宜補足兩句：「況是青春日將暮，桃花亂落如紅雨」（卷一七，頁一七〇）。

22. 頁一二二行五，「羞郎」，引元稹《會真記》詩，宜補足兩句：「不爲旁人羞不起，爲郎憔悴卻羞郎」（卷八〇〇，頁九〇〇二）。唯《全唐詩》歸入崔鶯鶯詩，詩題爲〈寄詩〉，一作〈絕微之〉。

23. 頁一二四行一一，「賸欠句」，引羅隱〈江南行〉，宜補足兩句：「水國多愁又有情，夜槽壓酒銀船滿」（卷六六五，頁七六一一）。又：頁三七一行一二「水槽句」引此詩，亦宜比照處理。

24. 頁一二九行五，「翳鳳驂鸞」，引杜甫〈寄韓諫議〉詩，宜補足兩句：「玉京群帝集北斗，或騎騏驎翳鳳凰」（卷二二〇，頁二三二四）；而鄧注本引此聯下句，作「或騎麒麟翳鳳凰」，蓋從清・楊倫《杜詩鏡銓》，唯該書題作〈寄韓諫議注〉，鄧注本此處並未從之，而係依《全唐詩》詩題。[14]然頁四六九行一四再引此詩，乃題作〈寄韓諫議注〉，前後顯不一致。

---

14 見同注12，卷一六，頁七九九八。而《全唐詩》題下附考云：「舊本有『注』字。一云『注』乃『泫』之誤，韓休之子泫，上元中爲諫議大夫，此詩爲李泌隱衡山而作，欲諫議貢薦之也。」

25.頁一三七行一〇，「鳳尾句」，引鄭嵎〈津陽門〉詩，宜補足兩句：「玉奴琵琶龍香撥，倚歌促酒聲嬌悲。」（卷五六七，頁六五六三）。[15]

26.頁一五〇行五，「冰雪面」，引白居易〈游悟寺〉詩，宜補足兩句：「斗藪塵埃衣，禮拜冰雪顏」（卷四二九，頁四七三四）；而此詩詩題，亦宜改作〈游悟真寺詩一百三十韻〉，鄧注本「悟真寺」作「悟寺」，漏字顯然；該書頁五五六行五引此詩，題即正確。

27.頁一五五行一四，「漲痕句」，引張祜〈和岳州徐員外雲夢新亭〉詩，宜補足兩句：「樹失湘潭髮，山明楚塞漚」；原題作〈和岳州徐員外雲夢新亭二十韻〉。[16]

28.頁一五七行八，「四更句」，引杜甫〈月〉詩，宜補足兩句：「四更山吐月，殘夜水明樓」（卷二三〇，頁二五三二）。而此詩又見鄧注本頁二〇三行一四、頁二六一行一二引，正如此處理。

29.頁一六九行六，「有人家二句」，引杜牧〈山行〉詩，宜補足兩句：「遠上寒山石徑斜，白雲生處有人家」（卷五二四，頁五九九九）。

30.頁一八一行一五，「瓊瑤」，引韓愈〈酬王二十舍人雪中見寄〉詩，宜補足兩句：「今朝蹋作瓊瑤跡，爲有詩從鳳沼來」（卷三四三，頁三八四五）；此中「詩從」兩字，一作「詩仙」。而詩題

---

[15] 此聯下附注云：「上皇善吹笛，常寶一紫玉管；貴妃妙彈琵琶，其樂器聞於人間者，有邏逤檀爲槽，龍香柏爲撥者。上每執酒卮，必令迎娘歌〈水調〉曲遍；而太真輒彈弦倚歌，爲上送酒。內中皆以上爲三郎，玉奴乃太真小字也。」

[16] 見陳尚君輯校《全唐詩補編》（北京：中華書局，一九九二年十月第一版）上冊〈全唐詩補逸〉卷一〇，頁二〇三。

「王二十舍人」後，亦有一「涯」字；可知此舍人即「王涯」也。

31.頁一八五行一二，「又携書劍」，引溫庭筠〈留別裴秀才〉詩，宜補足兩句：「三獻無功玉有瑕，更攜書劍客天涯」（卷五三三，頁六〇九〇）；而詩題一作〈別劉秀才〉，作者亦宜正作「許渾」，鄧注本顯然有誤。

32.頁一九三行五，「桑麻句」，引韓愈〈寄盧仝〉詩，宜補足兩句：「每騎屋山下窺闞，渾舍驚怕走折趾」（卷三四〇，頁三八〇九），題下附註云：「憲宗元和六年河南令時作」；此中「屋山」二字，一作「屋上」。

33.頁一九五行九，「蒼髯如戟」，引李白詩〈司馬將軍歌〉，宜補足兩句：「身居玉帳臨河魁，紫髯若戟冠崔嵬」（卷一六三，頁一六九四）；題下附註云：「以代隴上健兒陳安」。

34.頁二〇四行一，「關山笛」，引杜甫〈洗兵馬〉，宜補足兩句：「三年笛裡關山月，萬國兵前草木風」（卷二一七，頁二二七九）；題下附原註云：「收京後作」。

35.頁二〇四行八，「誰傾二句」，引杜甫〈岳麓山道林二寺行〉詩，宜補足兩句：「地靈步步雪山草，僧寶人人滄海珠」（卷二二三，頁二三七九）。

36.頁二一六行二，「背人句」，引溫庭筠〈渭上題〉詩，宜補足兩句：「橋上一通名利跡，至今江鳥背人飛」（卷五七九，頁六七三〇）。詩題亦宜正作〈渭上題三首〉之一；而標點誤排，並宜正之。

37.頁二二一行五，「玉簫句」，引杜牧〈傷友人悼吹簫妓〉詩，宜補足兩句：「玉簫聲斷沒流年，滿目春愁隴樹煙」（卷五二四，頁六〇〇九）。此中「隴樹」之「樹」，一作「上」；而鄧注本「聲斷」二字，作「聲遠」，亦有一字之異。

38.頁二二二行四，「翠被句」，引李商隱〈夜冷〉詩，宜補足兩句：「西亭翠被餘香薄，一夜將愁向敗荷」（卷五四一，頁六二二二）。

39.頁二二三行九，「掌上明珠」，引杜甫〈戲作寄上漢中王〉詩，宜補足兩句：「雲裡不聞雙雁過，掌中貪看一珠新」（頁二二七，頁二四六七）。此中「貪看」之「看」，一作「見」；而詩題亦宜正作〈戲作寄上漢中王二首〉之一。

40.頁二二六行五，「更言語句」，引白居易〈琵琶行〉，宜補足兩句：「間關鶯語花底滑，幽咽泉流水下灘」（卷四三五，頁四八二一）。此中「水下灘」三字，一作「冰下難」；而題下附有長序，茲從略。

41.頁二四二行一一，「五十絃」，引李商隱〈錦瑟〉詩，宜補足兩句：「錦瑟無端五十絃，一絃一柱思華年」（卷五三九，頁六一四四）。

42.頁二四三行一四，「貴賤句」，引白居易〈浩歌行〉，宜補足兩句：「賢愚貴賤同歸盡，北邙冢墓高嵯峨」（卷四三五，頁四八一一）。

43.頁二五九行六，「鼎羹調」，引釋貫休〈酬李相公見寄〉詩，宜補足兩句：「鹽梅金鼎美調和，詩寄空林問訊多」（卷八三五，頁九四一〇）；而詩題「李相公」，原作「韋相公」，鄧注本顯然誤排。

44.頁二六三行一〇，「買羊沽酒」，引韓愈〈寄盧仝〉詩，宜補足兩句：「買羊沽酒謝不敏，偶逢明月曜桃李」（出處同例32.）而此詩觀鄧注本頁二九一行九引，正如此處理。

45.頁二七六行五，「兩行句」，引杜牧〈兵部尚書席上作〉詩，宜補足兩句：「偶發狂言驚滿座，兩行紅粉一時回」（卷五二五，頁六〇一八）；此中「偶發」，一作「忽發」，「兩行紅粉」，一作「三重粉面」，而鄧注本乃作「兩行紅袖」，不知所據爲何？至若詩題，「尚書」兩字，一作「李尚書」，並錄供參。

46.頁二七六行九，「天長地久」，引白居易〈長恨歌〉，宜補足兩句：「天長地久有時盡，此恨綿綿無絕期」（卷四三五，頁四八二〇）；此中「無絕期」之「絕」，一本作「盡」。而此詩題下附有長序，茲從略。

47.頁二七九行二，「兩行句」，引杜牧〈兵部尚書席上作〉詩，宜補足兩句，詳參例45。又引杜牧〈寄杜子〉詩，亦宜補足兩句：「不識長楊事北胡，且教紅袖醉來扶」（卷五二四，頁六〇〇六）；而詩題宜作〈寄杜子二首〉之一。

48.頁二九〇行一四，「百年雙鬢」，引杜甫〈戲題上漢中王〉詩，宜補上兩句：「百年雙鬢白，一別五秋螢」（卷二二七，頁二四六三）。此中「秋螢」兩字，一作「飛螢」；而詩題亦宜正作〈戲題寄上漢中王三首〉之一，題下原註云：「時王在梓州，初至，斷酒不飲，篇有戲述。漢中王瑀，寧王憲之子。」又：此詩與例39所引，不屬同一詩組，切莫混淆。

49.頁二九一行八，「李花四句」，引韓愈〈寒食日出遊〉詩，宜補足兩句：「李花初發君始病，我往看君花轉盛」（卷三三八，頁三七九三）；題下附「自註」，文長不錄。

50.頁二九六行七，「古今句」，引韓偓〈亂後春日途經野塘〉詩，宜補足兩句：「眼看朝市成陵谷，始信昆明是劫灰」（卷六八一，頁七八一四）；此中「是劫灰」之「是」，一作「有」。

51.頁二九八行一四，「先識句」，引杜甫〈詠懷古跡〉詩，宜補足兩句：「畫圖省識春風面，環珮空歸月夜魂」（卷二三〇，頁二五一〇）；而此詩詩題亦宜正作〈詠懷古跡五首〉之三，一作〈詠懷一章古跡四首〉。

52.頁三一二行八，「琉璃」，引杜甫〈渼陂行〉，宜補足兩句：「天地黤慘忽異色，波濤萬頃堆琉璃」（卷二一六，頁二二六一）；題下附註云：「陂在鄠縣西五里，周一十四里」。

53.頁三一六行一三，「遶屋二句」，引杜甫〈呈蘇渙侍御〉詩，宜補足兩句：「附書與裴因示蘇，此生已愧須人扶」（卷二二三，頁二三八一），鄧注本「此生」引作「此身」，顯誤；詩題亦宜正作〈暮秋枉裴道州手札率爾遣興寄近呈蘇渙侍御〉，此中「近呈」之「近」，一作「遞」。

54.頁三二一行一五，「記江湖句」，引杜甫〈冬狩行〉詩，宜補足兩句：「飄然時危一老翁，十年厭見旌旗紅」（卷二二〇，頁二三二五）；而詩題下原注云：「時梓州刺史章彝兼侍御史留後東川」。

55.頁三二七行九，「齒牙句」，引韓愈〈贈劉師服〉詩，宜補足兩句：「羨君齒牙牢且潔，大肉硬餅如刀截」（卷三四〇，頁三八一二）；而此詩詩題，一作〈贈劉師命〉。

56.頁三二八行四，「桃李二句」，引杜甫〈江畔獨步尋花〉詩，宜補足兩句：「江上被花惱不徹，無處告訴只顛狂」（卷二二七，頁二四五二）；詩題亦宜改作〈江畔獨步尋花七絕句〉之一。頁四五一行四引此詩，宜並補詩句。

57.頁三二九行九，「鶯燕句」，引杜甫〈漫興九首〉[17]，宜補足兩句：「即遣花開深造次，便

---

[17]《全唐詩》於此詩題下引《冷齋詩話》云：「『漫興』當作『漫與』，言即景率意之作也。蘇軾、黃庭堅、楊廷

教鶯語太丁寧」（卷二二七，頁二四五一）；此中「花開」之「開」，一作「飛」；「深造次」之「深」，一作「從」；「便教」之「教」，一作「覺」。而此詩句，見於九首之第一首。

58.頁三七一行一二，「水槽句」，引李賀〈將進酒〉詩，宜補足三句：「琉璃鍾，琥珀濃，水槽酒滴真珠紅」（卷一七，頁一七〇）；而此典已見鄧注本頁一二四行一一引，唯彼詳此略，體例不一。至若引羅隱〈江南行〉之處理，請參例23.。

59.頁三八七行一三，「移家句」，引杜甫〈飲中八仙歌〉，宜補足該段文字：「汝陽三斗始朝天，道逢麴車口流涎，恨不移封向酒泉。」（卷二一六，頁二二五九）；此中「道逢」之「逢」字，一作「見」。[18]

60.頁四一九行一四，「丹鳳二句」，引李商隱〈夢令狐學士〉詩，宜補兩句：「右銀臺路雪三尺，鳳詔裁成當直歸」（卷五三九，頁六一八一）。

61.頁四二〇行四，「天上句」，引韓愈〈憶昨行和張十一〉詩，宜補兩句：「踐蛇茹蠱不擇死，忽有飛詔從天來」（卷三三八，頁三七九四）。

62.頁四二七行一三，「山骨」，引韓愈〈石鼎聯句〉詩，宜補足兩句：「巧匠斲山骨，刳中事煎烹」

秀襲用之，俱押入語韻；姜堯章蟋蟀詞與段復之詞亦然。元以前未有讀作『興』字者，迨楊廉夫始作〈漫興七首〉，妄云學杜，其徒吳復從而傳會之，於是世人盡改杜集之『與』爲『興』矣。」

18 此詩「汝陽」下有小字注云：「讓皇帝長子璡，封汝陽王。」讓皇帝，指唐．李憲，以弟李隆基（即玄宗）有平韋氏之功，懇讓儲位於李隆基，後謚「讓皇帝」，事見《舊唐書》（臺北：鼎文書局，一九八九年十二月五版）冊四，卷九五，〈列傳〉第四十五，頁三〇〇九至三〇一五。

（卷七九一，頁八九一三）；而此詩作者宜正作「韓愈、劉師服、侯喜、軒轅彌明」[19]，所引詩句，爲劉師服之作，詩題下並附有長序，茲從略。

63. 頁四二九行三，「曲沼句」，引劉禹錫〈奉和中書崔舍人八月十五日夜玩月〉詩，宜補足兩句：「曲沼疑瑤鏡，通衢若象筵」（卷三六二，頁四〇九四）。此中「疑」字，鄧注本誤作「凝」。

64. 頁四三七行一三，「有美人二句」，引杜甫〈寄韓諫議〉詩，宜補足兩句：「美人娟娟隔秋水，濯足洞庭望八荒」（卷二二〇，頁二三二四）；而鄧注本頁四六九行一四引此詩，題作〈韓諫議注〉，此詩題之異，《全唐詩》於題下已考辨之，請參注14。

65. 頁四四〇行二，「明月句」，引李白〈月下獨酌〉詩，宜補足兩句：「舉杯邀明月，對影成三人」（卷一八二，頁一八五三）；而詩題宜作〈月下獨酌四首〉之一。

66. 頁四四一行六，「鴻雁」，引杜牧〈九日齊山登高〉詩，宜補足兩句：「江涵秋影雁初飛，與客携壺上翠微」（卷五二二，頁五九六六）；此中「齊山」二字，一作「齊安」。

67. 頁四五一行四，「被花惱」，引杜甫〈江畔獨步尋花七絕〉詩，宜補足兩句，詳本節例56。

68. 四五四行五，「東風吹雨」，引盧綸〈長安春望〉詩，宜補足兩句：「東風吹雨過青山，卻望千門草色閒」（卷二七九，頁三一七三）；此中「草色」之「草」，一作「柳」。

69. 頁四六二行一三，「立馬、窺牆」，引白居易〈新樂府井底引銀瓶〉詩，宜補足兩句：「牆頭馬上遙相顧，一見知君即斷腸」（卷四二七，頁四七〇七）。

---

[19] 《全唐詩》於題下並注云：「劉師服，進士；侯喜，字叔退，登貞元進士第，官終國子主簿。」

70. 頁四七二行一五，「翻覆句」，引杜甫〈貧交行〉，宜補足兩句：「翻手作雲覆手雨，紛紛輕薄何須數」(卷二一六，頁二二五四)。

71. 頁四八〇行七，「錦囊句」，引杜甫〈送孔巢父〉詩，宜補足兩句：「詩卷長留天地間，釣竿欲拂珊瑚樹。」(卷二一六，頁二二五九)；此中「珊瑚樹」三字，一作「三珠樹」。而此詩詩題原作〈送孔巢父謝病歸遊江東兼呈李白〉，鄧注特予以節錄也。

72. 頁四九五行九，「十三女兒」，引杜牧〈贈別二首〉詩，宜補足兩句：「娉娉褭褭十三餘，荳蔻梢頭二月初」(卷五二三，頁五九八八)；此中「褭褭」二字，鄧注本引作「裊裊」。

73. 頁五〇一行一〇，「五雲句」，引杜甫〈送李祕書赴杜相公幕〉詩，宜補足兩句：「南極一星朝北斗，五雲多處是三臺。」(卷二三一，頁二五四六)。而此詩詩題，《全唐詩》作〈送李八祕書赴杜相公幕〉，鄧注顯漏一「八」字；而「祕書」之「祕」，一作「校」。詩題下附原注云：「相公朝謁，今赴後期也；杜鴻漸以黃門侍郎同平章事鎮蜀。」

74. 頁五〇六行七，「澗紅句」，引韓愈〈山石〉詩，宜補足兩句：「山紅澗碧紛爛漫，時見松櫪皆十圍」(卷三三八，頁三七八五)。

75. 頁五二七行一〇，「關塞黑」，引杜甫〈夢李白〉詩，宜補足兩句：「魂來楓葉青，魂返關塞黑」(卷二一八，頁二二八九)；此中「楓葉」之「葉」，一作「林」；「魂返」之「魂」，一作「夢」。詩題原作〈夢李白二首〉，此爲其一；題下並附云：「李白臥廬山，永王璘反，迫致之。璘敗，坐繫尋陽獄，長流夜郎；久之，得釋。」

76. 頁五五六行四，「直須句」，引白居易〈答州民〉詩，宜補足兩句：「宦情斗擻隨塵去，鄉思銷磨逐日無」（卷四四一，頁四九二五）。

77.頁五七一行一一，「並蒂芳蓮」，引杜甫〈進艇〉詩，宜補足兩句：「俱飛蛺蝶元相逐，並蒂芙蓉本自雙」（卷二二六，頁二四三三）。

78.頁五八三行八，「鯨飲」，引杜甫〈飲中八仙〉詩，宜補足三句：「左相日興費萬錢，飲如長鯨吸百川，銜杯樂聖稱世賢」[20]（卷二一六，頁二二五九）；此中「稱世賢」之「世」，一作「避」。

綜上所列，可見鄧注增訂三版，雖費心統一體例，然錄唐詩「失引一句」者，仍有七十八處；此中例5.14.15.24.26.43.53.71.73.，詩題亦明顯疏誤；例31.62.則係誤題作者，均有待補充或校改。

二、詩題、內容或作者出入

鄧注本引唐詩，依筆者觀察，仍以《全唐詩》為主，詩題亦多依之。而詩題所以有出入，泰半由於詩題過長，鄧氏採節錄方式有以致之；少部分或緣依據不同，或緣排版疏誤，致發生扞格。而本節所舉，凡屬常見之詩題，如〈琵琶引並序〉作〈琵琶行〉；或節略而無大出入者，如〈絕句二首〉作〈絕句〉等，均不予計數。準此原則，謹據所見，臚列如次：

1.頁一五行七，「雲液」，引白居易詩，詩題漏一「同」字；已見前節「失引一句」例5.，茲不

---

20 杜甫〈飲中八仙〉詩，凡詠八人，使用句數不定：賀知章2句、汝陽王李璡3句、左相李適之3句、崔宗之3句、蘇晉2句、李白4句、張旭3句、焦遂2句，此處所述，正為左相李適之。

贅。

2.頁一八行一六，「難邈」，引韓愈〈楸樹〉詩，宜改題作〈遊城南十六首．楸樹〉，以此詩總題爲〈遊城南十六首〉，其下包含十六分題：〈賽神〉、〈題于賓客莊〉、〈晚春〉、〈落花〉、〈楸樹二首〉、〈風折花枝〉、〈贈同遊〉、〈贈張十八助教〉、〈題韋氏莊〉、〈晚雨〉、〈出城〉、〈把酒〉、〈嘲少年〉、〈楸樹〉、〈遺興〉（卷三四三，頁三八五〇至三八五二），據此可知鄧注所引者，乃第十五首。而鄧注本中，尚有頁三〇一行六、頁三九〇行一二，亦皆引此組詩中之〈晚春〉詩，宜並改題作〈遊城南十六首．晚春〉。

3.頁三四行一二，「玉簪句」，引韓愈詩，詩題漏「同用南字」四字；已見前節「失引一句」例10.，茲不贅。

4.頁三八行九，「潮到句」，引劉禹錫〈金陵五題〉詩，宜改題作〈金陵五題．石頭城〉，以此詩總題爲〈金陵五題〉，題下有序，其下包含五分題：〈石頭城〉、〈烏衣巷〉、〈臺城〉、〈生公講堂〉、〈江令宅〉（卷三六五，頁四一一七至四一一八）。而鄧注本中，頁二九二行七引〈烏衣巷〉詩，即題作〈金陵五題．烏衣巷〉，頗爲貼切。

5.頁四五行四，「上界句」，引韓愈〈奉酬盧給事〉詩，詩題之出入，已見前節「失引一句」例14.，茲不贅。

6.頁五五行五，「山無句」，引劉禹錫〈金陵懷古〉詩，詩題實誤，已見前節「失引一句」例15.，茲不贅。

7.頁七二行二，「渾來得二句」，引劉禹錫〈書懷寄河南尹兼簡分司崔賓客〉詩，宜改題〈郡齋書懷寄江南白尹兼簡分司崔賓客〉（卷三六〇，頁四〇六七）。

8.頁七五行九，「儒冠句」，引杜甫〈贈韋左丞丈〉詩，宜改題〈奉贈韋左丞丈二十二韻〉（卷二一六，頁二二五二）；原題下並附註：「韋濟，天寶七載爲河南尹，遷尙書左丞。」而鄧注本引此詩凡數見，詩題乃有四種：頁二八行二、頁五四行五、頁四五七行一二，題同《全唐詩》[21]；頁七五行九、頁五四五行一〇，題作〈贈韋左丞丈〉；頁二七八行三、頁三八一行八，題作〈奉贈韋左丞〉；頁二九八行一、頁四一七行九、頁四六〇行八，題作〈奉贈韋左丞丈〉，均宜改題，以求一致。蓋此詩稼軒極其喜好，句中如「紈綺不餓死，儒冠多誤身」、「讀書破萬卷，下筆如有神」、「致君堯舜上，再使風俗淳」等，均不止一次引用，以其能藉表稼軒之遭際與心願也。而杜甫另有一首〈贈韋左丞丈〉詩（卷二二四，頁二三八七），則未見引用；今鄧注本節錄彼詩而題同此詩，易令人混淆，自宜改題。

9.頁七七行一四，「千山綠」，引李賀詩，詩題宜更注明「四月」，方符體例；見前節「失引一句」例18，茲不贅。

10.頁一二二行五，「羞郎」，引元稹詩，詩題之出入，已見前節「失引一句」例22，茲不贅。

11.頁一三七行三，「驚風雨」，引杜甫〈寄李白二十韻〉，宜改題〈寄李十二白二十韻〉（卷二二五，頁二四三〇）；此中「筆落驚風雨」之「驚」字，一作「聞」。

---

21 頁四五七行一二，「致君」條下，本乎見前不重注之體例（其實鄧注本於此，仍多不一致，不在討論之列），僅注云：「見卷一〈水調歌頭〉（落日古城角闋）『詩書二句』注」，故此處視爲二注同題。

12.頁一五〇行五，「冰雪面」，引白居易詩，詩題漏一「真」字；已見前節「失引一句」例26.，茲不贅。

13.頁一八九行一五，「詩未成句」，引杜甫〈丈八溝納涼〉詩，宜改題：〈陪諸貴公子丈八溝攜妓納涼晚際遇雨二首〉之一（卷二二四，頁二四〇〇），原題下附註云：「下杜城西有第五橋丈八溝」。而此詩又見鄧注本頁二六一行六引作〈陪諸貴公子丈八溝攜妓納涼〉，宜並改；及查頁四一一行一四引此詩，詩題又全同《全唐詩》，同書一詩三題，洵非所宜也。

14.頁一九二行三，「漠漠句」，引韓愈〈同水部張員外曲江春遊〉詩，宜改題〈同水部張員外籍曲江春遊寄白二十二舍人〉（卷三四四，頁三八六四）。

15.頁一九三行一二，「茅簷句」，引杜甫〈絕句漫興〉詩，宜改題〈絕句漫興九首〉之三（卷二二七，頁二四五〇）[22]；此中「熟知茅齋絕低小」之「熟知」兩字，本又作「孰知」、「耐知」。又按：杜甫詩中，類似之題目不少，如〈絕句漫興九首〉（卷二二七，頁二四五一），〈絕句〉（同前卷，頁二四七〇），〈絕句二首〉（卷二二八，頁二四七五），〈絕句六首〉、〈絕句四首〉（同前卷，頁二四八七），〈絕句九首〉（卷二三四，頁二五八一），爲免混淆，詩題不宜減省。而最爲稼軒所引用者，厥爲〈絕句漫興九首〉；而鄧注本唯頁四〇六行三，未予節錄，餘均作〈絕句漫興〉，易教人誤爲二詩。茲爲求一致，僅將其餘所見，正之如次：其一，頁三一八行二所引爲〈絕句漫興九首〉之二，此中「還似」之「似」，一作「是」；其二，頁三二九行九所引，爲〈絕句

22 此詩詩題「漫興」二字，或以爲宜作「漫與」，見同注17。

漫興九首〉之一，文字出入，見前節「失引一句」例57.；其三，頁四〇六行三所引，爲〈絕句漫興九首〉之四，此中「莫思」之「思」，一作「辭」；其四，頁四九〇行一所引，爲〈絕句漫興九首〉之九，此中「隔戶」兩字，一作「戶外」。

16.頁二二三行一，「尋芳句」，引杜牧〈歎花〉詩，宜改題〈悵詩〉（卷五二七，頁六〇三三）；其詩云：「自是尋春去較遲，不須惆悵怨芳時；狂風落盡深紅色，綠葉成陰子滿枝」，並附載此詩本事。[23]而《全唐詩》另錄有杜牧〈歎花〉詩：「自恨尋芳到已遲，往年曾見未開時；如今風擺花狼籍，綠葉成陰子滿枝」（卷五二四，頁五九九九）內容與〈悵詩〉仍有不同。觀夫鄧注本所引詩句，見於〈悵詩〉，詩題自宜更改。另：頁四一一行一一，亦引此詩，題宜並改。

17.頁二五五行一二，「鳳凰巢」，引韓愈〈南山有高樹行〉，宜改題〈南山有高樹行贈李宗閔〉（卷三四一，頁三八二八）；此中「花葉何衰衰」之「衰衰」二字下，附註云：「考張衡〈南都賦〉，當作『蓑蓑』」，而原題亦附有詩解，文長不錄。

18.頁二五六行一二，「玉皇香案」，引元稹〈以州宅夸樂天〉詩，《全唐詩》於「夸」字後，多一「於」字（卷四一七，頁四五九九）宜從之；而所引詩下句「謫居」二字，一作「降居」。

19.頁二五六行一三，「便直饒三句」，引韓愈〈贈馬侍郎馮李二員外〉詩，宜改題〈鄖城晚飲奉贈副使馬侍郎及馮李二員外〉（卷三四四，頁三八五六）。原題下並附註：「馮、李時從裴度東征」；

---

[23] 此詩題下附云：「牧左宣城幕，遊湖州，刺史崔君張水戲，使州人畢觀；令牧閒行閱奇麗，得垂髫者十餘歲。後十四年，牧刺湖州，其人已嫁，生子矣，乃悵而爲詩。」

而「馮」指馮宿，「李」指李宗閔也。

20.頁二五九行六，「鼎羹調」，引釋貫休詩，詩題之出入，已見前節「失引一句」例43.，茲不贅。

21.頁二六七行七，「逸韻」，引李白〈與常贊府遊五松山〉，宜改題〈與南陵常贊府遊五松山〉（卷一七九，頁一八三一）；原題下附註云：「山在南陵銅井西五裏，有古精舍。」

22.頁二七七行九，「相公句」，引韓愈〈送鄭十校理〉，宜改題〈送鄭十校理得「洛」字〉（卷三四五，頁三八六八）；鄧注本所引，爲此詩起兩句，然誤將次句「分正新邑洛」，改爲「分正新洛邑」，殊不知依詩題所述，「洛」乃分得韻字，萬不可更動。又：「分正」二字，一作「分政」。而原題下附有文字，敘明鄭十其人及作詩之由。[24]

23.頁三〇一行一一，「七八箇星二句」，引何光遠《鑑誡錄》錄盧延讓〈松門寺〉詩，《全唐詩》題作〈松寺〉（卷七一五，頁八二一二），有一字之異。

24.頁三一六行一三，「遶屋二句」，引杜甫詩，詩題之出入，已見前節「失引一句」例53.，茲不贅。

25.頁三二六行一四，「詩在句」，引杜甫〈丹青引〉，宜改題〈丹青引贈曹將軍霸〉（卷二二〇，頁二三二二）；此中「意匠慘澹經營中」之「意匠」，本又作「法匠」。另：鄧注本頁四九三行一五，亦引杜甫此詩，題宜並改。

---

24 此詩題下附云：「鄭餘慶子瀚，本名涵，以文宗藩邸時名同，改名瀚。貞元十年進士，長安尉、集賢校理。愈以元和四年六月爲都官員外郎，分司東都，涵求告來寧，愈於其行，作詩並序以送之。」

26. 頁三六二行一一，「起聽句」，引韓愈、孟郊〈雨中寄孟刑部聯句〉，宜改題〈雨中寄孟刑部幾道聯句〉（卷七九一，頁八九〇九）；並宜注明，所引「簷瀉」兩句爲孟郊所作。

27. 頁三六八行五，「太真第一」，引李白〈宮詞〉，宜改題〈宮中行樂詞八首〉之二（卷一六四，頁一七〇二），原題下有附註，敘明寫作之由。[25]

28. 頁三八三行一一，「借車二句」，鄧注云：「孟郊〈遷居〉詩句」，非但誤記詩題，亦未舉出詩句，不符全書體例。宜正作：孟郊〈借車〉詩：「借車載家具，家具少於車」（卷三八〇，頁四二六六）。

29. 頁三九二行一，「窄樣二句」，引白居易〈新栽竹〉詩，宜改題〈題盧祕書夏日新栽竹二十韻〉（卷四三八，頁四八六二）。

30. 頁三九四行二，「也應句」，引杜甫〈嚴公仲夏枉駕草堂兼攜酒饌〉詩，宜改題〈嚴公仲夏枉駕草堂兼攜酒饌得「寒」字〉詩（卷二二七，頁二四五六）；原題下附註云：「草堂本一作〈鄭公枉駕攜饌訪水亭〉。」

31. 頁三九四行一〇，「十千一斗」，引白居易〈自勸〉詩，宜改題〈府酒五絕·自勸〉，以此詩總題爲〈府酒五絕〉，其下包含五分題：〈變法〉、〈招客〉、〈辨味〉、〈自勸〉、〈諭妓〉（卷四五一，頁五一〇三至五一〇四），鄧注本所引爲其四。

---

25 此詩題下附云：「奉詔作。明皇坐沈香亭，意有所感，欲得白爲樂章。召入，而白已醉，左右以水頮面，稍解，援筆成文，宛麗精切。」而此詩又見《全唐詩》卷二八，頁四〇八著錄，題作〈宮中行樂詞〉，無附注。

32.頁四〇一行一一，「若要二句」，引白居易〈知足吟〉，宜改題〈知足吟和崔十八未貧作〉（卷四四五，頁四九九二）；而此詩又見鄧注本頁五五〇行五引，唯「參卷五」云云，宜改作「參卷四」。

33.頁四一五行五，「疏嬾句」，引杜甫〈寄張彪三十韻〉，宜改題〈寄張十二山人彪三十韻〉（卷二二五，頁二四二九）；此中「疏嬾」之「嬾」，原作「懶」。

34.頁四一五行九，「雲子飯二句」，引杜甫〈與鄠縣源大少府宴渼陂〉詩，宜改題〈與鄠縣源大少府宴渼陂得「寒」字〉（卷二二四，頁二三九九）；詩中「雲子」二字下，原注云：「碎雲母，比米之白。」

35.頁四五八行九，「江東句」，引杜甫「渭北春天樹」兩句，誤題作〈江南逢李龜年〉，宜正爲〈春日憶李白〉（卷二二四，頁二三九五）。

36.頁四六〇行一〇，「遺恨句」，引杜甫〈贈鄭諫議〉詩，宜改題〈敬贈鄭諫議十韻〉（卷二二四，頁二三八九）；而鄧注本所引「毫髮無遺憾」句中之「憾」字，《全唐詩》作「恨」，查稼軒原詞爲：「遺恨都無毫髮」，乃杜詩原字，鄧注本宜據改。

37.頁四六九行一四，「幾時句」，引杜甫〈韓諫議注〉詩，此題之出入，已見前節「失引一句」例24，並注14，茲不贅。

38.頁四八〇行七，「錦囊句」，引杜甫〈送孔巢父〉詩，此題之出入，已見前節「失引一句」例71，茲不贅。

39.頁五〇一行一〇，「五雲句」，引杜甫詩，題漏一「八」字；已見前節「失引一句」例73，茲不贅。

40.頁五〇九行一，「錦糢糊」，引杜甫〈送蔡希魯還隴右〉詩，宜改題〈送蔡希曾都尉還隴右因寄高三十五書記〉（卷二二四，頁二三九五）；題中「蔡希曾」之「曾」，本又作「魯」；而題下原注云：「時哥舒入奏，勒蔡子先歸。」

41.頁五三二行八，「索盡梅花笑」，引杜甫〈舍弟觀赴藍田取妻子〉詩，宜改題〈舍弟觀赴藍田取妻到江陵喜寄三首〉之二（卷二三一，頁二五四一）。詩中「索共」兩字，一作「索近」；「冷蕊」兩字，一作「冷落」。

42.五七二行七，「窪尊」，引顏真卿〈峴山石樽聯句〉，宜改題〈登峴山觀李左相石尊聯句〉（卷七八八，頁八八八〇）；此次參與聯句者凡二十九人[26]，鄧注本所錄，為此詩起首兩句，為顏真卿所作。

綜上臚列分析，「詩題出入」中，誤題者，有例6.16.30.35.；排版疏漏者，有例1.3.12.18.20.；引他書而出入者，有例23.37.；其餘則為鄧注節錄使然也。

其次，論及所引唐詩「內容出入」之問題，筆者詳查發現，凡一、二版文字明顯訛誤者，

---

26 依據此詩詩題附錄，二十九人為：真卿、劉全白（評事，後為膳部員外郎，守池州）、裴循（長城縣尉）、張薦、吳筠、強蒙（處士，善醫）、范縉、王純、魏理（評事）、王修甫、顏峴（真卿兄子）、左輔元（撫州人）、劉茂（魏縣尉）、顏渾（真卿族弟，官太子通事舍人）、楊德元、韋介、皎然（名「晝」）、崔弘、史仲宣、陸羽、權器（校書郎）、陸士修（嘉興縣尉）、裴幼清、柳淡、釋塵外（自號北山子）、顏顓（以下三人並真卿族侄）、顏須，顏頊、李崿（字伯高，趙人，擢制科，歷官盧州刺史），真一時之盛也。

如頁一三三行一二，「插架句」，引韓愈〈送諸葛覺往隨州讀書〉詩，中有「新若手未觸」一句，原誤排作「新若未觸手」，三版業已更正；甚且一字之差，意可通，文意不變者，三版亦依《全唐詩》予以訂正，如頁四八四行一二，「種樹書」，引韓愈〈送石處士赴河陽幕〉詩，下句原作「人言避世士」，三版即將「言」字改作「云」，而「云」正爲《全唐詩》之用字。雖然，筆者亦發現此中仍有修正未淨，甚或宜更斟酌者，謹臚列如次：

1. 頁四五行一五，「飛將」，引王昌齡〈出塞〉詩，字詞與《全唐詩》相同，唯此中「龍城」兩字，宋刊本王安石《唐百家詩選》作「但使盧城飛將在」。清・閻若璩《潛邱札記》卷三曾考訂應作「盧城」，其言云：「『盧』是也。李廣爲右北平太守，匈奴號曰飛將軍，避不敢入塞。右北平，唐爲北平郡，又名平州，治盧龍縣，唐時有盧龍府、盧龍軍。……若『龍城』，見《漢書・匈奴傳》：『五月，大會龍城，祭其先天地鬼神。』……則『龍城』明明屬匈奴中，豈得冠於飛將上哉」[27]，並舉唐人邊塞詩數例爲證。其說有據，宜加按語說明之。

2. 頁九〇行一一，「天宇句」，引韓愈〈南山〉詩，其中「天宇浮修眉」之「宇」字，《全唐詩》作「空」（卷三三六，頁三七六三）；鄧注蓋緣稼軒此〈賀新郎〉下片首句作「天宇修眉浮新綠」而誤改，殊不知兩宋詞人爲格律之故，改易唐詩字面，乃常見之現象也。[28]

---

27 宋・王安石《唐百家詩選》（臺北：世界書局，一九六二年一月初版），所引文字見卷五，頁五；清・閻若璩《潛邱札記》（上海：上海古籍出版社，一九九二年七月第一版），所引文字見卷三，頁八。

28 有關宋詞人改易唐詩字面之問題，可參拙作〈兩宋詞人取材唐詩之方法〉，見載於《東吳中文學報》第一期，一九九五年五月，頁二二三至二五八。

3.頁九七行三，「寶釵分」，引段成式《劍俠傳．虬髯叟》錄劉損詩，可加按語補上詩題：〈憤惋詩〉三首之一（卷五九七，頁六九〇九）；《全唐詩》並於原題下按云：「一作劉禹錫，題作〈懷妓〉」[29]。而鄧注本所引詩句：「魚在深淵鶴在天」之「鶴」，《全唐詩》作「日」，並有一字之異。

4.頁一六四行一一，「宮樹綠」，引元稹〈連昌宮詞〉，其中「店舍無人宮樹綠」之「人」字，《全唐詩》作「煙」（卷四一九，頁四六一二）。而稼軒此〈臨江仙〉詞之首句作「金谷無煙宮樹綠」，因以爲稼軒所讀唐詩，即是「煙」字，宜據改之。

5.頁一八二行一二，「天香二句」，引唐．李正封〈牡丹〉詩，未見於《全唐詩》。然據陳尙君輯校《全唐詩補編．全唐詩續補遺》卷五載錄，知此詩乃李正封〈賞牡丹〉殘句，宜作「天香夜染衣，國色朝酣酒」[30]；鄧注本頁五〇七行一三所引正如此，是知此處顯將兩句誤倒。另：頁二六〇行一六，「更染句」亦引此兩句，宜並改。

6.頁二五四行一一，「試問句」，引韓愈〈示兒詩〉。首句「昔我來長安」之「昔」字，《全唐詩》作「始」；「長安」兩字，作「京師」（卷三四二，頁三八三六）。而鄧注本頁三八三行八，復引此詩，首句正作「始我來京師」，宜據改之，以求一致。

---

29 劉禹錫〈懷妓〉詩，見《全唐詩》冊六，卷三六二，頁四〇八一，凡四首，較劉損詩多一首，首句爲「三山不見海沉沉」。筆者比較此兩組詩，發現文字亦頗出入，即以鄧注本所引第一首起兩句爲例，〈懷妓〉詩作「玉釵重合兩無緣，魚在深潭鶴在天」，真不知所以。

30 陳尙君輯校《全唐詩補編》（北京：中華書局，一九九二年十月第一版）凡三冊，所錄詩見上冊，頁三八四。

7. 頁二七七行九，「相公句」，引韓愈詩，詩題、內容均有出入，已見「詩題出入」節例22.訂正，茲不贅。

8. 頁二八四行六，「不用句」，引杜牧〈九日齊山登高〉詩，詩題之異，已見前節「失引一句」例66.舉出。而鄧注本此處所錄詩句：「不用登臨怨落暉」之「怨」字，《全唐詩》作「歎」，並附云：一作「恨」（卷五二二，頁五九六六），並未另注一作「怨」。然稼軒此〈憶王孫〉乃集句詞，確作「怨」字，或宋人所讀唐詩即如此，姑錄存之。

9. 三一九行一六，「錦瑟句」，引杜甫〈曲江對雨〉詩，其下句「暫醉佳人錦瑟傍」之「傍」字，《全唐詩》作「旁」（卷二二五，頁二四一〇）；而稼軒此〈西江月〉詞，作「錦瑟旁邊須醉」，亦用「旁」字，宜據改。蓋「傍」讀作平聲，意多歧，終不如「旁」爲是。而此詩詩題，一作〈曲江値雨〉；詩中「詔此」，一作「重此」；「暫醉」，一作「爛醉」，並錄供參考。

10. 頁三九六行八，「黃花句」，引杜牧〈九日齊山登高〉詩，其中「人世難逢開口笑」之「人」字，《全唐詩》作「塵」。出處及相關問題，並參本節例8.。

11. 頁四〇一行八，「故來爭浴」，引杜甫〈春水〉詩兩句：「已添無數鳥，爭浴故相喧」；《全唐詩》於此下附云：一作「不知無數鳥，何意更相喧」（卷二二六，頁二四三九）。然稼軒〈滿江紅〉詞，化此句作「更何處、一雙鸂鶒，故來爭浴」，是知鄧注所錄詩句，乃稼軒原見也。

12. 頁四六〇行一〇，「遺恨句」，引杜甫〈贈鄭諫議〉詩，其中「毫髮無遺憾」之「憾」，宜正作「恨」；說見「詩題出入」節例36.。

13. 頁四六三行一〇，「長被二句」，引韓愈〈石鼓歌〉，其中「牧兒敲火牛礪角」之「兒」字，《全唐詩》作「童」（卷三四〇，頁三八一二），宜從之；況稼軒〈歸朝歡〉詞，化此句作「長被兒童敲火苦，時有牛羊磨角去」，故作「牧童」非但有依據，亦較自然。

14.頁四六九行七，「渭水句」，引賈島〈憶江上吳處士〉詩，其中「秋風吹渭水」之「吹」，《全唐詩》作「生」（卷五七二，頁六六四七），有一字之異。

15.頁五〇一行三，「得喪乘除」，引韓愈〈三星行〉[31]（卷三三九，頁三七九八），其中「無善名以聞，無惡聲以揚」之「以」字，《全唐詩》並作「已」；「揚」字則作「讙」，宜據改。

以上十五例中，例5.6.7.，顯然疏誤。例1.則係鄧注本與《全唐詩》相同，而與其他版本文字有出入。其餘或緣版本有別，致鄧注所引與《全唐詩》所錄，文字略有不同。本文於各例下，均略作說明，甚至加以取捨，然猶不敢自必，端賴方家指正。

至論「作者出入」之現象，本文於「失題」節之例5.，「失引一句」節之例22.31.62.，「詩題出入」節之例42.，「內容出入」節之例3.，均已涉及。茲更綜合所見，臚列如次：

1.頁一〇行六，「金縷」，引唐．杜秋娘〈金縷衣曲〉，宜從《全唐詩》正作無名氏〈雜詩〉（卷五二〇，頁五九三八）。而此詩一般唐詩選，均題〈金縷衣〉，杜秋娘作；或題李錡作，甚或逕題杜牧作，蓋緣杜牧〈杜秋娘〉而誤也。其詩云：「京江水清滑，生女白如脂；其間杜秋娘，不勞朱粉施。老濞即山濤，後庭千蛾眉；秋持玉斝醉，與唱〈金縷衣〉。」〈金縷衣〉下並註

---

31 此詩題下附注云：「三星，斗、牛、箕也。愈自憫其生多訾毀如此。蘇軾云：『吾生時與退之相似，吾命在斗牛間，其身宮亦在箕；斗牛宮為磨蝎，吾平生多得謗譽，殆同病也。』」

云：「勸君莫惜金縷衣，勸君惜取少年時；花開堪折直須折，莫待無花空折枝。李錡長唱此辭。」(見同上) 讀此，可知此詩之意，僅謂：「遣杜秋娘唱〈金縷衣〉」，非謂〈金縷衣〉即杜秋娘作；而註亦僅稱「李錡長唱此辭」，亦非謂李錡作〈金縷衣〉，故宜正之。

2.頁三四行一二，「遙岑句」，引韓愈〈城南聯句〉詩，宜從《全唐詩》正作韓愈、孟郊〈城南聯句〉(卷七九一，頁八九〇二)；且宜說明：「遙岑出寸碧」爲韓愈句，「遠目增雙明」爲孟郊句。鄧注本頁三六二行一一、一三，引聯句詩題作者，正如此處理。

3.頁五〇行一三，「明日三句」，引「晉人帖」，宜正作顏真卿〈寒食帖〉，原文如次：「天氣殊未佳，汝定成行否？寒食只數日間，得且住爲佳耳。」[32]

4.頁八一行一，「么絃」，鄧注附按，引歐陽脩〈千秋夢〉詞，宜正作張先〈千秋歲〉詞；詞中「絲絃」之「絲」，亦宜正作「么」。[33]

5.頁九七行三，「寶釵分」，引段成式《劍俠傳・虬髯叟》錄劉損詩，一作劉禹錫詩，相關問題已見「內容出入」節例3.說明，茲不贅。

6.頁一二二行五，「羞郎」，引元稹《會真記》詩，《全唐詩》題崔鶯鶯詩，相關問題已見「失引一句」節例22.說明，茲不贅。

---

32 見唐・顏真卿《顏魯公集》(臺北：臺灣商務印書館，一九八七年二月，景印文淵閣《四庫全書》本)，卷十一，頁三。

33 見唐圭璋編纂、王仲聞參訂、孔凡禮補輯《全宋詞》(北京：中華書局，一九九九年一月新一版) 冊一，頁九一。詞後並按云：「此首別又誤入《歐陽脩近體樂府》卷三。」

7.頁一五〇行一二，「燕語句」，引皇甫冉〈春思詩〉，《全唐詩》題下注云：「一作劉長卿詩」（卷二五〇，頁二八三四）。

8.頁一八五行一二，「又攜書劍」，引溫庭筠〈留別裴秀才〉詩，作者宜正作「許渾」，相關問題已見「失引一句」節例31.訂正，茲不贅。

9.頁二八一行三，唐·范攄《雲溪友議》引靈徹上人詩，此中「徹」字，《全唐詩》作「澈」，相關問題已見「失題」節例5.說明。復查該書錄韋丹〈寄廬山上人徹公〉詩，《全唐詩》題作〈思歸寄東林澈上人并序〉（卷一五八，頁一六一四），亦作「澈」字。

10.頁二九一行一三，「一片句」，引宋·阮閱輯《詩話總龜》卷十錄「劉禹昭」詩，宜正作「劉昭禹」；所錄「句向夜深得，心從天外歸」（卷七六二，頁八六四八），乃其殘句。

11.頁三六二行一三，「這裏句」，引韓愈、孟郊〈遠遊聯句〉，作者宜正作韓愈、孟郊、李翶（卷七九一，頁八九一〇）；所引「別腸」兩句，亦宜注明係孟郊所作。

12.頁四二七行一三，「山骨」，引《韓昌黎集·石鼎聯句》詩，作者宜正作「韓愈、劉師服、侯喜、軒轅彌明」，或作「韓愈等」，相關問題已見「失引一句」節例62.說明，茲不贅。

13.頁四九八行八，「凍芋句」，引韓愈〈石鼎聯句〉，作者亦宜正如前例；而所引「秋瓜未落蔕，凍芋強抽萌」，乃軒轅彌明所作，亦宜說明之。

14.頁五七二行七，「窪尊」，引顏真卿〈峴山石樽聯句〉，作者宜正作「顏真卿等二十九人」，以符實際；相關問題及二十九人名姓，已見「詩題出入」節例42.及注26.，茲不贅。

由以上所列，可知作者所以有出入，一緣誤題，如例1.3.8.；一緣誤排，如例9.10.；一緣作者兩見，如例4.5.6.7.；一緣題「聯句」作者之體例不一，如例2.11.12.13.14.，均宜進一步檢校。

三、誤注、漏注或失注

鄧注本〈例言〉云：「茲編之注釋，唯以徵舉典實爲重。其在詞藻方面，則融經鑄史、驅遣自如，原爲辛詞勝場之一，故凡其確爲脫意前人或神化古句者，亦皆爲之尋根抉原，注明出典；至如字句之訓詁以及單詞片語之偶與古作相合者，均略而不注。」[34]因之對於後人提供之補注或糾謬，增訂三版均斟酌取捨；其中確有「偶與古作相合」之單詞片語，鄧注亦未必取用。雖然，就筆者取此中與唐詩相關者衡之，則仍見誤注、漏注與失注之現象。所謂「誤注」，係指鄧注疏誤之處，茲舉例如次：

1.頁五五，〈鷓鴣天〉（送人。起句：唱徹陽關淚未乾）下片：

今古恨，幾千般。只應離合是悲歡。江頭未是風波惡，別有人間行路難。

此中「江頭」兩句，鄧注本引劉禹錫〈竹枝詞〉及白居易〈太行路〉爲證，意雖相通，詞迴無涉，宜非辛詞所出。李白〈橫江詞六首〉之二云：「橫江欲渡風波惡，一水牽愁萬里長」（卷一六六，頁一七二〇）；杜甫〈將赴成都草堂途中有作先寄嚴鄭公五首〉之四云：「三年奔

---

34 同注3，頁四六。

走空皮骨，信有人間行路難」（卷二二八，頁二四七七），比對句意，則知辛詞實自李、杜詩化出也。

2.頁六六，〈摸魚兒〉（淳熙己亥，自湖北漕移湖南，同官王正之置酒小山亭，為賦）上片：

更能消、幾番風雨。匆匆春又歸去。惜春長怕花開早，何況落紅無數。春且住。見說道、天涯芳草無歸路。怨春不語。算只有殷勤，畫簷蛛網，盡日惹飛絮。

此中「見說道句」，鄧注本以爲出自蘇軾〈點絳唇〉：「歸不去。鳳樓何處。芳草迷歸路。」就「芳草迷歸路」而言，此注似已尋得來歷，而蘇軾詩詞亦確爲辛詞常借鑒。然「芳草」一句，又見於蘇軾〈桃源憶故人〉下片：「暖風不解留花住。片片著人無數。樓上望春歸去。芳草迷歸路。」並題作「暮春」[35]，吾人試比較辛詞內容，則顯見辛詞頗有化用蘇詞之句意，同爲春去而悵惘，故宜取此詞作注。至若〈點絳唇〉（起句：紅杏飄香）下片：「燭影搖風，一枕傷春緒。歸不去。鳳樓何處。芳草迷歸路。」[36]則強調人既別離，再見無路，不免傷春怨別。兩詞側重，顯有不同。而「芳草」一句，亦非蘇詞原作，而係取自靈一〈留別忠州故人〉詩：「芳草迷歸路，春流滴淚痕」（卷八〇九，頁九一二六）；而此詩作者，一作「惟審」，宜一併說明。

3.頁八〇，〈賀新郎〉（起句：柳暗淩波路）下片：

---

35 同注33，頁三九九。

36 同注33，頁四一八。詞後並按云：「此首《類編草堂詩餘》卷一誤作賀鑄詞。」

黃陵祠下山無數。聽湘娥泠泠曲罷，為誰情苦。行到東吳春已暮。正江闊潮平穩渡。望金雀觚稜翔舞。前度劉郎今重到，問玄都千樹花存否。愁為倩，么絃訴。

鄧注「湘娥」云：「郭璞〈江賦〉稱湘妃爲湘娥。」並引杜甫〈湘夫人祠南夕望〉詩：「湘娥倚暮花」爲證。殊不知辛詞此段，亦係出自蘇軾〈江神子〉（起句：鳳凰山下雨初晴）下片：「忽聞江上弄哀箏。苦含情。遣誰聽。煙斂雲收，依約是湘靈。欲待曲終尋問取，人不見，數峰青。」[37]而蘇詞又係化自錢起〈省試湘靈鼓瑟〉詩：「善鼓雲和瑟，常聞帝子靈。……苦調淒金石，清音入杳冥。……流水傳湘浦，悲風過洞庭。曲終人不見，江上數峰青。」（卷二三八，頁二六五一）宜並注之。

4.頁一九六，〈洞仙歌〉（紅梅）上片：

冰姿玉骨，自是清涼〔態〕。此度濃粧為誰改。向竹籬茅舍，幾誤佳期，招伊怪，滿臉顏紅微帶。

鄧注校云：「『態』字原闕，臆補。」又引蘇軾〈洞仙歌〉：「冰肌玉骨，自清涼無汗。」以注辛詞。然此校注猶未探源，其一，蘇詞固爲辛詞所本，然蘇詞實出自陸龜蒙殘句：「溪山自是清涼國，松竹合封瀟灑侯。」（卷六三〇，頁七二三三）宜並注之。其二，辛詞闕字，縱欲臆補，以原始出處度之，亦宜作「國」爲是。

5.頁三〇三，〈最高樓〉（慶洪景盧內翰七十）上片：

---

37 同注33，頁三八五，題作「江景」。

金閨老，眉壽正如川。七十且華筵。樂天詩句香山裏，杜陵酒債曲江邊。問何如，歌窈窕，舞嬋娟。

此詞「樂天」兩句，鄧注僅引白居易、杜甫之行實，而未引出相關語典，實誤。所謂「樂天詩句香山裏」，係指白居易在香山寺所作〈對酒閒吟贈同老者〉詩中之句：「人生七十稀，我年幸過之。」（卷四五九，頁五二二二）以切此七十華筵也。而據白居易〈香山居士寫真詩序〉載：「元和五年，予爲左拾遺、翰林學士。奉詔寫真於集賢殿御書院，時年三十七。會昌二年，罷太子少傅，爲白衣居士，又寫真於香山寺藏經堂，時年七十一。」[38]（見同前）可見辛詞所云極是。其次，白居易〈栽松二首〉之一，亦有「人生七十稀」，但係作於四十歲（卷四三三，頁四七八七），辛詞自不出此。其餘「人壽七十稀」（卷四三二，頁四七六九）、「浮生七十稀」（卷四五三，頁五一二三）、「人生百歲七十稀」（卷四六一，頁五二四六）等雷同之句，自各詩內容所稱，均不作於七十歲，自非辛詞所指。唯〈對酒閒吟贈同老者〉一詩，時地相合，相關詞語又經稼軒四度引入詞中：一爲「雲液灑六腑」之「雲液」，稼軒引入〈滿江紅〉（中秋寄遠，起句：快上西樓）詞下片：「雲液滿，瓊杯滑」；又引入〈蘇武慢〉（雪）起首：「帳暖金絲，杯乾雲液」，均喻指美酒也。一爲「人生七十稀」句，此詞而外，亦引入〈減字木蘭花〉（起句：昨朝官告）：「更莫驚疑，剛道人生七十稀」，益可證明筆者之論斷。至論

---

38 依白居易此序推算，憲宗元和五年，爲西元八一〇年，時年三十七；武宗會昌二年，爲西元八四二年，時年宜爲七十。而序云七十一，蓋作於此詩時，已過該年初度矣。

「杜陵酒債曲江邊」句，確出自杜甫〈曲江二首〉之二：「酒債尋常行處有，人生七十古來稀」（卷二二五，頁二四一〇），唯所重在「人生」一句，亦爲切合七十華筵，以壽洪景盧（即洪适）內翰也。於焉此詞之命意即甚明晰，蓋謂白居易在香山度七十，處境清寂；杜甫年四十七在曲江邊典衣買醉，慨歎人生七十之不易，終不如洪內翰之地位尊貴，享受榮華，可以「歌窈窕，舞嬋娟」也。

6.頁三一四，〈水調歌頭〉（三山用趙丞相韻，答帥幕王君，且有感於中秋近事，併見之末章）

> 說與西湖客，觀水更觀山。淡粧濃抹西子，喚起一時觀。種柳人今天上，對酒歌翻水調，醉墨捲秋瀾。老子興不淺，歌舞莫教閒。　看尊前，輕聚散，少悲歡。城頭無限今古，落日曉霜寒。誰唱黃雞白酒，猶記紅旗清夜，千騎月臨關。莫說西州路，且盡一杯看。

鄧注「黃雞白酒」句，引李白〈南陵別兒童入京〉詩：「白酒新熟山中歸，黃雞啄黍秋正肥」爲證，實待斟酌。首先，筆者並不否定稼軒借鑒唐詩，每好自兩詩句中各截取一詞，以另鑄字面，如〈水龍吟〉（起句：楚天千里清秋）：「遙岑遠目」一句，即截自韓愈、孟郊〈城南聯句〉：「遙岑出寸碧，遠目增雙明」；〈賀新郎〉（起句：把酒長亭說）：「剩水殘山」一句，即截自杜甫〈陪鄭廣文遊何將軍山林〉詩：「剩水滄江破，殘山碣石開」。而李白〈南陵別兒童入京〉詩兩句，稼軒亦曾截入其所作〈水調歌頭〉（起句：日月如磨蟻）詞：「黃雞白酒，君去村社一番秋」。然細推此詞所謂「誰唱黃雞白酒」，顯非指可食之「黃雞」，可飲之「白酒」；而係別有所指，甚指某人曾唱之歌曲。復查白居易〈醉歌示伎人商玲瓏〉稱：「罷胡琴，掩秦瑟，玲瓏再拜歌初畢；誰道使君不解歌，聽唱黃雞與白日。黃雞催曉丑時鳴，白日催年酉前沒；腰間紅綬繫未穩，鏡裡朱顏看已失。玲瓏玲瓏奈老何，使君歌了汝更歌。」（卷四三五，頁四八二三）歌中「黃雞」兩句，用指日往年逝，毫不饒人。蘇軾曾以之入詞，調寄〈浣溪沙〉（起句：山下蘭芽短浸溪），其下片云：「誰道人生無再少，門前流水尙能西。休將白髮唱黃雞。」[39]顯係反用白詩之意，教人莫嘆老怨時也。取之對照稼軒此詞之意，可見在「城頭無限今古，落日曉霜寒」之體悟中，亦反用白詩之意，勸人毋須爲時日遷逝而嘆，宜積極把握當下；於焉末結乃勸在坐友人，莫學羊曇於西州門，思及謝安，慟哭人生無常之舉[40]；而此正可呼應上片末結所謂：「老子興不淺，歌舞莫教閒。」明乎此，則知辛詞顯係化用白居易詩意入詞也。雖然，辛詞不用「黃雞白日」，或「黃雞白酉」（「白酉」，取「白日催年酉前沒」之意），而用「黃雞白酒」，致詞意轉澀，亦甚可怪。豈稼軒誤記乎？如其〈菩薩蠻〉上片云：「江搖病眼昏如霧。送愁直到津頭路。歸念樂天詩，人生足別離。」詞中明稱「人生足別離」爲白居易詩，及查《全唐詩》，始知白居易無此詩句，此乃武瓘〈勸酒〉詩：「勸君金屈卮，滿酌不須辭；花發多風雨，人生足別離。」（卷六〇〇，頁六九四一）此詞或亦如是。再者，白居易另有〈朱陳村〉詩云：「黃雞與白酒，歡會不隔旬」（卷四三三，頁

---

39 同注33，頁四〇四，題序云：「游蘄水清泉寺，寺臨蘭溪，溪水西流。」

40 羊曇事，見《晉書．謝安傳》，略云：「安雖受朝寄，然東山之志始末不渝，每形於言色。……尋薨，年六十六。……羊曇者，太山人，知名士也，爲安所重。安薨後，輟樂彌年，行不由西州路。嘗因石頭大醉，扶路唱樂，不覺至州門。左右曰：此西州門。曇悲感不已，以馬策扣扉，誦曹子建詩曰：『生存華屋處，零落歸山丘。』慟哭而去。」（臺北：鼎文書局，一九八七年元月五版，冊三，卷七九，頁二〇七六至二〇七七）

四七八〇）稼軒豈亦混而用之乎？要之，稼軒此詞句，實與李白詩無涉。

其次，關於「漏注」，係指鄧注本已注而內容不足之處，亦舉例如次：

1.頁六，〈水調歌頭〉（壽趙漕介庵，起句：千里渥洼種）下片：

喚雙成，歌弄玉，舞綠華。一觴為飲千歲，江海吸流霞。聞道清都帝所，要挽銀河仙浪，西北洗胡沙。回首日邊去，雲裏認飛車。

鄧注此詞「要挽」兩句，引杜甫〈洗兵馬〉、李白〈永王東巡歌〉爲證，甚是。然〈永王東巡歌〉凡十一首，鄧注所舉「爲君談笑淨胡沙」句（相關問題見「失引一句」節例2.），見於次首。而此詞末結既云：「回首日邊去，雲裏認飛車」，則宜更引李詩第十一首作注，詩曰：「試借君王玉馬鞭，指揮戎虜坐瓊筵；南風一掃胡塵靜，西入長安到日邊」（卷一六七，頁一七二五），方稱周到。

2.頁一九，〈青玉案〉（元夕）上片：

東風夜放花千樹。更吹落，星如雨。寶馬雕車香滿路。鳳簫聲動，玉壺光轉，一夜魚龍舞。

鄧注此詞「魚龍舞」句，引《漢書．西域傳贊》句下顏師古注，並引宋．夏竦〈奉和御製上元觀燈〉詩爲證，固無不是。然若能更舉陳子昂〈洛城觀酺應制〉詩：「雲鳳休徵滿，魚龍雜戲來」（卷八四，頁九一一），則「魚龍」之爲雜戲，益有明證。而此詞首句，或引王十朋

〈點絳唇〉（雪香梨）起首：「春色融融，東風吹散花千樹」[41]作注；查王氏生於宋徽宗政和三年（西元一一一三），較生於宋高宗紹興十年（西元一一四〇）之稼軒，確屬同時代之前輩，然兩作品之間，是否有必然關係，恐値保留，以王作乃實指梨花，而非元宵彩燈也。至若「玉壺」句，鄧注引周密《武林舊事》作注，謂係當時福州所進，純用白玉之元宵燈。然唐・朱華〈海上生明月〉詩云：「皎皎秋中月，團圓海上生。影開金鏡滿，輪抱玉壺清。……」（卷七七九，頁八八一二），則「玉壺」明顯指月；回證稼軒詞，若指月光由東升而西落，亦可作爲下句「一夜」之註腳。何況朱華此詩七、八句云：「素娥嘗藥去，烏鵲遶枝驚。」稼軒曾化用入〈西江月〉（夜行黃沙道中）詞起句：「明月別枝驚鵲」；亦可見朱華詩與稼軒詞，均係寫月光移照，致令烏鵲驚枝也。然則稼軒於朱華此詩，固不止化用一次；而「玉壺」解作「明月」，亦非無據，特爲之揭微如上。

3.頁四三，〈水調歌頭〉（起句：造物故豪縱）下片：

> 謫仙人，鷗鳥伴，兩忘機。掀髯一笑，詩在片帆西。寄語煙波舊侶，聞道蓴鱸正美，休裂芰荷衣。上界足官府，汗漫與君期。

鄧注「謫仙人」，引《新唐書・李白傳》，固無不是。然不如逕引李白〈對酒憶賀監二首〉之一：「四明有狂客，風流賀季真；長安一相見，呼我謫仙人。……」爲直接貼切。其下並附序云：「太子賓客賀公，於長安紫極宮一見余，呼余爲謫仙人，因解金龜換酒爲樂。歿後

---

41 同注33，冊二，頁一七五〇。

對酒，悵然有懷，而作是詩。」（卷一八二，頁一八五九）所敘故事，亦較《新唐書》本傳爲詳細，自宜依之。

4.頁四七，〈水調歌頭〉（序長從略）上片：

　我飲不須勸，正怕酒尊空。別離亦復何恨，此別恨匆匆。頭上貂蟬貴客，苑外麒麟高塚，人世竟誰雄。一笑出門去，千里落花風。

詞中「一笑」句，鄧注引黃庭堅〈水仙花〉詩：「出門一笑大江橫」作注，固無不可。然辛詞並黃詩，蓋皆化自李白〈南陵別兒童入京〉詩：「仰天大笑出門去，我輩豈是蓬蒿人」（卷一七四，頁一七八七），宜併附註。而此詞前四句，或亦出自武瓘〈勸酒〉詩：「勸君金屈卮，滿酌不須辭；花發多風雨，人生足別離」（卷六〇〇，頁六九四一）；稼軒〈菩薩蠻〉詞云：「歸念樂天詩，人生足別離」（見「誤注」例4.引），亦引武瓘此詩，而誤記白居易作，可證稼軒於此詩，固極喜好。

5.頁五三，〈鷓鴣天〉（和張子志提舉，起句：別恨粧成白髮新）下片：

　騎騄駬，藺青雲。看公冠佩玉階春。忠言句句唐虞際，便是人間要路津。

鄧注「忠言」兩句，引〈古詩十九首〉及杜甫〈奉贈韋左丞丈二十二韻〉詩作注，固無不是。然「唐虞際」一詞，實出自杜甫〈同元使君舂陵行〉：「致君唐虞際，純樸憶大庭」（卷二二二，頁二三六〇），宜併注出。此詩有序，茲從略；詩中「純」字又作「淳」，「憶」字又作「意」。

6.頁五八，〈水調歌頭〉（舟次揚州，和楊濟翁、周顯先韻）：

　落日塞塵起，胡騎獵清秋。漢家組練十萬，列艦聳層樓。誰道投鞭飛渡，憶昔鳴髇血污，風雨佛貍愁。季子正年少，匹馬黑貂裘。　今老矣，搔白首，過揚州。倦游江上，手種橘千頭。二客東南名勝，萬卷詩書事業，嘗試與君謀。莫射南山虎，直覓富民侯

鄧注「莫射」兩句，以爲典出《史記．李將軍列傳》及《漢書．西域傳》，真屬探源之論。然諦觀辛詞句意，實亦化自杜甫《曲江三章》詩，尤宜注出：其三章云：「自斷此生休問天，杜曲幸有桑麻田；故將移住南山邊，短衣匹馬隨李廣，看射猛虎終殘年。」（卷二一六，頁二二六〇）杜甫此詩，確用《史記．李將軍列傳》故實[42]；然辛詞「匹馬黑貂裘」、「莫射南山虎」云云，顯自杜詩出。而杜甫此詩，稼軒亦不止一次用之，如〈醜奴兒〉上片：「此生自斷天休問，獨倚危樓。獨倚危樓。不信人間別有愁。」〈八聲甘州〉（起句：故將軍飲罷夜歸來）下片：「誰向桑麻杜曲，要短衣匹馬，移住南山。看風流慷慨，譚笑過殘年。」〈賀新郎〉（起句：聽我三章約）：「自斷此生天休問，倩何人、說與乘軒鶴，吾有志，在丘壑。」皆是其證，自宜補注之。其次，此詞「今老矣」三句，亦化自杜甫〈夢李白二首〉之二：「出門搔

42《史記．李將軍列傳》略云：「李將軍廣者，隴西成紀人也。……廣家與故潁陰侯孫屏野居藍田南山中，射獵。……居無何，匈奴入殺遼西太守，敗韓將軍（筆者按：即韓安國），後韓將軍徙右北平。於是天子乃召拜廣爲右北平太守。……廣出獵，見草中石，以爲虎而射之，中石沒鏃，視之石也。因復更射之，終不能復入石矣！廣所居郡聞有虎，嘗自射之。及居右北平射虎，虎騰傷廣，廣亦竟射殺之。」（臺北：鼎文書局，一九八七年十一月九版，冊四，卷一〇九，頁二八七一至二八七二）。

白首，若負平生志」（卷二一八，頁二二八九）；「萬卷」句，則化自杜甫〈奉贈韋左丞丈二十二韻〉詩：「讀書破萬卷，下筆如有神。……致君堯舜上，再使風俗淳。」（卷二一六，頁二二五二），而此詩稼軒用之綦繁，詳參「詩題出入」節例8.，自宜補注之。

7.頁六二，〈西江月〉（江行采石岸，戲作漁父詞）：

千丈懸崖削翠，一川落日鎔金。白鷗來往本無心。選甚風波一任。　別浦魚肥堪鱠，前村酒美重斟。千年往事已沉沉。閒管興亡則甚。

鄧注「閒管」一句，引蘇軾〈將軍詩〉爲證，固無不可。然唐末沈彬〈再過金陵〉詩云：「玉樹歌終王氣收，雁行高送石頭秋；江山不管興亡事，一任斜陽伴客愁。」[43]（卷七四三，頁八四五八）若能引作補注，當更周備。

8.頁八四，〈滿庭芳〉（和洪丞相景伯韻，呈景盧內翰）上片：

急管哀絃，長歌慢舞，連娟十樣宮眉。不堪紅紫，風雨曉來稀。惟有楊花飛絮，依舊是、萍滿方池。酴醾在，青虬快剪，插遍古銅彝。

鄧注「惟有」兩句，引蘇軾〈水龍吟〉次韻章質夫楊花詞爲證，極是。然蘇詞實化自韓愈〈遊城南十六首〉之三〈晚春〉詩，固宜並注，方稱探源；詩云：「草樹知春不久歸，百般紅紫鬥芳菲；楊花榆莢無才思，惟解漫天作雪飛。」（卷三四三，頁三八五〇）較之辛詞，可見

---

43 依《全唐詩》作者欄載云：「沈彬，字子文，高安人。唐末應進士不第，浪跡湖湘，嘗與僧虛中、齊己爲詩友。事吳爲祕書郎，以吏部郎中致仕，年八十餘。李璟以舊恩召見，賜粟帛，官其子，詩十九首。」可知沈彬曾入南唐；而本文於五代作家之作品，凡見載於《全唐詩》者，均視爲「唐詩」範圍，下仿此，不另附注。

自「不堪」以下，係兼用韓詩與蘇詞之句意，固不止「惟有」兩句而已。

9.頁一〇〇，〈減字木蘭花〉上片：

昨朝官告。一百五年村父老。更莫驚疑。剛道人生七十稀。

鄧注「剛道」一句，以同〈感皇恩〉（七十古來稀）爲準，亦即出自杜甫〈曲江二首〉之二：「酒債尋常行處有，人生七十古來稀」（卷二二五，頁二四一〇）；甚至稼軒詞中，五度用相關詞句，鄧注一律以杜詩爲是，筆者自不敢論其非。然稼軒此詞，實採錄白居易〈對酒閒吟贈同老者〉詩之成句：「人生七十稀，我年幸過之。」（卷四五九，頁五二二二），自宜補注。餘參「誤注」節例5。

10.頁一七七，〈生查子〉（獨游雨巖。起句：溪邊照影行）下片：

高歌誰和余，空谷清音起。非鬼亦非仙，一曲桃花水。

鄧注「桃花水」，引《水衡記》載：「黃河二月三月水，名桃花水」，特解得「桃花水」一詞而無其境；宜更補入王維〈桃源行〉末四句：「當時只記入山深，青溪幾曲到雲林；春來遍是桃花水，不辨仙源何處尋。」（卷一二五，頁一二五八）方能探得「空谷清音」之妙境。

11.頁二〇六，〈昭君怨〉（送晁楚老游荊門）上片：

夜雨剪殘春韭。明日重斟別酒。君去問曹瞞。好公安。

鄧注「夜雨句」，引杜甫〈贈衛八處士〉詩：「夜雨剪春韭，新炊間黃粱」爲證，極是。然宜更引該詩末兩句：「明日隔山嶽，世事兩茫茫。」（卷二一六，頁二二五七）如此，辛詞「明日重斟別酒」一句，方有著落。

12.頁二八五，〈金菊對芙蓉〉（重陽。起句：遠水生光）下片：

追念景物無窮。歎年少胸襟，忒煞英雄。把黃金紅萼，甚物堪同。除非腰佩黃金印，座中擁紅粉嬌容。此時方稱情懷，盡拚一飲千鍾。

鄧注「盡拚」句，引歐陽脩〈朝中措〉、秦觀〈望海潮〉詞爲證，固無不是。然杜甫〈將赴成都草堂途中有作先寄嚴公五首〉之三云：「肯藉荒庭春草色，先判一飲醉如泥。」（卷二二八，頁二四七七）想歐、秦之詞亦化自杜詩，固宜補注。又：杜詩中「肯藉」之「肯」，一作「豈」；「春草」兩字，一作「新月」。至於「先判」之「判」，意同「拚」，皆爲割捨、甘願之辭；「自宋以後多用『拚』字或『拚』字，而唐人則多用『判』字。」[44]而與稼軒同時之前輩史浩，於所作〈教池回〉（競渡。起句：雲淡天低）詞中，亦有「夕陽中、拚一飲千鍾」[45]之句，均藉以表達豪縱之情懷，真不謀而合。

13.頁二八七，〈浣溪沙〉（席上趙景山提幹賦溪臺，和韻）之二：

妙手都無斧鑿瘢。飽參佳處卻成顰。恰如春入浣花村。　筆墨今宵光有豔，管絃從此悄無言。主人席次兩眉軒。

鄧注「浣花村」，謂係杜甫在成都住處，固無不是。然作爲稱讚趙景山善於築構溪臺，則宜更引杜甫〈蕭八明府堤處覓桃栽〉詩作注，方得稼軒之意。詩曰：「奉乞桃栽一百根，春前

---

44 見張相《詩詞曲語辭匯釋》（臺北：臺灣中華書局，一九七三年四月臺三版）卷五，頁五七二。

45 同注33，冊二，頁一六四七。

爲送浣花村；河陽縣裏雖無數，濯錦江邊未滿園。」（卷二二六，頁二四四八）此詩詩題「蕭明府堤」之「堤」，一作「實」；詩中「江邊」之「邊」，一作「頭」。

14.頁二八九，〈鵲橋仙〉（壽余伯熙察院。起句：豸冠風采）下片：

東君未老，花明柳媚，且引玉船沉醉。好將三萬六千場，自今日從頭數起。

鄧注「三萬六千場」，引蘇軾〈贈張刁二老〉詩及〈滿庭芳〉詞作注，固無不是。然蘇軾詩、詞，實化自李白〈襄陽歌〉：「百年三萬六千日，一日須傾三百杯。」（卷一六六，頁一七一五），自宜補注。關於此點，鄧注實亦自知，故於頁三八九注〈添字浣溪沙〉：「總把平生入醉鄉，大都三萬六千場」一句時，即如此處理；因之此處及頁五一九〈臨江仙〉（醉帽吟鞭花不住）、頁五三二〈臨江仙〉（手種門前烏柏樹）等相關注釋，均宜比照。

15.頁三〇一，〈西江月〉（夜行黃沙道中）上片：

明月別枝驚鵲，清風半夜鳴蟬。稻花香裡說豐年。聽取蛙聲一片。

鄧注「明月」句，引蘇軾〈杭州牡丹〉詩爲證，固無不可，然朱華〈海上生明月〉詩，已道及此境，應予補注；已見本節例2.，茲不贅。

16.頁三二二，〈鷓鴣天〉上片：

指點齋尊特地開。風帆莫引酒船回。方驚共折津頭柳，卻喜重尋嶺上梅。

鄧注「風帆」句時，引蘇軾〈寄吳德仁兼簡陳季常〉詩：「稽山不是無賀老，我自興盡回酒船」爲證；殊不知蘇詩係化自李白〈重憶〉詩：「欲向江東去，定將誰舉杯；稽山無賀老，卻棹酒船回。」（卷一八二，頁一八六〇）固宜補注。

17.頁四〇一，〈滿江紅〉（山居即事）上片：

幾箇輕鷗，來點破、一泓澄綠。更何處、一雙鸂鶒，故來爭浴。細讀離騷還痛飲，飽看脩竹何妨肉。有飛泉、日日供明珠，五千斛。

鄧注「故來爭浴」，引杜甫〈春水〉詩爲證，甚是。然併上句觀之，宜更補引杜甫〈卜居〉詩：「無數蜻蜓齊上下，一雙鸂鶒對沉浮」（卷二二六，頁二四三一），方稱完備。

18.頁四三八，〈鷓鴣天〉（起句：石壁虛雲積漸高）下片：

呼玉友，薦溪毛。殷勤野老苦相邀。杖藜忽避行人去，認是翁來卻過橋。

鄧注「玉友」，引南宋・張表臣《珊瑚鉤詩話》：「以糯米藥麴作白醪，號玉友」，以釋其義，固無不可。然以「玉友」稱白酒，或泛指美酒，唐詩已見，如盧綸〈題賈山人園林〉：「五字每將稱玉友，一尊曾不顧金囊」（卷二七九，頁三一六六），即是一例；可引作補注，以見來歷。

以上十八例中，均爲鄧注本已注而內容不足之處。至若宜注而未注者，本文則目之爲「失注」，亦舉例如次：

1.頁一四，〈滿江紅〉（中秋寄遠）上片：

快上西樓，怕天放浮雲遮月。但喚取玉纖橫管，一聲吹裂。誰做冰壺涼世界，最憐玉斧修時節。問嫦娥、孤令有愁無，應華髮。

此詞「問嫦娥」二句，實化自李白〈把酒問月〉：「白兔擣藥秋復春，嫦娥孤棲與誰鄰。」（卷一七九，頁一八二七）以及杜甫〈月〉詩：「四更山吐月，殘夜水明樓。……兔應疑鶴髮，蟾亦戀貂裘；斟酌姮娥寡，天寒奈九秋。」[46]；而此二詩，稼軒常引之入詞，固宜加注。

2.頁一六，〈滿江紅〉（起句：點火櫻桃）下片：

層樓望，春山疊。家何在，煙波隔。把古今遺恨，向他誰說。蝴蝶不傳千里夢，子規叫斷三更月。聽聲聲枕上勸人歸，歸難得。

詞中「家何在」兩句，係化自崔顥〈黃鶴樓〉詩：「日暮鄉關何處是，煙波江上使人愁。」（卷一三〇，頁一三二九）應予加注；詩中「何處是」之「是」，一作「在」。

3.頁一七，〈念奴嬌〉（西湖和人韻）上片：

晚風吹雨，戰新荷聲亂，明珠蒼壁。誰把香奩收寶鏡，雲錦周遭紅碧。飛鳥翻空，遊魚吹浪，慣趁笙歌席。坐中豪氣，看君一飲千石。

鄧注「新荷、雲錦」，引文同〈題守居園池橫湖〉詩、蘇軾〈和文與可洋川園池橫湖〉詩爲證，甚是。然「飛鳥」以下三句則「失注」，殊不知「飛鳥」句，出自蘇軾〈鷓鴣天〉（起句：林斷山明竹隱牆）：「翻空白鳥時時見，照水芙蕖細細香」[47]；「遊魚」兩句，則出自杜甫〈城西陂泛舟〉詩：「魚吹細浪搖歌扇，燕蹴飛花落舞筵。」（卷二二四，頁二三九六），固宜加注。杜詩詩題下附注：「（城西陂）即渼陂」；詩中「搖歌扇」之「歌」，一作「敧」。

4.頁二八，〈一剪梅〉（游蔣山，呈葉丞相）：

---

46 李白詩下附題云：「故人賈淳令予問之。」杜甫此詩，則未見《全唐詩》著錄，本文係錄自清．楊倫《杜詩鏡銓》卷一七，版本同注12。

47 同注33，冊一，頁三七一。

獨立蒼茫醉不歸。日暮天寒，歸去來兮。探梅踏雪幾何時。今我來思，楊柳依依。　白石岡頭曲岸西。一片閒愁，芳草萋萋。多情山鳥不須啼。桃李無言，下自成蹊。

詞中「日暮」兩句，實化自杜甫〈乾元中寓居同谷縣作歌七首〉之一，應予加注。詩云：「天寒日暮山谷裏，中原無書歸不得」（卷二一八，頁二二八九）詩中「無書」之「書」，一作「主」。而「歸去來兮」，無疑係陶潛〈歸去來兮辭〉之成句，稼軒特加以靈活運用，雜揉入詞。至若下片「一片」兩句，則係化用崔顥〈黃鶴樓〉：「芳草萋萋鸚鵡洲」（出處見本節例2）之詩意，以道其鄉愁，亦應加注。

5.頁三三，〈太常引〉（建康中秋夜為呂叔潛賦）上片：

一輪秋影轉金波。飛鏡又重磨。把酒問姮娥。被白髮、欺人奈何。

詞中「把酒」兩句，顯係化用李白〈把酒問月〉之詩題，以及「白兔擣藥秋復春」、「古人今人若流水」（出處見本節例1.）等，歲月遷逝之感，以寄意也。而李白此詩，時見稼軒化用入詞，如〈滿江紅〉（起句：快上西樓）：「問嫦娥孤令有愁無」、〈新荷葉〉（起句：春色如愁）：「停杯對影，待邀明月相依」，皆是其例，固宜加注。

6.頁四〇，〈滿江紅〉（贛州席上呈太守陳季陵侍郎）：

落日蒼茫，風纔定、片帆無力。還記得眉來眼去，水光山色。倦客不知身遠近，佳人已卜歸消息。便歸來、只是賦行雲，襄王客。　些箇事，如何得。知有恨，休重憶。但楚天特地，暮雲凝碧。過眼不如人意事，十常八九今頭白。笑江州司馬太多情，青衫濕。

此詞頗有化用李白〈江行寄遠〉之詩意，詩云：「刳木出吳楚，危槎百餘尺；疾風吹片帆，日暮千里隔。別時酒猶在，已爲異鄉客；思君不可得，愁見江水碧。」（卷一八一，頁一八四四）詩詞對照，則見辛詞「落日」兩句，係反用李詩「疾風」兩句之詩意，以道不忍離去之情。「些箇事」四句，即李詩「思君不可得」之意；而「但楚天」兩句，則同李詩「愁見江水碧」之境，以道水天茫茫，滿布愁情。以此論之，固宜加注。

7.頁四一，〈菩薩蠻〉（書江西造口壁）：

鬱孤臺下清江水。中間多少行人淚。西北望長安。可憐無數山。　青山遮不住。畢竟東流去。江晚正愁余，山深聞鷓鴣。

此詞起首兩句，頗用于濆〈隴頭吟〉前四句之意，應予加注。詩曰：「借問隴頭水，終年恨何事；深疑嗚咽聲，中有征人淚。」（卷五九九，頁六九三二）詩題之「吟」字，一作「水」。而詞末「江晚正愁予」兩句，亦可引白居易〈山鷓鴣〉詩作注，詩云：「山鷓鴣，朝朝暮暮啼復啼。……唯能愁北人，南人慣聞如不聞。」（卷四三五，頁四八一四）蓋「唯能愁北人」，即「正愁予」之意，以稼軒乃北地——濟南歷城人也。

8.頁五〇，〈霜天曉角〉（旋興）上片：

吳頭楚尾。一棹人千里。休說舊愁新恨，長亭樹，今如此。

詞中「舊愁新恨」一詞，可引曹唐〈織女懷牽牛〉詩：「封題錦字凝新恨，拋擲金梭織舊愁。」（卷六四〇，頁七三三八）、徐絃〈和方泰州見寄〉詩：「逐客悽悽重入京，舊愁新恨兩難勝。」（卷七五五，頁八五八九），予以加注；以此兩種截取技巧，乃稼軒詞中所常見。而曹唐詩中，「新恨」之「恨」字，一作「思」；「織舊愁」之「織」字，一作「結」，並此說明。

9.頁五六，〈滿江紅〉（題冷泉亭，起句：直節堂堂）下片：

山木潤，琅玕溼。秋露下，瓊珠低。向危亭橫跨，玉淵澄碧。醉舞且搖鸞鳳影，浩歌莫遣魚龍泣。恨此中風物本吾家，今為客。

詞中「琅玕」係喻指竹，以呼應上片起句「直節堂堂」；「山木」則指松，以呼應次句「看夾道冠纓拱立」。而以「琅玕」喻竹，始見唐人用之，可引以加注。如杜甫〈鄭駙馬宅宴洞中〉詩：「主家陰洞細煙霧，留客夏簟清琅玕。」（卷二二四，頁二三九〇）題下附注云：「明皇臨晉公主下嫁鄭潛曜，神木原有蓮花洞，乃鄭氏故居。」詩中「清琅玕」之「清」，一作「青」。再者，「琅玕」一詞，又見於〈玉樓春〉（起句：山行日日妨風雨）：「城南東野應聯句，好記琅玕題字處。」、〈歸朝歡〉（起句：見說岷峨千古雪）：「有人依樣入明光，玉階之下巖巖立。琅玕無數碧。」均宜併此處理。

10.頁九六，〈蝶戀花〉（和趙景明知縣韻，起句：老去怕尋年少伴）下片：

涼夜愁腸千百轉。一雁西風，錦字何時遣。畢竟啼烏才思短，喚回曉夢天涯遠。

詞中「畢竟」一句，係化自韓愈〈遊城南十六首〉之三〈晚春〉詩：「楊花榆莢無才思，惟解漫天作雪飛」（卷三四三，頁三八五〇）；觀鄧氏注〈鷓鴣天〉（起句：句裏春風正剪裁）：「亂鴉畢竟無才思，時把瓊瑤蹴下來」兩句，即引韓愈此詩作注，可見此處係「失注」。至若「喚回」句，則係化自金昌緒〈春怨〉詩：「打起黃鶯兒，莫教枝上啼；啼時驚妾夢，不得到遼西」（卷七六八，頁八七二四），應予加注。而此詩詩題，一作〈伊州歌〉；詩中「打起」之「打」，一作「卻」；「啼時」兩字，一作「幾迴」，並此說明。

11.頁一〇二，〈菩薩蠻〉上片：

西風都是行人恨。馬頭漸喜歸期近。試上小紅樓。飛鴻字字愁。

詞中「馬頭」一句，係化自秦韜玉〈長安書懷〉詩：「長有歸心懸馬首，可堪無寐枕蛩聲。」（卷六七〇，頁七六五六），應予加注。至於「試上」兩句，鄧注僅引秦觀〈減字木蘭花〉作注，亦嫌不足，宜更引古辭〈西洲曲〉補注方是。詩云：「置蓮懷袖中，蓮心徹底紅；憶郎郎不至，仰首望飛鴻。鴻飛滿西洲，望郎上青樓；樓高望不見，盡日欄杆頭。」[48]而〈西洲曲〉此段之詞意，稼軒尚寫入〈鷓鴣天〉（代人賦，起句：晚日寒鴉一片愁）下片：「腸已斷，淚難收。相思重上小紅樓。情知已被山遮斷，頻倚闌干不自由。」並錄供參考。

12.頁一二二，〈蝶戀花〉（席上贈楊濟翁侍兒）上片：

小小年華才月半。羅幕春風，幸自無人見。剛道羞郎低粉面。旁人瞥見回嬌盼。

詞中「羅幕」兩句，實反用李白〈春思〉詩意，應予加注；詩云：「春風不相識，何事入羅幃。」（卷一六五，頁一七一〇）。

13.頁二〇七，〈昭君怨〉（起句：人面不如花面）下片：

落葉西風時候。人共青山都瘦。說道夢陽臺。幾曾來。

詞中「落葉」兩句，係化用賈島〈憶江上吳處士〉詩意，應予加注；詩云：「秋風生渭水，

---

48 見宋・郭茂倩《樂府詩集》（臺北：里仁書局，一九八〇年十二月）冊二，第七十二卷〈雜曲歌辭十二〉，頁一〇二七。

落葉滿長安。……蘭橈殊未返，消息海雲端。」（卷五七二，頁六六四七）而此詩，稼軒固不止一次引入詞中，以寫對人之思念，如〈玉樓春〉（用韻答葉仲洽，起句：狂歌擊碎村醪醆）末結：「至今有句落人間，渭水秋風黃葉滿」，即是一例。

14.頁二一〇，〈菩薩蠻〉（送祐之弟歸浮梁）上片：

無情最是江頭柳。長條折盡還依舊。木葉下平湖。雁來書有無。

鄧注引白居易〈青門柳〉詩：「爲近都門多送別，長條折盡減春風」，以釋此詞次句。然筆者以爲此詞前兩句，實化自韋莊〈臺城〉詩：「無情最是臺城柳，依舊煙籠十里堤。」（卷六九七，頁八〇二二），故應予加注。

15.頁二一三，〈朝中措〉（起句：綠萍池沼飛絮忙）下片：

殘雲賸雨，些兒意思，直恁思量。不是流鶯驚覺，夢中啼損紅粧。

此詞「不是」句，實亦化用金昌緒〈春怨〉詩意，詳參本節例10。至若「夢中」句，則係化自白居易〈琵琶引〉：「夜深忽夢少年事，夢啼妝淚紅闌干」兩句（卷四三五，頁四八二二）；以係「夢少年事」，故「不是流鶯驚覺」，且因之而淚流縱橫，致損紅粧，此即白詩「妝淚紅闌干」（闌干，狀淚流縱橫貌）之意，自宜加注。而白詩「夢啼妝淚」四字，一作「啼妝淚落」，並此說明。

16.頁二二五，〈踏歌〉（起句：攧厥）第二片：

去也，把春衫換卻同心結。向人道、不怕輕離別。問昨宵因甚歌聲咽。

此段文字，實亦化自白居易〈琵琶引〉：「門前冷落鞍馬稀，老大嫁作商人婦；商人重利輕別離，前月浮梁買茶去。」（出處同前例）詞中「把春衫」句，即指歌妓毅然嫁作商人婦；而反用白詩之意，自宜加注。而此詞前片「更言語、一似春鶯滑」句，鄧氏已然引白居易〈琵琶引〉：「間關鶯語花底滑」作注，卻未能深究第二片亦化自同詩，以致「失注」，殊覺可惜。

17. 頁二七五，〈瑞鶴仙〉（壽上饒倅洪莘之，時攝郡事，且將赴漕舉）上片：

黃金堆到斗。怎得似長年，畫堂勸酒。蛾眉最明秀。向水沉煙裏，兩行紅袖。笙歌撋就。爭說道、明年時候。被姮娥做了慇懃，仙桂一枝入手。

此詞，自題序得知係屬壽詞。而稼軒壽詞最常見之語典之一，即出於《世說新語．尤悔篇》之「金印如斗大」。[49]如〈西江月〉（為范南伯壽。起句：秀骨青松不老）：「留君一醉意如何，金印明年斗大」、〈水龍吟〉（次年南澗用前韻為僕壽，僕與公生日相去一日，再和以壽南澗。起句：玉皇殿閣微涼）：「金印明年如斗，向中州錦衣行晝」、〈一枝花〉（醉中戲作。起句：千丈擎天手）：「黃金腰下印，大如斗」、〈西江月〉（壽祐之弟，時新居落成。起句：畫棟新垂簾幕）：「只將綠鬢抵羲娥，金印須教斗大。」皆是其例，鄧注本均準確注之。唯此詞「黃金堆到斗」句，鄧注乃缺如，蓋已意會此「斗」非彼「斗」也。李白〈擬古十二首〉之三云：「長繩難繫日，自古共悲辛；黃金高北斗，不惜買陽春。……提壺末辭貧，取酒會四鄰；仙人殊恍惚，未若醉

---

49 南朝宋．劉義慶撰、楊勇校箋《世說新語》下卷〈尤悔第三十三〉載：「王大將軍起事，丞相兄弟詣闕謝，周侯深憂諸王，始入，甚有憂色。丞相呼周侯曰：『百口委卿』，周直過不應。既入，苦相存活。既釋，周大說，飲酒。及出，諸王故在門，周曰：『明年殺諸賊奴，當取金印如斗大，繫肘後。』」（臺北：明倫出版社，一九七二年四月三版，頁六七四。）

中真。」（卷一八三，頁一八六二）則知此詞前三句，乃自李白詩化出，謂金玉堆滿堂，與北斗星齊高，終不如把握當下，長年在畫堂中，飲酒取樂也。自應加注。

18.頁三〇一，〈鷓鴣天〉（黃沙道中即事）上片：

句裏春風正剪裁。溪山一片畫圖開。輕鷗自趁虛船去，荒犬還迎野婦回。

此詞起句謂：某人詩句中方論及春風正剪裁萬物，孰知眼前已然「溪山一片圖畫開」。而某人「句裏」，顯指賀知章〈詠柳〉詩所謂：「不知細葉誰裁出，二月春風似剪刀。」（卷一一二，頁一一四七），自宜加注；而此詩詩題，一作〈柳枝詞〉，並此說明。

19.頁三三五，〈念奴嬌〉（戲贈善作墨梅者。起句：江南盡處）下片：

還似籬落孤山，嫩寒清曉，衹欠香沾袖。淡佇輕盈誰付與，弄粉調朱纖手。疑是花神，謁來人世，占得佳名久。松篁佳韻，倩君添做三友。

詞中「占得」一句，實截自羅隱〈金錢花〉詩：「占得佳名繞樹芳，依依相伴向秋光。」（卷六五六，頁七五四六）應予加注。

20.頁三九三，〈謁金門〉（起句：歸去未）下片：

遙想歸舟天際。綠鬢瓏璁慵理。好夢未成鶯喚起。粉香尤有殢。

此詞「好夢」云云，亦化用金昌緒〈春怨〉詩意，詳參本節例10.；而稼軒詞中凡用此詩詩意處，鄧注泰半「失注」，亦甚可怪！

21.頁四五五，〈婆羅門引〉（別杜叔高，叔高長於楚詞）上片：

落花時節，杜鵑聲裡送君歸。未消文字湘纍，只怕蛟龍雲雨，後會渺難期。更何人念我，老大傷悲。

此詞起首兩句，實化用杜甫〈江南逢李龜年〉詩意，應予加注。詩云：「正是江南好風景，落花時節又逢君。」（卷二三二，頁二五六二）；詩中「正是」之「是」，一作「値」。而此詩稼軒尚引入〈上西平〉詞（起句：恨如新）：「江南好景，落花時節又逢君」，亦爲「送杜叔高」而作。甚至〈婆羅門引〉下片：「爭如不見，纔相見、便有別離」兩句，稼軒亦重複用於〈錦帳春〉（起句：春色難留）：「幾許風流，幾般嬌懶，問相見、何如不見。」對象均爲杜叔高，當非巧合。

22.頁四八八，〈新荷葉〉（再題傅巖叟悠然閣）下片：

千載襟期。高情想像當時。小閣橫空，朝來翠撲人衣。是中真趣，問騁懷遊目誰知。無心出岫，白雲一片孤飛。

詞中「朝來」句，實化自杜牧〈除官歸京睦州雨霽〉詩，應予加注；詩云：「水聲侵笑語，嵐翠撲衣裳。」（卷五二二，頁五九六九）。

23.頁五〇八，〈鷓鴣天〉（賦牡丹，主人以謗花，索賦解嘲）：

翠蓋牙籤幾百株。楊家姊妹夜游初。五花結隊香如霧，一朵傾城醉未蘇。 閒小立，困相扶。夜來風雨有情無。愁紅慘綠今宵看，卻似吳宮教陣圖。

鄧注引《舊唐書·楊貴妃傳》及唐·李濬《松窗雜錄》，以釋「楊家」兩句，甚是。唯「一朵」句，實截自李白〈清平調〉之二：「一枝濃豔露凝香」、之三：「名花傾國兩相歡」（並見卷一六四，頁一七〇三），而以「一朵傾城」喻楊貴妃。至於「醉未蘇」，亦用貴妃典，見錄於宋．釋惠洪《冷齋夜話》卷一〈詩本出處〉引《太真外傳》：「上皇登沉香亭，詔太真妃子。妃于時卯醉未醒，命力士從侍兒扶掖而至。妃子醉顏殘粧，鬢亂釵橫，不能再拜。上皇笑曰：『是豈妃子醉，真海棠睡未足耳。』」[50]此詞下片，「夜來」句，則係化用孟浩然〈春曉〉詩：「夜來風雨聲，花落知多少。」（卷一六〇，頁一六六七）；而此二句，一作「欲知昨夜風，花落無多少」，特少人用之。末結「愁紅慘綠」，則截自柳永〈定風波〉起首：「自春來、慘綠愁紅，芳心事事可可。」[51]，均應加注。

24.頁五〇八，〈鷓鴣天〉（再賦牡丹，起句：濃紫深黃一畫圖）下片：

香瀲灩，錦糢糊。主人長得醉工夫。莫攜弄玉欄邊去，羞得花枝一朵無。

詞中「長得醉工夫」，實出自鄭遨〈招友人遊春〉詩：「難把長繩繫日烏，芳時偷取醉工夫；任堆金璧磨星斗，買得花枝不老無。」（卷八五五，頁九六七二），應予加注；而此詩一題「杜光庭」作。

25.頁五一九，〈臨江仙〉（壬戌歲生日書懷）：

六十三年無限事，從頭悔恨難追。已知六十二年非。只應今日是，後日又尋思。　少是多非惟有酒，何須過後方知。從今休似去年時。病中留客飲，醉裡和人詩。

---

50 宋．釋惠洪《冷齋夜話》，收錄於《詩話叢刊》下冊，臺北：弘道文化事業有限公司，一九七一年三月初版；所引文字見該書頁一六一一。至若今本《太真外傳》，則未見此段記載，然宋以還，此事已時見文人作品中，如蘇軾〈海棠〉詩：「只恐夜深花睡去，更燒銀燭照紅粧」是也。

51 同注33，冊一，頁三七。

此詞實用「蘧伯玉年五十，而有四十九之非」典[52]，以及化用韓愈〈遊城南十六〉之十六〈遣興〉詩：「斷送一生惟有酒，尋思百計不如閒；莫憂世事兼身事，須著人間比夢間」（卷三四三，頁三八五二），應予加注。所謂「斷送」，猶云過也、度也[53]，韓詩原謂度過一生唯酒而已，辛詞則云「少是多非惟有酒」，其義實同，蓋均屬不得志之牢騷語也。

以上二十五例，乃稼軒詞引唐詩而鄧注本「失注」之處，筆者已然兼顧詞意予以補注，期能不違反鄧先生「略而不注」之體例。雖然，凡稼軒常用而鄧氏已注、且為人所常見之語典或事典，若偶一「失注」，本文亦未揭舉，庶免失之苛察。如「人生七十古來稀」一語，稼軒詞中凡五度化用，然鄧先生僅針對〈感皇恩〉（壽范倅。起句：七十古來稀）、〈減字木蘭花〉（起句：昨朝告官）、〈感皇恩〉（慶嬸母王恭人七十。起句：七十古來稀）等三詞作注，餘如〈最高樓〉（醉中有索四時歌者，為賦。起句：長安道）、〈行香子〉（起句：歸去來兮）兩詞則未注，本文均略而不舉。又如以〈陽關曲〉故實寫送別，稼軒詞凡九見，鄧先生僅針對〈鷓鴣天〉（送人。起句：唱徹陽關淚未乾）、〈六么令〉（起句：倒冠一笑）、〈小重山〉（席上和人韻送李子永提幹。起句：旋製離歌唱未成）、〈蝶戀花〉（用趙文鼎提舉送李正之提刑韻，送鄭元英。起句：莫向樓頭聽漏點）、〈鷓鴣天〉（鄭守厚席上謝余伯山，用其韻。起句：夢斷京華故倦遊）、〈好事近〉（送李復州致一席上和韻。起句：和淚唱陽關）等六詞作注，餘如〈西江月〉（用韻，和李兼濟提舉。起句：且對東君痛飲）、〈婆

---

52 見《淮南子．原道訓》，臺北：世界書局，一九七八年三月七版，頁九。

53 關於「斷送」之意，可參張相《詩詞曲語辭匯釋》卷五，頁六〇九至六一三，版本同注44。

羅門引〉（用韻別郭逢道。起句：綠陰啼鳥）、〈上西平〉（送杜叔高。起句：恨如新）等三詞則未注，本文亦略而不舉，以其係屬熟典，而鄧注偶「失注」也。

參、結　語

本文既以鄧廣銘《稼軒詞編年箋注》爲底本，取此中涉及唐詩者，分：一、失題與失引一句；二、詩題、內容或作者出入；三、誤注、漏注或失注，凡三部分，逐一正補。爰將結論，簡述如次：

其一，就「失題」言之，凡十例：此中屬鄧注本引唐詩而「失題」者，凡三例；間接錄自雜記、詩話之屬，本無詩題而可補充說明者，凡七例。至於作者、詩題已具而「失引一句」者，凡七十八例，均待補充。

其二，就「詩題之出入」言之，凡四十二例：此中屬鄧注本誤題者，凡四例；排版疏漏者，凡五例。引他書而出入者，凡二例；餘三十一例，則緣鄧注本節錄詩題使然也。次就「內容出入」言之，凡十五例：此中三例，係鄧注本明顯疏誤；一例則係鄧注本與《全唐詩》同，而與其他版本文字有出入；餘十一例，或緣版本有別，致鄧注本所引與《全唐詩》所錄，文字略不同，本文於敘明理由後，均加以取捨。復就「作者出入」言之，凡十四例：此中三例係鄧注本誤題，二例屬誤排，四例屬作者兩見；餘五例則係題「聯句」之作者，體例不一，有以致之，均宜進一步檢校。

其三，就「誤注」言之，鄧注本凡六見，本文均一一糾謬。至於鄧注本已注而內容不足者，本文目之「漏注」，凡十八例；宜注而未注者，則目之爲「失注」，凡二十五例。至若稼軒詞常引而鄧注本已注之語典與事典，若偶然「失注」，則不予揭舉，以其屢見易曉也。

要之，稼軒詞用典極其繁富，遍及經、史、子、集；而鄧廣銘《稼軒詞編年箋注》，乃目前所見最完備之注本。吾人苟能運用各種電子檢索，逐一深入查證，必能自多種角度予以補正；甚而在鄧注本已有之基礎上，呈現更傲人之成績。

結論

本書凡錄九章，依性質分上、下兩篇；上篇為「宋詞借鑑唐詩」，下篇為「藉唐詩繫年、校注宋詞」。此兩大類題材，以及研究內容，甚至部分研究方法，在本書結集出版之前，學術界幾無人涉及；縱有涉及，亦止於零星片段而已。茲就此中主要研究結論，臚列如次：

其一，就橫向歸納分析兩宋詞人借鑑唐詩之技巧，凡有九種，可分四類以賅之：一曰字面之借鑑，包含㈠截取唐詩字面；㈡鎔鑄唐詩字面。二曰句意之借鑑，包含㈠增損唐詩字句；㈡化用唐詩句意；㈢襲用唐詩成句；㈣合集唐詩成句。三曰詩篇之借鑑，係指就唐詩予以檃括入詞之技巧，包含㈠局部檃括唐詩；㈡全闋檃括唐詩。四曰其他，包含㈠援引唐詩人故實；㈡綜合運用各技巧。

其二，就縱向揭發兩宋詞人借鑑唐詩之過程，發現兩宋詞人大量借鑑唐詩，厥推晏殊為先驅；且前舉九種技巧中，唯「合集唐詩成句」一項，猶未見之，餘則具體而微。至於「合集唐詩成句」入詞，造成風氣，影響詞壇者，厥推王安石。洎乎北宋晚期，賀鑄、周邦彥可謂借鑑唐詩之雙璧，後之詞家承流接響，難出其右；唯論技巧之多樣，變化之繁富，賀鑄較周邦彥尤有過之，故本文取賀鑄作品予以全面分析，並目之爲「兩宋詞人借鑒唐詩之奇葩」，藉與兩宋詞壇總體之現象做一對照。

其三，於研究晏殊、王安石、賀鑄兩人借鑒唐詩之過程中，復發現藉由宋人詞中借鑒唐詩之現象，亦可解決宋詩研究者之問題。譬如晏殊既被目之爲崑體詩人，爲何所作復與崑體詩人有別？而經歸納晏殊詞中借鑒唐詩之現象，發現晏殊之喜好唐詩，並不止於晚唐之李商隱，而能兼取中唐詩風，故未見濃厚之崑體習染。至於由王安石《臨川先生歌曲》借鑒唐詩之習染，亦可印證其好尚，在杜甫、韓愈之詩也。而列入所編《四家詩選》之李白，其作品見引入詞者，似稍嫌不足；然證諸其集句詩所引，李白又不亞於韓愈，蓋李詩較不受聲律束縛，故不適於入詞，而適於集入古詩也。其次，對於諸多記載稱賀鑄自言「吾筆端驅使李商隱、溫庭筠，常奔命不暇」云云，經逐闋分析《東山詞》，發現賀鑄「驅使」最多之唐詩人爲杜牧，非溫、李，顯然其所言與所行有出入；而張炎《詞源》稱：「如賀方回、吳夢窗，皆善於煉字面，多從溫庭筠、李長吉詩中來」，亦未貼切，顯見詞話式批評，終不抵科學統計分析之能得真相也。

其四，就藉唐詩繫年宋詞而言，本書凡舉三例印證此方法之可行：首先比較晏殊〈浣溪沙〉（三月和風滿上林）詞，與錢起〈贈闕下裴舍人〉詩，在寫作時間、指涉地點、韻腳使用、懷抱抒寫等方面，幾乎全同，因藉錢詩繫年晏詞，推斷宜在宋仁宗皇祐五年癸巳（西元一〇五三）春三月；時晏殊年六十三，刻出知永興軍，乃藉詠牡丹，以道早日返朝之心願也。至若集句詞繫年之問題，則係先逐闋詞探求每句之來歷，而後依據其所集唐詩所涉之地點，配合詞人行徑予以繫年。經以蘇軾、汪元量集句詞爲例，推斷：蘇軾〈南鄉子〉之一（寒玉細凝膚）、之二（悵望送春杯）兩詞係作於宋神宗元豐八年（西元一〇八五）；〈南鄉子〉之三（何處倚闌干）詞，則作於同年九月。至於汪元量〈憶王孫〉九闋集句詞，最早當作於元世祖至元十三年（西元一二七六）春，最遲在至元二十六年（西元一二八九）秋；非如孔凡禮所推論：「當作於南歸之初」。而似此繫年之方法，乃筆者首創，或可提供學術界深入思考；如此，其他集句詞，甚或集句詩之繫年，亦可類推研究。

其五，於研究蘇軾集句詞之繫年問題時，復發現所謂「集句詞」，未必盡集前人成句，亦可藉「化用」、「截取」等技巧，合集前人、時人，甚或個人之作品以入詞。於焉另寫就〈兩宋集句形式考——兼論兩宋集句詞未必盡集前人成句〉一文（登載於《宋代文學研究叢刊》第五期），全面印證此論點；亦可見宋代以還，對集句詩之定義，並不適用於集句詞。至於論及蘇軾集句入詞係師學王安石，則在證明王安石開啓集句入詞之風氣，雖蘇軾亦不免受其影響也。

其六，就藉唐詩校勘宋詞而言，詞界前輩與同時學者，雖曾對一、二作品，進行部分校勘工作，然能寫成專文，強調以兩文體相互校勘之方法，拙作〈唐詩校勘《全宋詞》——以北宋詞爲例〉，當屬首創。該文係針對北宋前、後期十四位詞家，三十四闋作品，進行字句之校勘，計得三十九例，此結果亦足肯定此研究方法之可行。唯兩宋詞人借鑒唐詩，既有「截取」、「鎔鑄」、「增損」、「化用」、「檃括」……等技巧，而宋人所讀《全唐詩》，又未必與今本相同，因之，運用此方法校勘宋詞，務必謹慎從事。而筆者既知箇中道理，所校結果當可免夫雌黃之譏！

其七，就藉唐詩箋注宋詞而言，筆者係針對截至目前爲止，唯一發行、備受推舉之《稼軒詞》注本——鄧廣銘《稼軒詞編年箋注》一書，就其中與唐詩有關之作品，分「失題與失引一

句」、「詩題、內容或作者出入」、「誤注、漏注或失注」三節，予以正補：前兩節爲該書體例問

題，雖屬一般性整理工夫，然已揭露不少疏謬，計有「失題」十例、「失引一句」七十八例、「詩

題出入」四十二例、「內容出入」十五例、「作者出入」十四例；末節則爲筆者多年考索所得，

計糾正「誤注」之例凡六、「漏注」之例凡十八、「失注」之例凡二十五。

而筆者所以寫就此文，乃鑒於目前之研究條件，較諸前人已方便甚多；各種電子檢索，日益便利，苟能善加利用，成果必有可觀，亦足超越前人。以《稼軒詞》爲例，其數量凡六百二十九闋，所運用之語典、事典，遍及經、史、子、集，借鑒之技巧復極其繁富，鄧廣銘先生於六十五年前，能成其鉅著，誠屬不易。然經筆者針對與唐詩有關之作品，運用《全唐詩》電子檢索，予以查核，即發現此中尚有不少正補之空間，則見借鑒其他典籍之處，亦可據此類推。假以時日，誠信更周備之《稼軒詞編年箋注》，甚至全面性之《全宋詞》箋注，皆可基於此觀點，逐一推出。復回顧筆者此書之完成，即多年來運用《全唐詩》電子檢索之一得，箇中滋味，與夫「拋磚引玉」之誠意，尚祈同行　方家，學界　先進共鑒焉！

重要參考書目

一

《全唐五代詞》　張璋、黃畬編　臺北：文史哲出版社　一九八六年十月

《全宋詞》　唐圭璋編纂　臺北：世界書局　一九七六年十月

《全宋詞》　唐圭璋編纂、王仲聞參訂、孔凡禮補輯　北京：中華書局　一九九九年一月

《全宋詞補輯》　孔凡禮　臺北：源流出版社　一九八二年十一月

《宋六十名家詞》　明．毛晉　臺北：臺灣商務印書館　一九六八年九月

《唐宋元明百家詞》　明．吳訥　臺北：廣文書局　一九七一年五月

《彊村叢書》　清．朱祖謀　臺北：廣文書局　一九七〇年三月

《校輯宋金元人詞》　趙萬里　臺北：台聯國風出版社　一九七二年三月

《景刊宋金元明本詞》　吳昌綬、陶湘輯　上海：上海古籍出版社　一九八九年九月

《珠玉詞》　胡士明校點本　上海：上海古籍出版社《詞林集珍》之一　一九八八年十二月

《珠玉詞校訂箋註》　張紹鐸　臺北：中國文化大學中文研究所碩士論文　一九七一年六月

《珠玉詞研究》　蔡茂雄　臺北：文津出版社　一九七五年七月
《張先集編年校注》　吳熊和、沈松勤合著　杭州：浙江古籍出版社　一九九六年一月
《東坡樂府》　元・葉曾校刻延祐本　臺北：世界書局　一九七〇年五月
《東坡詞》　明・毛晉編　臺北：臺灣中華書局《四部備要》本　一九六五年十一月
《東坡樂府注》　清・朱祖謀　臺北：廣文書局　一九七二年九月
《東坡樂府》　龍沐勛校箋　臺北：華正書局　一九八〇年二月
《傅幹注坡詞》　劉尙榮校證　成都：巴蜀書杜　一九九三年七月
《東坡詞編年箋證》　薛瑞生　西安：三秦出版社　一九九八年九月
《東山詞箋注》　黃啓方　臺北：嘉新水泥公司文化基金會出版　一九六九年八月
《東山詞》　鍾振振校注　上海：上海古籍出版社　一九八九年十二月
《晁氏琴趣外編》　劉乃昌、楊慶存校注　上海：上海古籍出版社　一九九一年二月
《稼軒詞疏證》　梁啓勳　臺北：廣文書局　一九七七年一月
《增訂本稼軒詞編年箋注》　鄧廣銘　臺北：華正書局　一九八六年八月
《稼軒詞編年箋注》　鄧廣銘增訂本　上海：上海古籍出版社　一九九八年十二月
《花庵詞選》　宋・黃昇　臺北：臺灣商務印書館《景印文淵閣四庫全書》本　冊一四八九　一九八八年二月
《樂府雅詞》　宋・曾慥　臺北：臺灣商務印書館《景印文淵閣四庫全書》本　冊一四八九　一九八八年二月

《梅苑》　宋·黃大輿　臺北：臺灣商務印書館《景印文淵閣四庫全書》本　冊一四八九　一九八八年二月

《樂府補題》　宋·陳恕可輯　臺北：臺灣商務印書館《景印文淵閣四庫全書》本　冊一四九〇　一九八八年二月

《陽春白雪》　元·趙聞禮　臺北：臺灣商務印書館《四部叢刊》本　一九八七年八月

《花草粹編》　明·陳耀文編　臺北：臺灣商務印書館《景印文淵閣四庫全書》本　冊一四九〇　一九八八年二月

《御選歷代詩餘》　清·沈辰垣、王奕清等奉敕編　臺北：廣文書局　一九七二年五月

《藝蘅館詞選》　梁令嫻　臺北：臺灣中華書局　一九七〇年十月

《詞選》　胡適　臺北：臺灣商務印書館　一九七五年一月

《詞選》　鄭騫　臺北：中國文化大學出版部　一九八六年十一月

《唐宋詞名作析評》　陳弘治　臺北：文津出版社　一九七七年十月

《宋詞精選會注評箋》　文史哲出版社編輯部　臺北：文史哲出版社　一九七九年五月

二

《詞話叢編》　唐圭璋編　臺北：新文豐出版公司　一九八八年二月

本書參考：《能改齋詞話》宋·吳曾，《魏慶之詞話》宋·魏慶之，《碧雞漫志》宋·王灼，《詞源》宋·張炎，《樂府指迷》宋·沈義父，《渚山堂詞話》明·陳霆，《花草蒙拾》清·

王士禛，《雨村詞話》清．李調元，《古今詞話》清．沈雄，《蓮子居詞話》清．吳衡照，《樂府餘論》清．宋翔鳳，《歷代詞話》清．王奕清等撰，《詞綜偶評》清．許昂霄，《詞潔輯評》清．先著、程洪撰、胡念貽輯，《爰園詞話》清．俞彥，《蕙風詞話》清．況周頤，《白雨齋詞話》清．陳廷焯，《蒿庵論詞》清．馮煦，《湘綺樓評詞》清．王闓運，《西圃詞說》清．田同之，《歲寒居詞話》清．胡薇元，《人間詞話》清．王國維，《聲執》陳匪石，《柯亭詞論》蔡嵩雲。

《詞學》　第四輯　上海：華東師範大學出版社　一九八六年八月

《詞學全書》（收錄清．毛先舒《填詞名解》等書。）查培繼　臺北：廣文書局　一九七一年四月

《詞學論叢》　唐圭璋　臺北：宏業書局　一九八八年九月

《詞學雜俎》　羅忼烈　成都：巴蜀書社　一九九〇年六月

《唐宋詞論叢》　夏承燾　香港：中華書局　一九八五年九月

《迦陵論詞叢稿》　葉嘉瑩　臺北：明文書局　一九八一年九月

《靈谿詞說》　繆鉞、葉嘉瑩合撰　臺北：國文天地雜誌社　一九八九年十二月

《景午叢編》　鄭騫　臺北：臺灣中華書局　一九七二年一月

《詞曲論稿》　羅忼烈　香港：中華書局　一九七七年八月

《詩詞論叢》　金啓華　武漢：湖北人民出版社　一九八四年五月

《詞話十論》　胡慶雲　臺北：祺齡出版社　一九九五年一月

《宋詞通論》　薛礪若　臺北：臺灣開明書店　一九七五年九月
《詞史》　黃拔荊　福州：福建人民出版社　一九八九年四月
《北宋六大詞家》　劉若愚　臺北：幼獅文化事業公司　一九八六年六月
《北宋十大詞家研究》　黃文吉　臺北：文史哲出版社　一九九六年三月
《宋南渡詞人》　黃文吉　臺北：學生書局　一九八五年五月
《南宋詞研究》　王偉勇　臺北：文史哲出版社　一九八七年九月
《唐宋詞人年譜》　夏承燾　上海：上海古籍出版社　一九七九年五月
《宋人生卒考示例》　鄭騫　臺北：華世出版社　一九七七年一月
《王安石年譜三種》（收錄清・顧棟高編輯《王荊國文公年譜》、清・蔡上翔撰《王荊國文公年譜考略》等書。）北京：中華書局　一九九四年一月
《宋人所撰三蘇年譜彙刊》（收錄施宿編《東坡先生年譜》、王宗稷編《東坡先生年譜》、傅藻《東坡紀年錄》等書。）王水照編　上海：上海古籍出版社　一九八九年十一月
《詞籍序跋萃編》　施蟄存主編　北京：中國社會科學出版社　一九九四年十二月
《唐宋詞集序跋匯編》　金啓華、張惠民等編　臺北：臺灣商務印書館　一九九三年二月
《唐宋詞鑒賞辭典》　唐圭璋等撰　上海：上海辭書出版社　一九八八年八月
《唐宋詞鑑賞集成》　唐圭璋等撰　臺北：五南圖書出版公司　一九九一年六月
《教坊記箋訂》　唐・崔令欽撰，任訥箋訂　臺北：宏業書局　一九七三年元月
《詞律》　清・萬樹　臺北：廣文書局《索引本詞律》　一九七一年九月

《詞譜》　清・康熙敕撰　臺北：洪氏出版社　一九八〇年十一月
《詩詞曲語辭匯釋》　張相　臺北：臺灣中華書局　一九七三年四月
《詞學研究書目》　黃文吉主編　臺北：文津出版社　一九九三年四月
《詞學論著總目》　林玫儀主編　臺北：中央研究院中國文哲研究所籌備處　一九九五年六月

三

《全唐詩》　清・康熙敕撰　臺北：盤庚出版社　一九七九年二月
《全唐詩補編》　陳尚君輯校　北京：中華書局　一九九二年十月
《唐聲詩》　任訥　上海：上海古籍出版社　一九八二年十月
《中興間氣集》　唐・高仲武　臺北：臺灣商務印書館《景印文淵閣四庫全書》本　冊一三三二　一九八七年八月
《極玄集》　唐・姚合　臺北：臺灣商務印書館《景印文淵閣四庫全書》本　冊一三三二　一九八七年八月
《才調集》　唐・韋縠　臺北：臺灣商務印書館《景印文淵閣四庫全書》本　冊一三三二　一九八七年八月
《杜詩鏡銓》　清・楊倫　臺北：華正書局　一九八一年五月
《錢起詩集校注》　王定璋　杭州：浙江古籍出版社　一九九二年八月
《錢起詩集校注》　阮廷瑜　臺北：新文豐出版公司印行　一九九六年二月

《劉禹錫詩集編年箋註》　蔣維崧等　濟南：山東大學出版社　一九九七年九月
《玉溪生詩集詳註》　清・馮浩　臺北：華正書局　一九七七年八月
《李商隱研究》　吳調公　臺北：明文出版社　一九八八年九月
《李商隱詩歌集解》　劉學鍇、余恕誠等　臺北：洪葉文化事業有限公司　一九九二年十月
《唐百家詩選》　宋・王安石　臺北：世界書局　一九六二年一月
《萬首唐人絕句》　宋・洪邁　臺北：商務印書館《景印文淵閣四庫全書》本　冊一三四九　一九八七年八月
《唐詩鼓吹》　元・郝天挺　臺北：新文豐出版公司　一九七九年十月
《唐詩選脈箋釋會通評林》　明・周珽　臺北：新文豐出版公司　一九七九年十月
《唐詩別裁》　清・沈德潛　臺北：廣文書局　一九七〇年一月
《古唐詩合解》　清・王堯衢　臺北：文化圖書公司　一九七四年二月
《唐宋詩舉要》　高步瀛　臺北：學海出版社　一九七三年二月
《唐詩鑑賞集成》　蕭滌非等　臺北：五南圖書出版公司　一九九〇年十月
《唐詩選本六百種提要》　孫琴安　西安：陝西人民教育出版社　一九八七年
《杜甫年譜》　題王實甫撰　台北：西南書局　一九七八年九月
《古典文學研究資料彙編・杜甫卷》　臺北：源流出版社　一九八二年五月
《白香山年譜》　清・汪立名　臺北：臺灣商務印書館《景印文淵閣四庫全書》本　冊一〇八一　一九八七年二月

《先秦漢魏晉南北朝詩》 逯欽立編 臺北：學海出版社 一九八四年五月
《箋註玉臺新詠》 南朝陳・徐陵著、吳兆宜箋註 臺北：廣文書局 一九六七年五月
《樂府詩集》 宋・郭茂倩 臺北：里仁書局 一九八〇年十二月
《全宋詩》 北京大學古文獻研究所編 北京：北京大學出版社 一九九五年十一月
《宋詩選注》 錢鍾書 臺北：木鐸出版社 一九八〇年九月
《蘇文忠公詩編註集成總案》 清・王文誥 臺北：學生書局 一九七九年八月
《山谷詩註》 宋・黃庭堅 臺北：臺灣商務印書館《國學基本叢書》本 一九六八年九月
《增訂湖山類稿》 孔凡禮輯校 北京：中華書局 一九八四年六月
《元好問研究資料彙編》 行政院文化建設委員會出版 臺北：文史哲出版社承印 一九九〇年十二月

四

《漢魏六朝百三家集》 明・張溥編 臺北：新興書局 一九六三年二月
《古文苑》 宋・章樵 臺北：臺灣商務印書館《景印文淵閣四庫全書》本 冊一三三二 一九八七年八月
《文苑英華》 宋・李昉等奉敕編 臺北：臺灣商務印書館《景印文淵閣四庫全書》本 冊一三三三至冊一三三四 一九八七年八月
《全唐文》 清・董誥等輯 廣雅書局 光緒辛丑歲（即二十七年）印行

《文選》　南朝梁·蕭統　臺北：華正書局《增補六臣註文選》本　一九七四年十月
《東皐子集》　隋·王績　臺北：臺灣商務印書館《景印文淵閣四庫全書》本　冊一〇六五　一九八七年二月
《顏魯公集》　唐·顏真卿　臺北：臺灣商務印書館　《景印文淵閣四庫全書》本　冊一〇七一　一九八七年二月
《李太白全集》　唐·李白著、清·王琦注　北京：中華書局　一九九九年七月
《元氏長慶集》　唐·元稹　臺北：臺灣商務印書館《景印文淵閣四庫全書》本　冊一〇七九　一九八七年二月
《白氏長慶集》　唐·白居易　臺北：臺灣商務印書館　《景印文淵閣四庫全書》本　冊一〇八〇　一九八七年二月
《元獻遺文》　宋·晏殊　臺北：臺灣商務印書館《景印文淵閣四庫全書》本　冊一〇八七　一九八七年二月
《王魏公集》　宋·王安禮　臺北：臺灣商務印書館《景印文淵閣四庫全書》本　冊一一〇〇　一九八七年二月
《臨川文集》　宋·王安石　臺北：臺灣商務印書館《景印文淵閣四庫全書》本　冊一一〇五　一九八七年二月
《東坡全集》　宋·蘇軾　臺北：臺灣商務印書館《景印文淵閣四庫全書》本　冊一一〇七　一九八七年二月

《東坡題跋》宋．蘇軾　臺北：臺灣商務印書館《叢書集成簡編》本　一九六五年十二月臺一版
《梁谿集》宋．李綱　臺北：臺灣商務印書館《景印文淵閣四庫全書》本　冊一一二六　一九八七年二月
《晦庵先生朱文公文集》宋．朱熹　臺北：臺灣商務印書館　《四部叢刊本》　一九七九年八月
《曝書亭集》清．朱彝尊　臺北：臺灣商務印書館《四部叢刊》本　一九八七年八月
《少室山房筆叢》明．胡應麟　上海：上海書店《歷代筆記叢刊》本　二〇〇一年八月

五

《詩話叢刊》　臺北：弘道文化事業有限公司　一九七一年三月
本書參考：《中山詩話》宋．劉攽，《竹坡老人詩話》宋．周紫芝，《後山詩話》宋．陳師道。
《歷代詩話》　何文煥編訂　臺北：藝文印書館　一九七四年四月
本書參考：《石林詩話》宋．葉夢得，《全唐詩話》宋．尤袤。
《續歷代詩話》　臺北：藝文印書館印行　一九七四年四月
本書參考：《本事詩》唐．孟棨，《觀林詩話》宋．吳聿，《艇齋詩話》宋．曾季貍，《藝苑卮言》明．王世貞，《歸田詩話》明．瞿佑，《升庵詩話》明．楊慎。
《古今詩話續編》　台北：廣文書局　一九七三年九月

本書參考：《西清詩話》宋・蔡絛，《西江詩話》清・裘君弘。

《石洲詩話》　清・翁方綱　臺北：廣文書局　一九七一年九月

《苕溪漁隱叢話》　宋・胡仔　臺北：臺灣商務印書館《景印文淵閣四庫全書》本　冊一四八〇　一九八八年二月；又：《國學基本叢書》本　一九六八年六月

《唐詩紀事》　宋・計有功　臺北：中華書局　一九七〇年十月

《後村詩話》　宋・劉克莊　臺北：廣文書局　一九七一年九月

《滄浪詩話校釋》　宋・嚴羽著、郭紹虞校釋　臺北：里仁書局　一九八七年

《詩人玉屑》　宋・魏慶之　臺北：臺灣商務印書館《景印文淵閣四庫全書》本　冊一四八一　一九八八年二月

《詩林廣記》　宋・蔡正孫　臺北：仁愛書局　一九八六年五月

《瀛奎律髓》　元・方回　臺北：臺灣商務印書館《景印文淵閣四庫全書》本　冊一三六六　一九八八年二月

《瀛奎律髓彙評》　李慶甲集評校點　上海：上海古籍出版社　一九八六年四月

《唐音癸籤》　明・胡震亨　臺北：臺灣商務印書館《景印文淵閣四庫全書》本　冊一四八二　一九八八年二月

《文體明辨序說》　明・徐師曾　臺北：長安出版社　一九七八年十二月

《全唐詩重出誤收考》　佟培基編撰　西安：陝西人民教育出版社　一九九六年八月

《全唐詩「一作」校證集稿》　楊建國　濟南：山東教育出版社　一九九七年二月

《唐詩說》　夏敬觀　臺北：河洛圖書出版社　一九七五年十二月
《唐詩彙品》　陳伯海主編　杭州：浙江教育出版社　一九九六年五月
《集句詩研究》　裴普賢　臺北：臺灣學生書局　一九七五年十一月
《集句詩研究續集》　裴普賢　臺北：臺灣學生書局　一九七九年二月
《讀書叢札》　吳小如　香港：中華書局　一九八二年一月
《唐詩學探索》　蔡瑜　臺北：里仁書局　一九九八年四月
《中國文學批評史》　羅根澤　臺北：明倫出版社　一九七八年七月
《中國文學流變史》　李曰剛　臺北：聯貫出版社　一九七六年十月
《中國文學發展史》　劉大杰　臺北：華正書局　一九七七年五月
《插圖本中國文學史》　鄭振鐸　北京：人民文學出版社　一九五七年一二月
《中國詩史》　陸侃如、馮沅君合著　北京：作家出版社　一九五六年九月
《兩宋文學史》　程千帆、吳新雷合著　高雄：麗文文化事業股份有限公司　一九九三年十月

六

《新校標點本二十四史》　楊家駱主編　臺北：鼎文書局　一九七九年十一月
本書參考：《史記》漢・司馬遷，《漢書》漢・班固，《後漢書》南朝宋・范曄，《宋書》南朝梁・沈約，《南齊書》南朝梁・蕭子顯，《北史》唐・李延壽，《晉書》唐・房玄齡，《隋書》唐・魏徵等，《舊唐書》後晉・劉昫等著，《新唐書》宋・歐陽修、宋祁等，《宋

史》元・脫脫等。
《資治通鑑》宋・司馬光撰、胡三省注、章鈺校記　臺北：明倫出版社　一九七五年三月
《唐六典》唐・張九齡等撰、李林甫等注　臺北：臺灣商務印書館《景印文淵閣四庫全書》本　冊五九五　一九八三年八月
《三輔黃圖校注》何清谷校注　西安市：三秦出版社　一九九五年十月
《元和郡縣志》唐・李吉甫撰　臺北：臺灣商務印書館《景印文淵閣四庫全書》本　冊四六八　一九八三年五月
《北戶錄》唐・段公路　臺北：臺灣商務印書館《景印文淵閣四庫全書》本　冊五八九　一九八五年八月
《吳郡圖經續記》宋・朱長文　臺北：臺灣商務印書館《景印文淵閣四庫全書》本　冊四八四　一九八三年五月
《輿地紀勝》宋・王象之　臺北：文海出版社　一九六二年四月
《西湖遊覽志》明・田汝成　臺北：臺灣商務印書館《景印文淵閣四庫全書》本　冊五八五　一九八三年八月
《歲時廣記》宋・陳元靚　臺北：新文豐出版公司《叢書集成新編》本　一九八六年元月
《郡齋讀書志》宋・晁公武　臺北：臺灣商務印書館《景印文淵閣四庫全書》本　冊六七四　一九八六年二月
《直齋書錄解題》宋・陳振孫　臺北：臺灣商務印書館《景印文淵閣四庫全書》本　冊八四

五　一九八六年二月
《四庫全書總目》（收錄余嘉錫《四庫提要辨證》）　臺北：藝文印書館　一九七四年十月
《四庫提要辨證》　余嘉錫　臺北：藝文印書館　一九五四年

七

《淮南子》　漢・劉安　臺北：世界書局　一九七八年三月
《古今注》　晉・崔豹　上海市：上海古籍出版社《四庫筆記小說叢書本》　一九九二年七月
《范村梅譜》　宋・范成大　臺北：臺灣商務印書館《景印文淵閣四庫全書》本　冊八四五　一九八六年二月
《宋景文筆記》　宋・宋祁　臺北：臺灣商務印書館《景印文淵閣四庫全書》本　冊八六二　一九八六年二月
《夢溪筆談》　宋・沈括　臺北：臺灣商務印書館《景印文淵閣四庫全書》本　冊八六二　一九八六年二月
《演繁露》　宋・程大昌　臺北：藝文印書館《百部叢書集成》本　一九六五年
《避暑錄話》　宋・葉夢得　臺北：臺灣商務印書館《景印文淵閣四庫全書》本　冊八六三　一九八六年二月
《貴耳集》　宋・張端義　臺北：臺灣商務印書館《景印文淵閣四庫全書》　冊八六五　一九八六年二月

《藏一話腴》　宋・陳郁　臺北：臺灣商務印書館《景印文淵閣四庫全書》本　冊八六五　一九八六年二月

《老學庵筆記》　宋・陸游　臺北：臺灣商務印書館《景印文淵閣四庫全書》本　冊八六五　一九八六年二月

《鶴林玉露》　宋・羅大經　臺北：臺灣商務印書館《景印文淵閣四庫全書》本　冊八六五　一九八六年二月

《能改齋漫錄》　宋・吳曾　臺北：廣文書局　一九七〇年十二月

《賓退錄》　宋・趙與時　臺北：廣文書局《筆記續編》本　一九六九年九月

《緯略》　宋・高似孫　臺北：廣文書局《筆記三編》本　一九六九年十二月

《齊東野語》　宋・周密　臺北：廣文書局《筆記續編》本　一九六九年九月

《嬾真子》　宋・馬永卿　臺北：新文豐出版公司《叢書集成新編》本　一九八六年二月

《丹鉛總錄》　明・楊慎　臺北：臺灣商務印書館《景印文淵閣四庫全書》本　冊八五五　一九八六年二月

《分甘餘話》　清・王士禛　臺北：臺灣商務印書館《景印文淵閣四庫全書》本　冊八七〇　一九八六年二月

《潛邱札記》　清・閻若璩　上海：上海古籍出版社　一九九二年七月

八

《世說新語》　南朝宋・劉義慶撰、楊勇校箋　臺北：明倫出版社　一九七二年四月

《幽明錄》　南朝宋・劉義慶　臺北：新文豐出版公司《叢書集成新編》本　一九八四年六月

《述異記》　南朝梁・任昉　臺北：藝文印書館《龍威祕書》本　一九六八年

《松窗雜錄》　唐・李濬　臺北：臺灣商務印書館《景印文淵閣四庫全書》本　一九八六年八月

《傳奇》　唐・裴鉶　臺北：新文豐出版公司《叢書集成新編》本　一九八六年二月

《獨異志》　唐・李冗　臺北：藝文印書館《稗海》本　一九六六年

《雲溪友議》　唐・范攄　臺北：臺灣商務印書館《景印文淵閣四庫全書》本　冊一〇三五　一九八六年八月

《集異記》　唐・薛用弱　臺北：臺灣商務印書館《景印文淵閣四庫全書》本　冊一〇四二　一九八六年八月

《迷樓記》　唐・韓偓　臺北：藝文印書館《古今逸史》本　一九六六年

《賈氏談錄》　宋・張洎　臺北：臺灣商務印書館《景印文淵閣四庫全書》本　冊一〇三六　一九八六年八月

《北夢瑣言》　宋・孫光憲　臺北：臺灣商務印書館《景印文淵閣四庫全書》本　冊一〇三六　一九八五年八月

《太平廣記》　宋・李昉等　臺北：新興書局　一九六二年七月

《補侍兒小名錄》　宋・王銍　臺北：臺灣商務印書館《景印文淵閣四庫全書》本　冊一〇三

五　一九八六年八月

《河南邵氏聞見後錄》　宋・邵博撰　臺北：廣文書局　一九七〇年十二月

《青瑣高議》　宋・劉斧　臺南：莊嚴出版社《四庫全書存目叢書》本　一九九五年九月

《青箱雜記》　宋・吳處厚　臺北：臺灣商務印書館《景印文淵閣四庫全書》本　冊一〇三六　一九八六年八月

《侯鯖錄》　宋・趙令畤　臺北：臺灣商務印書館《景印文淵閣四庫全書》本　冊一〇三七　一九八六年八月

《南部新書》　宋・錢易　臺北：臺灣商務印書館《景印文淵閣四庫全書》本　冊一〇三六　一九八六年八月

《唐語林》　宋・王讜　臺北：臺灣商務印書館《景印文淵閣四庫全書》本　冊一〇三八　一九八六年八月

《清波雜志》　宋・周煇　臺北：臺灣商務印書館《景印文淵閣四庫全書》本　冊一〇三九　一九八六年八月

《楊太真外傳》　宋・樂史　臺北：新文豐出版公司《叢書集成新編》本　一九八六年二月

《聞見近錄》　宋・王鞏　臺北：新文豐出版公司《叢書集成新編》本　一九八六年二月

《默記》　宋・王銍　臺北：臺灣商務印書館《景印文淵閣四庫全書》本　冊一〇三九　一九八六年八月

《輟耕錄》　元・陶宗儀　臺北：臺灣商務印書館《景印文淵閣四庫全書》本　冊一〇四〇　一

九八六年八月

九

《佩文韻府》　清・張玉書等奉敕撰　臺北：台灣商務印書館　一九七八年七月
《古今圖書集成》　清・陳夢雷編　臺北：鼎文書局　一九八五年四月
《粵雅堂叢書》　清・伍崇曜　臺北：華聯出版社　一九六五年五月
《校正宋本廣韻（附索引）》　宋・陳彭年等撰　臺北：藝文印書館　一九七〇年九月
《說文解字注》　清・段玉裁　臺北：藝文印書館　一九七〇年六月
《說文通訓定聲》　清・朱駿聲　臺北：世界書局　一九六八年十一月
《通俗篇》　清・翟灝　臺北：廣文書局　一九八〇年十月
《中文大辭典》　中文大辭典編纂委員會　臺北：中國文化大學出版部　一九七三年十月
《漢語大詞典》　漢語大辭典編纂委員會　上海：漢語大詞典出版社　一九九三年八月

附：

《網路展書讀——唐宋詞》　桃園：元智大學中語系　羅鳳珠主持　一九九九年四月
《文淵閣四庫全書電子版》　香港：迪志文化出版有限公司、中文大學出版社　一九九九年十一月
《中央研究院漢籍電子文獻——二十五史》　臺北：中央研究院史語所漢籍全文資料庫計畫　一九九七年十一月

《全唐詩全文檢字系統》　臺北：東吳大學教務處出版組　二〇〇〇年三月

十

〈珠玉詞校記〉　冒廣生　原刊載於《同聲月刊》一卷一〇號　一九四一年九月二十日　後收入《冒鶴亭詞曲論文集》　上海：上海古籍出版社　一九九二年八月
〈晏殊略論〉　鍾陵　收入《中國首屆唐宋詩詞國際學術討論會論文集》　南京：江蘇教育出版社　一九九四年八月
〈張子野年譜辨誤〉　姜書閣　《湘潭大學學報》　一九九一年一期
〈王安石詞雜論〉　羅忼烈　《抖擻》第四卷四期　一九七四年七月　（收入《詞曲論稿》羅忼烈　香港：中華書局　一九七七年八月）
〈王安石《桂枝香・金陵懷古》作年考〉　張志烈　《四川大學學報叢刊》第二一輯（唐宋文學論叢）　一九八三年十一月
〈王安石詞簡論〉　高克勤　《爭鳴》一九八六年二期
〈略論王安石在詞史上的地位〉　熊大權　《江西社會科學》　一九八七年一期
〈王安石的集句詩詞〉　彭海、張宏梁　《古典文學知識》　一九八七年五期
〈一洗五代舊習——談王安石詞〉　陳如江　《國文天地》五卷九期　一九九〇年二月
〈甘露歌不是詞而是集句詩〉　郭瑞文　《文學遺產》　一九八七年六期
〈東坡是曲子中縛不住者辨析〉　張子良　《中國學術年刊》第十一期　國立台灣師範大學國

文研究所畢業同學會編　一九九〇年三月
〈《稼軒詞補注》釋例〉　吳企明　《江蘇師院學報》　一九八二年一期
〈鄧廣銘《稼軒詞編年箋注》（卷一）摭遺〉　吳小如　收入《讀書叢札》　香港：中華書局　一九八二年一月
〈稼軒詞脫化前人詩詞補遺——鄧廣銘《稼軒詞編年箋注》讀后〉　陶今雁　原載於《江西師範大學學報．哲社版》，一九八五年二月；（見收於《中國古代近代文學研究》，一九八五年十一期）
〈稼軒詞與老杜詩〉劉揚忠，第三屆國際辛棄疾學術研究會發表論文，一九九二年三月，由海南師院中文系主辦
〈汪元量祖籍、生卒、行實考辨〉　楊樹增撰　《中華文史論叢》　一九八三年第四輯（總28輯）
〈略談汪元量的生年〉　杜耀東　《揚州師院學報社科版》　一九九〇年第二期
〈詞律拾遺補〉　夏敬觀　《同聲月刊》第二卷第八號　一九四二年八月十五日
〈錢起事蹟及其詩繫年考述〉　謝海平　〈中華學苑〉第三十四期　一九八六年十二月
〈樂府歌辭的拼湊和分割〉　余冠英　《國文月刊》六十一期　一九四七年十一月
〈小山詞用成句及其他〉　吳世昌　《光明日報》　一九八一年七月二十一日
〈宋詞中詩典運用之類型析論〉　曹淑娟　《國立編譯館館刊》第二十三卷第二期　一九九四年十二月

〈周邦彥融詩入詞之特色〉　朱自力　《中華學苑》第四十五期　一九九五年三月
〈試論宋詞對唐詩的化用及其文化解讀〉　陳永宏　《文學遺產》第四期　一九九六年
〈以唐、五代小令爲例試述詞律之形成〉　王偉勇　《東吳文史學報》第十一號　一九九三年
三月
〈兩宋詞人取材唐詩之方法〉　王偉勇　《東吳中文學報》第一期　一九九五年五月
〈賀鑄《東山詞》取材唐詩之方法〉　王偉勇　《東吳中文學報》第二期　一九九六年五月
〈晏殊《珠玉詞》借鑒唐詩之探析〉　王偉勇　《東吳中文學報》第三期　一九九七年五月
〈《臨川先生歌曲》借鑒唐詩之探析〉　王偉勇　《東吳中文學報》第四期　一九九八年五月
〈試論唐詩對箋校宋詞之重要性〉　王偉勇　收入《第四屆中國詩學會議論文集——唐代詩學》
彰化：國立彰化師範大學國文系編印　一九九八年五月（此文修訂後，收入《林炯陽先
生六秩壽慶論文集》　臺灣：洪葉文化事業公司印行　一九九九年二月）
〈蘇軾集句詞四考〉　王偉勇　見載於張高評主編《宋代文學研究叢刊》第四期　高雄：麗文
文化事業公司　一九九八年十二月
〈晏殊〈浣溪沙〉（三月和風滿上林）詞探微——以唐詩繫年宋詞又一證〉　王偉勇　《東吳中
文學報》第五期　一九九九年五月
〈兩宋集句詞形式考——兼論兩宋集句詞未必盡集前人成句〉　王偉勇　見載於張高評主編
《宋代文學研究叢刊》第五期　高雄：麗文文化事業公司　一九九九年十二月
〈汪元量〈憶王孫〉集句詞二考〉　王偉勇　《東吳中文學報》第六期　二〇〇〇年五月

〈唐詩校勘北宋詞示例〉　王偉勇　收入《唐代文化學術研討會論文集》（臺北：東吳大學中國文學系發行，二〇〇〇年七月初版）
〈唐詩校勘宋詞示例——以北宋詞爲例〉　王偉勇　第一屆「宋代文學國際研討會」論文，收入《新宋學》第一輯　上海：上海辭書出版社，二〇〇一年十月第一版；又見收於《中華詞學》第三輯　南京：東南大學音像出版社　二〇〇二年五月
〈兩宋檃括詞探析〉　王偉勇　《宋元文學學術研討會論文集》　臺北：東吳大學中文系發行　二〇〇二年三月